YINGKE® 盈科

盈科全国业务指导委员会系列丛书

环境民事公益诉讼

典型案例与实务精要

盈科律师事务所 / 编
沈晓刚 / 主编

法律出版社 LAW PRESS · CHINA
北京

图书在版编目(CIP)数据

环境民事公益诉讼典型案例与实务精要 / 盈科律师事务所编 ; 沈晓刚主编. -- 北京 : 法律出版社, 2021
ISBN 978-7-5197-6036-6

Ⅰ. ①环… Ⅱ. ①盈… ②沈… Ⅲ. ①环境保护法-行政诉讼-案例-中国 Ⅳ. ①D925.305

中国版本图书馆 CIP 数据核字(2021)第 205779 号

环境民事公益诉讼典型案例与实务精要
HUANJING MINSHI GONGYI SUSONG DIANXING ANLI YU SHIWU JINGYAO

盈科律师事务所 编
沈晓刚 主编

策划编辑 朱海波
责任编辑 朱海波 李 军
装帧设计 汪奇峰

出版发行 法律出版社
编辑统筹 法律应用出版分社
责任校对 邢艳萍
责任印制 吕亚莉
经　　销 新华书店

开本 710 毫米×1000 毫米 1/16
印张 26.75　**字数** 445 千
版本 2021 年 11 月第 1 版
印次 2021 年 11 月第 1 次印刷
印刷 固安华明印业有限公司

地址:北京市丰台区莲花池西里 7 号(100073)
网址:www.lawpress.com.cn
投稿邮箱:info@lawpress.com.cn
举报盗版邮箱:jbwq@lawpress.com.cn
销售电话:010-83938349
客服电话:010-83938350
咨询电话:010-63939796

书号:ISBN 978-7-5197-6036-6　**定价**:88.00 元

凡购买本社图书,如有印装错误,我社负责退换。电话:010-83938349

前　言

党的十八大以来，以习近平同志为核心的党中央站在“实现中华民族伟大复兴”的高度，将生态文明建设提升至前所未有的高度，明确了一系列新思想、新论断、新要求，提出“只有实行最严格的制度、最严密的法治，才能为生态文明建设提供可靠保障”。自2014年修订颁布被称为“史上最严”的《环境保护法》，到2018年《宪法修正案》将“生态文明”提至与“物质文明、政治文明、精神文明、社会文明”同样的高度，以及随后在水污染防治、大气污染防治、固体废物防治、土壤污染防治、长江保护等方面密集修订，出台了多项重要环保单行法律法规，在污染防控、违法责任追究等方面发挥了积极作用。

近年来，随着环境保护法治建设的日益完善，我国生态环境保护在执法监管层面力度空前，正在推动形成机制更加健全、监管更加有力、保护更加严格的生态保护监管新格局。从2018年起，笔者接受聘请担任了近40家企业的常年法律顾问。在提供法律服务的过程中，笔者发现污染防治和环境保护在任何实体企业的日常运营过程中都很重要，企业会在实际生产经营中产生各种废气、废水、炉渣、飞灰等污染物，如治理不善会对环境产生污染，将会受到生态环境部门严厉的行政处罚。即使是没有具体的索赔权利人，也很可能因为违法排污行为对环境公共利益造成损害而被提起环境公益诉讼，要求企业支付包括修复费用、赔偿费用在内的巨额费用，构成刑事犯罪的将会追究企业和法定代表人的刑事责任。因此，在企业日常的经营管理中，应当将环保合规管理放在更加重要的位置，实现绿色发展是可持续发展的必然要求。

经过30多年的发展，虽然当前我国的环境保护法律体系日臻完善，但依然存在众多不足，比如，生物多样性保护制度不完善、产能过剩导致资源浪费现象缺乏规制、农村生态环境有法不依或执法不严、多元主体参与环境治理机制不健全等。除传统的环境民事侵权、环境行政执法、环境刑事诉讼外，环境公益诉讼作为一种公众参与环境治理和环境决策的有益途径，当污染环境、破坏生态进而导致公共环境利益遭受损害时，社会组织或者检察机关代表不特定主体针对公众环境权益危害的行为可以提起公益诉讼，这一制度在促进和推动中国环境法治建设上发挥着重要的作用，是公众对其享有实体上的和程序上环境权的具体体现，也是我国当前环境法治建设中公众参与环境治理的具体体现。

对于社会组织提起环境公益诉讼，2012 年修正的《民事诉讼法》第 55 条规定，“对污染环境、侵害众多消费者合法权益等损害社会公共利益的行为，法律规定的机关和有关组织可以向人民法院提起诉讼”，赋予了有关组织提起环境民事公益诉讼的主体资格。为了明确“有关组织”的范围，使实践更具可操作性，2014 年修订的《环境保护法》第 58 条和 2015 年最高人民法院发布的《关于审理环境民事公益诉讼案件适用法律若干问题的解释》（法释〔2015〕1 号）（2020 年修正）第 2、3、4、5 条，对适格社会组织的条件进行了细化。

2015 年习近平总书记主持召开中央全面深化改革领导小组第十二次会议，审议通过了《检察机关提起公益诉讼试点方案》，为检察机关开展公益诉讼进行了顶层设计。2015 年 7 月 1 日第十二届全国人大常委会第十五次会议通过《关于授权最高人民检察院在部分地区开展公益诉讼试点工作的决定》，授权最高人民检察院在北京等 13 个省、自治区、直辖市，在生态环境和资源保护、食品药品安全等领域，开展为期两年的提起公益诉讼试点工作。同年，最高人民检察院先后制定《检察机关提起公益诉讼改革试点方案》、《人民检察院提起公益诉讼试点工作实施办法》（高检发释字〔2015〕6 号），最高人民法院制定《人民法院审理人民检察院提起公益诉讼案件试点工作实施办法》（法发〔2016〕6 号），以指导人民检察院提起公益诉讼、人民法院审理人民检察院提起的公益诉讼案件的相关司法实践工作。在前期试点经验的基础上，2017 年 6 月 27 日，第十二届全国人大常委会通过了《关于修改〈中华人民共和国民事诉讼法〉和〈中华人民共和国行政诉讼法〉的决定》，正式赋予检察机关针对破坏生态环境和资源保护、食品药品安全领域侵害众多消费者合法权益等损害社会公共利益的行为提起民事公益诉讼的权力，同时也赋予检察机关在履行职责中，发现生态环境和资源保护、食品药品安全、国有财产保护、国有土地使用权出让等领域负有监督管理职责的行政机关违法行使职权或者不作为，致使国有利益或者社会公共利益受到侵害时，依法向人民法院提起行政公益诉讼的权力，从法律层面正式创立了我国的检察公益诉讼制度。之后,2018年3月1日最高人民法院、最高人民检察院联合发布《关于检察公益诉讼案件适用法律若干问题的解释》(法释〔2018〕6号)(2020年修正),对检察公益诉讼的操作程序及相关规则进行了详细规定。

另外,2017年12月中共中央办公厅、国务院办公厅印发《生态环境损害赔偿制度改革方案》,2019年6月最高人民法院公布《关于审理生态环境损害赔偿案件的若干规定(试行)》(2020年修正),2020年8月31日生态环境部、司法部、财政部等印发《关于推进生态环境损害赔偿制度改革若干具体问题的意见》,生态环境损害赔偿制度的建设初步完成。

由此,我国的生态环境损害赔偿法律体系形成了环境民事侵权、环境民事公益诉讼、生态环境损害赔偿三项制度互为支撑、互为补充的局面,而我国环境执法与司法体系则形成了环境行政执法、环境刑事诉讼、环境行政公益诉讼、环境民事公益诉讼、环境民事侵权、生态环境损害赔偿六驾马车并驾齐驱的制度架构,为我国环境公益诉讼司法实践提供了较为系统的法律依据。

2019年6月30日,中华环保联合会优秀志愿律师联盟年会在北京盈科(杭州)律师事务所(以下简称盈科杭州所)举办,笔者作为盈科杭州所环境、资源与能源法律事务部主任,有幸全程参加了本次会议。笔者得以与环境法领域的专家、学者,以及国内优秀的环境法律师,就我国环境公益诉讼的司法实践进行深入交流。在此后的工作中,笔者时刻关注着环境保护的最新立法进展以及环境公益诉讼的司法实践。近几年社会组织及检察机关发动了多起轰动全国的环境民事公益诉讼案,如"泰州1.6亿元天价环境公益诉讼案""常州毒地案""校园毒跑道案""损毁名胜古迹公益诉讼案""绿孔雀保护案""首例消耗臭氧层物资ODS案""年检神器公益诉讼案""室内控烟公益诉讼案"等,不仅有效推动了环境治理,而且极大程度上强化了社会大众的"保护优先、预防为主、综合治理、公众参与"以及"损害必担责"的环境保护理念。另外,妨碍公众通行权、破坏人文遗迹、毁坏历史文物、白色垃圾污染等非典型环境民事公益诉讼的启动和胜诉,为环境民事公益诉讼的探索与实践进一步拓宽了视野与思路。

为了能给从事环境法律业务的或者对环境法律业务感兴趣的法律实务群体,尤其是为律师从业者提供借鉴和参考,2019年年底笔者便萌生了编撰《环境民事公益诉讼典型案例与实务精要》一书的想法。此后,虽然安排团队成员零星开展了一些工作,但囿于业务繁忙及各种主客观条件的限制,一直未能成书。

当时间进入2021年,笔者决定把编撰本书作为今年的首要工作目标,从框架搭建、案例筛选、案例分析,直到最后成书,我们花费了大量的时间和精力,力求通过"理论结合实践再结合法律规定"的方式,分析和提炼我国环境民事公益诉讼裁判文书中的裁判观点和实务要点,为法院处理环境公益诉讼案件、律师承接环境民事公益诉讼业务、业内外学者研究我国环境民事公益诉讼制度提供参考和帮助。

本书在总体结构上分三个部分,即"基础理论概述""典型案例及实务精要""相关法律法规"。在"基础理论概述"部分,我们通过查阅大量文献资料和专业书籍,对环境、公益诉讼、环境公益诉讼、环境民事公益诉讼及其起诉主体等基础理论进行了综述,并对比了环境民事公益诉讼与环境行政公益诉讼、环境民事公益诉讼与生态环境损害赔偿诉讼,两组既有联系又有区别的环境司法制度,另外又对环境民事公益诉讼的特殊规则进行了总结。在"典型案例及实务精要"部分,我们主要根据水、大气、固废、噪声、土壤、海洋、土地及资源等环境要素进行分章,将具有典型意义的司法案例提炼实务要点后按顺序排列,此外,对于自然遗迹、历史文物、自然保护区、风景名胜区、公众通行权、白色垃圾、沙漠、古树名木、控烟、毒跑道等新类型的环境民事公益诉讼裁判案例,则列入"其他类型"篇章。"生物多样性"被全球各国高度关注,珍稀、濒危动植物的保护问题亦被各国高度关注,因此,破坏"生物多样性"类案件单列一章放在主体资格专章之后。在"相关法律法规"部分,我们罗列了与环境民事公益诉讼相关的重要法律法规的重点条文,含我国现行有效的所有与环境民事公益诉讼相关的部分法律条文、司法解释全文,以及最高人民法院和最高人民检察院的工作规范全文,以辅助读者阅读。最后针对环境公益诉讼实务中关注较多但规定零散的集中管辖规则,特列为附表放在本书最后,供有需要的读者研读和参考。

本书由笔者担任主编,总体负责框架搭建、内容策划、案例确定,以及文稿的补充、修改和完善,我们团队的丁嫣然、张鑫负责大部分案例材料的收集、改写和补充。另外,中国绿发会副秘书长马勇先生亦为本书提供了部分案例材料,同时本书中援引了从事环境法教学研究的学者的部分著作、论文,在此由衷地感谢他们。

在编撰本书过程中,虽然笔者及团队成员都竭尽全力,但囿于学识和能力有限,而且在理论知识的研究上较为薄弱及匮乏,因此相关内容一定会存在诸多谬误和不足，敬请各位读者批评指正。

在“美丽中国”的建设之路以及“绿色法治”的发展之路上，我们愿与各位一起努力、共同成长。

北京盈科（杭州）律师事务所

2021 年 8 月 31 日

目录

第一编 基础理论概述

第二编 典型案例及实务精要

第三编 相关法律法规

第一编　基础理论概述

一、什么是环境

环境是指特定生物体或生物群体以外的空间,以及直接或间接影响该生物体或生物群体生存的一切事物的总和。环境既包括以大气、水、土壤、植物、动物、微生物等为内容的物质因素,也包括以观念、制度、行为准则等为内容的非物质因素;既包括自然因素,也包括社会因素;既包括非生命体形式,也包括生命体形式。在生物科学中,环境是指生物的栖息地,以及直接或间接影响生物生存和发展的各种因素。在环境科学中,人类是主体,环境是指围绕着人群的空间以及其中可以直接或间接影响人类生活和发展的各种因素的总体。我们常说的"环境"通常是狭义的,往往指相对于人类这个主体而言的人类生存的空间及其中可以直接或间接影响人类生活和发展的各种因素的总和,即人类赖以生存和发展的物质条件的整体,包括自然环境和社会环境。

1972 年在瑞典斯德哥尔摩联合国人类环境会议上通过的《联合国人类环境宣言》作了如下表述:"人类既是他的环境的创造物,又是他的环境的塑造者,环境给予人以维持生存的东西,并给他提供了在智力、道德、社会和精神等方面获得发展的机会。生存在地球上的人类,在漫长和曲折的进化过程中,已经达到这样一个阶段,即由于科学技术发展的迅速加快,人类获得了以无数方法和在空前的规模上改造其环境的能力。人类环境的两个方面,即天然和人为的两个方面,对于人类的幸福和对于享受基本人权,甚至生存权利本身,都是必不可缺少的。"

为保护和改善生活环境与生态环境,防治污染和其他公害,保障人体健康,促进社会主义现代化建设的发展,1989 年 12 月 26 日第七届全国人民代表大会常务委员会第十一次会议通过了《环境保护法》,经 2014 年 4 月 24 日第十二届全国人民代表大会常务委员会第八次会议修订,该法对环境进行了界定:"本法所称环境,是指影响人类生存和发展的各种天然的和经过人工改造的自然因素的总体,包括大气、水、海洋、土地、矿藏、森林、草原、湿地、野生生物、自然遗迹、人文遗迹、自然保护区、风景名胜区、城市和乡村等。"同时,该法明确提出"一切单位和个人都有保护环境的义务。地方各级人民政府应当对本行政区域的环境质量负责。企业事业单位和其他生产经营者应当防止、减少环境污染和生态破坏,对所造成的损害依法承担责任……"的要求。

本书"环境民事公益诉讼"中的"环境",系指《环境保护法》(2014 年修订)

定义的“环境”，即指影响人类生存和发展的各种天然的和经过人工改造的自然因素的总体，包括大气、水、海洋、土地、矿藏、森林、草原、湿地、野生生物、自然遗迹、人文遗迹、自然保护区、风景名胜区、城市和乡村等。

二、什么是公益诉讼

1968 年，英国学者哈丁(Hardin)在关于“公地悲剧”的研究中，曾明确指出了私人不断扩张其生存空间、侵占公共资源与公共领域的社会现象。私人的逐利性使得公共利益长期被置于无人关注、无人维护的蛮荒之地，公地悲剧也由此而生。过度利用、毁坏“公地”所产生的危害后果，将转嫁至共享“公地”资源的每个私人个体。举例来说，环境资源具有有限性，过度利用自然资源、污染环境的危害后果，由共享环境资源的每个个体承担。①

公益诉讼制度起源于罗马法。现代法的公益诉讼一般指“特定的国家机关、相关的社会组织和个人，依据法律法规的授权，对违反法律侵犯国家利益、社会公共利益或者特定多数人利益的行为，向法院提起诉讼，由法院依法追究其法律责任的活动”②。在我们国家，公益诉讼制度发端于环境保护领域。2005 年的松花江特大污染案拉开了公益诉讼的序幕。2005 年 11 月中石油吉林石化公司双苯厂胺苯车间发生爆炸事故，导致约 100 吨苯类物质流入松花江，造成了严重江水污染。同年 12 月北京大学法学院师生以鲟鳇鱼、松花江、太阳岛为共同原告，向黑龙江省高级人民法院提起了环境公益诉讼。③ 但是在当时的法律框架内，民事诉讼的原告必须是与本案有直接利害关系的公民、法人或其他组织。由于此案以自然物作为共同原告，存在原告不适格的问题，最终以法院不予受理画上句号。虽然在松花江特大污染案中，环境公益诉讼没有成功主张合理赔偿，但此案引起了社会对环境公益诉讼的广泛关注，提高了社会公众的环境生态意识，为公益诉讼制度的发展奠定了基础。

长期以来，在我国，公益诉讼不是一个严格的专业术语，而仅仅是一个学术

---

① 参见杨朝霞：《论环境公益诉讼的权利基础和起诉顺位——兼谈自然资源物权和环境权的理论要点》，载《法学论坛》2013 年第 3 期。

② 廖中洪主编：《民事诉讼改革热点问题研究综述(1991—2005)》，中国检察出版社 2006 年版，第 205 页。

③ 参见《北大 6 师生替松花江起诉中石油索赔金额高达 100 亿元　法院并未立案》，载新浪网，http://news.sina.com.cn/o/2005-12-22/05307769580s.shtml。

用语。2005 年,以全国律协发布《公益诉讼苏州宣言》为标志,公益诉讼正式进入我国司法视野。2012 年 8 月 31 日,第十一届全国人大常委会第二十八次会议通过了《全国人民代表大会常务委员会关于修改〈中华人民共和国民事诉讼法〉的决定》,《民事诉讼法》增加一条,作为第 55 条:"对污染环境、侵害众多消费者合法权益等损害社会公共利益的行为,法律规定的机关和有关组织可以向人民法院提起诉讼。"这一条款的增设具有实质意义,正式将公益诉讼制度纳入法律层面。公益诉讼入法,不仅有助于完善民事诉讼制度体系,促进社会公共利益的有效维护,遏制针对不特定多数人的相关违法侵权行为,而且有助于在消费者维权、反垄断、食品安全、环境保护等众多公共领域形成公民积极参与社会管理的可喜局面。在公益诉讼制度的发展进程中,该条款无疑具有里程碑式的意义。

公益诉讼是一个与私益诉讼相对的概念,是为了维护不特定人群的社会公共利益而提起的诉讼。[①] 公益诉讼包括民事公益诉讼和行政公益诉讼。民事公益诉讼,是指法律规定的机关、组织或个人,为了保护社会公共利益,对违反法律、侵害社会公共利益的行为,向人民法院提起诉讼,由人民法院按照民事诉讼程序依法审判并追究违法者法律责任的诉讼制度;在我国,有权提起公益诉讼的主体仅限于法律规定的机关和有关组织,个人无权提起公益诉讼。行政公益诉讼,是指检察机关认为行政主体行使职权的行为违法,侵害了公共利益或有侵害风险时,为维护公共利益向行政机关提出检察建议、督促其依法履行职责。当行政机关不依法履行职责时,人民检察院依法向人民法院提起诉讼的制度。

同私益诉讼相比,公益诉讼具有以下特征:第一,公益诉讼的目的是维护国家利益和社会公共利益。同现有的民事诉讼、行政诉讼不同,公益诉讼的目的不是对特定的法人、公民及其他组织的合法权益进行保护,而是为维护国家利益、社会公共利益,主持社会正义。所谓国家利益,包括国家的经济、军事、外交等方面的利益,其中经济利益的内容主要是对国有资产的占有、使用、收益、处分;[②] 而社会公共利益,应解释为社会生活的基础条件、环境、秩序、目标和道德准则及良好的风俗习惯。第二,公益诉讼案件的原告可以是与案件本身无直接利害关系的机关和组织。公益诉讼中的原告既可以是直接受到侵害的机关或组织,也

① 参见朱金高:《民事公益诉讼概念辨析》,载《法学论坛》2017 年第 3 期。

② 参见洪兵:《关于"国家利益"的理论思考》,载《中共天津市委党校学报》2001 年第 3 期。

可以是自身权利没有受到任何侵害的机关和有关组织。也就是说,只要有违法行为侵害了国家利益、社会公共利益或不特定多数人的合法权益,除检察机关可以代表国家提起诉讼外,符合条件的机关和有关组织亦可以自己的名义提起诉讼。第三,公益诉讼具有国家干预的成分。根据私权神圣的传统理念,国家和个人均不得介入他人私权领域,但个人利益与公共利益的矛盾始终存在。契约自由与公序良俗原则同生同长,基于个性的张扬不能否定社会公共利益的存在,绝对的自由必然造成权利的滥用。[①] 维护公序良俗是私权得以自治的前提,建立公益诉讼制度,国家允许法律规定的机关和有关组织对他人的行为提起诉讼,特别是赋予检察机关提起公益诉讼权,以公权介入私权,无疑具有国家干预的色彩。同时,公益诉讼维护公共利益的特点,决定了在诉讼过程中,要对当事人的一些权利进行限制,如撤诉权、和解权等。这些无疑都具有国家干预的特征。

三、什么是环境公益诉讼

环境公益诉讼制度产生于20世纪70年代。该制度的产生与现代国家公权力的扩张和人民对政府为谋求经济利益而牺牲环境利益的不信任情绪密切相关。环境损害事后救济具有滞后性,事前采取措施遏制污染和破坏行为导致的公共环境侵害成为一个现实性的问题。于是,环境损害救济开始从个人主义法理向社会本位法理过渡,出现了环境权利社会化的趋向。这种趋向以公众享有实体和程序的环境权为理论,进而发展成为一种公众参与环境决策的权利以及针对公众环境权益危害而可以提起诉讼的权利。[②]

"环境公益诉讼,是一种允许与争议案件无直接利害关系的原告出于保护环境公益的目的、以行政机关或者环境利用行为人为被告向法院起诉的行政诉讼或者民事诉讼。"[③]"从客体上看,环境公益诉讼需要应对的是行为'对环境的损害'",[④]"对人的损害"属于私益诉讼的救济对象。在我国当前环境司法实践中,环境民事公益诉讼与环境行政公益诉讼的主要区别在于诉讼对象和客体的不同:环境民事公益诉讼的诉讼对象是实施环境污染的行为人,诉讼客体是环境

---

① 参见王晖:《法律中的团结观与基本义务》,载《清华法学》2015年第3期。

② 参见汪劲:《环境法学》,北京大学出版社2014年版,第330页。

③ 汪劲:《环境法学》,北京大学出版社2014年版,第329页。

④ 吕忠梅:《环境公益诉讼辨析》,载《法商研究》2008年第6期。

污染行为;环境行政公益诉讼的诉讼对象是承担环境监督管理职能的行政机关,诉讼客体是行政机关的违法履职行为。依照相关法律规定,环境民事公益诉讼的原告是法律规定的机关、有关组织和人民检察院;环境行政公益诉讼的原告为人民检察院。[①]

在我国,民事公益诉讼主要指法律规定的机关或组织可以根据法律法规的授权,为了保护社会公共利益,对违反法律、侵害社会公共利益的行为,向人民法院提起诉讼,由法院按照民事诉讼程序依法审判并追究违法者法律责任的诉讼。在我国司法实践中,根据民事公益诉讼保护的利益不同,民事公益诉讼可分为环境公益诉讼、消费者权益保护公益诉讼。环境公益诉讼作为公益诉讼的一个主要类别,是指由于自然人、法人或其他组织的违法行为或不作为,使环境公共利益遭受侵害时,法律规定的机关或有关组织为维护环境公共利益而向人民法院提起的诉讼。《环境保护法》(2014 年修订)第 58 条规定:"对污染环境、破坏生态,损害社会公共利益的行为,符合下列条件的社会组织可以向人民法院提起诉讼:(一)依法在设区的市级以上人民政府民政部门登记;(二)专门从事环境保护公益活动连续五年以上且无违法记录。……"环境公益诉讼分为环境民事公益诉讼和环境行政公益诉讼。与传统的、一般的民事诉讼、行政诉讼相比,环境公益诉讼有其特殊性:

第一,环境公益诉讼的目的具有特殊性。

环境公益诉讼的目的是维护环境公共利益。具体来说,是为了保护国家环境利益、社会环境利益及不特定多数人的环境利益,追求社会公正、公平,保障社会可持续发展。

第二,环境公益诉讼的原告具有特殊性。

环境公益诉讼的目的是救济环境公共利益的损害,原告不一定是与本案有直接利害关系的人,法律规定的机关和有关组织可提起环境公益诉讼。[②]

第三,环境公益诉讼的诉讼对象具有特殊性。

环境公益诉讼可以针对民事主体,也可以针对行政主体。一般民事主体在社会经济活动中对环境造成破坏或损害即可以成为环境公益诉讼的对象,此时

---

① 参见别涛:《环境公益诉讼的立法构想》,载《环境保护》2005 年第 12 期。

② 参见朱凌珂:《环境民事公益诉讼中原告资格的制度缺陷及其改进》,载《学术界》2019 年第 12 期。

对一般民事主体提起的公益诉讼为环境民事公益诉讼。环境行政主管机关作为环境保护的监管机关及环境公共利益的维护者,如未履行其法定监管职责责令污染行为人纠正其违法排污行为或查处环境违法行为的,可以成为环境行政公益诉讼的诉讼对象,检察机关可对环境行政主管机关提起环境行政公益诉讼。[①]

第四,环境公益诉讼具有显著的预防性,同时兼具补救功能。

环境公益诉讼的提起及最终裁决并不要求一定有损害事实发生,只要能根据有关情况合理判断出可能使环境公益受到侵害,即可提起诉讼,要求判令行为人停止相关行为。[②] 这样可以有效地保护环境不受侵害,把可能发生的对环境的污染、生态的破坏消灭在萌芽状态。在环境公益诉讼中,这种预防功能尤为明显,因为环境一旦遭受破坏就难以恢复,所以法律有必要在环境侵害尚未发生或尚未完全发生时就允许相应的主体使用司法手段加以排除,从而阻止环境公益遭受无法弥补的损失或危害。

四、哪些主体可以提起环境公益诉讼

环境公益诉讼的特殊性在于环境侵害的特殊性:环境污染所造成的侵害是由多种因素长期积累扩张而成的,具有长期性、缓慢性的特点。环境污染对人体的危害所造成的疾病通常具有较长的潜伏期,一般很难判断出疾病是否与环境污染有直接关系,取证难度较大,从而难以维权和寻求司法救济。环境侵害的特殊性使环境公益诉讼的相关程序具有区别于其他程序的特殊性,其中便包括公益诉讼的启动主体。

世界各国关于环境公益诉讼的启动主体,主要有以下几种类型:承担环境保护职能的相关行政机关、司法项下的检察机关、社会项下的社会组织、公民个人。相较于普通的民事诉讼,环境公益诉讼由于其本身的公益性,其最显著的特点是启动主体与案件之间可以不具有直接利害关系。

(一)承担部分环境监督管理职责的行政机关的环境公益诉讼主体资格

由承担部分环境监督管理职责的行政机关提起环境公益诉讼具有一定的优

---

① 参见丁国民、高炳巡:《论我国环境公益诉讼的归位与诉讼模式的选择》,载《中国社会科学院研究生院学报》2016 年第 6 期。

② 参见吴凯杰:《论预防性环境公益诉讼》,载《理论与改革》2017 年第 3 期。

势,其作为原告提起环境民事公益诉讼,通过诉讼让污染行为人承担经济赔偿及污染治理的民事责任,可有效弥补单纯的行政处罚所无法实现的威慑效果。而且行政机关具有专业技术以及污染损害的分析鉴别能力,可有效平衡传统的环境侵权诉讼中原、被告双方在诉讼能力方面的差异,其掌握大量的行为人排放污染物污染环境的信息和数据,可在一定程度上缓解原告方取证难的问题。①

在我国,2017 年《民事诉讼法》第 55 条将"法律规定的机关"作为可以提起环境公益诉讼的主体之一,而目前我国的法律体系中只有《海洋环境保护法》中规定海洋局是可以提起民事赔偿诉讼的机关,②因此,严格意义上只有海洋局这一法律规定的行政机关具有提起环境公益诉讼的主体资格。本书第八章案例 1"中山市海洋与渔业局诉彭某某、冯某某等环境民事公益诉讼案"即对该问题进行了详细阐述。

(二)检察机关可以提起环境民事公益诉讼和环境行政公益诉讼

2015 年 7 月,第十二届全国人大常委会通过《关于授权最高人民检察院在部分地区开展公益诉讼试点工作的决定》,授权最高人民检察院在 13 个省、自治区、直辖市开展公益诉讼试点。2017 年 6 月,第十二届全国人大常委会通过了《关于修改〈中华人民共和国民事诉讼法〉和〈中华人民共和国行政诉讼法〉的决定》,增加了检察机关可以提起民事公益诉讼和行政公益诉讼的规定,标志着我国检察机关提起公益诉讼制度的正式确立。对于破坏生态环境和资源保护领域的损害社会公共利益的行为,检察机关可以提起环境公益诉讼。

根据《民事诉讼法》(2017 年修正)第 55 条规定,人民检察院在履行职责中如果发现破坏生态环境和资源保护、食品药品安全领域侵害众多消费者合法权益等损害社会公共利益的行为,在没有法律规定的机关和组织,或者法律规定的机关和组织不起诉的情况下,人民检察院可以向人民法院提起诉讼。

根据《行政诉讼法》(2017 年修正)第 25 条规定,人民检察院在履行职责中如果发现生态环境和资源保护、食品药品安全、国有财产保护、国有土地使用权出让等领域负有监督管理职责的行政机关违法行使职权或者不作为,致使国家

---

① 参见王玎:《检察机关提起行政公益诉讼的举证责任》,载《行政与法》2017 年第 10 期。

② 《海洋环境保护法》第 89 条规定:……对破坏海洋生态、海洋水产资源、海洋保护区,给国家造成重大损失的,由依照本法规定行使海洋环境监督管理权的部门代表国家对责任者提出损害赔偿要求。

利益或者社会公共利益受到侵害的,应当向行政机关提出检察建议,督促其依法履行职责。行政机关不依法履行职责的,人民检察院依法向人民法院提起诉讼。

检察机关作为司法机关,其主要职责是行使检察权,代表国家对犯罪分子提起公诉,维护整体社会秩序的稳定及社会公共利益。赋予检察机关在环境行政主管机关不履行环境监管职责或履职违法时提起行政公益诉讼的权力,可防止行政系统和司法系统脱节,有效监督环境行政主管机关依法履职,亦使公益诉讼的公益性与检察机关维护社会公共利益的特点相契合。

由于民事诉讼结构中原告与被告处于平等对抗的地位,法院在当事人之间保持中立,而检察机关兼具法律监督者的身份,会造成原告和被告之间平等地位的失衡。所以检察机关应承担补充性起诉的职责,即在没有适格主体或者适格主体不提起诉讼的前提下,检察机关才能以公益诉讼人的身份提起环境民事公益诉讼。根据最高人民法院、最高人民检察院《关于检察公益诉讼案件适用法律若干问题的解释》(2020 年修正)、《人民检察院提起公益诉讼试点工作实施办法》的规定,在提起民事公益诉讼之前,检察机关应当先依法督促法律规定的机关提起民事公益诉讼或者建议辖区内符合法律规定条件的有关组织提起民事公益诉讼。经过诉前程序,依然没有适格主体或者适格主体不提起诉讼,社会公共利益仍处于受侵害状态的,人民检察院可以提起民事公益诉讼,并应当提交已经履行督促或者支持法律规定的机关或有关组织提起民事公益诉讼的诉前程序的证明材料。

(三)社会组织享有法定的环境民事公益诉讼主体资格

2012 年修正的《民事诉讼法》第 55 条首次从立法上确立了社会组织提起环境民事公益诉讼的制度,但是该条规定过于宽泛笼统,实务操作中问题较多。

考虑到上述因素,2014 年《环境保护法》进一步完善了社会组织提起环境公益诉讼的制度。根据《环境保护法》(2014 年修订)第 58 条规定,对污染环境、破坏生态,损害社会公共利益的行为,符合下列条件的社会组织可以向人民法院提起诉讼:(1)依法在设区的市级以上人民政府民政部门登记;(2)专门从事环境保护公益活动连续 5 年以上且无违法记录。相比《民事诉讼法》(2012 年修正)中关于环境公益诉讼的规定,《环境保护法》(2014 年修订)扩大了环境公益诉讼的适用范围,并细化了环境公益诉讼的适格主体。

此外,最高人民法院于 2015 年 1 月 6 日发布的《关于审理环境民事公益诉讼案件适用法律若干问题的解释》(以下简称《环境民事公益诉讼司法解释》),进一步明确了社会组织提起环境民事公益诉讼的主体资格、环境公益诉讼的适用范围以及人民法院审理环境民事公益诉讼案件适用法律的若干问题等。

1. 社会组织作为公益诉讼启动主体的优势

赋予环保组织提起环境公益诉讼的职能,可发挥其高度关注环境污染的热情及灵活高效的运转机制,进一步激发其开展公益活动的积极性。[①] 其一,环保社会组织本身以公益性为主要定位,其本身存在的意义即为社会公共利益服务。其二,环保社会组织的组织动员能力较强,有能力组织社会活动。其三,环保社会组织在公益诉讼中对抗的是污染环境的行为人,相较于公民个人来讲,社会组织具有较强的对抗能力,同时也具有较大的影响力。

2. 社会组织在我国公益诉讼制度中的法律地位

我国《民事诉讼法》第 55 条明确赋予了社会组织启动环境公益诉讼的主体资格,《环境保护法》(2014 年修订)第 58 条也详细规定了具备提起环境民事公益诉讼的社会组织的条件,在允许其作为公益诉讼启动主体的同时,为保证其具备相应的诉讼能力,对主体范围又进行了适当限制。《环境民事公益诉讼司法解释》再次对社会组织的相关要求进行了具体化,进一步完善了环境公益诉讼制度中主体资格的规定,为符合条件的社会组织开展环境公益诉讼打通了制度通道。

五、环境民事公益诉讼与环境民事侵权诉讼的区别与衔接

吕忠梅教授认为:“环境权作为一项基本人权,是由生存权发展起来的一项新型权利,环境权不是公民个人对其择住环境的占有、使用、处分权,因而,不是财产权。环境权也不是要求他人不直接侵害公民生命健康的权利,因而也不是人格权。环境权始终以环境作为权利媒体,要求实现人类价值观的彻底转换,是建立在人与自然和谐共处,相互尊重的新型权利。”[②]

根据上文论述,环境民事公益诉讼是指由于自然人、法人或其他组织的已经损害社会公共利益或者具有损害社会公共利益重大风险的污染环境、破坏生态

① 参见黄锡生、余晓龙:《社会组织提起环境公益诉讼的综合激励机制重构》,载《法学论坛》2021 年第 1 期。

② 参见吕忠梅:《环境法新视野》,中国政法大学出版社 2000 年版,第 111 ~ 115 页。

的行为法律规定的机关和有关组织为维护公共利益而向人民法院提起的诉讼。环境侵权的概念有广义和狭义之分。广义的环境侵权是指人为的活动致使生态环境和自然资源遭受破坏或污染而侵害他人人身、财产权益,依法应当承担民事责任的一种特殊侵权行为,狭义的环境侵权概念仅指环境污染侵权。根据《民法典》、最高人民法院《关于审理环境侵权责任纠纷案件适用法律若干问题的解释》(以下简称《环境侵权责任司法解释》)的规定,环境民事侵权适用无过错责任原则。只要行为人有污染行为,受害人有损害事实发生,无论污染者有无过错,都应当承担侵权责任。环境民事公益诉讼与环境民事侵权诉讼都是我国有效保护公民环境权的司法救济途径,都具有保护环境和防止环境受侵害的作用。环境公益诉讼是对环境侵权诉讼之不足的有效补充,可以更加有效地威慑环境污染行为。

(一)环境民事公益诉讼与环境民事侵权诉讼的区别

1. 原告资格不同

环境民事公益诉讼的主体具有特殊性。有资格提起环境民事公益诉讼的原告是法律规定的机关和有关组织,不是与本案有直接利害关系的人。而环境民事侵权诉讼的发起者必须是与本案有直接利害关系的人,即遵循"无利益则无诉讼"的传统私益诉讼原则,此时原告是环境污染的直接受害人。[①]

2. 诉讼目的不同

环境公益诉讼的目的是维护环境公共利益。具体而言,是为了保护国家环境利益、社会环境利益及不特定多数人的环境利益,追求社会公正、公平,保障社会可持续发展。而环境侵权诉讼是为了维护私人利益,即受到环境污染直接侵害的特定受害者的人身利益及财产利益。

3. 救济方式不同

环境公益诉讼具有显著的预防性,同时兼具补救功能。环境公益诉讼的提起及最终裁决并不要求一定有损害事实发生,只要能根据有关情况合理判断出可能使社会公益受到侵害,即可提起诉讼,由违法行为人承担相应的法律责任,兼具事前救济与事后救济的特点。而环境侵权诉讼是基于人身利益或财产利益受到侵害而提起的诉讼,必须有损害事实发生,属于事后救济。

① 参见张式军:《环境公益诉讼原告资格研究》,山东文艺出版社2012年版。

(二)环境民事公益诉讼与环境民事侵权诉讼的衔接

污染环境造成他人人身或财产损害的,应承担环境污染的民事侵权责任,同时造成公共利益损害的,亦可被提起环境民事公益诉讼并承担相应责任。无论是环境民事公益诉讼,还是环境民事侵权诉讼,本质上都具有维护环境权益的价值。[①]《环境民事公益诉讼司法解释》第29条规定:“法律规定的机关和社会组织提起环境民事公益诉讼的,不影响因同一污染环境、破坏生态行为受到人身、财产损害的公民、法人和其他组织依据民事诉讼法第一百一十九条的规定提起诉讼。”根据上述规定,当同一污染行为既损害特定个体权益又损害社会公共的环境权益时,污染行为人很有可能既被提起环境侵权之诉,又被适格主体提起环境民事公益诉讼。

除此之外,《环境民事公益诉讼司法解释》在制度设计上还对公益诉讼生效裁判对私益诉讼的既判力以及公益诉讼和私益诉讼的受偿顺位问题作了规定。《环境民事公益诉讼司法解释》第30条规定:“已为环境民事公益诉讼生效裁判认定的事实,因同一污染环境、破坏生态行为依据民事诉讼法第一百一十九条规定提起诉讼的原告、被告均无需举证证明,但原告对该事实有异议并有相反证据足以推翻的除外。对于环境民事公益诉讼生效裁判就被告是否存在法律规定的不承担责任或者减轻责任的情形、行为与损害之间是否存在因果关系、被告承担责任的大小等所作的认定,因同一污染环境、破坏生态行为依据民事诉讼法第一百一十九条规定提起诉讼的原告主张适用的,人民法院应予支持,但被告有相反证据足以推翻的除外。被告主张直接适用对其有利的认定的,人民法院不予支持,被告仍应举证证明。”第31条规定:“被告因污染环境、破坏生态在环境民事公益诉讼和其他民事诉讼中均承担责任,其财产不足以履行全部义务的,应当先履行其他民事诉讼生效裁判所确定的义务,但法律另有规定的除外。”由此可见,当污染行为人的财产不足同时履行生效的私益诉讼和公益诉讼裁判所确定的义务时,公益诉讼裁判应让位于私益诉讼裁判,这体现了我国法律对于私益的优先保护。

---

① 参见张旭东:《环境民事公私益诉讼并行审理的困境与出路》,载《中国法学》2018年第5期。

六、环境民事公益诉讼与生态环境损害赔偿诉讼的关系

2015年12月,中共中央办公厅、国务院办公厅印发了《生态环境损害赔偿制度改革试点方案》(以下简称《试点方案》),在吉林、山东、江苏、湖南、重庆、贵州、云南7个省(市)部署开展生态环境损害赔偿制度改革试点工作,取得了明显的成效。为进一步在全国范围内加快构建生态环境损害赔偿制度,在总结各地区改革试点实践经验的基础上,中共中央办公厅、国务院办公厅于2017年12月印发了《生态环境损害赔偿制度改革方案》(以下简称《改革方案》),要求自2018年1月1日起,在全国试行生态环境损害赔偿制度。《改革方案》规定,国务院授权省级、地市级政府(包括直辖市所辖的区县级政府)作为本行政区域内的生态环境损害赔偿权利人。生态环境损害发生后,赔偿权利人应当组织开展生态环境损害调查、鉴定评估、修复方案编制等工作,主动与赔偿义务人磋商。如果磋商未达成一致,赔偿权利人可依法提起生态环境损害赔偿诉讼。就本质而言,生态环境损害赔偿诉讼属于一种特殊的民事诉讼,是我国环境损害赔偿制度体系的重要组成部分,但又不同于社会组织和检察机关提起的环境民事公益诉讼。[①]

(一)环境民事公益诉讼与生态环境损害赔偿诉讼的联系

1. 诉讼宗旨和目的基本相同

环境民事公益诉讼针对的是污染环境、破坏生态,损害社会公共利益的行为,旨在通过对损害社会公共利益的民事主体进行民事制裁来对受损的公共利益或者被破坏的环境进行救济或修复,从而保护生态环境公共利益。而生态环境损害赔偿诉讼则是通过督促省级、地市级政府与赔偿义务人进行磋商,在磋商未果时提起诉讼,最终实现对已经发生损害的生态环境进行赔偿或修复,其宗旨和目的也是保护生态环境公共利益。

2. 被告主体基本一致

环境民事公益诉讼的被告主体是污染环境、破坏生态,损害社会公共利益的民事主体;生态环境损害赔偿诉讼的被告主体是违反法律法规,造成生态环境损害的单位或个人,但是各地区可根据需要扩大生态环境损害赔偿义务人范围,并

---

① 参见刘慧慧:《生态环境损害赔偿诉讼衔接问题研究》,载《法律适用》2019年第21期。

提出相关立法建议。环境民事公益诉讼和生态环境损害赔偿诉讼的被告主体本质上是相同的，都是针对造成环境污染或者生态破坏的民事主体。

3. 适用范围大部分重合

《改革方案》规定，生态环境损害赔偿诉讼适用于生态环境损害案件，即造成大气、地表水、地下水、土壤、森林等环境要素和植物、动物、微生物等生物要素的不利改变，以及前述要素构成的生态系统功能退化的污染环境、破坏生态的行为。同时规定，对于发生较大及以上突发环境事件的、在国家和省级主体功能区规划中划定的重点生态功能区以及禁止开发区发生环境污染和生态破坏事件的，或者发生其他严重影响生态环境后果的，应当追究生态环境损害赔偿责任。环境民事公益诉讼与生态环境损害赔偿诉讼的适用范围大体上是相互包含或者重合的，都是适用于损害社会公共利益的污染环境或者破坏生态的行为，这也是为什么对于同一主体的同一污染环境或破坏生态的行为，曾发生既有法律规定的机关和有关组织对该主体提起环境民事公益诉讼，又有省市级政府对其提起生态环境损害赔偿诉讼的情形。①

4. 诉讼都具有广泛的影响力

无论是环境民事公益诉讼，还是生态环境损害赔偿诉讼，都具有广泛的社会影响力。普通的民事诉讼，由与案件有直接利害关系的特定的诉讼主体提起，诉讼结果仅对特定诉讼当事人发生法律效力，社会关注度较低。而环境民事公益诉讼由环境公益组织或检察机关提起，生态环境损害赔偿诉讼由省市级政府提起，维护的均是社会公众的环境公共利益，涉及一定范围内的生态环境的修复和保护，判决的结果涉及不特定人群的环境权益，影响力广泛，诉讼主体与诉讼目的的特定性，注定了环境民事公益诉讼与生态环境损害赔偿诉讼具有广泛的社会关注度和社会影响力。

（二）环境民事公益诉讼与生态环境损害赔偿诉讼的区别

1. 原告主体不同

在环境民事公益诉讼中，提起诉讼的原告是依法在设区的市级以上人民政府民政部门登记、专门从事环境保护公益活动连续五年以上且无违法记录的社会组织或者检察机关；生态环境损害赔偿诉讼的原告主体是省级、地市级政府

① 参见王旭光：《论生态环境损害赔偿诉讼的若干基本关系》，载《法律适用》2019年第21期。

(包括直辖市所辖的区县级政府)以及其指定的部门或机构。另外值得注意的是,无论是我国早期的环境民事公益诉讼,还是现有法律框架下的环境民事公益诉讼或者是生态环境损害赔偿诉讼,均未将公民个人纳入可提起诉讼的主体范围。

2. 侵权构成要件及起诉条件不同

根据《环境民事公益诉讼司法解释》第1条的规定,针对已经损害社会公共利益或者具有损害社会公共利益重大风险的污染环境、破坏生态的行为,法律规定的机关和有关组织可以提起环境民事公益诉讼。因此在起诉时间上,环境民事公益诉讼既可以在损害发生前,也可以在损害发生后提起。在侵权构成要件上,环境民事公益诉讼可以针对已经损害社会公共利益的环境违法行为提起,亦可针对虽然损害还没有发生,但是具有损害社会公共利益重大风险的行为提起。① 检察机关只有在没有法律规定的机关和组织,或者法律规定的机关和组织不起诉的情况下,才可以向人民法院提起诉讼;环境公益组织可直接提起环境民事公益诉讼。

根据《改革方案》的规定,首先,生态环境损害赔偿诉讼在时间上要开始于生态环境损害发生之后;其次,生态环境损害赔偿诉讼具有磋商的前置程序,即在生态环境损害发生之后,赔偿权利人应当组织开展生态环境损害调查、鉴定评估、修复方案编制等工作,并根据生态环境损害鉴定评估报告首先与赔偿义务人进行磋商以达成赔偿协议,只有在双方就生态环境损害赔偿进行磋商而未达成一致的情况下,赔偿权利人及其指定的部门或机构才有权提起生态环境损害赔偿诉讼。

3. 诉讼请求不同

社会组织提起的环境民事公益诉讼与检察机关提起的环境民事公益诉讼相比,虽然提起诉讼的原告性质不同,但两者本质上是相同的,诉讼请求基本相同,大多是要求被告停止侵害、消除危险、恢复原状、赔偿环境修复费用和环境服务功能损失、公开赔礼道歉以及支付律师费和诉讼费等主张。

在生态环境损害赔偿诉讼中,从目前我国生态环境损害赔偿诉讼的实践案例来看,虽然省级、地市级政府作为赔偿权利人的最终目的还是修复受损的生态

---

① 参见吴凯杰:《论预防性环境公益诉讼》,载《理论与改革》2017年第3期。

环境，但是考虑到生态环境损害赔偿诉讼是赔偿权利人与赔偿义务人在诉前磋商程序中未达成一致才提起的诉讼，因此赔偿权利人在生态环境损害赔偿诉讼中对被告的诉讼请求主要集中在让被告支付生态环境损害修复费用，从而对环境进行替代修复。①

4. 实现目的的手段不同

虽然环境民事公益诉讼和生态环境损害赔偿诉讼的最终目的都是防止生态环境等国家利益和社会公共利益受损，但是两种诉讼制度的侧重点，即实现目的的手段是不同的。环境民事公益诉讼侧重于判令损害社会公共利益的民事主体承担民事责任，并对受损或者被破坏的环境进行救济或修复来实现最终目的；生态环境损害赔偿诉讼侧重于通过督促省级、地市级政府与赔偿义务人进行磋商以及提起诉讼来对已经发生的生态环境损害进行修复。②

（三）环境民事公益诉讼和生态环境损害赔偿诉讼的衔接

在2019年6月最高人民法院《关于审理生态环境损害赔偿案件的若干规定（试行）》（以下简称《若干规定》）（2020年修正）出台前，没有明确确定环境民事公益诉讼和生态环境损害赔偿诉讼如何衔接，但是在实践中有些法院将两者合并审理。在《若干规定》出台后，明确规定了环境公益诉讼和生态环境损害赔偿诉讼顺位的问题，即人民法院受理因同一损害生态环境行为提起的生态环境损害赔偿诉讼案件和民事公益诉讼案件，应先中止民事公益诉讼案件的审理，待生态环境损害赔偿诉讼案件审理完毕后，就民事公益诉讼案件未被涵盖的诉讼请求依法作出裁判。同时，对在生态环境损害赔偿诉讼案件或者民事公益诉讼案件裁判生效后，就同一损害生态环境行为有证据证明存在前案审理时未发现的损害，并提起民事公益诉讼或生态环境损害赔偿诉讼的，人民法院应予受理。

七、我国现行制度中环境民事公益诉讼的特殊规则有哪些

（一）环境民事公益诉讼的原告资格

因环境公共利益具有普惠性和共享性，有必要鼓励、引导和规范能够代表公共利益的群体依法提起环境公益诉讼，以充分发挥环境公益诉讼作用。

---

① 参见王树义、李华琪：《论我国生态环境损害赔偿诉讼》，载《学习与实践》2018年第11期。

② 参见巩固：《环境民事公益诉讼性质定位省思》，载《法学研究》2019年第3期。

为保障公众有序参与环境治理、确立和救济公众环境权益、依法追究侵权行为人法律责任,《民事诉讼法》(2017 年修正)第 55 条规定:“对污染环境、侵害众多消费者合法权益等损害社会公共利益的行为,法律规定的机关和有关组织可以向人民法院提起诉讼。人民检察院在履行职责中发现破坏生态环境和资源保护、食品药品安全领域侵害众多消费者合法权益等损害社会公共利益的行为,在没有前款规定的机关和组织或者前款规定的机关和组织不提起诉讼的情况下,可以向人民法院提起诉讼。前款规定的机关或者组织提起诉讼的,人民检察院可以支持起诉。”该条规定了环境民事公益诉讼制度,明确赋予人民检察院和有关组织作为适格原告可以提起环境公益诉讼的资格。

为了明确“有关组织”范围和条件,《环境保护法》(2014 年修订)第 58 条规定:“对污染环境、破坏生态,损害社会公共利益的行为,符合下列条件的社会组织可以向人民法院提起诉讼:(一)依法在设区的市级以上人民政府民政部门登记;(二)专门从事环境保护公益活动连续五年以上且无违法记录。……”虽然上述规定基本上对环境民事公益诉讼的原告资格作出了较明确的规定,但是在司法实务中对“专门从事环境保护公益活动连续五年以上且无违法记录”之规定的适用存在分歧。

为此,2020 年《环境民事公益诉讼司法解释》第 4 条规定:“社会组织章程确定的宗旨和主要业务范围是维护社会公共利益,且从事环境保护公益活动的,可以认定为环境保护法第五十八条规定的‘专门从事环境保护公益活动’。社会组织提起的诉讼所涉及的社会公共利益,应与其宗旨和业务范围具有关联性。”第 5 条规定:“社会组织在提起诉讼前五年内未因从事业务活动违反法律、法规的规定受过行政、刑事处罚的,可以认定为环境保护法第五十八条规定的‘无违法记录’。”之后,在环境民事公益诉讼司法实务中基本统一了对原告资格的裁判标准。

(二)环境民事公益诉讼的支持起诉制度

根据《环境民事公益诉讼司法解释》第 11 条的规定,在社会组织提起环境民事公益诉讼的情形下,“检察机关、负有环境资源保护监督管理职责的部门及其他机关、社会组织、企业事业单位依据民事诉讼法第十五条的规定,可以通过提供法律咨询、提交书面意见、协助调查取证等方式支持社会组织依法提起环境民事公益诉讼”。支持起诉作为一项环境民事公益诉讼的重要制度安排,担纲着平衡多元起诉主体间关系的重任。①

（三）环境民事公益诉讼的申请参加诉讼制度

环境民事公益诉讼是迄今为止制度文本和司法案例最丰富的公益诉讼类型，检察机关、社会组织等都具有环境民事公益诉讼的原告主体资格。②《环境民事公益诉讼司法解释》第10条第2款规定，“有权提起诉讼的其他机关和社会组织在公告之日起三十日内申请参加诉讼，经审查符合法定条件的，人民法院应当将其列为共同原告；逾期申请的，不予准许”。

《环境民事公益诉讼司法解释》第11条规定，“检察机关、负有环境资源保护监督管理职责的部门及其他机关、社会组织、企业事业单位依据民事诉讼法第十五条的规定，可以通过提供法律咨询、提交书面意见、协助调查取证等方式支持社会组织依法提起环境民事公益诉讼”。

（四）环境民事公益诉讼的专家辅助人制度

由于环境侵权行为因果关系的复杂性以及相关问题的技术性，环境民事公益诉讼的专家辅助人制度构建中不仅明确了专家辅助人的作用，并且对于《民事诉讼法》第79条规定的专家辅助人进行了突破：经过质证的专家意见可以作为认定事实的根据。③ 2020年《环境民事公益诉讼司法解释》第15条规定，“当事人申请通知有专门知识的人出庭，就鉴定人作出的鉴定意见或者就因果关系、生态环境修复方式、生态环境修复费用以及生态环境受到损害至修复完成期间服务功能丧失导致的损失等专门性问题提出意见的，人民法院可以准许。前款规定的专家意见经质证，可以作为认定事实的根据”。

（五）环境民事公益诉讼的管辖

由于环境民事公益诉讼的特殊性，环境民事公益诉讼在级别管辖与地域管辖上不同于一般的民事诉讼。

《环境民事公益诉讼司法解释》第6条第1款规定：“第一审环境民事公益诉讼案件由污染环境、破坏生态行为发生地、损害结果地或者被告住所地的中级

① 参见秦天宝：《论环境民事公益诉讼中的支持起诉》，载《行政法学研究》2020年第6期。

② 参见吴俊：《环境民事公益诉讼的程序构造》，载《华东政法大学学报》2015年第6期。

③ 参见张素敏、张琦：《专家辅助人参与环境民事诉讼的现状检视与制度重构》，载《昆明理工大学学报（社会科学版）》2020年第3期。

以上人民法院管辖。”因此,第一审环境民事公益诉讼案件由中级以上人民法院管辖,管辖法院系污染环境、破坏生态行为发生地、损害结果地或者被告住所地法院。

1. 集中管辖

《环境民事公益诉讼司法解释》第7条规定:“经最高人民法院批准,高级人民法院可以根据本辖区环境和生态保护的实际情况,在辖区内确定部分中级人民法院受理第一审环境民事公益诉讼案件。中级人民法院管辖环境民事公益诉讼案件的区域由高级人民法院确定。”环境民事公益诉讼跨行政区划集中管辖主要基于案件量有限且分布不均的现实,以及满足专业化审判需求与消解地缘因素干扰的双重目的。[①] 部分省市集中管辖典型案例详见本书后文,如第四章案例3中重庆市万州区人民法院一审集中管辖。

2. 指定管辖

目前,在环境资源审判工作机制方面,各地法院依然处于探索阶段,我国人民法院设置与行政区划高度重叠的基本现状严重制约了环境资源审判庭在环境司法中应有的作用。由于前期在环境资源类案件审判的司法实践中,一些地区的基层法院设立了环境资源审判庭,构建“以集中管辖制度为原则,指定管辖为例外”的环境资源案件管辖制度是必要的,也是可行的。[②]《环境民事公益诉讼司法解释》第6条第2款规定:“中级人民法院认为确有必要的,可以在报请高级人民法院批准后,裁定将本院管辖的第一审环境民事公益诉讼案件交由基层人民法院审理。”

(六)环境民事公益诉讼的预防性责任

《环境民事公益诉讼司法解释》第18条规定:“对污染环境、破坏生态,已经损害社会公共利益或者具有损害社会公共利益重大风险的行为,原告可以请求被告承担停止侵害、排除妨碍、消除危险、修复生态环境、赔偿损失、赔礼道歉等民事责任。”第19条第1款规定:“原告为防止生态环境损害的发生和扩大,请求被告停止侵害、排除妨碍、消除危险的,人民法院可以依法予以支持。”对于损害

---

① 参见林海伟、陈丽霞、尹志望:《环境公益诉讼集中管辖:理论基点、制度缺陷与完善路径》,载《环境保护》2020年第10期。

② 参见李宁:《环境诉讼管辖问题研究》,载《山东审判》2016年第6期。

社会公共利益或者实施具有损害社会公共利益重大风险的行为人,可以要求其承担预防性责任、恢复性责任或赔偿性责任。可见,即使环境侵权人的行为尚未造成损害社会公共利益的后果,如果该行为达到"具有损害社会公共利益重大风险"的标准,仍可要求其承担停止侵害、排除妨碍、消除危险等预防性责任。本书收录了关于"具有损害社会公共利益的重大风险"认定标准及预防性责任的部分典型案例,如第二章案例1"绿孔雀案"及第二章案例2"全国首例预防性公益诉讼五小叶槭案"。

(七)环境民事公益诉讼的费用承担

《环境民事公益诉讼司法解释》第22条规定,原告请求被告承担以下费用的,人民法院可以依法予以支持:(1)生态环境损害调查、鉴定评估等费用;(2)清除污染以及防止损害的发生和扩大所支出的合理费用;(3)合理的律师费以及为诉讼支出的其他合理费用的。在实践中,环境民事公益诉讼的费用主要包括受理费、律师费和鉴定费。

在普通民事财产案件中,需依据诉请金额依照比例分段累计交纳案件受理费。环境民事公益诉讼中,其诉求赔偿数额往往较大,环保公益组织经常陷入无力缴纳案件受理费的困境。因此,《环境民事公益诉讼司法解释》第33条规定了:"原告交纳诉讼费用确有困难,依法申请缓交的,人民法院应予准许。败诉或者部分败诉的原告申请减交或者免交诉讼费用的,人民法院应当依照《诉讼费用交纳办法》的规定,视原告的经济状况和案件的审理情况决定是否准许。"但在实践中,各法院做法并不统一,如本书第七章案例2的"常州毒地案"中,一审法院判决:案件受理费1,891,800元,由两原告自然之友、中国绿发会共同负担。二审法院判决:一审案件受理费100元,二审案件受理费100元,由被告承担。

依据《环境民事公益诉讼司法解释》第22条规定,原告可诉请被告承担合理的律师费,但在实践中由于律师费并无统一的标准,法院认定律师费的情形亦不尽相同。若原告提供的律师费发票、委托代理协议、律师费收费机关说明及指导价标准等证据文件较为完整,诉请的律师费较为合理,法院通常会支持原告关于律师费的诉请。而如果原告缺乏相关证据材料,法院会酌定律师费的数额或对原告的该项诉请不予支持。如在本书第十章案例5"中国绿发会诉新郑市薛店镇花庄村民委员会等环境民事公益诉讼案"中,由于原告仅提供了律师费发票,但无法证明律师费的实际支出情况,亦不能提供相关合理证明,法院以律师费实际支出部分支持了原告的该项诉请。

由于环境公益诉讼的专业性和技术性,往往需要具备资格的鉴定人进行鉴定。依据《环境民事公益诉讼司法解释》第 22 条规定,原告可请求被告承担鉴定费用。在司法实践中,法院通常根据鉴定机构提供的鉴定清单确定鉴定费数额,若原告不能提供费用清单,则由法院依据相关指导价和鉴定标的额酌情确定。如本书第四章案例 6“重庆市人民政府、重庆两江志愿服务发展中心诉重庆藏金阁物业管理有限公司、重庆首旭环保科技有限公司环境民事公益诉讼案”中,原告诉请鉴定费用为 30 万元,但法院认为原告只提供了合同而无票据证明,且数额明显超过指导价,最终法院酌情判定鉴定费为 5 万元。

(八)环境民事公益诉讼赔偿资金的管理

生态环境损害赔偿资金,是指生态环境损害事件发生后,根据法院判决、调解或磋商的结果,由造成损害的单位或个人缴纳的,用于支付生态环境修复及相关费用的资金。[①] 由于我国法律尚无明文规定,各地关于生态损害赔偿资金的管理的做法并不统一。在吉林等 7 个省市开展生态环境损害赔偿制度改革试点后,2017 年 12 月,中共中央办公厅、国务院办公厅印发《改革方案》,规定了自 2018 年 1 月 1 日起,在全国试行生态环境损害赔偿制度。建立健全生态环境损害赔偿制度,由造成生态环境损害的责任者承担赔偿责任,修复受损生态环境,贯彻了环境保护法中损害担责的原则,有助于破解“企业污染、群众受害、政府埋单”的困局,有助于保护和改善人民群众生产、生活环境。

在实践中,生态环境损害赔偿金的管理主体依性质可分为公权力机关与非公权力机关。公权力机关管理,即由生态环境局、财政局、法院等机关设立生态环境损害赔偿金财政专户,由行政机关或司法机关对生态环境损害赔偿金进行收缴、执行等。非公权力机关管理,即通过全国性公募基金或专业信托机构等更加多样化的机构,对生态环境损害赔偿金进行管理。[②] 如本书第三章案例 4“北京市朝阳区自然之友环境研究所诉现代汽车(中国)投资有限公司大气污染责任纠纷案”,即为全国首例将慈善信托机制引入公益诉讼专项资金制度的环境

---

① 参见《山东省生态环境损害赔偿资金管理办法》第 2 条。

② 参见张辉:《论环境民事公益诉讼的责任承担方式》,载《法学论坛》2014 年第 6 期。

民事公益诉讼案件，为赔偿资金的管理提供了新的思路。

(九)环境民事公益诉讼的调解

《环境民事公益诉讼司法解释》第25条规定："环境民事公益诉讼当事人达成调解协议或者自行达成和解协议后，人民法院应当将协议内容公告，公告期间不少于三十日。公告期满后，人民法院审查认为调解协议或者和解协议的内容不损害社会公共利益的，应当出具调解书。当事人以达成和解协议为由申请撤诉的，不予准许。调解书应当写明诉讼请求、案件的基本事实和协议内容，并应当公开。"

传统的民事私益诉讼的诉讼对象是特定主体的财产或人身私益，如各方当事人在诉讼过程中同意调解，只要不违反法律规定，人民法院即可根据当事人的调解协议出具正式调解书，调解书的内容不向社会公开。

与传统的民事私益诉讼不同，环境民事公益诉讼是针对污染环境、破坏生态行为提起的诉讼，诉讼目的是维护社会公众的环境权益，诉讼请求中的"停止侵害、排除妨碍、消除危险、修复生态环境、赔偿损失、赔礼道歉"等具体要求也均是围绕着与环境权益相关的社会公共利益而设计。因此，即便是提起诉讼的原告，亦不可对与社会公共利益相关的各项诉讼请求进行擅自处分，如各方当事人有意通过调解的方式结案，各方达成的和解协议须首先向社会公开，接受社会公众监督，公告期满经人民法院审查认为协议内容不损害社会公共利益的，方可根据和解协议内容出具正式调解书。

(十)环境民事公益诉讼的替代性修复

《环境民事公益诉讼司法解释》第18条规定："对污染环境、破坏生态，已经损害社会公共利益或者具有损害社会公共利益重大风险的行为，原告可以请求被告承担停止侵害、排除妨碍、消除危险、修复生态环境、赔偿损失、赔礼道歉等民事责任。"前述规定中的"修复生态环境"实际是传统民事责任中的"恢复原状"在环境民事公益侵权责任中的具体化。

传统的民事责任中较多可以实现"恢复原状"。与传统的民事私益诉讼不同，环境污染具有复杂性、潜伏性、持续性、广泛性，且部分环境污染、生态破坏具有不可逆性，一旦破坏，就不可修复或者修复成本过高。对于受到环境污染影响的民众来说，事后的经济赔偿往往不足以从实质上扭转对环境造成的破坏。尽早遏制污染,尽快对受污染的环境开展修复,实际上比损害赔偿更重要,对环境污染、生态破坏行为防患于未然,才是《环境保护法》的方法本意。因此法律规定了替代性修复方式,《环境民事公益诉讼司法解释》第 20 条第 1 款规定:“原告请求修复生态环境的,人民法院可以依法判决被告将生态环境修复到损害发生之前的状态和功能。无法完全修复的,可以准许采用替代性修复方式。”

在司法实践中,社会组织及各地法院勇于尝试、大胆探索,开创了许多非常具有创新示范意义的替代性修复方式,如本书第二编第三章案例 4 的设立慈善信托公益基金、第二编第三章案例 5 的安装新能源电动车充电桩、第二编第十章案例 4 的设立文化展示中心、第二编第十章案例 5 的在侵权地设立警示标识、第二编第十章案例 6 的慈善捐款。

(十一)环境民事公益诉讼的惩罚性赔偿

《民法典》第 1232 条规定:“侵权人违反法律规定故意污染环境、破坏生态造成严重后果的,被侵权人有权请求相应的惩罚性赔偿。”

惩罚性赔偿是一种特殊的民事责任形式,是指由人民法院根据被侵权人的请求所依法作出的赔偿数额超出实际损害数额的赔偿,是在判令侵权人就其故意的侵权行为造成的损失对被侵权人进行弥补之外,判令侵权人额外承担的赔偿责任。惩罚性赔偿除对侵权人具有惩戒功能外,对案外人亦具有警示、教育的功能。《民法典》第 179 条规定了承担民事责任的方式,除了列举的停止侵害、排除妨碍、消除危险等 11 项外,还规定了“法律规定惩罚性赔偿的,依照其规定”。在第七编“侵权责任”中,第 1185、1207、1232 条又分别对知识产权侵权、产品责任侵权、污染环境破坏生态侵权中“惩罚性赔偿”的内容进行了具体规定。

环境侵权中的“惩罚性赔偿”规定在《民法典》第 1232 条中,内容表述为:“侵权人违反法律规定故意污染环境、破坏生态造成严重后果的,被侵权人有权请求相应的惩罚性赔偿。”该条并未明确规定“惩罚性赔偿”是适用于一般环境侵权诉讼、环境民事公益诉讼,还是适用于生态环境损害赔偿诉讼,亦未明确环境侵权案件中适用惩罚性赔偿的具体条件和规则。由于缺乏统一的标准,理论及实务界对该规则的适用存在较多争议,尚需通过司法解释对具体适用条件、赔偿权利主体、计算标准及自由裁量基准进行规定,提高该条款的可操作性。

在《民法典》颁布之前,部分法院在确定环境损害赔偿额或环境修复费时,是采用“虚拟治理成本法”量化环境治理所需费用并根据受污染区域的环境功能敏感程度乘以敏感系数计算出最终的环境损害赔偿额或环境修复费。采用虚拟治理成本乘以敏感系数作为环境损害赔偿额,实际上已具有了惩罚性赔偿的特征。如本书第二编第三章案例1、第二编第三章案例2、第二编第四章案例1、第二编第四章案例2、第二编第四章案例6、第二编第五章案例3、第二编第五章案例4,均采用此方法计算环境损害赔偿额或环境修复费。

在对“惩罚性赔偿”规则的适用没有作出具体规定前,为了更好地发挥惩罚性赔偿的功能与作用,环境公益诉讼案件中,可根据具体案情,综合个案中生态环境污染的种类、生态环境受损的范围和程度、生态环境恢复的难易程度、违法行为人主观恶意大小、违法行为人违法所获利益、自身承担责任的能力等因素,最终确定惩罚性赔偿数额。

第二编　典型案例及实务精要

第一章　社会组织提起环境民事公益诉讼的主体资格

由于环境民事公益诉讼突破了传统民事诉讼在原告资格方面所确立的“直接利害关系”规则，因此，提起环境民事公益诉讼的原告需要法律上明确的授权或特别规定。2012 年《民事诉讼法》第 55 条规定：“对污染环境、侵害众多消费者合法权益等损害社会公共利益的行为，法律规定的机关和有关组织可以向人民法院提起诉讼。”这是立法者对过去近 20 年公益诉讼实践的正式回应，也为环保组织发起公益诉讼提供了明确的法律依据，但在司法实践中因“法律规定的机关和有关组织”不明确，环境资源民事公益诉讼发展缓慢。2014 年《环境保护法》明确了提起环境民事公益诉讼主体的具体要求。随后，最高人民法院就环境民事公益诉讼又出台了司法解释，为社会组织提起环境民事公益诉讼进一步提供了操作空间。

就 2012 年《民事诉讼法》第 55 条规定的“有关组织”而言，《环境保护法》第 58 条第 1 款规定，满足“（一）依法在设区的市级以上人民政府民政部门登；（二）专门从事环境保护公益活动连续五年以上且无违法记录”两个要件的社会组织可以向人民法院提起环境民事公益诉讼，《环境民事公益诉讼司法解释》第 1 条也对适格社会组织进行了明确。根据上述规定，适格社会组织的认定需要满足的条件既包括积极条件，即符合社会组织登记机构的级别要求、专门从事环境保护公益活动连续 5 年以上、章程确定的宗旨和主要业务范围是维护社会公共利益且从事环境保护公益活动；又包括消极条件，即连续 5 年无违法记录。对于社会组织的环境民事诉讼主体资格的认定，在司法实践中，争议较多的条件是“专门从事环境保护公益活动连续五年以上”中“五年”的起算点及“专门从事环境保护公益活动”的标准，每个法院在认定相关要件时标准并不统一，理论和实务界对此关注较多。

此外,根据2017年《民事诉讼法》第55条第2款的规定,人民检察院在发现环境污染或者生态破坏行为损害公共利益,在没有适格的社会组织或者适格的社会组织不起诉的情形下,人民检察院可以提起环境民事公益诉讼。可见适格社会组织和人民检察院提起环境民事公益诉讼时存在法定的顺位关系,即环境民事公益诉讼优先由社会组织提起诉讼。

2020年,全国法院坚持生态环境的全方位司法保护,强化事前预防性司法和事后恢复性司法的应用,严格落实绿色原则,加大环境公益诉讼和生态环境损害赔偿诉讼审判力度,维护国家利益和社会公共利益,审结社会组织提起的环境民事公益诉讼案件103件,同比上升77.6%。社会组织在环境民事公益诉讼领域办理了一批在国内外具有重大影响的标杆性案件,彰显了社会组织在环境民事公益诉讼制度建设和司法实践中的重要作用。

案例1 社会组织"专门从事环境保护公益活动"的判断标准

——中国绿发会诉宁夏瑞泰科技股份有限公司等8家企业腾格里沙漠污染民事公益诉讼案①

【案例介绍】

案　号:最高人民法院(2016)最高法民再51号

一审原告:中国绿发会

一审被告:中卫市美利源水务有限公司

基本案情:2015年8月,中国绿发会向中卫市中级人民法院提起诉讼称:宁夏瑞泰科技股份有限公司等8家企业在生产过程中违规将超标废水直接排入蒸发池,造成腾格里沙漠严重污染,截至起诉时仍然没有整改完毕。中国绿发会向法院提交了基金会法人登记证书,显示中国绿发会是在国家民政部登记的基金会法人。中国绿发会提交的2010~2014年度检查证明材料,显示其在提起本案公益诉讼前五年年检合格。中国绿发会提交了五年内未因从事业务活动违反法

① 本案系最高人民法院2017年发布十起环境公益诉讼典型案例之案例二。

律、法规的规定而受到行政、刑事处罚的无违法记录声明。此外,中国绿发会章程规定,其宗旨为“广泛动员全社会关心和支持生物多样性保护和绿色发展事业,保护国家战略资源,促进生态文明建设和人与自然和谐,构建人类美好家园”。中国绿发会还向法院提交了其自1985年成立至今,一直实际从事包括举办环境保护研讨会、组织生态考察、开展环境保护宣传教育、提起环境民事公益诉讼等活动的相关证据材料。

原告诉讼请求:1.停止非法污染环境行为;2.对造成环境污染的危险予以消除;3.恢复生态环境或者成立沙漠环境修复专项基金并委托具有资质的第三方进行修复;4.针对第2项和第3项诉讼请求,由法院组织原告、技术专家、法律专家、人大代表、政协委员共同验收;5.赔偿环境修复前生态功能损失;6.在全国性媒体上公开赔礼道歉等。

一审法院认为:中国绿发会的宗旨与业务范围虽然是维护社会公共利益,但其章程中并未确定该基金会同时具备《环境民事公益诉讼司法解释》第四条规定的“从事环境保护公益活动”,且该基金会的登记证书确定的业务范围也没有从事环境保护的业务,故中国绿发会不能认定为《环境保护法》第五十八条规定的“专门从事环境保护公益活动”的社会组织。一审法院依照《环境保护法》第五十八条、《环境民事公益诉讼司法解释》第四条、《民事诉讼法》第一百二十三条的规定,裁定对中国绿发会的起诉不予受理。

一审法院裁定:对中国绿发会的起诉不予受理。

中国绿发会上诉称:一审法院未能正确理解“环境”及“环境保护”的概念,从而错误得出中国绿发会宗旨和业务范围没有“从事环境保护公益活动”的结论。上诉请求:1.撤销一审裁定;2.依法受理中国绿发会的起诉。

二审法院认为:中国绿发会的上诉不符合《环境保护法》第五十八条和《环境民事公益诉讼司法解释》第四条、第五条的规定,上诉理由不能成立。二审法院依照《民事诉讼法》第一百七十条第一款第一项、第一百七十一条、第一百七十五条的规定,裁定驳回中国绿发会的上诉,维持一审裁定。

二审法院裁定:驳回上诉,维持原裁定。

中国绿发会向最高人民法院申请再审称:1.二审裁定没有写明事实和理由,也没有对上诉意见进行法律分析,就认定中国绿发会上诉理由不符合《环境保护法》第五十八条和《环境民事公益诉讼司法解释》第四条、第五条的规定,不符合民事裁定应有的内容要求,不利于环境民事公益诉讼制度的有效实施。2.一审裁定未能正确理解"环境"以及"环境保护"的概念,错误得出中国绿发会宗旨和业务范围没有"从事环境保护公益活动"的结论。中国绿发会章程中的"生物多样性保护""绿色发展事业""生态文明建设""人与自然和谐""美好家园"等表述均属于环境保护的范畴。一审裁定单纯以没有"环境保护公益活动"的文字表述为由,认定中国绿发会未从事环境保护公益活动,属于对法律条文的机械理解,应予纠正。3.中国绿发会实际从事环境保护公益活动的情况,也印证了其章程所确定的"环境保护公益活动"的宗旨和业务范围。《环境民事公益诉讼司法解释》第四条放宽了对于社会组织专门从事环境保护公益活动的审查标准,体现了鼓励社会组织依法提起环境民事公益诉讼的司法导向。中国绿发会自成立以来,一直从事环境保护相关公益活动。二审裁定错误理解上述规定,适用法律错误。请求:1.撤销一审裁定和二审裁定;2.依法受理中国绿发会的起诉。

最高人民法院提审认为:本案系社会组织提起的环境污染公益诉讼。本案的争议焦点是中国绿发会应否认定为专门从事环境保护公益活动的社会组织。

《民事诉讼法》第五十五条规定了环境民事公益诉讼制度,明确法律规定的机关和有关组织可以提起环境公益诉讼。《环境保护法》第五十八条规定:"对污染环境、破坏生态,损害社会公共利益的行为,符合下列条件的社会组织可以向人民法院提起诉讼:(一)依法在设区的市级以上人民政府民政部门登记;(二)专门从事环境保护公益活动连续五年以上且无违法记录。符合前款规定的社会组织向人民法院提起诉讼,人民法院应当依法受理。……"《环境民事公益诉讼司法解释》第四条进一步明确了对于社会组织"专门从事环境保护公益活动"的判断标准,即"社会组织章程确定的宗旨和主要业务范围是维护社会公共利益,且从事环境保护公益活动的,可以认定为环境保护法第五十八条规定的'专门从事环境保护公益活动'。社会组织提起的诉讼所涉及的社会公共利益,应与其宗旨和业务范围具有关联性"。有关本案中国绿发会是否可以作为"专门从事环境保护公益活动"的社会组织提起本案诉讼,应重点从其宗旨和业务范围是否包含维护环境公共利益,是否实际从事环境保护公益活动,以及所维护的环境公共利益是否与其宗旨和业务范围具有关联性三个方面进行审查。

第一,关于中国绿发会章程规定的宗旨和业务范围是否包含维护环境公共利益的问题。对于社会组织宗旨和业务范围是否包含维护环境公共利益,应根据其内涵而非简单依据文字表述作出判断。社会组织章程即使未写明维护环境公共利益,但若其工作内容属于保护各种影响人类生存和发展的天然的和经过人工改造的自然因素的范畴,包括对大气、水、海洋、土地、矿藏、森林、草原、湿地、野生生物、自然遗迹、人文遗迹、自然保护区、风景名胜区、城市和乡村等环境要素及其生态系统的保护,均可以认定为宗旨和业务范围包含维护环境公共利益。

第二,关于中国绿发会是否实际从事环境保护公益活动的问题。环境保护公益活动,不仅包括植树造林、濒危物种保护、节能减排、环境修复等直接改善生态环境的行为,还包括与环境保护有关的宣传教育、研究培训、学术交流、法律援助、公益诉讼等有利于完善环境治理体系,提高环境治理能力,促进全社会形成环境保护广泛共识的活动。中国绿发会自 1985 年成立以来长期实际从事包括举办环境保护研讨会、组织生态考察、开展环境保护宣传教育、提起环境民事公益诉讼等环境保护活动,符合《环境保护法》和《环境民事公益诉讼司法解释》的规定。

第三,关于本案所涉及的社会公共利益与中国绿发会宗旨和业务范围是否具有关联性的问题。依据《环境民事公益诉讼司法解释》第四条的规定,社会组织提起的公益诉讼涉及的环境公共利益,应与社会组织的宗旨和业务范围具有一定关联。本案环境公益诉讼系针对腾格里沙漠污染提起。沙漠生物群落及其环境相互作用所形成的复杂而脆弱的沙漠生态系统,更加需要人类的珍惜利用和悉心呵护。中国绿发会起诉认为瑞泰公司将超标废水排入蒸发池,严重破坏了腾格里沙漠本已脆弱的生态系统,所涉及的环境公共利益之维护属于中国绿发会宗旨和业务范围。

此外,中国绿发会提交的基金会法人登记证书显示,中国绿发会是在中华人民共和国民政部登记的基金会法人。中国绿发会提交的 2010 ~ 2014 年度检查证明材料,显示其在提起本案公益诉讼前五年年检合格。中国绿发会还按照《环境民事公益诉讼司法解释》第五条的规定提交了其五年内未因从事业务活动违反法律、法规的规定而受到行政、刑事处罚的无违法记录声明。据此,中国绿发会亦符合《环境保护法》第五十八条,《环境民事公益诉讼司法解释》第二条、第三条、第五条对提起环境公益诉讼社会组织的其他要求,具备提起环境民事公益诉讼的主体资格。

最高人民法院裁定:本案由宁夏回族自治区中卫市中级人民法院立案受理。

【实务要点评析】

环境民事公益诉讼,是“特定国家机关、个人、团体对于侵犯环境公共利益的行为起诉、由法院依法追究行为人法律责任的制度”。[①] 相较于传统的民事诉讼,环境民事公益诉讼最主要有两大特征:其一,环境民事公益诉讼的原告是“法律规定的机关和有关组织”而非与案件有直接的人身或财产利害关系的当事人;其二,环境民事公益诉讼维护的是具有明显公共属性的环境权益而非特定主体享有私益属性的财产权益或人身权益。[②] 因此,从理论上讲,包括自然人在内的任何社会主体均可提起环境民事公益诉讼,但由于我国现阶段环境污染严峻的客观现状,为了避免环境公益诉讼大量暴发而给司法机关带来压力,我国又对提起环境民事公益诉讼的原告资格进行了适当限制。

2012 年《民事诉讼法》第 55 条规定:“对污染环境、侵害众多消费者合法权益等损害社会公共利益的行为,法律规定的机关和有关组织可以向人民法院提起诉讼。”自此,环境公益诉讼正式从理论走向实务,公益诉讼制度正式以法律条款的形式在我国得以确立。

2014 年,新的《环境保护法》修订通过,该法第 58 条规定:“对污染环境、破坏生态,损害社会公共利益的行为,符合下列条件的社会组织可以向人民法院提起诉讼:(一)依法在设区的市级以上人民政府民政部门登记;(二)专门从事环境保护公益活动连续五年以上且无违法记录。符合前款规定的社会组织向人民法院提起诉讼,人民法院应当依法受理。……”

《环境民事公益诉讼司法解释》第 2、3、4、5 条,对如何判断和界定《环境保护法》第 58 条规定的“社会组织”,确立了标准。司法实践中,对判断上述司法解释第 2、3 条所规定的标准,基本没有分歧,但在判断社会组织是否符合上述司法解释第 4、5 条所规定的标准,即社会组织章程确定的宗旨和主要业务范围是否是维护社会公共利益,社会组织是否从事环境保护公益活动,社会组织提起的诉讼所涉及的社会公共利益是否与其宗旨和业务范围具有关联性时,在本案由最高人民法院再审裁定之前,各地法院认识和理解不完全一致。

---

① 吕忠梅主编:《环境法原理》,复旦大学出版社 2017 年版,第 205 页。

② 参见王翼妍、满洪杰:《论环境民事公益诉讼原告资格的实践扩张》,载《法律适用》2017 年第 7 期。

本案宁夏回族自治区中卫市中级人民法院及宁夏高级人民法院均认为，原告中国绿发会的宗旨与业务范围虽然是维护社会公共利益，但其章程中并未明确其是否符合《环境民事公益诉讼司法解释》第4条规定的“从事环境保护公益活动”，且该基金会的登记证书载明的业务范围也未包含“从事环境保护的业务”，故中国绿发会不能认定为《环境保护法》第58条规定的“专门从事环境保护公益活动”的社会组织，裁定对中国绿发会的起诉不予受理。

中国绿发会向最高人民法院申请再审，最高人民法院最终认定中国绿发会具备提起环境民事公益诉讼的原告资格。自从本案由最高人民法院就上述问题确立统一的标准和尺度后，此后的司法实践基本就未再出现分歧。

一、如何认定社会组织章程规定的宗旨和业务范围是否包含维护环境公共利益

法律判断向来重实质而轻形式，对于社会组织的宗旨和业务范围的判断亦是如此。社会组织的宗旨和业务范围是否包含维护环境公共利益，不应仅关注其章程中关于宗旨和业务范围的文字的表面含义，更应从其文字背后的内涵及引申含义进行判断。即使社会组织章程未明确以文字表述“环境公共利益”，但若实际上其工作内容与保护各种环境要素相关，与《环境保护法》第2条所规定的“影响人类生存和发展的各种天然的和经过人工改造的自然因素”相关，即包括了对大气、水、海洋、土地、矿藏、森林、草原、湿地、野生生物、自然遗迹、人文遗迹、自然保护区、风景名胜区、城市和乡村等环境要素及其生态系统的保护，即可以认定社会组织的宗旨和业务范围包含维护“环境公共利益”。①

社会组织章程中以“促进生态文明建设”“人与自然和谐”“构建人类美好家园”“绿色发展事业”等文字或类似文字载明其宗旨或业务范围的，符合联合国《生物多样性公约》和我国《环境保护法》关于保护生物多样性、合理开发利用自然资源等要求，契合绿色发展理念，亦与环境保护密切相关，属于维护环境公共利益的范畴，应当认定社会组织的宗旨和业务范围包含维护环境公共利益。

二、如何认定社会组织是否实际从事环境保护公益活动

在传统观念中，环境保护公益活动仅指植树造林、濒危物种保护、节能减排、

---

① 参见王旭光、刘小飞、叶阳、吴凯敏、李兵：《〈中国生物多样性保护与绿色发展基金会诉宁夏瑞泰科技股份有限公司环境污染公益诉讼案〉的理解与参照——社会组织是否具备环境民事公益诉讼原告主体资格的认定》，载《人民司法（案例）》2018年第23期。

环境修复等直接改善生态环境的行为，并不认为与环境保护有关的宣传教育、研究培训、学术交流、法律援助、公益诉讼等活动也是环境保护公益活动。而实际上，与环境保护相关的宣传教育、研究培训、学术交流、法律援助、公益诉讼等活动也是环境保护公益活动的重要组成部分，这些活动对完善环境治理体系、提高环境治理能力、促进全社会形成环境保护的共识发挥着不可替代的作用。因此，社会组织如从事的是与环境保护相关的该等活动，应认定其实际从事环境保护公益活动。①

三、如何认定社会组织拟提起诉讼的案件所涉及的社会公共利益与社会组织的宗旨和业务范围是否具有关联性

《环境民事公益诉讼司法解释》第4条第2款规定："社会组织提起的诉讼所涉及的社会公共利益，应与其宗旨和业务范围具有关联性。"司法实践中，对此项标准应从宽把握。即使从表面上看，社会组织起诉事项涉及的社会公共利益与其章程文字载明的宗旨和业务范围不具有直接相关性，但只要与其宗旨所保护的环境要素或者生态系统具有间接的或潜在的联系，亦应认定与其宗旨和业务范围具有关联性，确认其原告的主体资格。本案环境公益诉讼系针对沙漠污染提起，污染企业将超标废水排入蒸发池，严重破坏了沙漠脆弱的生态系统，所涉及的环境公共利益从本质上与中国绿发会"促进生态文明建设""构建人类美好家园"的宗旨是契合的，可以认定为具有关联性。

案例2 "从事环境保护公益活动连续五年"起算点的认定

——北京市朝阳区自然之友环境研究所、福建省绿家园环境友好中心诉谢某等4人环境民事公益诉讼案②

【案例介绍】

案　号：福建省高级人民法院(2015)闽民终字第2060号

一审原告：北京市朝阳区自然之友环境研究所(以下简称自然之友)、福建

① 参见孙洪坤、俞翰沁：《社会组织提起环境公益诉讼资格认定偏差的分析——以"腾格里沙漠案"绿发会遭遇起诉尴尬为例》，载《环境保护》2017年第Z1期。

② 本案系最高人民法院2015年度发布十起环境侵权典型案例之案例一。

省绿家园环境友好中心(以下简称福建绿家园)

支持起诉人:福建省南平市人民检察院

一审被告:谢某、李某、倪某、郑某

基本案情:2008年7月29日,被告李某与被告谢某、倪某、郑某签订采矿权转让合同,被告李某将位于福建省南平市延平区太平镇葫芦山村的矿山及延平区恒兴石材厂,转让给被告谢某、倪某、郑某,采矿许可期限至2008年8月。该转让合同未经主管部门审批,且合同约定的矿山范围被扩大至原采矿点山顶整个范围。在未依法取得占用林地许可证及办理采矿许可延期手续的情况下,被告谢某、倪某、郑某改变原有塘口位置,从山顶剥山皮和开采矿石,并将产生的弃石往山下倾倒,至2010年年初停止开采,造成林地原有植被严重毁坏。在国土资源部门数次责令停止采矿的情况下,2011年6月,被告谢某、倪某、郑某仍雇佣工人用挖掘机开路和扩大矿山塘口面积,再次造成林地植被毁坏。被告谢某、倪某、郑某采石塘口非法占用林地19.44亩,被告李某矿山转让前已占用林地8.89亩,两者先后共占用林地28.33亩。被告谢某、倪某、郑某因犯非法占用农用地罪,于2014年7月28日被南平市延平区人民法院分别判处刑罚,上诉后被南平市中级人民法院维持。

2015年1月1日,即新修订的《环境保护法》正式生效的当天,原告自然之友、福建绿家园共同向南平市中级人民法院提起环境民事公益诉讼,要求被告恢复植被、赔偿损失。

原告诉讼请求:1. 判令四被告在3个月内清除南平市延平区葫芦山砂基洋恒兴石材厂矿山采石处现存工棚、机械设备、石料和弃石,恢复被破坏的28.33亩林地植被(山顶19.44亩、原塘口8.89亩);2. 四被告不能按第1项请求3个月内恢复林地植被的,赔偿生态环境修复费用110.19万元,由第三人用该款组织恢复林地植被;3. 判令四被告赔偿生态环境受到损害至恢复原状期间服务功能损失134万元;4. 判令四被告承担诉讼费,赔偿原告自然之友支出的律师服务费96,200元、评估费6000元、工作人员差旅费56,537.9元,赔偿原告福建绿家园支出的律师服务费25,261元、工作人员差旅费19,000元。

被告谢某、倪某、郑某辩称:1. 原告自然之友主体不适格……本案例本环节其他内容在本书第九章案例2部分已详细阐述,此处不再赘述。

一审法院认为:本案争议的主要焦点问题如下。1. 原告自然之友、福建绿家园是否符合“从事环境保护公益活动连续五年以上”的主体资格要件;2. 被告谢某、倪某、郑某、李某是否应承担破坏生态环境的侵权责任,以及具体的责任形式和责任大小;3.《环境民事公益诉讼司法解释》规定的生态环境受到损害至恢复原状期间服务功能的损失是否适用于本案;4. 评估费用、律师费以及为诉讼支出的其他合理费用的确定问题;5. 第三人国土延平分局、延平区林业局是否应承担组织恢复植被的民事责任。

关于原告自然之友、福建绿家园的主体资格问题。《环境保护法》第五十八条第一款规定:“对污染环境、破坏生态,损害社会公共利益的行为,符合下列条件的社会组织可以向人民法院提起诉讼:(一)依法在设区的市级以上人民政府民政部门登记;(二)专门从事环境保护公益活动连续五年以上且无违法记录。”原告自然之友系2010年6月18日在北京市朝阳区民政局登记成立的民办非企业单位,虽然其自登记之日起至本案起诉之日止成立不满五年,但其在登记前已经依法从事环境保护公益活动,至提起本案诉讼前从事环境保护公益活动已满五年,且在本案诉讼过程中其登记设立已满五年,并无违法记录。因此,原告自然之友在本案中符合“从事环境保护公益活动连续五年以上”的主体资格要件。原告福建绿家园于2006年11月7日在福建省民政厅登记,是从事环境保护的非营利性的社会组织,专门从事环境保护公益活动连续五年以上且无违法记录。故原告自然之友、福建绿家园均符合《环境保护法》第五十八条的规定,作为公益诉讼原告的主体适格。

本案例下述内容在本书第九章案例2部分已详细阐述,此处不再赘述。

【实务要点评析】

原告自然之友、福建绿家园是否具备提起环境民事公益诉讼的主体资格(本章节仅探讨原告是否具备提起环境民事公益诉讼的主体资格的问题)。

《环境保护法》第58条规定了可提起环境民事公益诉讼的社会组织应当具备的条件,《环境民事公益诉讼司法解释》第2、3、4、5条又对如何判断社会组织是否符合《环境保护法》第58条规定的标准进行了详细规定。

由上述规定可知,社会组织作为原告提起环境民事公益诉讼,须具备下述条件:1. 依法在设区的市级以上人民政府民政部门登记;2. 专门从事环境保护公益活动连续五年以上;3. 无违法记录;4. 社会组织提起的诉讼所涉及的社会公共利益，应与其宗旨和业务范围具有关联性。需要重点强调的是，前述第2项条件的"五年"是"专门从事环境保护公益活动连续五年"而非"成立之日起满五年"。本案被告即以自然之友自成立之日起至起诉之日未满五年为由进行抗辩，认为自然之友不具备提起环境民事公益诉讼的原告主体资格。

我国对社会组织的管理体系相对比较复杂，较多的社会组织在未取得民政部门登记注册的情况下即开展公益活动，正式登记注册的时间晚于开展公益活动的时间。[①] 根据本案法院查明的事实，自然之友在2003年5月8日即以"中国文化书院绿色分院"的名义作为社会团体分支机构在民政部门进行了登记，英文名称为 Friends of Nature，习称自然之友，并以此名称开展各类公益活动。2010年6月18日，自然之友在民政部门依法进行了独立登记，性质为"民办非事业单位"。因此，自然之友在本案一审起诉时，虽自注册登记之日起确实未满五年，但其自2003年5月8日起即实际开展环境保护公益活动，如从那时起算，则早已超过五年，因此，自然之友具备提起环境民事公益诉讼的原告主体资格。

案例3 社会组织不具备提起海洋环境民事公益诉讼的原告主体资格

——北京市朝阳区自然之友环境研究所诉荣成伟伯渔业有限公司等环境民事公益诉讼案

【案例介绍】

案　号：最高人民法院(2019)最高法民申6214号

一审原告：北京市朝阳区自然之友环境研究所(以下简称自然之友)

一审被告：荣成伟伯渔业有限公司(以下简称伟伯渔业)、王某波、何某青

基本案情：2015年至2017年禁渔期内，伟伯渔业使用违规的双拖网作业方式和禁用的绝户网，在山东、浙江、江苏等沿海海域非法捕捞水产品910余万公斤，对禁渔区内部分海洋渔业资源造成了毁灭性的破坏。

自然之友针对该公司损害海洋渔业资源、破坏海洋生态环境的行为向青岛海事法院提起海洋公益诉讼。青岛海事法院认为自然之友不具有原告主体资

---

① 参见李友梅、梁波：《中国社会组织政策：历史变迁、制度逻辑及创新方向》，载《社会政策研究》2017年第1期。

格,遂裁定驳回起诉。自然之友不服,提起上诉。2018年9月20日,山东省高级人民法院驳回上诉,维持一审裁定。2019年12月20日,最高人民法院驳回自然之友的再审申请。

原告诉讼请求:1.判令伟伯渔业、王某波、何某青共同承担因2015年、2016年、2017年禁渔期间非法捕捞所造成的海洋渔业资源修复费用,具体数额以专家意见或鉴定结论为准;2.伟伯渔业、王某波、何某青承担本案鉴定费或专家咨询费以及自然之友律师费等合理支出。

一审法院认为:本案系针对破坏海洋渔业水域生态环境提起的公益诉讼。《海洋环境保护法》第五条第四款规定:"国家渔业行政主管部门负责渔港水域内非军事船舶和渔港水域外渔业船舶污染海洋环境的监督管理,负责保护渔业水域生态环境工作,并调查处理前款规定的污染事故以外的渔业污染事故。"该法第八十九条第二款规定:"对破坏海洋生态、海洋水产资源、海洋保护区,给国家造成重大损失的,由依照本法规定行使海洋环境监督管理权的部门代表国家对责任者提出损害赔偿请求。"该法律规定赋予国家渔业行政主管部门保护海洋渔业水域生态环境的职责,专门授权国家渔业行政主管部门代表国家对破坏海洋渔业水域生态环境给国家造成重大损失的责任者提出损害赔偿请求,也同时排除了社会组织提出该类请求的资格。尽管《环境保护法》第五十八条规定社会组织对破坏生态损害社会公共利益的行为可以提起公益诉讼,但该条规定系就普通生态破坏提起民事公益诉讼的一般规定,而《海洋环境保护法》第八十九条第二款是海洋渔业水域生态破坏损害赔偿方面的特别规定,依照《立法法》第九十二条确立的优先适用特别规定的原则,本案应适用《海洋环境保护法》第八十九条第二款的规定。因此,自然之友不是提起本案诉讼的适格主体,对其起诉依法应予以驳回。

一审法院裁定:驳回自然之友的起诉。

自然之友上诉称:撤销一审裁定,指令一审法院继续审理。其上诉理由是:第一,根据《环境保护法》第五十八条、《民事诉讼法》第五十五条第一款及相关法律法规和司法解释规定,《海洋环境保护法》第八十九条第二款是补充性、授权性规定,赋予海洋环境监督管理部门提起海洋环境民事公益诉讼主体资格的同时,并未排除社会组织及检察机关的诉讼主体资格。1.从文义解释角度看,《海洋环境保护法》第八十九条第二款规定的海洋环境公益诉讼不能覆盖全部的损害类型、不同损害程度的海洋生态环境损害，索赔内容也限于损害赔偿。对于非重大损失，海洋环境监督管理部门无权提出索赔，亦不能请求被告承担停止侵害、排除妨碍、消除危险、恢复原状等民事责任。对于该规定之外的损害类型和损害程度的侵害主体提起诉讼，应基于《环境保护法》《民事诉讼法》及相关司法解释，由社会组织提起。2. 从立法沿革、立法目的看，符合条件的社会组织亦可以提起海洋环境公益诉讼。1999 年《海洋环境保护法》修订，规定国家海洋环境监督管理部门代表国家提出“损害赔偿要求”。此后，通过修改《民事诉讼法》《环境保护法》，我国逐步建立起环境公益诉讼制度，扩大了环境公益诉讼的起诉主体范围。上述三部法律均以保护海洋生态环境为立法目标。3.《环境保护法》第五十八条与《海洋环境保护法》第八十九条第二款之间不是一般规定与特别规定的关系。前者是对维护社会公共利益的环境公益诉讼制度的规定，后者是对维护国家利益受损时的损害赔偿制度的规定，两者在制度设计目的、保护利益类型、救济方式和范围上均有不同。第二，符合条件的社会组织是提起海洋环境公益诉讼的权利来源，法理基础不同于海洋环境监督管理部门。国家利益完全不等同于社会公共利益。根据《民事诉讼法》《环境保护法》及相关司法解释提起的诉讼，是基于环境权的公共性和社会公益性，符合条件的社会组织享有代表社会公众提起环境公益诉讼的主体资格。根据《海洋环境保护法》第八十九条第二款的规定，海洋环境监督管理部门是代表国家通过司法或行政手段向加害人索赔。海洋环境监督管理部门提起诉讼的主体资格来源于资源侵权，是实体上的权利。第三，司法实践中，检察机关作为海洋环境民事公益诉讼适格原告提起诉讼的事实，也可以印证《海洋环境保护法》第八十九条第二款并非排他性规定。广州海事法院（2017）粤 72 民初 431 号、（2017）粤 72 民初 432 号判决已作出，检察机关作为原告提起了海洋环境公益诉讼。综上，请求二审法院支持自然之友的上诉请求。

二审法院认为：本案系自然之友以伟伯渔业、王某波及何某青非法捕捞、破坏海洋渔业资源为由提起的民事诉讼。据该起诉所依据的事实和理由，伟伯渔业、王某波及何某青非法捕捞行为破坏的对象是海洋生态环境。针对破坏海洋生态环境侵权者提起的公益诉讼具有特殊性，《海洋环境保护法》第八十九条第二款明确赋予行使海洋环境监督管理权的部门代表国家对破坏海洋生态环境的侵权者主张民事责任，该规定是确定提起海洋公益诉讼原告主体资格的法律依据。《环境保护法》等法律及相关司法解释关于公益诉讼原告主体资格的规定，适用于一般公益诉讼。根据特别法优于一般法的原则，针对损害海洋渔业资源、破坏海洋生态环境提起的公益诉讼，在本案中应由国家渔业行政主管部门作为原告提起。自然之友作为社会组织，不具有原告主体资格。

二审法院裁定：驳回上诉，维持原裁定。

自然之友申请再审称：1. 原审裁定适用法律错误。《海洋环境保护法》第八十九条第二款规定与《环境保护法》第五十八条规定规范对象、请求权基础、救济方式与救济范围不同，并非一般法律规范和特别法律规范的关系，原审法院根据《立法法》第九十二条确立的优先适用特别规定的原则，适用《海洋环境保护法》第八十九条第二款的规定，排除符合条件的社会组织和检察机关的诉讼主体资格，属于适用法律错误。2. 依照《环境保护法》《民事诉讼法》及相关司法解释的规定，自然之友享有本案诉讼主体资格。首先，根据当时的最高人民法院《关于适用〈中华人民共和国民事诉讼法〉的解释》（以下简称《民诉法解释》）第二百八十四条及《环境民事公益诉讼司法解释》第一条的规定，自然之友为符合法律规定可以提起环境民事公益诉讼的社会组织，有明确的被告及具体的诉讼请求和事实理由，属于人民法院受理民事诉讼的范围和受诉人民法院管辖，人民法院应当受理。其次，根据新法优于旧法的原则，《环境保护法》和《民事诉讼法》中的授权性条款是自然之友依法提起海洋环境民事公益诉讼的法律依据。全国人大常委会2012年修正《民事诉讼法》、2014年修订《环境保护法》时新增的环境民事公益诉讼条款，相对于《海洋环境保护法》（1999年）第九十条第二款是新法，应当优先适用。特别法优于一般法原则和新法优于旧法原则是同一条款确立的同一位阶的法律原则，前者不能排除后者适用。原审法院忽略了立法机关对旧法的完善和补充，将其用于排除自然之友诉权的依据，适用法律错误。3. 从立法沿革和立法目标来看，海洋环境公益诉讼的适格原告与一般环境公益诉讼不应区别对待。环境公益诉讼制度在诉讼主体资格上更有利于发挥社会组织和检察机关的监督作用。原审法院机械、限缩解释《海洋环境保护法》第八十九条第二款，将海洋民事公益诉讼的适格原告限定为行使海洋环境监督管理权的部门，不根据《民事诉讼法》和《环境保护法》的修订认定自然之友原告资格，不利于实现保护海洋生态环境的立法目标。4. 司法实践中，检察机关作为海洋环境民事公益诉讼适格原告提起诉讼也可印证海洋监督管理部门并非唯一适格原告。广州海事法院审理的(2017)粤72民初431号、(2017)粤72民初432号两起案件的原告都是广州市人民检察院,《民事诉讼法》第五十五条是人民检察院和社会组织提起环境民事公益诉讼的法律依据,在诉讼主体资格上,社会组织和检察机关是平等的,如果检察机关在行使督促权后可以依据《民事诉讼法》第五十五条提起诉讼,也就证明了海洋监督管理部门并非唯一适格原告,符合条件的社会组织亦可依据该条规定享有诉权。综上,依据《民事诉讼法》第一百九十九条规定,请求再审本案。

最高人民法院经审查认为:本案审查的主要问题为,自然之友是否具有提起本案诉讼的主体资格,原审法院裁定驳回其起诉适用法律是否错误。

考虑《海洋环境保护法》(2017年修正)第八十九条第二款,加之第五条第一款规定:"国务院环境保护行政主管部门作为对全国环境保护工作统一监督管理的部门,对全国海洋环境保护工作实施指导、协调和监督,并负责全国防治陆源污染物和海岸工程建设项目对海洋污染损害的环境保护工作。"该条第四款也有类似规定。由国家渔业行政主管部门代表国家对破坏海洋渔业水域生态环境给国家造成重大损失的责任者提出损害赔偿请求。《海洋环境保护法》第八十九条第二款是海洋自然资源与生态环境损害赔偿方面的特别规定,本案应适用《海洋环境保护法》第八十九条第二款的规定。最高人民法院《关于审理海洋自然资源与生态环境损害赔偿纠纷案件若干问题的规定》第三条规定:"海洋环境保护法第五条规定的行使海洋环境监督管理权的机关,根据其职能分工提起海洋自然资源与生态环境损害赔偿诉讼,人民法院应予受理。"该条明确了人民法院应予受理的海洋自然资源与生态环境损害赔偿诉讼为《海洋环境保护法》第五条规定的行使海洋环境监督管理权的机关根据其职能分工提起的诉讼。

本案系自然之友以伟伯渔业、王某波、何某青在禁渔期进行非法捕捞,破坏海洋生态环境为由提起的民事诉讼,原审法院依据《立法法》第九十二条、《海洋环境保护法》第八十九条第二款规定,裁定驳回自然之友的起诉,适用法律并无不当。

最高人民法院裁定:驳回自然之友的再审申请。

【实务要点评析】

社会组织是否可以提起海洋环境损害公益诉讼?

《海洋环境保护法》第89条第2款规定:"对破坏海洋生态、海洋水产资源、海洋保护区,给国家造成重大损失的,由依照本法规定行使海洋环境监督管理权的部门代表国家对责任者提出损害赔偿要求。”该条款赋予了海洋环境监督管理机关提起海洋生态损害赔偿诉讼的主体资格,但是未规定社会组织是否具有提起海洋环境损害公益诉讼的原告资格。

社会组织可否依据《环境保护法》第58条的规定提起海洋环境公益诉讼,本案中,法院认为《海洋环境保护法》是特别法,《环境保护法》是一般法,特别法优先于一般法,所以依照《海洋环境保护法》第89条第2款的规定,由行使海洋环境监督管理权的部门代表国家对责任者提出海洋环境损害赔偿要求,排除了社会组织提出该类请求的资格,提起海洋环境损害索赔和公益诉讼的权利由行使海洋环境监督管理权的部门排他性、独家性地享有。[①]

目前,对于上述做法,司法实务界分歧较大,主流观点主要有“否定派”和“认同派”。

“认同派”认为,《环境保护法》第58条对行使海洋环境监督管理权的部门仅是一般性授权,该授权并非排他性的、独家性的授权,社会组织仍可依据《环境保护法》第58条、《民事诉讼法》第55条规定提起海洋环境民事公益诉讼,主要有如下理由:1.《海洋环境保护法》第89条第2款规定对行使海洋环境监督管理权的部门的授权针对的是国家利益,而海洋环境民事公益诉讼维护的环境权益是社会公共利益,国家利益不等同于社会公共利益;2.如把《海洋环境保护法》第89条第2款规定理解为仅对行使海洋环境监督管理权的部门的授权,则由于《民事诉讼法》第55条第1款仅是针对“损害社会公共利益”提起诉讼之规定,而《海事诉讼特别程序法》又没有关于公益诉讼之规定,则面临提起海洋环境民事公益诉讼无诉讼法依据的局面;3.《海洋环境保护法》第89条第2款规定的权利救济方式仅有“赔偿损失”一项,而环境侵权及《环境民事公益诉讼司法解释》规定的责任承担方式包括了“停止侵害、排除妨碍、消除危险、修复生态环境、赔偿损失、赔礼道歉”6项,如仅依据《海洋环境保护法》第89条第2款提起海洋环境民事公益诉讼要求被告承担“停止侵害、排除妨碍、消除危险、修复生态环境、赔礼道歉”则面临无法律依据的情况。

“否定派”认为,《环境保护法》第58条对行使海洋环境监督管理权的部门

---

① 参见杨华:《海洋环境公益诉讼原告主体论》,载《法商研究》2021年第3期。

的授权是排他性的、独家性的授权，社会组织没有资格提起该类诉讼，主要理由如下：1.《海洋环境保护法》是特别法，《环境保护法》《民事诉讼法》是普通法，根据“特别法优于普通法”的基本原则，在提起海洋环境损害赔偿诉讼及公益诉讼时，应优先适用《海洋环境保护法》之规定，由行使海洋环境监督管理权的部门提起诉讼。2. 海洋资源国家所有的本质是全体国民共同所有，广义的社会公共利益应包括国家利益，因此，海洋环境利益与社会公共利益本质上应当一致，因此，依据《海洋环境保护法》第 89 条第 2 款提起国家海洋损失索赔等同于提起海洋环境公益诉讼。3.《海洋环境保护法》第 89 条第 1 款明确规定责任承担方式既包括“排除危害”也包括“赔偿损失”，认为仅能根据第 2 款规定要求“赔偿损失”的理解过于片面；况且，最高人民法院《关于审理海洋自然资源与生态环境损害赔偿纠纷案件若干问题的规定》第 6 条亦规定，依法行使海洋环境监督管理权的机关可以请求造成海洋自然资源与生态环境损害的责任者承担停止侵害、排除妨碍、消除危险、恢复原状、赔礼道歉、赔偿损失等民事责任。

中国绿发会诉康菲石油中国有限公司以及中海油海洋污染环境公益诉讼、重庆两江志愿服务发展中心及广东环保基金会诉广东世纪青山镍业有限公司等 3 家企业海洋污染环境公益诉讼案、中国绿发会诉平潭县龙翔房地产开发有限公司等海洋污染环境公益诉讼案等案件，均被相关法院以不具备起诉主体资格为由裁定不予立案或驳回起诉。司法实践中的诸多案例说明，由行使海洋环境监督管理权的部门提起海洋环境民事公益诉讼基本上已成为司法界共识，如没有新的法律规定或司法解释出台，社会组织提起海洋环境公益诉讼将不会被法院受理。

第二章　破坏生物多样性类环境民事公益诉讼

随着地球环境的演化，产生过也消失过许多物种，但这种自然繁衍与消失的过程是相当缓慢的。而近几个世纪以来，人类大规模的社会生产活动及其对自然环境的破坏与污染，大大加速了地球上物种的灭绝速度，使地球上的生物多样性遭到了严重的损害。近年来，随着转基因生物安全、外来物种入侵、生物遗传资源获取与惠益共享等问题的出现，生物多样性保护日益受到国际社会的高度重视。

"生物多样性"是生物（动物、植物、微生物）与环境形成的生态复合体以及与此相关的各种生态过程的总和，包括遗传多样性、物种多样性和生态系统多样性3个层次。生物多样性可以调控地球表面温度、大气层成分、地表沉积层氧化还原电位以及pH等，保护生物多样性有利于保持土壤肥力、保证水质以及调节气候。生物多样性是人类赖以生存的条件，是经济社会可持续发展的基础，是生态安全和粮食安全的保障。

为了保护生物多样性，1992年6月联合国环境规划署发起的政府间谈判委员会第七次会议在内罗毕通过《生物多样性公约》，该公约是联合国地球生物资源领域最具影响力的国际公约之一。同年6月11日，我国签署了《生物多样性公约》，成为较早的缔约国之一，并一直积极参与生物多样性保护的国际实践。

1994年6月，我国发布了《中国生物多样性保护行动计划》。目前我国生物多样性下降的总体趋势尚未得到有效遏制，资源过度利用、经济建设以及气候变化严重影响着物种生存和生物资源的可持续利用，生物物种资源流失严重的形势没有得到根本改善。

为落实公约的相关规定，进一步加强我国的生物多样性保护工作，有效应对我国生物多样性保护面临的新问题、新挑战,《国民经济和社会发展第十三个五年规划纲要》将维护生物多样性作为生态保护与修复的重点工作进行了部署。相关部门先后制定和实施了《全国农作物种质资源保护与利用中长期发展规划(2015—2030年)》《长江珍稀水生生物保护工程建设规划(2016—2030年)》《重点流域水生生物多样性保护方案》《中华鲟拯救行动计划(2015—2030年)》《长江江豚保护计划》等规划和计划,明确了生物多样性保护的具体措施。

在国内实践中,传统的生物多样性保护主要是在深山、自然原野、自然保护区中进行,这种划地式的保护方式固然十分重要,但目前的努力远远不足以扭转生物多样性快速丧失的全球趋势,保护生物多样性需要创新思路、扩大公众参与程度。由于人类生产生活范围的扩张,研究如何在人口聚集区、人们日常的生产生活中有效地开展生物多样性保护具有非常重要的意义,而运用司法手段制止和救济日常生产生活中的生态破坏,对有效开展生物多样性保护十分重要。

案例1 对濒危野生植物生存环境存在重大风险的未开工项目的"预防性"公益诉讼

——中国绿发会诉雅砻江流域水电开发有限公司等环境民事公益诉讼案①

【案例介绍】

案　号:四川省甘孜藏族自治州中级人民法院(2015)甘民初字第45号

本案原告:中国绿发会

本案被告:雅砻江流域水电开发有限公司(以下简称雅砻江公司)

基本案情:五小叶槭为我国四川省特有物种,该植物由于独特的叶形和绚丽的色彩,是世界上最具观赏价值的槭树种类之一。按照世界自然保护联盟濒危等级标准,该物种已属极危物种。到目前为止,已知五小叶槭仅残存分布于四川省的九龙县、康定县、雅江县和木里县的雅砻江河谷地带的部分区域内,野外现仅存500余株,分属4个种群。雅江县麻郎措乡沃洛希村(音译)附近的五小叶

---

① 本案系全国首例预防性公益诉讼案。

械种群是当今世界上残存的最大的五小叶槭种群,现存五小叶槭大树262株,该种群分布区海拔范围介于2520~3000m,是唯一还有自然繁衍能力的种群。雅江县雅砻江上的牙根电站即将修建,将对五小叶槭种群产生严重威胁。一方面,根据《四川省雅砻江两河口—牙根段水电开发方案研究报告》,该段梯级电站中两座电站建成后,两河口电站正常蓄水位是2860m,牙根一级电站正常蓄水位是2602m,牙根二级电站正常蓄水位是2560m。根据五小叶槭雅江种群的分布区海拔高度和水电站水位高度对比数值,电站水库正常蓄水后,将淹没雅江县五小叶槭的绝大部分分布区,对五小叶槭的生存构成严重威胁,急需进行抢救性保护。另一方面,为了建设水电站而修建的道路,即雅砻江牙根二级水电站准备工程"对外交通专用公路",位于雅江县境内,起点高程2535.53m,经过五小叶槭的生长区域,也会对五小叶槭种群的生存构成严重影响,实际上已经因为修路毁坏了部分五小叶槭。2015年9月,中国绿发会以雅砻江公司建设牙根水电站以及配套的公路建设将直接威胁到五小叶槭这种珍贵濒危野生植物的生存、对社会公共利益构成直接威胁为由提起环境公益诉讼。

原告诉讼请求:1.依法判令被告立即采取适当措施,确保不因雅砻江水电梯级开发计划的实施而破坏珍贵濒危野生植物五小叶槭的生存;2.依法判令被告在采取的措施不足以消除对五小叶槭的生存威胁之前,暂停牙根水电站及其辅助设施(含配套道路)的一切建设工程;3.依法判令被告承担原告为本次诉讼而支出的差旅费、调查费等一切必要的费用106,938.20元、必须支出的律师费30万元和案件受理费50元。

被告提出抗辩:被告雅砻江公司辩称牙根水电站目前仅系研究、论证阶段,尚未批准建设,牙根水电站建设是否可行、是否报批、相关政府部门(包括环保部门)是否审批通过都不确定,中国绿发会针对雅砻江公司的内部论证行为提起诉讼缺乏诉的前提和基础,也不符合民事公益诉讼司法解释的相应规定;水电站工程前期设计及审批核准手续需较长时间,牙根水电站工程短期内不会开工建设,目前现场寸土未动,雅砻江公司无任何违法行为,也没有破坏生态环境。不存在暂停,也没有什么损害需要预防;即使开始建设,雅砻江公司的所有建设程序也将在符合国家法律法规要求,并取得国家的一切许可下进行,特别是在建设中雅砻江公司将继续坚持"生态雅砻江""开发与保护并重"的理念,相关工作也将按法律要求进行。且五小叶槭可通过人工繁殖大量存活,即使建设案涉水电站，也不会对五小叶槭的生存构成威胁。故，中国绿发会的起诉在基本证据、诉讼请求方面没有事实和法律依据，依法应当驳回起诉。

法院认为：中国绿发会主要根据2010年12月的《四川林业科技》、2014年9月的《四川林堪设计》等论文中"据资料记载，五小叶槭野外现仅存500余株，分属4个种群，且种群之间相隔遥远，雅江种群是世上残存的最大的一个种群，调查统计，雅江种群现存五小叶槭大树262株，分布于雅砻江河谷两岸的滑坡带上"的内容，即提出请求人民法院认定"五小叶槭野生种群仅有4个500余株，分布区介于海拔2520～3000m，雅江种群为最大种群"等诉求，鉴于目前没有资料或者证据显示有任何单位或者机构对我国五小叶槭的野生种群及数量、分布区海拔高度等进行过全面普查，故将中国绿发会所诉上述内容认定为本案案件事实的证据不足。

我国是联合国《生物多样性公约》的缔约国，应该遵守其约定，我们有保护生物多样性的义务。同时，《生物多样性公约》规定"认识到经济和社会发展以及根除贫困是发展中国家第一和压倒一切的优先事务"。按照《节约能源法》第四条"节约资源是我国的基本国策。国家实施节约与开发并举、把节约放在首位的能源发展战略"的规定和《可再生能源法》第二条第一款"本法所称可再生能源，是指风能、太阳能、水能、生物质能、地热能、海洋能等非化石能源"的规定，可再生能源是我国重要的能源资源，在满足能源要求、改善能源结构、减少环境污染、促进经济发展等方面具有重要作用。而水能资源是最具规模开发效益、技术最成熟的可再生能源。因此开发建设水电站，将水能资源优势转化为经济优势，在国家有关部门的监管下，利用丰富的水能资源，合理开发水电符合我国国情。但是，我国水能资源蕴藏丰富的地区，往往也是自然环境良好、生态功能重要、生物物种丰富和地质条件脆弱的地区。根据《环境保护法》和《环境民事公益诉讼司法解释》的相关规定，环境保护是我国的基本国策，并且环境保护应当坚持保护优先、预防为主的原则。环境保护与经济发展的关系并不是完全对立的，而是相辅相成的，正确处理好保护与发展的关系，将生态优先的原则贯穿到水电规划开发的全过程，二者可以相互促进，达到经济和环境的协调发展。利用环境资源的行为如果造成环境污染、生态资源破坏往往具有不可逆性，被污染的环境、被破坏的生态资源很多时候难以恢复，单纯事后的经济补偿不足以弥补对生态环境造成的损失，故对环境污染、生态破坏行为应注重防患于未然，才能真正实现环境保护的目的。

具体到本案中,鉴于五小叶槭在生物多样性红色名录中的等级及案涉牙根梯级电站建成后可能存在对案涉地五小叶槭原生存环境造成破坏、影响其生存的潜在风险,从而可能损害社会公共利益。根据我国水电项目核准流程的规定,水电项目分为项目规划、项目预可研、项目可研、项目核准四个阶段,考虑到案涉牙根梯级电站现处在项目预可研阶段,因此责令被告在项目可研阶段,加强对案涉五小叶槭的环境影响评价并履行法定审批手续后才能进行下一步的工作,尽可能避免出现危及野生五小叶槭生存的风险是必要和合理的。故,中国绿发会作为符合条件的社会组织在牙根梯级电站建设可能存在损害环境公共利益重大风险的情况下,提出"依法判令被告立即采取适当措施,确保不因雅砻江水电梯级开发计划的实施而破坏珍贵濒危野生植物五小叶槭的生存"的诉讼请求,于法有据,本院予以支持。

鉴于案涉水电站尚未开工建设,故中国绿发会提出"依法判令被告在采取的措施不足以消除对五小叶槭的生存威胁之前,暂停牙根水电站及其辅助设施(含配套道路)的一切建设工程"的诉讼请求,无事实基础,本院不予支持。

本案中由于被告工程还处于预可研阶段,被告并没有破坏生态环境、损害社会公共利益的实际行为。但中国绿发会系为保护生物多样性而非为自身利益提起的预防性环境民事公益诉讼,中国绿发会确为本案诉讼支出了差旅费、调查取证费等,并且聘请律师参加了诉讼,参照《环境民事公益诉讼司法解释》第二十四条"人民法院判决被告承担的生态环境修复费用、生态环境受到损害至恢复原状期间服务功能损失等款项,应当用于修复被损害的生态环境。其他环境民事公益诉讼中败诉原告所需承担的调查取证、专家咨询、检验、鉴定等必要费用,可以酌情从上述款项中支付"的规定[①]和四川省发展和改革委员会、四川省司法厅《关于规范律师法律服务收费管理有关问题的通知》(川发改价格〔2018〕93号)办理不涉及财产关系的公共利益的群体性案件每件不高于1万元的精神,酌情认定中国绿发会为本案诉讼产生必要费用4万元,合理的律师费1万元。此款项在本院其他环境民事公益诉讼案件中判决的被告承担的生态环境修复费用、生态环境受到损害至恢复原状期间服务功能损失费用等费用(环境公益诉

---

① 根据2020年12月29日法释〔2020〕20号,该条已作修改。

讼资金)中支付。故对中国绿发会提出“依法判令被告承担原告为本次诉讼而支出的差旅费、调查费等一切必要的费用106,938.20元、必须支出的律师费30万元和案件受理费50元”的诉讼请求,本院予以部分支持。

法院判决:1.被告雅砻江公司应当将五小叶槭的生存作为牙根水电站项目可研阶段环境评价工作的重要内容,环境影响报告书经环境保护行政主管部门审批通过后,才能继续开展下一步的工作。2.原告中国绿发会为本案诉讼产生的必要费用4万元、合理的律师费1万元,合计5万元。此款项在本院其他环境民事公益诉讼案件中判决的被告承担的生态环境修复费用、生态环境受到损害至恢复原状期间服务功能损失费用等费用(环境公益诉讼资金)中支付(待本院有其他环境公益诉讼资金后执行)。3.驳回原告中国绿发会的其他诉讼请求。

【实务要点评析】

一、是否可针对既无违法行为,亦尚未破坏生态环境的水电站项目建设行为提起环境民事公益诉讼

根据《环境保护法》及其他法律的相关规定,环境保护应当坚持保护优先、预防为主的原则。预防原则要求在环境资源利用行为实施之前和实施之中,采取政治、法律、经济和行政等手段,防止环境利用行为导致环境污染或者生态破坏现象发生。在具体贯彻该原则的环境保护工作中,既要运用已有的知识和经验,对开发和利用环境行为带来的可能的环境危害采取措施避免危害的发生,又要考虑到在现有的科技条件下,基于现有的科技水平评价风险,对开发和利用环境的行为可能带来的尚未明确或者无法具体确定的环境危害或生态破坏进行事前预测、分析和评价,以促使开发决策更加科学,避免作出可能造成环境危害的决策。

我国是《生物多样性公约》的签约国,各签约国在该公约中确认意识到生物多样性的内在价值和生物多样性及其组成部分的生态、遗传、社会、经济、科学、教育、文化、娱乐、美学价值,还意识到生物多样性对进化和保持生物圈的生命维持系统的重要性,确认生物多样性的保护是全人类的共同关切事项。这已充分表明,保护生物多样性就是保护社会公共利益。保护生物多样性是我们的国际义务。[①]《生物多样性公约》规定，我们在注意到生物多样性遭受严重减少或损失的威胁时，不应以缺乏充分的科学定论为理由，而推迟采取旨在避免或尽量减轻此种威胁的措施；各国有责任保护它自己的生物多样性并以可持久的方式使用它自己的生物资源；每一缔约国应尽可能并酌情采取适当程序，要求就其可能对生物多样性产生严重不利影响的拟议项目进行环境影响评估，以期避免或尽量减轻这种影响。

即使即将进行的水电站项目建设尚未发生违法行为，亦尚未破坏生态环境，但只要该项目建设存在可能危害珍稀植物生存环境的重大风险，根据《环境保护法》《生物多样性公约》《野生植物保护条例》之相关规定，以及《环境民事公益诉讼司法解释》第 1 条规定，社会组织亦可对项目建设单位提起预防性环境民事公益诉讼。

二、在生物多样性环境公益诉讼案中，人为繁殖可大量存活是否属于环境侵权免责事由

环境侵权中的免责事由，是指行为人虽然在客观上造成了环境污染危害，但是由于存在不可归责的理由，法律规定可以不承担民事责任的情况。由于免责条件实际上界定了行为人承担环境侵权民事责任的范围，所以必须有法律的明确规定。[②] 从我国《环境保护法》和其他环境保护单行法的规定看，免责事由有三项：不可抗力、受害人自身的过错和第三者的行为。只要具备上述条件之一，致害人就可以免予承担环境侵权的民事责任。

本案中被告以五小叶槭在人为繁殖的情形下可以大量存活进行抗辩，但不属于不可抗力，亦不属于受害人自身过错或第三方行为，不属于免责事由。同时，不能因为可繁殖，就因此忽略原生自然环境的保护。近年来科学家对五小叶槭的科研才逐步开始，因此，并非所有的科研结论均经过大量的充分的实践验证，有限的关于可种植存活几棵五小叶槭的科研结论不等于完成了该物种的研究，更不能以此作为法律上的免责理由。

---

① 参见凯瑟琳·拉莱尔：《生物多样性：是共同利益还是共同世界》，张大川译，载《国际社会科学杂志（中文版）》2015 年第 4 期。

② 参见郑张霞：《论违法性在环境侵权民事责任构成要件中的地位》，载《西南石油大学学报（社会科学版）》2015 年第 4 期。

案例 2

对区域生态系统生物多样性和生物安全存在重大风险的项目的“预防性”公益诉讼

——北京市朝阳区自然之友环境研究所诉中国水电顾问集团新平开发有限公司等环境民事公益诉讼案①

【案例介绍】

案　号:云南省高级人民法院(2020)云民终824号

一审原告:北京市朝阳区自然之友环境研究所(以下简称自然之友)

一审被告:中国水电顾问集团新平开发有限公司(以下简称新平公司)、中国电建集团昆明勘测设计研究院有限公司(以下简称昆明设计院)

基本案情:2017年3月,环保社会组织“野性中国”在云南恐龙河自然保护区附近进行野外调查时发现绿孔雀,遂联合自然之友等社会组织的环保人士进一步调查发现绿孔雀的栖息地恰好位于正在建设的红河(元江)干流戛洒江一级水电站的淹没区;自然之友向原环保部发出紧急建议函,建议暂停红河流域水电项目。2017年5月,原环保部环评司组织环保社会组织、科研院所、水电集团等单位座谈,就水电站建设与绿孔雀保护问题展开交流讨论。2017年7月12日,由于发现水电项目已开始建设,自然之友为加大对绿孔雀栖息地等生态环境的保护效率和力度,依据《环境保护法》第58条环境公益诉讼条款采取司法救济途径,向云南省楚雄彝族自治州中级人民法院提起公益诉讼。该案立案受理之后,经云南省高级人民法院裁定,由昆明市中级人民法院环境资源审判庭审理。

原告诉讼请求:1. 新平公司及昆明设计院共同消除戛洒江一级水电站建设对绿孔雀、苏铁等珍稀、濒危野生动物以及热带季雨林和热带雨林侵害危险,立即停止该水电站建设,不得截流蓄水,不得对该水电站淹没区内植被进行砍伐等;2. 新平公司及昆明设计院共同支付自然之友因本案产生的维护社会公共利益的合理费用;3. 本案诉讼费用由新平公司及昆明设计院共同承担。

一审法院认为:1. 本案属于《环境民事公益诉讼司法解释》第一条规定的预

① 本案即具有重大影响力的“绿孔雀案”,系长江流域生态环境司法保护典型案例之七。

防性环境公益诉讼。预防性环境公益诉讼的适用对象是可能对环境造成的重大风险,具体表现为危害尚未发生,但如不阻止事件发生,可预知此事件的发生必会造成严重或不可逆的环境损害事实。面对“尚不明朗的事实状态”及“不确定性”,按照《环境民事公益诉讼司法解释》第八条之规定,自然之友需首先提出初步证据证明存在(重大或不可逆转)环境损害可能性,然后再由环境重大风险制造者提供证据,以充分的理由消除合理怀疑或证明其行为的无损性。根据自然之友提交的证据、云南省林业和草原局的回函及《元江中上游绿孔雀种群调查报告》可以证实戛洒江一级水电站的淹没区是绿孔雀频繁活动的区域,构成其生物学上的栖息地,一旦该栖息地被淹没,对该区域绿孔雀生存所产生的损害将是可以直观估计预测且不可逆转。因此,自然之友主张戛洒江一级水电站建设项目将对该区域绿孔雀产生重大风险的主张成立。而新平公司仅凭《环境影响报告书》来抗辩电站建设对绿孔雀的生存环境没有重大风险显然缺乏足够的证明力。《环境影响报告书》只是一种预测性判断,报告书内“由于时间局限和野生动物特点……不可能在短期内通过实地观察得出满意结论”的有关评价并非绝对定论。况且生态环境部也已责成新平公司就项目建设开展后评价,并采取改进措施后报生态环境部备案,进一步说明戛洒江一级水电站建设项目尚需通过环境影响后评价的方式得到验证和改进。同时现有建设方案没有采取任何针对性的保护措施也显现了消除重大风险的迫切性。此外,淹没区内存在的众多的极危物种陈氏苏铁此前未进行过环境影响评价,如仍按原定建设方案进行清库砍伐显然不妥。基于此,新平公司不能证明上述重大风险不存在或业已采取合理必要的预防措施,故应承担相应法律责任。

2. 新平公司应针对目前出现的重大风险采取相应的预防性措施。综合考虑预防性措施实施对环境保护的迫切性及对社会经济的冲击性,兼顾合理性及实效性,对自然之友提出立即停止水电站建设,不得截流蓄水,不得对该水电站淹没区域植被进行砍伐的诉请,对消除戛洒江一级水电站建设项目目前所产生的重大风险应予支持。但这种停止建设针对的是基于现有环境影响评价下的建设方案,对于今后是否继续建设的问题,应在新平公司按要求完成环境影响后评价之后,由相关行政部门视情况作出决定。此外,承担停止建设责任的主体应为戛洒江一级水电站的建设方新平公司。自然之友未证明昆明设计院在环境影响评价中存在违法行为,不应承担相应法律责任。

3. 对自然之友主张的因诉讼支出的费用,依据案件情况酌情支持 8 万元。

一审法院判决:1. 新平公司立即停止基于现有环境影响评价下的戛洒江一级水电站建设项目,不得截流蓄水,不得对该水电站淹没区内植被进行砍伐。对戛洒江一级水电站的后续处理,待新平公司按生态环境部要求完成环境影响后评价,提出改进措施并报生态环境部备案后,由相关行政主管部门视具体情况依法作出决定。2. 由新平公司于本判决生效后 30 日内向自然之友支付因诉讼发生的合理费用 8 万元。3. 驳回自然之友的其他诉讼请求。案件受理费 100 元,由新平公司负担。

自然之友上诉请求:1. 改判新平公司与昆明设计院共同消除云南省红河(元江)干流戛洒江一级水电站建设对绿孔雀、陈氏苏铁等珍稀、濒危野生动植物以及热带季雨林和热带雨林侵害的危险,永久停止戛洒江一级水电站建设项目;2. 改判新平公司及昆明设计院共同支付自然之友因本案产生的维护社会公共利益的合理费用,包括差旅费、调查费、专家咨询费、律师费等一审期间的合理费用 290,193 元,以及二审期间的合理费用 88,092 元。自然之友认为:一是原审判决对案涉项目存在生态上重大风险的事实认定不全面。原审判决虽认定案涉项目对绿孔雀栖息地、陈氏苏铁生长有重大风险,却未认定对淹没区系由绿孔雀和陈氏苏铁等珍稀物种及与其赖以生存的大面积原始季雨林、热带雨林片段共同构成的完整生态系统也造成重大风险。自然之友一审期间所举证的《红河上游戛洒江、石羊江、绿汁江植被调研报告》《云南绿汁江下游河谷季雨林群落学研究》等证据足以证明案涉项目对淹没区整个生态系统的生物多样性和生物安全存在重大风险。案涉项目淹没区大部分被划入国家生态保护红线的事实进一步说明该项目对生态系统整体具有生态上的重大风险。二是原审判决已经明确认定"戛洒江一级水电站淹没区大部分被划入红河(元江)干热河谷及山原水土保持生态保护红线范围",却没有适用《环境保护法》和《关于划定并严守生态保护红线的若干意见》中关于生态红线区域实行严格保护、禁止开发的规定,依法判令禁止戛洒江一级水电站开发建设,系适用法律不当。三是原审判决认定事实不当,适用法律错误,戛洒江一级水电站不符合开展环境影响后评价的法定情形。四是原审判决判定新平公司消除危险的方式不足以消除案涉项目对涉案区域生态上的重大风险,应依法判决永久停建。五是昆明设计院虚假环评遗漏重大事实,直接实施侵权行为存在过错,应依法承担连带责任。六是原审判决支持自然之友的合理费用与实际情况不符。

新平公司答辩并上诉请求:1. 撤销原审判决第1项和第2项,依法改判驳回自然之友的全部诉讼请求。2. 两审案件受理费由自然之友承担。新平公司认为:一是原审判决新平公司立即停止戛洒江一级水电站建设属认定事实不清,适用法律不当。自然之友起诉前新平公司已经停止对戛洒江一级水电站的建设,不存在原审判决的"立即停止电站建设"的事实前提。本案中环境保护行政主管机关已依法履行监管职责,向新平公司发出《责成后评价函》,责成新平公司就案涉项目开展环境影响后评价,后评价工作完成前不得蓄水发电,自然之友原审诉称的重大风险已得到有效控制。二是原审判决未适用生态红线相关法律法规属适用法律不当。案涉项目不属于大型基础设施项目及重大民生保障等例外情形,在案涉项目已被划入生态保护红线无法继续进行建设情况下,自然之友原审诉称的潜在威胁已不存在,应驳回其诉讼请求。三是原审判决判令新平公司承担8万元费用属适用法律不当。法律法规对于经审批的合法建设项目是否造成生态破坏、是否应承担法律责任并未明确。生态破坏类因不同于环境污染,不适用无过错责任原则,而应适用过错原则。戛洒江一级水电站遵照国家和地方相关法律法规办理了各项审批手续,新平公司不存在主观过错,侵权责任的构成要件不满足,依法不应承担责任。

昆明设计院答辩称:1. 昆明设计院不是本案适格的诉讼主体;2. 昆明设计院客观全面开展各项评价工作,没有违法情形,不存在违反法律规定和技术规范、虚假环评、遗漏重大事实的情形,也无污染环境及破坏生态的事实,自然之友主张昆明设计院承担连带责任无事实依据;3. 戛洒江一级水电站大部分范围已划入生态保护红线,客观上无法建设,自然之友的诉请因政策原因得以实现,法院应驳回其诉讼请求。

二审法院认为:归纳本案的争议焦点有如下几点。1. 戛洒江一级水电站是否应当永久性停建?2. 昆明设计院是否应当承担连带责任?3. 自然之友主张的费用是否应当得到支持?

本院认为:本案符合《环境民事公益诉讼司法解释》第一条规定其中"具有损害社会公共利益重大风险"的法定情形,属于预防性环境公益诉讼。本案中,自然之友已举证证明戛洒江一级水电站如果继续建设,则案涉项目工程淹没区势必导致国家Ⅰ级重点保护动物"绿孔雀"的栖息地及国家Ⅰ级重点保护植物

“陈氏苏铁”的生境被淹没，生物生境面临重大风险的可能性毋庸置疑。此外，从生态环境损害后果的严重性来看，案涉项目淹没区动植物种类丰富，生物多样性价值及遗传资源价值无法估量，戛洒江一级水电站若继续建设所产生的损害将是可以直观预测且不可逆转的。针对该现实上的重大风险，新平公司并未就风险不存在加以有效证实，而仅以《环境影响报告书》予以反驳，缺乏足够证明力。因此，原审判决结合生态环境部责成新平公司对项目开展后评价工作的情况及戛洒江一级水电站未对绿孔雀采取任何保护措施等事实，认定戛洒江一级水电站淹没区对绿孔雀栖息地存在重大风险的评判恰当，应予肯定。

二审中，自然之友及新平公司双方对戛洒江一级水电站淹没区对绿孔雀栖息地存在重大风险均未提出异议。但自然之友进一步认为，案涉项目并不仅限定于对绿孔雀栖息地和陈氏苏铁的生长存在重大风险，该项目对由大面积原始雨林、热带雨林片段共同构成的完整生态系统亦存在重大风险。本院认为，戛洒江一级水电站淹没区是绿孔雀及陈氏苏铁等珍稀物种赖以生存的栖息地，也是各类生物与原始季雨林共同构成的一个完整生态系统，该区域不仅涉及绿孔雀及陈氏苏铁等国家重点保护动植物，也涉及河谷植被、河漫滩、季雨林、自然形成河水等无机环境，其生态价值、遗传资源价值、科研价值、景观价值等均具有不可替代性，因此，从水电站淹没区生态系统的一体性、完整性以及生态价值的独特性等方面来看，自然之友主张戛洒江一级水电站的建设对淹没区整个生态系统生物多样性和生物安全存在重大风险的证据翔实，观点成立。

关于戛洒江一级水电站永久性停建问题，根据《环境影响评价法》第二十七条“在项目建设、运行过程中产生不符合经审批的环境影响评价文件的情形的，建设单位应当组织环境影响的后评价，采取改进措施，并报原环境影响评价文件审批部门和建设项目审批部门备案；原环境影响评价文件审批部门也可以责成建设单位进行环境影响的后评价，采取改进措施”的规定，2017 年 7 月 21 日，生态环境部办公厅针对本案建设项目，向新平公司发出《责成后评价函》，责成新平公司就该项目建设开展环境影响后评价，采取改进措施，并报生态环境部备案，后评价完成前不得蓄水发电，该函符合上述法律规定。原审判决在已经出现重大风险的情况下，综合考虑预防性措施的必要性，判令新平公司立即停止基于现有情况下戛洒江一级水电站的项目建设，不得截留蓄水、不得对淹没区内植被进行砍伐，待完成环境影响后评价并备案后由行政主管部门作出决定，符合在当时情况下环境保护迫切性的现实需要，判决结果综合考虑了对社会经济带来的冲击并兼顾合理性及时效性，有效防范了可能带来的绿孔雀及陈氏苏铁等濒危物种灭绝的重大风险，应予肯定。目前，戛洒江一级水电站处于停建状态，新平公司业已向其上级主管单位申请停建戛洒江一级水电站并获批复同意，绿孔雀生态栖息地面临的重大风险已经得到有效控制。新平公司所属集团内部虽决定停建案涉项目，但该决定并未报经相关行政主管部门批复和同意，在生态环境部已经责成新平公司开展环境影响后评价的情况下，新平公司应继续履行该项工作。同时，对于案涉项目生态红线如何适用、环境影响后评价工作如何开展等问题，也需经相关行政主管部门明确。因此，戛洒江一级水电站是否永久性停建应在新平公司完成环境影响后评价后，由相关行政主管部门视具体情况依法作出决定。综上，对自然之友的该上诉主张和新平公司的上诉请求，本院不予支持。

关于自然之友认为昆明设计院制作《环境影响报告书》所参考的《调整报告》内容足以让一个环境影响评价工作者得出电站不宜建设的结论，而昆明设计院故意隐瞒信息，以虚假结论通过欺骗的方式最终形成《环境影响报告书》并向环保部门申请并获得批准，该行为具备了"弄虚作假"的法定要件，应当依法承担连带责任的观点，本院认为，环评报告的制作方如何采用相关材料进行评价并作出结论，依赖于制作方的认知水平、评判标准以及环评技术发展程度等一系列主客观因素，结合本案《环境影响报告书》所参考资料来看，其内容与结论的作出也并无唯一、对应、直接且必然的关联，因此，自然之友的该主张并无确凿的事实依据，亦无证据证明昆明设计院在环评中具有违法行为，对自然之友要求由新平公司与昆明设计院共同承担侵权责任的请求并无事实基础，不予支持。

根据《环境民事公益诉讼司法解释》第二十二条"原告请求被告承担检验、鉴定费用、合理的律师费以及为诉讼支出的其他合理费用的，人民法院可以依法予以支持"的规定，[①]对自然之友一审中主张的费用(差旅费、律师费)，原审判决在综合考虑自然之友所提交证据之间的对应性、关联性及社会公益组织为诉讼支出费用的合理性等因素后酌定支持 8 万元并无不当，应予维持。二审中自然之友的上诉请求未得到支持，故对其二审主张的费用不予支持。此外，针对新平公司认为生态破坏类纠纷不同于环境污染类纠纷，应当适用一般归责原则的观

---

① 根据 2020 年 12 月 29 日法释〔2020〕20 号，该条已作修改。

点,因生态破坏与环境污染具备相同侵权实质,且该观点与《环境保护法》规定不符,不予采纳。

二审法院判决:驳回上诉,维持原判。

【实务要点评析】

本案即具有重大影响力的“绿孔雀案”,系长江流域生态环境司法保护典型案例之七。因“防患于未然”的价值,被昆山杜克大学环境研究中心的凯瑟琳·弗罗斯特博士誉为中国真正意义上的环境公益诉讼案件。[①] “绿孔雀案”与“五小叶槭案”,是截至目前中国最具样板价值的“预防性”环境民事公益诉讼。

一、什么是预防性环境民事公益诉讼

《环境民事公益诉讼司法解释》第一条规定:“……对已经损害社会公共利益或者具有损害社会公共利益重大风险的污染环境、破坏生态的行为提起诉讼……”对前述规定中的“具有损害社会公共利益的重大风险的染环境、破坏生态的行为”提起的公益诉讼,即属于预防性环境民事公益诉讼。

尽管环境民事公益诉讼制度创设以来,绝大部分环境民事公益诉讼是针对环境污染损害后果已实际发生的“事后追责”,但实际上,《环境保护法》所倡导的环境保护的基本原则是“保护优先、预防为主”,预防性环境公益诉讼即是该原则在环境司法中的体现。预防性环境公益诉讼突破了传统民事诉讼中的“无损害即无救济”的救济理念,其核心要素是具有损害社会公共利益的重大风险,即有可能对“环境”或“生态”造成重大损害或破坏危险的行为。

本案系公众参与程度空前高涨的“预防性”环境民事公益诉讼案件,社会公众关注度极高。预防性公益诉讼将环境保护由传统的事后监管提升至事中甚至事前,有助于加大环境保护力度,避免生态环境遭受损害或者防止损害的进一步扩大,真正落实保护环境、保障公众健康,促进经济社会可持续发展。[②] 本案中,自然之友等社会组织已通过大量的证据证明,案涉水电站如继续建设,势必导致国家Ⅰ级重点保护动物绿孔雀和国家Ⅰ级重点保护植物陈氏苏铁的生境被破坏,导致该区域的生物多样性和遗传资源遭受直观预测且不可逆转的损害,应当

---

① 参见梦涵:《绿孔雀逼停39亿水电项目》,载《环境》2020年第5期。

② 参见刘梦瑶:《预防性环境公益诉讼的理路与进路——以环境风险的规范阐释为中心》,载《南京工业大学学报(社会科学版)》2021年第2期。

以停止建设的方式“消除危险”。

二、环境公益诉讼中环评制作单位的责任

本案的第二被告是环评制作单位昆明设计院。原告认为,昆明设计院制作《环境影响报告书》所参考的内容足以让一个环境影响评价工作者得出电站不宜建设的结论,而昆明设计院故意隐瞒信息,以虚假结论通过欺骗的方式最终形成《环境影响报告书》并向环保部门申请并获得批准,该行为具备了“弄虚作假”的法定要件,应当与新平公司就环境侵权承担连带责任。

嘎洒江一级水电站的建设是否会对绿孔雀、陈氏苏铁以及热带季雨林和热带雨林构成重大生态风险,《环境影响报告书》中的结论为:“由于时间局限和野生动物特点,无论鸟类还是其他隐蔽性更强的类群的动物均不可能在短期内通过实地观察得出满意结论……”一审法院明确认定“原告自然之友的证据足以证明戛洒江一级水电站建设项目对绿孔雀栖息地、陈氏苏铁生长具有重大风险”,但同时认为“环评报告的制作方如何采用相关材料进行评价并作出结论,依赖于制作方的认知水平、评判标准以及环评技术发展程度等一系列主客观因素,结合到本案《环境影响报告书》所参考资料来看,其内容与结论的作出也并无唯一、对应、直接且必然的关联”,由于自然之友无证据证明昆明设计院在环评中具有违法行为,对其要求昆明设计院共同承担侵权责任的请求不予支持。

案例3 非法捕捞、收购、贩卖水产品造成生物多样性损害应承担环境侵权连带责任

——江苏省泰州市人民检察院诉王某某等59人环境民事公益诉讼案①

【案例介绍】

案　号:江苏省高级人民法院(2019)苏民终1734号

公益诉讼起诉人:江苏省泰州市人民检察院

一审被告:王某某等59人

① 本案系2019年度人民法院环境资源典型案例之三十四。

基本案情:2018 年上半年,董某某等非法捕捞者在长江干流水域,使用网目尺寸小于 3 毫米的禁用渔具非法捕捞长江鳗鱼苗并出售牟利。王某某等非法收购者明知长江鳗鱼苗系非法捕捞所得,单独收购或者通过签订合伙协议、共同出资等方式建立收购鳗鱼苗的合伙组织,共同出资收购并统一对外出售,均分非法获利。秦某某在明知王某某等人向其出售的鳗鱼苗系在长江中非法捕捞的情况下,仍多次予以收购。2019 年 7 月,泰州市人民检察院以王某某、董某某、秦某某等 59 人实施非法捕捞、贩卖、收购长江鳗鱼苗行为,破坏长江生态资源,损害社会公共利益为由提起民事公益诉讼。

原告诉讼请求:判令王某某、董某某、秦某某等 59 人对所造成的生态资源损害结果承担连带赔偿责任。

一审法院认为:董某某等非法捕捞者于禁渔期内,在长江干流水域多次非法捕捞长江鳗鱼苗,造成生物多样性损害,应当承担赔偿责任。王某某等非法收购者与非法捕捞者之间形成了完整的利益链条,共同造成生态资源的损害,应当共同承担连带赔偿责任。

一审法院判决:判令王某某等 13 名非法收购者对其非法买卖鳗鱼苗所造成的生态资源损失连带赔偿 850 余万元;秦某某、董某某等其他收购者、捕捞者根据其参与非法买卖或捕捞的鳗鱼苗数量,承担相应赔偿责任或与直接收购者承担连带赔偿责任。江苏省高级人民法院二审维持原判。

【实务要点评析】

本案系 2019 年度人民法院环境资源典型案例之三十四,亦为江苏环境资源审判机制改革“9 + 1”机制①正式运行后,南京环境资源法庭立案受理、公开开庭审理并作出裁判的第一起案件,也是自 2016 年 1 月国家调整长江流域禁渔期以来,全国首例判令从捕捞、收购到贩卖长江鳗鱼苗“全链条”承担生态破坏赔偿责任的案件,充分体现了人民法院“用最严格制度最严密法治”保护长江生态环境的决心和力度。

---

① 江苏法院环境资源“9 + 1”审判机制,即在最高人民法院批准设立南京环境资源法庭的同时,以生态功能区为单位设置了九家环境资源审判法庭,通过专门法庭,跨行政区划对环境资源案件进行集中管辖和专业化审理。

一、收购、贩卖水产品的行为人是否与非法捕捞水产品的行为人共同承担环境侵权责任

在非法捕捞将造成生态资源严重破坏的前提下，当销售是非法捕捞的唯一目的，且收购者与非法捕捞者形成了固定的买卖关系时，则可认定收购行为诱发了非法捕捞，收购行为与非法捕捞造成的损害之间具有因果关系，收购者应当承担侵权责任。可见当非法捕捞形成利益稳定的产业链后，捕捞、贩卖、收购各环节的行为的最终目的均在促成交易，存在主观上的共同故意时，应共同承担连带的民事赔偿责任。

二、如何确定收购、贩卖、非法捕捞水产品行为造成的生态资源损失

在长江禁渔期间使用禁用网具非法捕捞鳗鱼苗，不仅造成长江鳗鱼资源损失，同时严重破坏相应区域水生生物资源，严重损害生物多样性，侵权者应当承担包括长江鳗鱼资源损失在内的生态资源损失赔偿责任。当生态资源损失难以确定时，可结合生态环境破坏的范围和程度、环境资源的稀缺性等因素，充分考量非法行为的方式破坏性、时间敏感性和地点特殊性，并通过采用专家出庭接受质证的方式，综合衡量生态破坏后果，科学计算酌定生态资源损失金额，同时可以考虑采用劳务代偿的方式折抵部分生态损害赔偿数额。①

三、行为人在因同一行为被追究刑事责任中退缴的违法所得，是否可抵扣环境侵权赔偿金

行为人在因同一行为被追究刑事责任时上缴的违法所得是否可以抵扣资源价值损害赔偿的问题，各地司法机关存在不同做法。“安徽省蚌埠市蚌山区人民检察院诉陈某等人非法采矿刑附民公益诉讼案”中刑事部分判决没收违法所得，同时附带民事部分判决国家矿产资源价值全额赔偿，不存在抵扣问题。本案刑事部分判决没收违法所得，附带民事部分判决生态环境资源价值损害赔偿时则将刑事部分已经没收的违法所得予以扣除。笔者认为，生态环境污染破坏行为引发的刑事案件中，被告退缴的违法所得与环境公益诉讼案件中的生态资源损害赔偿责任款项具有同质属性，可以抵扣其应当承担的生态资源损害赔偿。

---

① 参见卢维善、丁斌：《论生态环境审判的修复机制》，载《人民司法》2015 年第 23 期。

案例4 因同一行为已承担刑事责任不能免除应承担的民事责任

——舟山市人民检察院诉刘某、詹某某环境民事公益诉讼案①

【案例介绍】

案　号:宁波海事法院(2019)浙72民初808号

公益诉讼起诉人:舟山市人民检察院

一审被告:刘某、詹某某

基本案情:2018年10月中旬至10月底,刘某为非法获利在舟山市普陀区舟渔公司码头、中心渔港等处从渔船及他人手中非法收购海龟,并将收购来的67只海龟出售给詹某某,其中9只活海龟,58只死海龟。2018年10月30日,刘某联系货车老板吴甲商定以一趟1.5万元的价格为其运输海龟前往广东省惠来县。吴甲指派驾驶员姜某驾驶厢式货车到广东省惠来县,将海龟送至詹某某指定地点并卸货。詹某某收到海龟后交给姜某1万元现金作为运费,并于2018年11月1日将24万元货款打入刘某银行账户中。2018年10月底,张某某将4只从船上收购来的海龟以每只500元的价格卖给刘某。2018年10月底,吴乙驾驶小舢板船为刘某将5只海龟从舟渔公司码头运输至中心渔港码头,并收取运输费200元。

舟山市人民检察院在履行职责中发现,刘某、詹某某、吴甲、张某某、吴乙非法收购、运输、出售珍稀、濒危野生动物海龟,其行为破坏了国家重点保护野生动物资源和海洋生态环境,损害了国家利益和社会公共利益。该院于2019年4月16日立案,同月18日在《检察日报》上刊登民事公益诉讼诉前公告,同年5月18日公告期满,经报浙江省人民检察院批准,同意由该院提起公益诉讼。

舟山市人民检察院诉讼请求:1.请求判令五被告公开赔礼道歉。2.请求判令被告刘某、詹某某、吴甲对1,801,200元生态修复补偿金承担连带赔偿责任,张某某对其中的102,000元承担连带赔偿责任,吴乙对其中的132,000元承担连带赔偿责任。舟山市人民检察院提交了证明检察机关符合起诉条件,五被告具备诉讼主体资格、被告方的陈述和供述、沈某某案中南京师范大学司法鉴定中

① 本案系《宁波海事法院海洋生态环境司法保护情况通报(2015—2019年)》典型案例。

心鉴定意见书、证明各被告侵权行为与损害后果之间具有因果关系等证据。

被告刘某辩称：1. 已被追究刑事责任，公开赔礼道歉已无必要；2. 各被告行为对海洋生态环境破坏的依据不足，确定海龟的数量、物种、亲幼体等依据不足；3. 赔偿标准有误，金额过高。

被告詹某某辩称：1. 詹某某已被追究刑事责任，公开赔礼道歉已无必要；2. 本案中并无证据证明海龟的物种及数量，且涉案詹某某转账的款项无法区分渔货价值，更无法确定海龟价值；3. 鉴定意见中没有实物检材，不能作为赔偿依据；4. 不能证明各被告间构成共同侵权。

被告吴甲辩称：1. 要求吴甲承担连带责任依据不足，吴甲仅参与运输环节，不能成为承担连带责任的依据；2. 吴甲已被追究刑事责任，不应再公开赔礼道歉；3. 鉴定意见书不能作为本案定损依据。

被告张某某辩称：1. 本案海龟亲幼体的区分不科学，应按照实际情况来认定，起诉人主张的历年统计比例区分也缺乏科学依据；2. 张某某参加买卖海龟的证据不足。

被告吴乙辩称：1. 吴乙并非本案的购买人、捕捞人，吴乙行为并未造成任何损害；2. 对吴乙的起诉显失公平，吴乙所为的是运输行为，也仅收取了 200 元；3. 要求吴乙承担连带责任没有法律依据，吴乙在货到甲板上才知道运输的是海龟。

一审法院认为：对本案的争议焦点归纳评析如下。

（一）各被告在被追究刑事责任的情况下，本案是否仍适用公开赔礼道歉

本案系舟山市人民检察院为追究责任者造成的生态环境损坏而代为提起的公益诉讼案件，依据《侵权责任法》第四条第一款的规定，“侵权人因同一行为应当承担行政责任或者刑事责任的，不影响依法承担侵权责任”，结合《环境民事公益诉讼司法解释》第十八条的规定，“对污染环境、破坏生态，已经损害社会公共利益或者具有损害社会公共利益重大风险的行为，原告可以请求被告承担停止侵害、排除妨碍、消除危险、恢复原状、赔偿损失、赔礼道歉等民事责任”，各被告在承担相应刑事责任的同时，不影响其侵权责任的承担，舟山市人民检察院关于要求各被告公开赔礼道歉的诉请有理，本院予以支持。

（二）涉案生态修复补偿金的认定问题

关于舟山市人民检察院直接按照海龟的价值来确定各被告需承担的生态修

复补偿金的数额的主张，本院认为，农业部出台的关于水生野生动物价值标准的认定是综合考虑了水生野生动物物种经济、研究、生态、社会、遗传资源等各方面的价值而得出的计算方法，国家二级保护动物的价值分别按该动物物种资源保护费的6倍计算。舟山市人民检察院主张的生态修复补偿金，系野生动物资源和海洋生态环境修复所需的费用，本案中所认定的海龟价值均应归属于此，故舟山市人民检察院按照海龟的价值来确定生态修复补偿金的金额应属合理；本案中五被告赔偿金额可按照农渔发〔2002〕22号文件中关于二级保护水生野生动物价值的计算标准予以认定。

（三）五被告承担民事赔偿责任的请求权基础及责任承担方式

舟山市人民检察院主张五被告非法收购、运输、出售海龟的行为，破坏了国家重点保护野生动物资源和海洋生态环境，损害了国家利益和社会公共利益，应连带承担相应的民事赔偿责任。五被告抗辩称，五被告并非捕捞者，不是损害结果发生的责任人，且五被告从事不同的环节，并非共同侵权，承担连带责任的依据不足。本院认为，根据本案诉讼请求和理由，五被告承担赔偿责任的请求权基础为侵权，应适用侵权责任法关于侵权责任的构成要件进行分析。首先，海龟属于国家二级保护动物，而捕捞、收购、出售、运输海龟等侵权行为均对珍贵野生动物造成损害，破坏生物多样性及生态平衡，刘某出售给詹某某67只海龟，吴甲受刘某委托从事67只海龟运输事宜，张某某出售给刘某4只海龟，吴乙为刘某运输5只海龟，五被告出售、运输、收购海龟的侵权行为事实清楚，其行为也违反了《野生动物保护法》第三条第一款、第二十七条第一款的规定，具有违法性；其次，海龟是水生野生动物资源库和海洋生态环境的重要组成部分，本案损害后果应为各被告侵权行为对野生动物资源和海洋生态环境的损害，各被告行为也已形成产业链条，因各被告的收购、出售、运输海龟行为，造成当地渔民从误捕海龟放生到作为财物出卖，五被告收购、运输、出售海龟的行为与野生动物资源和海洋生态环境的损害存在因果关系；最后，五被告受利益驱动，明知收购、运输、出售海龟的行为为法律所禁止仍有意为之，主观上具有共同故意。综上，五被告破坏野生动物资源和海洋生态环境的行为，造成国家资源损失，损害了社会公共利益，理应就自己的侵权行为承担相应的民事侵权责任。刘某、詹某某关于部分海龟为活体且已放生，并不存在损害后果的抗辩，未提供证据印证其抗辩的事实，应承担举证不能的法律后果，本院不予采信。

关于五被告的具体责任承担方式,五被告在各环节的侵权行为均有不同,其中,刘某、詹某某、吴甲有从事出售、收购、运输海龟的行为,张某某有出售海龟给刘某、吴乙有为刘某运输海龟等行为,各被告在各环节的侵权行为中均有意促成交易,存在主观上的共同故意,依据《侵权责任法》第八条规定,就各环节侵权行为应由相应的共同侵权行为人承担连带责任,关于本案中存在的捕捞者或其他共同侵权人无法查实的情况,舟山市人民检察院也有权根据《侵权责任法》第十三条的规定,要求部分侵权者承担全部责任。结合前述认定,应就生态修复补偿金 13.2 万元承担连带赔偿责任。

本院认为,本案为海事海商纠纷公益诉讼,舟山市人民检察院已履行诉前公告程序,在法定公告期满后没有适格主体提起诉讼,根据《民事诉讼法》第五十五条,最高人民法院、最高人民检察院《关于检察公益诉讼案件适用法律若干问题的解释》第十三条的规定,舟山市人民检察院可以向人民法院提起诉讼。本案系因非法收购、运输、出售海龟引发的民事公益诉讼纠纷,属于海洋自然资源与生态环境损害赔偿纠纷,根据最高人民法院、最高人民检察院《关于检察公益诉讼案件适用法律若干问题的解释》第五条规定,市(分、州)人民检察院提起的第一审民事公益诉讼案件,由侵权行为地或者被告住所地中级人民法院管辖。根据最高人民法院《关于审理海洋自然资源与生态环境损害赔偿纠纷案件若干问题的规定》第二条的规定,此类案件应由海事法院管辖,故本院依法具有管辖权。五被告明知海龟受国家保护,为谋取利益,仍进行非法收购、运输、出售,其行为违反了《野生动物保护法》第三条第一款、第二十七条第一款的规定,破坏了国家重点保护野生动物资源和海洋生态环境,对社会公共利益造成了损害,已构成侵权,应承担赔偿损失、赔礼道歉等侵权责任。五被告就其相应环节的共同侵权行为所造成的损害,应承担连带责任。关于已被刑事追诉却未被提起公益诉讼的其他侵权人,经本院释明,舟山市人民检察表示未放弃追诉的权利。在证据材料充分确凿、条件合适的情况下,舟山市人民检察院可另案提起公益诉讼。

综上,舟山市人民检察院提出的诉请于法有据,应予支持。

一审法院判决:1. 被告刘某、詹某某、吴甲、张某某、吴乙于本判决生效后 10 日内在舟山市市级媒体上公开赔礼道歉(赔礼道歉内容应先报本院审核),逾期不履行,本院将在舟山市市级媒体上公布判决书的主要内容,相应费用由被告刘某、詹某某、吴甲、张某某、吴乙共同负担。

2. 被告刘某、詹某某、吴甲对 1,801,200 元生态修复补偿金承担连带赔偿责任,被告张某某对 1,801,200 元生态修复补偿金中的 102,000 元承担连带赔偿责任,被告吴乙对 1,801,200 元生态修复补偿金中的 132,000 元承担连带赔偿责任;前述款项均于本判决生效之日起 10 日内履行完毕。

如果未按本判决指定的期限履行给付金钱义务,应当依照《民事诉讼法》第二百五十三条之规定,加倍支付迟延履行期间的债务利息。

案件受理费 21,011 元,由被告刘某、詹某某、吴甲共同负担 21,011 元,被告张某某共同负担其中的 1190 元,被告吴乙共同负担其中的 1540 元。

【实务要点评析】

法律责任可以分为民事责任、行政责任和刑事责任。一个违法行为既违反了民事法律又违反了行政法或者刑法,可以由此同时产生民事责任、行政责任或者刑事责任,出现责任重合。责任重合的原因是法条重合,但是公法与私法责任重合而不竞合,所以因同一行为承担行政责任或者刑事责任的,并不影响依法承担侵权等民事责任。[①]

本案系《宁波海事法院海洋生态环境司法保护情况通报(2015—2019 年)》中通报的海洋生态环境司法保护典型案例。舟山市人民检察院按照海龟的资源保护费的 6 倍来确定各被告需承担的生态修复补偿金的数额。

一、在各被告已被追究刑事责任的情况下,是否仍须承担包括公开赔礼道歉在内的环境民事侵权责任

依据行为时有效的《侵权责任法》第 4 条第 1 款的规定,“侵权人因同一行为应当承担行政责任或者刑事责任的,不影响依法承担侵权责任”(《民法典》第 187 条亦作相同规定),同时结合《环境民事公益诉讼司法解释》第 18 条的规定,“对污染环境、破坏生态,已经损害社会公共利益或者具有损害社会公共利益重大风险的行为,原告可以请求被告承担停止侵害、排除妨碍、消除危险、修复生态环境[②]、赔偿损失、赔礼道歉等民事责任”,各被告在承担相应刑事责任的同时,

① 参见张旭:《民事责任、行政责任和刑事责任——三者关系的梳理与探究》,载《吉林大学社会科学学报》2012 年第 2 期。

② 2020 年 12 月 29 日法释〔2020〕20 号对本条进行了修改,将“恢复原状”修改为“修复生态环境”。本书案例部分仍采“恢复原状”的表述。

不影响其环境侵权民事责任的承担。根据《民法典》第 1232 条,侵权人违反法律规定故意污染环境、破坏生态造成严重后果的,被侵权人有权请求相应的惩罚性赔偿。

二、如何确定非法收购、运输、出售海洋野生动物的生态修复补偿金

原告所主张的关于非法收购、运输、出售海洋野生动物的生态修复补偿金,系野生动物资源和海洋生态环境修复所需的费用。海龟既是国家二级保护动物,又是水生野生动物。农业部出台的关于水生野生动物价值标准的认定是综合考虑了水生野生动物物种经济、研究、生态、社会、遗传资源等各方面的价值而得出的计算方法,国家二级保护动物的价值分别按该动物物种资源保护费的 6 倍计算。农业部《关于确定野生动物案件中水生野生动物及其产品价值有关问题的通知》(农渔发〔2002〕22 号)制定的目的是保护野生动物,严厉打击违法犯罪行为,合理确定野生动物案件中水生野生动物及其产品的价值,该文件并未明确表明所涉及的计算标准只适用于刑事案件,对违法犯罪行为人追究民事赔偿责任也是打击违法犯罪行为的具体举措,因此民事赔偿金额亦可按照农业部《关于确定野生动物案件中水生野生动物及其产品价值有关问题的通知》(农渔发〔2002〕22 号)中关于二级保护水生野生动物价值的计算标准予以认定。

三、收购、运输、出售环节的行为人承担侵权责任的请求权基础以及责任承担方式是什么

诉求收购、运输、出售环节的行为人承担侵权责任的请求权基础为侵权,应适用侵权责任的相关规定对构成要件进行分析:1. 海龟属于国家二级保护动物,而捕捞、收购、出售、运输海龟等侵权行为均对珍贵野生动物造成损害,破坏生物多样性及生态平衡,也违反了《野生动物保护法》第 3 条第 1 款、第 27 条第 1 款的规定,具有违法性;2. 海龟是水生野生动物资源库和海洋生态环境的重要组成部分,该类案件的损害后果应为各被告侵权行为对野生动物资源和海洋生态环境的损害;3. 各被告分工合作,分别负责收购、运输、出售,他们的行为已形成产业链条,因各被告的收购、出售、运输海龟行为,造成当地渔民从误捕海龟放生到作为财物出卖,各被告收购、运输、出售海龟的行为与野生动物资源和海洋生态环境的损害存在因果关系;4. 各被告受利益驱动,明知收购、运输、出售海龟的行为为法律所禁止仍有意为之,主观上具有共同故意。因此,各被告破坏野生动物资源和海洋生态环境的行为,造成国家资源损失,损害了社会公共利益,理应就自己的侵权行为承担相应的民事侵权责任。

根据《侵权责任法》第 8 条的规定,“二人以上共同实施侵权行为,造成他人损害的,应当承担连带责任”。《民法典》第 1168 条亦有相同规定。由于各被告在各环节的侵权行为不同,有的被告从事出售,有的被告从事收购,有的被告从事运输,各被告在各环节的侵权行为中均有意促成交易,存在主观上的共同故意,共同侵权行为人承担连带责任。

关于连带责任的承担,根据《侵权责任法》第 3 条的规定:“被侵权人有权请求侵权人承担侵权责任。”同时《民法总则》第 178 条规定:“二人以上依法承担连带责任的,权利人有权请求部分或者全部连带责任人承担责任。连带责任人的责任份额根据各自责任大小确定;难以确定责任大小的,平均承担责任。实际承担责任超过自己责任份额的连带责任人,有权向其他连带责任人追偿。连带责任,由法律规定或者当事人约定。”2020 年《民法典》第 178 条规定,二人以上依法承担连带责任的,权利人有权请求部分或者全部连带责任人承担责任。连带责任人的责任份额根据各自责任大小确定;难以确定责任大小的,平均承担责任。

第三章 大气污染类环境民事公益诉讼

大气是由一定比例的氮气、氧气、二氧化碳、水蒸气和固体杂质微粒组成的混合物。就干燥空气而言,按体积计算,在标准状态下,氮气占78.08%,氧气占20.94%,稀有气体占0.93%,二氧化碳占0.03%,而其他气体及杂质体积都大约是0.02%。各种自然变化往往会引起大气成分的变化。大气污染通常是指由于人类活动或自然过程引起某些物质进入大气中,呈现出足够的浓度,达到足够的时间,并因此危害了人类的舒适、健康和福利或环境的现象。①

通俗地讲,只要大气环境中某一种物质存在的量、性质及时间足够对人类或其他生物、财物产生不利影响,就可以称其为大气污染物。大气污染物的来源主要有以下四种:1. 工业。工业生产是大气污染的重要来源,排放到大气中的污染物种类有硫的氧化物、氮的氧化物、有机化合物、卤化物、碳化合物等,其中有的是烟尘,有的是气体。2. 生活炉灶与采暖锅炉。城市中大量民用生活炉灶和采暖锅炉需要消耗大量煤炭,煤炭在燃烧过程中要释放大量的灰尘、二氧化硫、一氧化碳等有害物质污染大气。3. 交通运输。汽车、火车、飞机、轮船是当代的主要运输工具,它们烧煤或石油产生的废气也是重要的污染物,特别是汽车尾气中的一氧化碳、二氧化硫、氮氧化物等物质危害性很大。汽车尾气成为大城市空气的主要污染源之一,是防控难度较大的点源污染物的典型代表。4. 森林火灾产生的烟雾。

---

① In accordance with the International Organization for Standardization (ISO) definition, usually refers to air pollution due to human activities or natural processes caused by certain substances into the atmosphere, showing a sufficient concentration to achieve sufficient time, and thus harm the bod.

大气污染发展至今已超越国界,其危害遍及全球。对全球大气的影响主要表现为三个方面:一是臭氧层破坏,二是酸雨腐蚀,三是全球气候变暖。大气污染已成为影响天气和气候变化、损害人体健康和正常生产生活、危害其他生物的生存和发育的主要原因。改革开放以来,随着经济建设、社会发展和城镇化的大力推进,我国大气污染状况日益严重,主要表现为煤烟型污染。城市大气环境中总悬浮颗粒物浓度普遍超标,二氧化硫污染一直在较高水平,机动车尾气污染物排放总量迅速增加,氮氧化物污染呈加重趋势。

大气环境保护事关社会公众的根本利益,事关经济持续健康发展,事关全面建成小康社会,事关实现中华民族伟大复兴中国梦。为了保护环境、防治大气污染,我国在大气污染控制和空气质量管理方面做了大量的工作。从 21 世纪初期的《"十一五"期间全国主要污染物排放总量控制计划》和《节能减排综合性工作方案》,到 2013 年出台《大气污染防治行动计划》为我国大气污染防治指明了方向,再到 2018 年发布《关于全面加强生态环境保护坚决打好污染防治攻坚战的意见》要求编制实施"打赢蓝天保卫战三年行动计划",建立联防联控机制,明显减少重污染天数,明显改善大气环境质量,明显增强人民的蓝天幸福感。

在大气污染防控和治理的过程中,运用环境司法强化突出污染问题的治理和受损生态的修复,让污染环境、破坏生态者承担更大更严的法律责任,是推进生态环境依法治理的有效方式。而大气污染公益诉讼制度的建立不仅是公众参与大气环境治理的重要保障,也是大气污染治理法制建设的重要环节和解决问题的重要途径。但环境公益诉讼在实践中,基于大气具有流动性、大气污染物具有扩散性的特征,依然面临着大气环境损害难以确定、修复困难等困境。除了传统的环境民事侵权中依托"谁污染,谁治理"追究造成损害的污染者责任外,更需要创新大气环境污染的司法救济思路。

案例1 采用“虚拟治理成本法”计算生态环境损害赔偿费用

——中华环保联合会诉德州晶华集团振华有限公司环境民事公益诉讼案①

【案例介绍】

案　号:山东省德州市中级人民法院(2015)德中环公民初字第1号

一审原告:中华环保联合会

一审被告:德州晶华集团振华有限公司(以下简称振华公司)

基本案情:被告振华公司成立于2000年,是位于德州市区内的一家玻璃产品制造企业。振华公司虽已投入资金建设脱硫除尘设施,但仍有两个烟囱长期向大气超标排放污染物,德州市环境保护局分别于2013年12月、2014年9月、2014年11月、2015年2月对振华公司进行行政处罚,处罚数额均为10万元。2014年12月,山东省环境保护厅对其进行行政处罚,处罚数额10万元。2015年3月23日,德州市环境保护局责令振华公司立即停产整治,2015年4月1日之前全部停产,停止超标排放废气污染物。中华环保联合会于2015年3月25日向德州市中级人民法院提起诉讼。

原告诉讼请求:1.被告立即停止超标向大气排放污染物,增设大气污染防治设施,经环境保护行政主管部门验收合格并投入使用后方可进行生产经营活动;2.被告赔偿因超标排放污染物造成的损失2040万元(按照被告大气污染防治设施投入及运营的成本计算得出);3.被告赔偿因拒不改正超标排放污染物行为造成的损失780万元(以10万元为基数,自2015年1月1日开始暂计算至2015年3月19日);4.被告在省级及以上媒体向社会公开赔礼道歉;5.本案诉讼、检验、鉴定、专家证人、律师及诉讼支出的费用由被告承担。上述第2项和第3项诉讼请求中的赔偿款项支付至地方政府财政专户,用于德州市大气污染的治理。后原告中华环保联合会将诉讼请求第2项变更为判令被告赔偿因超标排放污染物造成的损失2746万元。

本案审理过程中,为证明被告振华公司超标排放造成的损失,2015年12

① 本案系最高人民法院2015年度发布十起环境侵权典型案例之案例二。

月，原告中华环保联合会与环境保护部环境规划院签订技术咨询合同，委托其对振华公司排放大气污染物致使公私财产遭受损失的数额，包括污染行为直接造成的财产损坏、减少的实际价值，以及为防止污染扩大、消除污染而采取必要合理措施所产生的费用进行鉴定。2016 年 5 月，环境保护部环境规划院环境风险与损害鉴定评估研究中心根据已经双方质证的法院调取的证据作出鉴定意见，鉴定意见是被告企业在鉴定期间超标向空气排放二氧化硫共计 255 吨、氮氧化物共计 589 吨、烟粉尘共计 19 吨，单位治理成本分别按 0.56 万元/吨、0.68 万元/吨、0.33 万元/吨计算，虚拟治理成本分别为 713 万元、2002 万元、31 万元，共计 2746 万元。

原告中华环保联合会还申请了环境保护部环境规划院专家吴某出庭，就二氧化硫、氮氧化物、烟粉尘超标排放给大气造成的损害、污染物排放时间、污染物排放量、单位治理成本、虚拟治理成本、生态损害赔偿数额的确定以及被告投入运营设备是否会对虚拟治理成本产生影响提出专家意见。

被告振华公司答辩称：1. 被告已经停止侵害；2. 原告所诉因果关系难以判定，大气污染是动态的，无法确定大气污染是由被告一家企业造成的；3. 对原告单方作出的鉴定评估意见不认可，原告所诉损害赔偿金额及要求在媒体公开道歉没有事实依据，原告在索赔时应当考虑被告已经实际投入的运营成本；4. 同意原告要求被告将赔偿款项放置专项财政账户的诉讼请求。

一审法院认为：根据双方的起诉与答辩，双方争议焦点为：1. 本案原、被告主体是否适格？2. 被告振华公司应承担何种民事责任，损害赔偿数额如何计算？

关于焦点一，本案原、被告主体是否适格？

《环境保护法》第五十八条第一款规定，对污染环境、破坏生态、损害社会公共利益的行为，符合下列条件的社会组织可以向人民法院提起诉讼：(1) 依法在设区的市级以上人民政府民政部门登记；(2) 专门从事环境保护公益活动连续五年以上且无违法记录。原告中华环保联合会系 2005 年 4 月 22 日在民政部登记成立的社会组织，自登记之日至本案起诉之日成立满五年，从事环境保护公益活动满五年，并无违法记录。庭审中，被告振华公司对原告中华环保联合会作为环保公益组织提起本案诉讼亦无异议。因此，原告中华环保联合会是本案的适格主体。

根据《环境民事公益诉讼司法解释》第一条的规定，法律规定的机关和有关组织依据《民事诉讼法》第五十五条、《环境保护法》第五十八条等法律的规定，对已经损害社会公共利益或者具有损害社会公共利益重大风险的污染环境、破坏生态的行为提起诉讼，符合《民事诉讼法》第一百一十九条第二项、第三项、第四项规定的，人民法院应予受理。第十八条规定，对污染环境、破坏生态，已经损害社会公共利益或者具有损害社会公共利益重大风险的行为，原告可以请求被告承担停止侵害、排除妨碍、消除危险、恢复原状、赔偿损失、赔礼道歉等民事责任。本院认为，企业、事业单位和其他生产经营者超过污染物排放标准或者重点污染物排放总量控制指标排放污染物的行为可以视为是具有损害社会公共利益重大风险的行为。被告振华公司超量排放的二氧化硫、氮氧化物、烟粉尘会影响大气的服务价值功能。其中，二氧化硫、氮氧化物是酸雨的前导物，超量排放可至酸雨从而造成财产及人身损害，烟粉尘的超量排放将影响大气能见度及清洁度，亦会造成财产及人身损害。被告振华公司自 2013 年 11 月起，多次超标向大气排放二氧化硫、氮氧化物、烟粉尘等污染物，经环境保护行政管理部门多次行政处罚仍未改正，其行为属于法律规定的“具有损害社会公共利益重大风险的行为”，故被告振华公司是本案的适格被告。

关于焦点二，被告振华公司应承担何种民事责任，损害赔偿数额如何计算？

根据《环境民事公益诉讼司法解释》第十八条的规定，环境民事公益诉讼案件承担责任的方式包括六种：停止侵害、排除妨碍、消除危险、恢复原状、赔偿损失、赔礼道歉。原告中华环保联合会关于被告振华公司立即停止超标向大气排放污染物以及在省级以上媒体向社会公开赔礼道歉的诉讼请求于法有据。根据本院查明的事实，被告振华公司已于 2015 年 3 月 27 日放水停产，停止使用原厂区，可认定被告振华公司已经停止侵害。环境权益具有公共权益的属性，就经济学角度而言，环境资源是一种综合性的财产，在美学层面上，优良的环境可以成为人的精神活动的对象，因被告振华公司超标向大气排放污染物，其行为侵害了社会公共的精神性环境权益，应当承担赔礼道歉的民事责任。

关于生态损害赔偿费用。为证明被告振华公司因其行为应当承担的生态损害赔偿数额，原告中华环保联合会以双方提交的证据以及本院向环境保护机关调取的证据为依据，委托环境保护部环境规划院进行鉴定评估，经评估，二氧化硫单位治理成本为 0.56 万元/吨，超标排放 255 吨，虚拟治理成本为 142.8 万元（0.56 万元/吨 ×255 吨）；氮氧化物单位治理成本为 0.68 万元/吨，超标排放

589 吨，虚拟治理成本 400.52 万元(0.68 万元/吨 ×589 吨)；烟粉尘单位治理成本为0.33 万元/吨，超标排放 19 吨，虚拟治理成本 6.27 万元(0.33 万元/吨 ×19 吨)。本院认为，1. 原告中华环保联合会提交的鉴定评估报告虽系单方委托作出，但评估机构具有法定资质，评估事项与待证事实有关，评估依据均已经过原、被告双方的质证，具备证据的真实性、客观性、关联性，且被告振华公司未举出相反证据推翻该鉴定评估报告，本院认为该报告可以作为认定事实的依据；2. 根据德州市环境保护局《关于德州晶华集团振华有限公司高档优质汽车玻璃原片项目环境影响评价执行标准的意见》、《环境空气质量标准》(GB 3095 - 2012)、《环境损害鉴定评估推荐方法(第Ⅱ版)》、《突发环境事件应急处置阶段环境损害评估技术规范》的规定，利用虚拟治理成本法计算得到的环境损害可以作为生态环境损害赔偿的依据，被告振华公司所在区域为空气功能区为二类，按照规定，环境空气二类区生态损害数额为虚拟治理成本的 3 ~5 倍，本院认定按虚拟治理成本的 4 倍计算生态损害数额，即 2198.36 万元(142.8 万元 ×4 +400.52 万元 ×4 +6.27 万元 ×4)；3.《侵权责任法》第六十六条规定，因污染环境发生纠纷，污染者应当就法律规定的不承担责任或者减轻责任的情形及其行为与损害之间不存在因果关系承担举证责任。《环境侵权责任司法解释》第七条规定，污染者举证证明下列情形之一的，人民法院应当认定其污染行为与损害之间不存在因果关系：(1)排放的污染物没有造成该损害可能的；(2)排放的可造成该损害的污染物未到达该损害发生地的；(3)该损害于排放污染物之前已经发生的；(4)其他可以认定污染行为与损害之间不存在因果关系的情形。被告振华公司主张因其已投入脱硫设备，运营成本 1815 万元，应当据此减轻责任。本院认为，鉴定评估报告是对被告振华公司现有脱硫、除尘设备予以确认的情况下对污染物超标排放量及治理成本进行了认定，被告振华公司该项请求不属于法律规定的不承担责任或者减轻责任的情形，故对被告振华公司该项抗辩本院不予认可。

关于原告中华环保联合会要求被告振华公司赔偿因超标排放污染物造成的损失 780 万元。本院认为，原告中华环保联合会该项诉讼请求的依据是《大气污染防治法》第九十九条及《环境保护法》第五十九条，该两条规定的是行政处罚而非民事责任，且《环境民事公益诉讼司法解释》中并未规定惩罚性赔偿，故原告中华环保联合会该项诉讼请求法律依据不足，本院不予支持。

关于原告中华环保联合会“增设大气污染防治设施，经环境保护行政主管部门验收合格后方可进行生产经营活动”的诉讼请求，因该项诉讼请求不属于《环境民事公益诉讼司法解释》规定的承担责任的方式中的任何一种，加之被告振华公司已经放水停产，原厂停止使用，另选新厂址，故对原告中华环保联合会该项诉讼请求本院不予支持。

关于评估费用、律师费以及为诉讼支出的其他合理费用问题。根据《环境民事公益诉讼司法解释》第二十二条规定，原告请求被告承担检验、鉴定费用，合理的律师费以及为诉讼支出的其他合理费用的，人民法院可以予以支持。原告中华环保联合会主张的评估费用 10 万元，属于为诉讼合理支出，本院予以支持；其主张律师费 40 万元及其他诉讼支出费用 1 万元，原告中华环保联合会承认关于律师费仅订立委托合同，未实际支付，且未就诉讼支出 1 万元提交支付凭证，关于此项请求本院不予支持。

法院判决：1. 被告振华公司于本判决生效之日起 30 日内赔偿因超标排放污染物造成的损失 2198.36 万元，支付至德州市专项基金账户，用于德州市大气环境质量修复；2. 被告振华公司在省级以上媒体向社会公开赔礼道歉；3. 被告振华公司于本判决生效之日起 10 日内支付原告中华环保联合会所支出的评估费 10 万元；4. 驳回原告中华环保联合会的其他诉讼请求。

【实务要点评析】

在环境民事公益诉讼中，对于污染行为人的污染行为以及对环境的损害结果，需由原告来承担证明责任，即应由原告举证证明被告存在环境违法行为以及实际造成社会公共利益损害或者具有损害社会公共利益的重大风险。[①]

《环境保护法》第 5 条规定了“保护优先、预防为主”的基本原则，体现了在环境保护工作中以预防为主的基本理念。而在环境民事公益诉讼中，如何认定“具有损害社会公共利益的重大风险”，实践中各地司法机关掌握的标准不一。

环境民事公益诉讼中的“重大风险”应当是现实的导致环境危害的较大可能性，通常指普通人基于其一般的知识及社会生活经验，即可轻易判断某项行为具有较高可能造成公众环境权益损害。所以，“重大风险”应指依据普通人的一

---

① 参见王秀卫：《我国环境民事公益诉讼举证责任分配的反思与重构》，载《法学评论》2019 年第 2 期。

般知识,结合诉讼中能够掌握的基本证据,能够判断可能发生具体环境损害的重大危险。①

中华环保联合会诉德州晶华集团振华有限公司环境民事公益诉讼案是2014年《环境保护法》施行后,人民法院受理的首例京津冀及其周边地区大气污染公益诉讼案件,本案作为典型案例列入了2016年度最高人民法院、山东省高级人民法院工作报告,并入选2016年度人民法院十大民事行政案件和全国环境公益诉讼十大典型案例。大气具有流动性,其本身具有一定的自净功能,企业超标排放是否构成生态环境损害是本案审理的难点。本案判决采用了国外环境诉讼中的间接因果关系认定说,以较高的审判效率确认了大气污染的因果关系。在认定被告需承担的民事责任时,采用了适中的"按虚拟治理成本的4倍计算被告振华公司生态损害数额"的计算方法,还援引了2014年《环境保护法》中增加的赔礼道歉的规定,认定被告应当承担赔礼道歉的民事责任,为环境公益诉讼制度的发展提供了有益的经验。

一、超标排放大气污染物的行为是否可认定为具有损害社会公共利益的重大风险的行为

《环境民事公益诉讼司法解释》第1条规定,法律规定的机关和有关组织依据《民事诉讼法》第55条、《环境保护法》第58条等法律的规定,对已经损害社会公共利益或者具有损害社会公共利益重大风险的污染环境、破坏生态的行为提起诉讼,符合《民事诉讼法》第119条第2项、第3项、第4项规定的,人民法院应予受理。何为"具有损害社会公共利益重大风险的污染环境、破坏生态的行为",司法实践中是难点,各地法院掌握的标准不一。由于空气的高流动性,大气污染物排放到自然环境中后,随着环境中的空气迅速流动、转移,从环境科学的角度,在一定的环境容量内,环境对一定数量内的空气污染物确实有一定的净化功能。在本案之前,空气污染物即使排放到环境中,如未实际造成明显的、肉眼可见的环境污染损害,在法律上认定是否构成环境污染时一般较为谨慎。本案采用了国外环境诉讼中的间接因果关系认定说,认为被告振华公司超排放标准排放的二氧化硫、氮氧化物是酸雨的前导物,超量排放可形成酸雨从而造成财

① 参见于文轩、牟桐:《论环境民事诉讼中"重大风险"的司法认定》,载《法律适用》2019年第14期。

产及人身损害,烟粉尘的超量排放亦会影响大气能见度及清洁度,从而造成财产及人身损害,其超标排放的二氧化硫、氮氧化物、烟粉尘会影响大气的环境服务价值功能。因而,企业、事业单位或其他生产经营者具有多次超过污染物排放标准或者重点污染物排放总量控制指标排放污染物的行为,且经环境保护行政管理部门多次行政处罚仍未改正的,即可认定是具有损害社会公共利益重大风险的行为。

二、超标排放大气污染物等具有损害社会公共利益的重大风险的行为,应承担何种环境侵权责任,损害赔偿数额如何计算

根据《环境民事公益诉讼司法解释》第 18 条的规定,环境民事公益诉讼案件承担责任的方式包括六种:停止侵害、排除妨碍、消除危险、修复生态环境、赔偿损失、赔礼道歉。环境权益具有公共权益的属性,就经济学角度而言,环境资源是一种综合性的财产,在美学层面上,优良的环境可以成为人的精神活动的对象。因被告振华公司超标向大气排放污染物,其行为侵害了社会公共的精神性环境权益,应当承担赔礼道歉的民事责任。

关于生态损害赔偿费用。本案原告委托环境保护部环境规划院按照虚拟治理成本法对环境损害进行鉴定评估。虚拟治理成本是指工业企业或污水处理厂治理等量的排放到环境中的污染物所花费的成本,即污染物排放量与单位污染物虚拟治理成本的乘积。案件承办法院根据《环境空气质量标准》(GB 3095－2012)、《环境损害鉴定评估推荐方法(第Ⅱ版)》、《突发环境事件应急处置阶段环境损害评估技术规范》之相关规定,以及德州市环保局相关意见,认可利用虚拟治理成本法计算得到的环境损害作为生态环境损害赔偿的依据。最终,结合被告所在地区的环境功能区类别,取虚拟治理成本的 3～5 倍的中间值 4 倍计算生态损害数额为 2198.36 万元(142.8 万元×4＋400.52 万元×4＋6.27 万元×4)。虽被告主张因其已投入脱硫设备及运营成本 1815 万元,应当据此减轻责任,但其购置污染治理设备投入的资金不能等同于其对环境污染行为对环境造成的损害,其购置污染治理设备不属于法律规定的不承担责任或者减轻责任的情形。

案例2 未依法防治废气的行为与大气环境污染因果关系的认定

——北京市人民检察院第四分院诉北京多彩联艺国际钢结构工程有限公司环境民事公益诉讼案①

【案例介绍】

案 号:北京市高级人民法院(2018)京民终453号

公益诉讼起诉人:北京市人民检察院第四分院(以下简称市检四分院)

一审被告:北京多彩联艺国际钢结构工程有限公司(以下简称多彩公司)

基本案情:多彩公司在北京市大兴区北臧村镇皮各庄二村村西的生产基地从事钢结构制造过程中,喷漆工艺未在密闭空间中进行,喷漆场地未安装废气污染防治设施,喷漆产生的挥发性有机物废气未经处理直接排入大气环境,对周围大气环境造成污染。

2016年12月9日,北京市大兴区环境保护监察支队出具环境保护监察意见书,查封相关设备30日。2017年1月13日,北京市大兴区环境保护局作出兴环保监罚字〔2016〕第206号行政处罚决定书,处罚款20万元整。市检四分院于2017年3月15日立案后,于同年3月17日的《检察日报》(第8126期)发布公告,告知法律规定的机关和有关组织如拟对多彩公司提起公益诉讼的,自公告发布之日起三十日联系该院,公告期满后,法律规定的机关和有关组织没有提起诉讼,市检四分院于2017年6月28日提起本案公益诉讼。此外,市检四分院分别于3月30日、5月3日到多彩公司进行现场调查,发现多彩公司的违法行为仍在持续进行中,大气环境仍处于受侵害状态。

经市检四分院委托,环境保护部、环境规划院、环境风险与损害鉴定评估研究中心(以下简称环保鉴定中心)对多彩公司违法排放挥发性有机物废气造成的大气环境污染所致生态环境损害进行鉴定评估,并于2017年6月4日出具鉴定意见,其中载明虚拟治理成本总计223,720元,取环境功能敏感系数4倍计算出生态环境损害数额为894,880元。二审阶段,市检四分院提交了环保鉴定中

① 本案系北京市首例大气污染民事公益诉讼案件,本案判决书荣获“北京法院2019年优秀裁判文书网上互评活动”优秀奖。

心于2018年9月27日出具的《关于多彩公司废气污染废气治理工艺的相关说明》,说明钢结构产量减少,不会对废气治理工艺选择和工艺参数设计产生影响。后,环保鉴定中心提交了由三位评审专家出具的《关于北京多彩联艺国际钢结构有限公司大气污染损害的鉴定评估意见的函审意见》,表示询价喷漆房价格符合市场情况,评估结论基本可信。

公益诉讼起诉人市检四分院诉讼请求:1. 判令多彩公司立即停止对大气环境的侵害;2. 判令多彩公司赔偿因违法排放喷漆产生的挥发性有机物废气造成的生态环境损害894,880元;3. 判令多彩公司在省级以上媒体上向社会公开赔礼道歉;4. 判令多彩公司承担鉴定费33,000元,以上费用共计927,880元。

被告多彩公司辩称:对市检四分院的第1、3、4项诉讼请求不持异议。具体意见如下:1. 多彩公司已经停业整顿,在事实上已停止了对大气环境的损害。2. 多彩公司愿意赔偿因排放污染物给生态环境造成的合理损失。多彩公司对环保鉴定中心作出的鉴定意见不予认可,鉴定意见存在诸如计算用的钢结构生产加工产量较实际过高、计算用的工时较实际过长、计算虚拟治理成本用的喷漆房成本造价较实际过高等多项问题,故生态环境损害金额的计算方法存在重大失当,过度放大了损失金额,故请求人民法院在查明事实的基础上公平判决。3. 多彩公司同意在省级以上媒体公开赔礼道歉。4. 多彩公司同意承担合理的鉴定费。鉴于多彩公司对环保鉴定中心出具的鉴定意见存在异议,故只同意承担合理金额。

一审法院认为:结合查明的事实及诉争内容,确认本案审判要点如下:第一,多彩公司的行为是否造成生态环境损害,以及应如何确定该生态环境损害侵权责任的构成要件;第二,多彩公司是否应为防止生态环境损害发生和扩大,承担停止侵害的预防性责任;第三,多彩公司应如何承担生态环境损害的赔偿责任及赔礼道歉等责任。

第一,多彩公司的行为是否造成生态环境损害,以及应如何确定该生态环境损害侵权责任的构成要件。

我国环境保护相关法律、法规确立了污染者承担责任的损害担责原则。《侵权责任法》第六十五条规定:"因污染环境造成损害的,污染者应当承担侵权责任。"依据上述法律规定,生态环境损害侵权作为一种特殊的侵权类型,适用无过错责任原则,即环境污染者无论是否具有主观过错,只要其行为与损害事实之间具有因果关系，就应承担生态环境损害的侵权责任。

本院将从生态环境损害侵权构成要件的角度分析多彩公司造成的生态环境损害事实、行为违法性、因果关系。首先，从生态环境损害事实上分析，多彩公司在北京市大兴区北臧村镇皮各庄二村村西的生产基地从事钢结构制造过程中，喷漆工艺未在密闭空间中进行，喷漆场地未安装废气污染防治设施，喷漆产生的挥发性有机物废气未经处理直接排放大气环境，对周围大气环境造成污染。

其次，从生态环境损害侵权行为的违法性上分析，在加工生产钢结构过程中排放废气所造成的大气污染损害，应根据《大气污染防治法》认定污染行为的违法性。《大气污染防治法》第四十五条规定："产生含挥发性有机物废气的生产和服务活动，应当在密闭空间或者设备中进行，并按照规定安装、使用污染防治设施；无法密闭的，应当采取措施减少废气排放。"多彩公司的生产加工基地未办理环境审批手续，亦未依据大气污染防治法的规定安装防治设施或采取相应措施，其行为具有违法性。

最后，从多彩公司的行为与损害事实之间的因果关系上分析，根据鉴定意见，多彩公司主要在进行底漆喷涂、面漆喷涂、常温晾干工序的过程中产生大量漆雾和有机废气：1. 漆雾在喷涂时油漆在高压作用下经喷枪雾化成微粒，大部分油漆到达金属件表面，部分随气流弥散形成漆雾。漆雾形成的颗粒通过呼吸进入人体，会对人体造成很大的健康危害。2. 有机废气油漆和稀料中的有机溶剂不会随漆脂附着在喷涂物表面的，在喷涂和常温晾干过程将全部释放出来形成有机废气，主要有苯、甲苯、二甲苯、非甲烷总烃等有机物。有机废气是无色具有刺激性的气体，排放至大气中会通过呼吸或体表接触作用人体，具有致癌、致畸、刺激性等危害作用。鉴定意见确定了多彩公司在生产过程产生了大量对大气环境和人体具有危害性的漆雾和有机废气，上述分析即是本案判断因果关系的依据，也是认定本案生态环境损害程度的依据。

综上所述，本院认定多彩公司的行为具有违法性，现已存在污染环境的损害事实，且违法行为与损害事实之间具有因果关系，故多彩公司的行为符合生态环境损害侵权构成要件，根据《大气污染防治法》第一百二十五条规定："排放大气污染物造成损害的，应当依法承担侵权责任。"多彩公司应当承担造成生态环境损害的侵权责任。

污染环境行为会存在需要同时承担行政责任与民事责任的情形，多彩公司已根据《环境保护监察意见书》《查封(扣押)决定书》《行政处罚决定书》接受行政处罚,上述行政责任的承担,不影响法院认定侵权人依法承担生态环境损害侵权民事责任。

第二,多彩公司是否应为防止生态环境损害发生和扩大,承担停止侵害的预防性责任。

环境民事公益诉讼审判应当遵循保护优先、预防为主的原则。在生产经营中,环境侵权行为经常具有持续性、隐蔽性、间断性等特点。本案中,多彩公司的生产加工基地未办理环境审批手续,亦未依据大气污染防治法的规定安装防治设施或采取相应措施,在其进行钢结构焊接、喷漆作业过程中,废气未经处理直接外排大气环境,对周围大气环境造成污染,对人体健康造成危害,损害了社会公共利益。生态环境一旦受到污染破坏,即具有不可逆性和难以治理恢复的特征。对于污染环境、破坏生态可能发生或已经具有损害社会公共利益重大风险的行为,应当及时采取停止侵害、消除危险的措施,对将要发生的污染、破坏行为予以预防,对正在发生污染、破坏行为予以制止,满足对生态环境公共利益的最大保护。多彩公司虽然已经停止喷涂、焊接等产生漆雾和有机废气的生产经营活动,并表示今后坚决杜绝此类污染的再次发生,但并不影响本院在公益诉讼中对其具有损害公共利益的重大风险行为作出预防性裁判。市检四分院提出的多彩公司立即停止侵害大气环境的诉讼请求,能够实现预防环境损害侵权的目的和保护生态环境公共利益的功能,本院予以支持。法院为保护社会公共利益,对可能导致污染环境、破坏生态的行为作出预防性裁判,以停止侵害、消除危险,避免危害的发生和扩大,对于具体承担责任的方式,本院将结合污染环境行为的特性予以判定。

第三,多彩公司应如何承担生态环境损害的赔偿责任及赔礼道歉等责任。

在生态环境损害发生后,侵权人应根据破坏生态、污染环境的实际情况,对生态环境损害适用不同的修复与赔偿方式。市检四分院委托具有鉴定资质的专业环境鉴定机构进行鉴定,其目的在于针对涉案的污染源排放、区域环境质量等情况,综合生态环境治理修复条件,进行专业科学的论证分析,制定科学合理的生态环境修复与赔偿方案。环保鉴定中心出具的鉴定意见认为,基于环境损害鉴定评估工作对时效性、科学性、准确性的要求,结合本次钢结构喷漆大气污染事件的特点,该大气环境污染事件所致的生态环境损害无法通过恢复工程恢复,因此采用虚拟治理成本法评估该钢结构喷漆大气污染事件造成的生态环境损害数额。多彩公司虽然对鉴定意见提出异议,并提供与生产经营相关的合同、发票等证据,但并不足以证明其实际生产加工情况以及实际造成的环境污染损害。在多彩公司的举证及质证意见不足以否定鉴定意见的情况下,本案鉴定意见符合大气污染生态环境的实际情况,本院予以采信。市检四分院提出的多彩公司赔偿因违法排放喷漆产生的挥发性有机物废气造成的生态环境损害 894,880 元的诉讼请求,有科学合理的鉴定意见为依据,本院予以支持。

对于市检四分院提出的多彩公司通过省级以上媒体向社会公开赔礼道歉和承担鉴定费 33,000 元的诉讼请求,本院认为,优质的生态环境是人们健康生存发展、追求美好生活的基础,破坏生态、污染环境的行为会导致社会公共利益以及公众精神性环境权益受到侵害。多彩公司的行为已造成生态环境损害,其也必然会损害社会公众所享有的追求美好生态环境的精神利益。从权利救济与过错担责并重的角度出发,污染者不仅应认真吸取教训,采取环境保护措施,履行生态环境保护义务,更应对其造成社会公众生态环境精神利益的损害,通过向社会公开表达悔过与歉意的方式,承担民事责任。依据《环境民事公益诉讼司法解释》第十八条的规定,对破坏生态、污染环境,已经损害社会公共利益的行为,公益诉讼起诉人可以请求被告承担赔礼道歉的民事责任。对于市检四分院提出的多彩公司承担赔礼道歉责任的诉讼请求,本院予以支持,具体赔礼道歉方式由本院结合侵权过错与程度、污染范围、造成环境损害结果与社会影响等情况综合判定。根据《环境民事公益诉讼司法解释》的相关规定,人民法院可以支持公益诉讼起诉人提出的被告承担合理的检验、鉴定费用的请求。现市检四分院提出由多彩公司支付鉴定费用的诉讼请求符合法律规定,本院予以支持。

综上所述,本院认为多彩公司在北京市大兴区北臧村镇皮各庄二村村西的生产基地从事钢结构制造过程中产生的大量漆雾和有机废气的行为违法,对大气环境造成污染,对人体健康具有危害,损害了社会公共利益,构成生态环境侵权。为防止生态环境损害的发生和扩大,对具有损害公共利益的重大风险行为作出预防性裁判,本院判定多彩公司在证明采取有效环境保护措施,继续生产符合环境保护标准之前,禁止在北京市大兴区北臧村镇皮各庄二村村西的加工生产基地从事涉及喷漆、焊接等产生漆雾和有机废气的钢结构加工生产行为。根据环境法损害担责原则,依据鉴定意见中采用的虚拟治理成本法评估的生态环境损害数额,本院判定由多彩公司承担生态环境损害赔偿责任,赔偿款专项用于生态环境保护、修复、治理。多彩公司对破坏生态环境、损害公共利益的行为,应向社会公开赔礼道歉,并承担因诉讼支出的鉴定费用。

一审法院判决:1. 多彩公司在证明采取有效环境保护措施,继续生产符合环境保护标准之前,禁止在北京市大兴区北臧村镇皮各庄二村村西的加工生产基地从事涉及喷漆、焊接等产生漆雾和有机废气的钢结构加工生产行为。

2. 多彩公司赔偿因钢结构喷漆加工生产行为造成的生态环境损害 894,880 元,上述赔偿款于本判决生效之日起 15 日内交到本院指定账户,赔偿款专项用于生态环境保护、修复、治理。

3. 多彩公司在一家省级以上媒体公开向社会赔礼道歉,赔礼道歉的内容及媒体、版面、字体需经本院审核,上述内容于本判决生效之日起 30 日内向本院提交,并于审核通过之日起 60 日内刊登,如未履行上述义务,则由本院选择媒体刊登判决主要内容,所需费用由多彩公司负担。

4. 多彩公司承担本案鉴定费 33,000 元,于本判决生效之日起 15 日内向市检四分院支付。

多彩公司上诉称:请求依法撤销一审判决第 2、4 项,发回重审或者在查清事实后依法改判;本案诉讼费用由市检四分院承担。事实和理由:1. 一审判决认定事实不清,证据不足,采信的鉴定意见存在重大的高估冒算。我公司并未见到市检四分院和环保鉴定中心提供的任何关于钢结构加工产量为 6127.523 吨的明确证据。鉴定依据的钢结构吨数与我公司的实际加工喷涂产量严重不符,按照实际加工钢结构的吨数来确定污染产污量才符合常理。鉴定人出庭接受质询时明确答复计算时没有扣减法定休息日和国家规定的节假日,这明显与现实情况不符,会造成鉴定得出的虚拟治理成本过高。鉴定意见的虚拟治理成本中废气治理设备喷漆房总价 60 万元的询价过程和结论没有任何依据,且不能提供任何询价的资料,远远高于我公司自行询价 20 万元的结果。鉴定意见用环境功能敏感系数取值 4 倍计算虚拟治理成本,得到的生态环境损害数额 894,880 元过高。2. 一审判决适用法律错误,采信鉴定意见作为认定涉案生态环境损害数额的依据是错误的。市检四分院和环保鉴定中心均未提供任何关于钢结构加工产量为 6127.523 吨的明确证据,本案中的鉴定意见不能作为认定案件事实的证据,相关鉴定费用也不应当由我公司承担。

市检四分院答辩称：一审判决认定事实清楚、适用法律准确，裁判结果正确，请求予以维持。1. 本案鉴定意见内容真实、程序合法、论证充分，具有较强的证明力，应予采信。2. 钢结构加工产量仅是确定本案所涉废气治理工艺的参考因素之一，不影响多彩公司所应承担的生态环境损害赔偿数额。3. 多彩公司所提工作时间、设备成本等其他上诉理由缺乏事实依据和证据支持。多彩公司所承担的是对生态环境造成损害的赔偿责任，并不是生产作业过程中治理废气的成本。环保鉴定中心根据环境功能区类型，取值 4 倍量化多彩公司造成的生态环境损害数额，并无不当。

二审法院认为：《大气污染防治法》第四十五条规定："产生含挥发性有机物废气的生产和服务活动，应当在密闭空间或者设备中进行，并按照规定安装、使用污染防治设施；无法密闭的，应当采取措施减少废气排放。"该法第一百二十五条规定："排放大气污染物造成损害的，应当依法承担侵权责任。"《环境民事公益诉讼司法解释》第十八条规定："对污染环境、破坏生态，已经损害社会公共利益或者具有损害社会公共利益重大风险的行为，原告可以请求被告承担停止侵害、排除妨碍、消除危险、恢复原状、赔偿损失、赔礼道歉等民事责任。"

本案中，多彩公司违反《大气污染防治法》等法律法规规定，在从事钢结构制造过程中，喷漆工艺未在密闭空间中进行，喷漆场地亦未安装废气污染防治设施，喷漆产生的大量对大气环境和人体具有危害性的漆雾和有机废气未经处理直接排放大气环境，对大气环境造成了污染，损害了社会公共利益，应依法承担相应的侵权责任。

关于多彩公司承担生态环境修复责任的方式、所排废气的治理成本、造成的生态环境损害数额等事项，市检四分院委托环保鉴定中心出具了鉴定意见，环保鉴定中心具有相应的鉴定资质，鉴定程序合法，采用虚拟治理成本法评估生态环境损害数额具有科学性和合理性。针对多彩公司提出的其实际钢结构加工产量为 3887.946 吨、鉴定所依据的钢结构加工产量为 6127.532 吨没有事实根据、由此导致鉴定得出的虚拟治理成本过高的异议，环保鉴定中心在二审中出具情况说明给予了回应，并依据多彩公司的油漆、稀料用量和多彩公司主张的钢结构加工产量进行了分析，得出本案钢结构加工产量由 6127.532 吨调整为 3887.946 吨"不会对废气治理工艺选择和工艺参数设计产生影响"的结论，在多彩公司未能提供证据推翻环保鉴定中心基于油漆、稀料总量为 48.530 吨和钢结构加工产量调整为3887.946吨所作分析和所得结论的情况下，本院对多彩公司所提该项异议，不予采信。针对多彩公司提出的鉴定意见没有扣减法定休息日和节假日、由此导致鉴定得出的虚拟治理成本过高的异议，环保鉴定中心在情况说明中亦给予了回应，认定在总作业时间为1536小时的作业条件下，“废气产生速率由7771m/h减小为6163.51m/h，废气的浓度会略微减小，依然属于小于300mg/m的低浓度有机废气，不会对废气治理工艺选择和工艺参数设计产生影响”，多彩公司虽仍持异议，但未能提供证据推翻环保鉴定中心的结论意见，故对于多彩公司所提该项异议，本院亦不予采信。针对多彩公司提出的鉴定意见中喷漆房总价60万元的询价过程和结论没有依据、远高于其自行询价结果的异议，环保鉴定中心在二审中出示了询价的相关材料，多彩公司虽主张其就相同设备自行询价的结果为20万元，但未提交证据予以佐证，故对于多彩公司所提该项异议，本院亦不予采信。综上，对于多彩公司就环保鉴定中心确定的虚拟治理成本所提出的上诉主张，本院不予支持。针对多彩公司提出的鉴定意见在虚拟治理成本为223，720元已经能够使全部废气达标的情况下，用环境功能敏感系数取值4倍计算损害数额过高的上诉主张，本院认为，在鉴定意见出具之时，《环境损害鉴定评估推荐方法（第Ⅱ版）》（环办〔2014〕90号）、《突发环境事件应急处置阶段环境损害评估推荐方法》（环办〔2014〕118号）规定，在采用虚拟治理成本法量化生态环境损害时，可以根据受污染影响区域的环境功能敏感程度分别乘以1.5～10的倍数作为环境损害数额的上下限，其中，环境空气污染Ⅱ类区域为虚拟治理成本的3～5倍；《环境空气质量标准》（GB 3095－2012）“4.1 环境空气功能区分类”规定，环境空气功能区分为二类：一类区为自然保护区、风景名胜区和其他需要特殊保护的区域；二类区为居住区、商业交通居民混合区、文化区、工业区和农村地区。多彩公司位于北京市大兴区的居住区，属于第Ⅱ类环境功能区，故环保鉴定中心取环境功能敏感系数4倍计算多彩公司被诉污染环境行为造成的生态环境损害数额，并无不当，本院对多彩公司所提该项上诉主张，亦不予支持。

基于上述分析，多彩公司关于其不应承担相关鉴定费用的上诉主张，因缺乏事实和法律根据，本院亦不予支持。

二审法院判决：驳回上诉，维持原判。

【实务要点评析】

本案系北京市首例大气污染民事公益诉讼案件,本案判决书荣获"北京法院2019年优秀裁判文书网上互评活动"优秀奖。

一、采用虚拟治理成本法计算环境污染损害赔偿金时,是否扣除法定节假日

本案审理中,污染行为人提出鉴定意见没有扣减法定休息日和节假日、由此导致鉴定得出的虚拟治理成本过高的异议。鉴定机构对此异议回应称,认定在总作业时间为1536小时(扣除法定节假日)的作业条件下,"废气产生速率由7771m/h减为6163.51m/h,废气的浓度会略微减小,依然属于小于300mg/m的低浓度有机废气,不会对废气治理工艺选择和工艺参数设计产生影响"。因此,污染行为人虽持异议,但未能提供足够证据推翻环保鉴定中心的鉴定意见,对其关于在计算环境损害赔偿时应扣除法定节假日的意见未予采纳。

二、生产过程中使用的相关原、燃材料符合环保标准,是否可说明企业在实际生产过程中未排放有机废气或有害污染物

污染行为人在生产过程中使用的原材料可能确实符合环保标准,但任何工业生产过程均会产生污染,原材料符合环保标准并不等同于生产过程不会排放污染物,更不必然导致污染物达标排放,污染物是否达标排放取决于污染防治设施是否正常稳定运行。

三、产品的产量减少是否对污染物治理工艺和工艺参数产生相应影响

本案鉴定机构出具的《关于多彩公司废气污染废气治理工艺的相关说明》中,说明钢结构喷涂废气的浓度一般小于300mg/m,总体表现出风量大、浓度小的特点,本项目的废气治理工艺参数是根据一般风量大、浓度低的废气条件进行设计的,适用于浓度小于300mg/m的低浓度有机废气治理。基于漆料用量对多彩公司废气量进行计算,浓度小于300mg/m,符合所选择的废气治理工艺的适用条件,另外,基于钢结构产量对废气量的计算,钢结构产量减少,废气量会略微减小,依然属于小于300mg/m的低浓度有机废气,不会对废气治理工艺选择和工艺参数设计产生影响。同时该相关说明在废气产生速率和浓度的测算中,按照多彩公司钢结构喷涂实施期间为8个月,喷涂作业条件为月作业30天,考虑节假日,作业系数0.8,每天作业8小时,总作业时间为8个月×30天×0.8×8小时=1536小时,以此作为计算多彩公司钢结构喷涂作业期间油漆和稀料的挥发性有机物(VOCs)的产生速率的标准,即使钢结构加工产量按照被告的抗辩进行调整,废气产生速率由7771m/h减小为6163.51m/h,废气的浓度会略微减小,依然属于小于300mg/m的低浓度有机废气,不会对废气治理工艺选择和工艺参数设计产生影响。

因此,产品的产量减少不一定会对污染物治理工艺和工艺参数产生影响,在本案钢结构制造过程中喷漆作业的情形下,产品产量在一定数量区间内的多少对污染物治理工艺和工艺参数不会产生影响。

四、可否因企业在生产过程中未安装污染防治设施、污染物未经治理直接排放入环境,直接认定企业对周围环境造成污染损害

基于本案证据认定的事实,污染行为人在从事钢结构制造过程中,喷漆工艺未在密闭空间中进行,喷漆场地未安装废气污染防治设施,喷漆产生的挥发性有机物废气未经处理直接排放至大气环境,根据高度盖然性的证明标准,可以认定被告在生产经营过程中因存在前述环保不合规行为,构成对周围大气环境造成实际污染损害。

五、如何认定行为人的排放废气行为是否具有违法性

行为人在生产加工过程中排放废气所造成的大气污染损害,应根据《大气污染防治法》认定污染行为的违法性。《大气污染防治法》第45条规定:"产生含挥发性有机物废气的生产和服务活动,应当在密闭空间或者设备中进行,并按照规定安装、使用污染防治设施;无法密闭的,应当采取措施减少废气排放。"如行为人的生产加工场地未办理环境审批手续,亦未依据《大气污染防治法》的规定安装防治设施或采取相应措施,则可认定其行为具有违法性。

六、可否以鉴定机构关于企业排放的污染物对环境及人体健康危害的分析,直接认定违法行为与环境污染具有因果关系

根据本案鉴定意见,污染行为人多彩公司主要在进行底漆喷涂、面漆喷涂、常温晾干工序的过程中产生大量漆雾和有机废气。有机废气是无色具有刺激性的气体,排放至大气中会通过呼吸或体表接触作用于人体,具有致癌、致畸、刺激性等危害作用。法院认为,鉴定意见关于多彩公司在生产过程中产生大量对大气环境和人体具有危害性的漆雾和有机废气的分析论证,即可作为认定违法行为与环境污染具有因果关系的依据。

七、环境污染行为人已因同一污染环境行为承担行政责任的，是否可不再承担民事责任

《侵权责任法》第 4 条第 1 款规定："侵权人因同一行为应当承担行政责任或者刑事责任的，不影响依法承担侵权责任。"(《民法典》第 187 条亦作相同规定)本案污染行为人多彩公司虽已根据《环境保护监察意见书》《查封(扣押)决定书》《行政处罚决定书》接受了行政处罚，承担了行政责任，但不影响其因同一行为承担环境侵权民事责任。

八、污染行为人是否应为防止生态环境损害发生和扩大，承担停止侵害的预防性责任

生产经营中的环境侵权行为具有持续性、隐蔽性、间断性等特点。生态环境一旦受到污染破坏，即具有不可逆性和难以治理恢复的特征。对于污染环境、破坏生态可能发生或已经具有损害社会公共利益重大风险的行为，应当及时采取停止侵害、消除危险的措施，对将要发生的污染、破坏行为予以预防，对正在发生的污染、破坏行为予以制止。行为时有效的《侵权责任法》明确了法律具有预防并制裁侵权行为的功能，《环境民事公益诉讼司法解释》第 19 条亦规定法院可依原告请求就被告污染环境的行为判决其承担停止侵害的责任。污染行为人虽然有可能已经停止产生污染物的生产经营活动，但法院可判决被告在采取有效环境保护措施，继续生产符合环境保护标准之前，禁止其从事排放案涉污染物的生产经营活动。

九、对存在环境污染事实的行为人，可否对其采取行为保全措施，裁定其在办理环评手续或提交符合环境保护标准、不存在污染环境行为的证明之前，禁止行为人从事产生污染的生产活动

为防止损害扩大，保护生态环境，法院在案件审理过程中，可结合实际情况依职权作出裁定，对污染行为人采取行为保全，裁定污染行为人的产生污染的生产线及生产设施停止生产，在办理环境审批手续或者向法院提交继续生产符合环境保护标准，不存在污染环境、破坏生态的证明之前，不得在其生产加工基地从事涉及喷漆、焊接及废气排放的生产行为。

案例3 违法排放消耗臭氧层物质(ODS)应承担环境侵权责任

——德清县人民检察院诉德清明禾保温材料有限公司环境民事公益诉讼案①

【案例介绍】

案　号:浙江省湖州市中级人民法院(2020)浙05民初115号

公益诉讼起诉人:德清县人民检察院

本案被告:德清明禾保温材料有限公司(以下简称明禾公司)

基本案情:2017年8月至2019年6月,被告明禾公司共计购买三氯一氟甲烷849.5吨,经煤科集团杭州环保研究院有限公司核算,明禾公司在使用三氯一氟甲烷生产过程中,造成三氯一氟甲烷废弃排放为3049.7千克。2019年7月23日,湖州市生态环境局德清分局将被告明禾公司以及当时的法定代表人祁某某涉嫌污染环境罪一案移送德清县公安局,该局于当日立案侦查。2020年3月6日,德清县人民法院作出(2019)浙0521刑初592号刑事判决书,判决被告明禾公司犯污染环境罪,判处罚金人民币70万元(限于判决生效后三十日内交纳,湖德环罚〔2019〕60号行政处罚决定书生效后,其中罚款在本罚金中予以折抵,不重复执行);被告人祁某某犯污染环境罪,判处有期徒刑十个月,并处罚金人民币5万元;追缴被告单位明禾公司违法所得人民币1,461,296.7元。2020年8月,浙江省生态环境科学技术研究院对明禾公司生产中排放3049.7千克三氯一氟甲烷事件作出《生态环境损害鉴定评估报告》,确定生态环境损害值为746,421~866,244元,鉴定评估费用15万元。

公益诉讼起诉人认为,被告违反国家规定,在生产过程中向外环境排放有害物质三氯一氟甲烷,其行为破坏了生态环境,损害了社会公共利益,应承担生态环境损害赔偿责任。检察机关发现被告违法行为后于2020年3月6日履行公告程序,公告期满后没有有关机关和社会组织提起诉讼,社会公共利益仍处于受损害状态,遂向浙江省湖州市中级人民法院提起诉讼。

诉讼请求:判令被告明禾公司赔偿生态环境损害费用746,421元,并承担鉴

① 本案系全国首例消耗臭氧层物质(ODS)环境民事公益诉讼案。

定评估费用15万元。事实和理由:2017年8月、9月至2019年5月、6月,被告法定代表人祁某某在明知三氯一氟甲烷(CFC-11)系受控消耗臭氧层物质且国家明令禁止用于生产使用的情况下,仍向李某、韩某、葛某、薛某购入三氯一氟甲烷849.5吨,作为原料生产聚氨酯硬泡组合聚醚保温材料至少2427吨并销售,违法所得共计146万余元。明禾公司在生产过程中未采取有效污染防治设施,使三氯一氟甲烷气体排放直接进入大气环境。经煤科集团杭州环保研究院有限公司核算,被告在生产过程中共计排放三氯一氟甲烷3049.7千克;经浙江省生态环境科学设计研究院鉴定,明禾保温公司污染环境行为造成的生态环境损害费用为746,421~866,244元,鉴定评估费用15万元。

明禾公司抗辩:被告对公益诉讼起诉人陈述的事实没有异议,对自己的行为愿意承担法律责任。被告目前处于停产停业状态,暂时无法支付赔偿金,刑事案件过程中已缴纳70余万元,并判处没收违法所得,希望法庭可以考虑实际经营情况,减少被告需要承担的费用。

法院认为:本案的争议焦点为,被告明禾公司是否应对其在生产中排放3049.7千克三氯一氟甲烷的行为承担生态环境损害赔偿费用746,421元及鉴定评估费用15万元。《环境保护法》第六十四条规定,因污染环境和破坏生态造成损害的,应当依照《侵权责任法》的有关规定承担侵权责任。《大气污染防治法》第一百二十五条规定,排放大气污染物造成损害的,应当依法承担侵权责任。被告明禾公司在生产过程中使用三氯一氟甲烷生产组合聚醚保温材料的违法行为经德清县人民法院(2019)浙0521刑初592号生效刑事判决书予以确认,根据2010年9月27日当时的环境保护部、国家发展和改革委员会、工业和信息化部于公布的“关于公布《中国受控消耗臭氧层物质清单》的公告(公告2010年第72号)”,三氯一氟甲烷为第一类全氯氟烃,危险品标识为Xn;N,分别表示有害物质,危险环境物质。按《关于消耗臭氧层物质的蒙特利尔议定书》规定,自2010年1月1日起,除特殊用途外,全面禁止生产和使用。本案中,被告产生的三氯一氟甲烷废气未经有效处置,排放至周围环境中,其厂房西侧为京杭运河支流,河道对岸及厂房东侧主要为居民区和农田,排放行为将损害环境及居住区空气质量,该物质可以扩散到大气同温层中,并以催化分解的方式破坏臭氧层,臭氧层的破坏将会导致过量的紫外线辐射到达地面,从而影响人类健康并造成环境生态损害,由此被告应当承担其排放三氯一氟甲烷行为的损害赔偿责任。本案中,浙江省生态环境科学技术研究院出具《生态环境损害鉴定评估报告》确定了的生态环境损害值,该研究院具有评估鉴定资质,依据规范的评估鉴定程序出具的报告符合法律规定,公益诉讼起诉人德清县人民检察院根据上述评估报告主张746,421元生态损害赔偿费用和15万元鉴定评估费用具有事实和法律依据,本院予以支持。

法院判决:1.被告明禾公司赔偿生态环境损害费用人民币74,6421元;2.被告明禾公司支付鉴定评估费用人民币15万元。判决后,各方当事人在法定期限内均未提出上诉,判决发生法律效力。

【实务要点评析】

一、如何认定被告排放三氯一氟甲烷废气造成环境污染损害,以及排放行为与污染损害的因果关系

本案中,法院认为"被告产生的三氯一氟甲烷废气未经有效处置,排放至周围环境中,其厂房西侧为京杭运河支流,河道对岸及厂房东侧主要为居民区和农田,排放行为将损害环境及居住区空气质量,该物质可以扩散到大气同温层中,并以催化分解的方式破坏臭氧层,臭氧层的破坏将会导致过量的紫外线辐射到达地面,从而影响人类健康并造成环境生态损害",从环境学的角度将排放大气污染物的行为与臭氧层破坏的损害后果联系起来,认定了初步的因果关系。

但由于大气污染物的流动性、迁移转化性等原因,大气污染类环境侵权案件难以确定具体的损害赔偿数额。本案依据《环境民事公益诉讼司法解释》第23条规定,通过防治污染设备的运行成本的折算方式计算损害赔偿数额,为大气污染类公益诉讼案件的索赔开辟了一条新路径。

《环境民事公益诉讼司法解释》是配合《民事诉讼法》《环境保护法》实施环境公益诉讼制度的一项司法解释,其中第23条规定,生态环境修复费用难以确定或者确定具体数额所需鉴定费用明显过高,法院可以结合污染环境、破坏生态的范围和程度,生态环境的稀缺性,生态环境恢复的难易程度,防治污染设备的运行成本,被告因侵害行为所获得的利益以及过错程度等因素,参考环境保护监督管理部门的意见、专家意见等,予以合理确定。

本案中因行为人排放破坏臭氧层的三氯一氟甲烷被刑事追诉,在刑事案件的审理中对其造成的损害已委托鉴定机构进行了鉴定,基于在先的刑事审判中

认定的基本事实和鉴定意见，对行为人排放的破坏臭氧层物质造成的损害已基本固定。在其他大气污染侵权案件中，环境损害如何确定往往是实务中的难点。

二、大气污染环境公益诉讼与未来气候变化诉讼

从2016年山东省德州市全国首例大气污染民事公益诉讼胜诉，到2017年检察院开始探索提起大气污染行政公益诉讼，再到2018年北京市首例检察院提起的大气污染民事公益诉讼胜诉，再到本案全国首例消耗臭氧层物质（ODS）公益诉讼案胜诉，大气污染公益诉讼的理论与司法实践得到了长足的发展。鉴于大气污染物和温室气体的同源性和同步性，大气污染公益诉讼作为保护环境和生态的一个有效手段，正在逐渐成为我国气候变化诉讼的潜在路径。

大气污染引起的环境问题主要是温室效应、臭氧层破坏和酸雨。大气污染物和温室气体、破坏臭氧层物质具有同源性，都主要由传统工业加工生产、化石燃料燃烧产生，因而大气污染物和温室气体减排、破坏臭氧物质禁止排放具有协同效应。大气污染公益诉讼可直接服务于气候变化诉讼的目的，通过司法从末端倒逼产业结构和能源结构调整，减少温室气体、破坏臭氧层物质的排放。若将二氧化碳、三氯一氟甲烷等气体纳入与大气污染物协同治理的轨道中，大气污染公益诉讼助推气候变化诉讼是一个必然趋势。

2007年，为履行《保护臭氧层维也纳公约》和《关于消耗臭氧层物质的蒙特利尔议定书》（伦敦修正案），保护环境，根据《大气污染防治法》和《中国消耗臭氧层物质逐步淘汰国家方案（修订稿）》的有关规定，按照我国政府与联合国多边基金执委会签署的《中国化工行业全氯氟烃生产整体淘汰计划》和《中国全氯氟烃和哈龙加速淘汰计划》的有关要求，环保总局（已撤销）就全氯氟烃物质（CFCs）生产的淘汰管理工作发布公告，明确要求自2007年7月1日起，任何企业不得生产除药用吸入式气雾剂用途、原料和豁免用途以外的全氯氟烃（CFCs）物质，全面禁止生产包括三氯一氟甲烷在内的全氯氟烃物质，要求各相关企业应于2007年8月15日前拆除附件所列全氯氟烃物质的生产装置。对违反上述规定的企业，由地方环保行政主管部门会同有关部门依法处罚。①

发布以上通告的原因是根据现有科学研究的结论，人类过多地使用氯氟烃类化学物质（用CFCs表示）是破坏臭氧层的主要原因。而臭氧层能够吸收太阳

① 参见张凯：《浅论我国ODS淘汰法律制度的完善》，载《国际关系学院学报》2009年第1期。

光，臭氧层阻挡紫外线，保护地球上的人类和动植物免遭短波紫外线的伤害。所以臭氧层犹如一把保护伞保护地球上的生物得以生存繁衍，一旦臭氧层被破坏，将对包括人类在内的地球生物的生存产生重大的不利影响。① 通过大气污染公益诉讼推动大气污染物减排，在一定程度上是气候变化控制的一个有效手段，为未来的环境治理提供了新的探索和尝试。

案例 4 设立专项慈善信托管理被告支付的环境公益信托资金

——北京市朝阳区自然之友环境研究所诉现代汽车（中国）投资有限公司大气污染责任纠纷案②

【案例介绍】

案　号：北京市第四中级人民法院（2016）京 04 民初 73 号

本案原告：北京市朝阳区自然之友环境研究所（以下简称自然之友）

本案被告：现代汽车（中国）投资有限公司（以下简称现代汽车）

基本案情：北京市环境保护局经抽检，认定现代汽车自 2013 年 3 月 1 日至 2014 年 1 月 20 日进口中国并在北京地区销售的全新胜达 3.0 车辆的排气污染数值排放超过京Ⅴ标准的限值，并据此作出行政处罚决定。自然之友提起本案诉讼。一审审理中，一审法院委托对案涉车辆超标排放的大气环境污染物对环境的影响及修复进行了鉴定。

原告诉讼请求：1. 判令现代汽车在其进口中国的全新胜达 3.0 车型达到《轻型汽车（点燃式）污染物排放限值及测量方法（北京Ⅴ阶段）》（DB 11/946 - 2013）（以下简称京Ⅴ标准）规定的排放标准前，停止在北京市场销售；2. 判令现代汽车立即召回违法车辆并进行维修，使之符合京Ⅴ标准；3. 判令现代汽车承担自销售不符合京Ⅴ标准的胜达 3.0 车型之日起至符合京Ⅴ标准时止所造成的大气污染的生态环境修复费用（具体数额以专家意见或鉴定结论为准）；4. 判令现代汽车在《法制日报》《中国环境报》等国家级媒体及《北京日报》或者《北京青

---

① 参见文心：《今日呼唤“女娲”再补天——兼谈臭氧层破坏对人类的危害》，载《河南科技》2002 年第 13 期。

② 本案系最高人民法院 2019 年度人民法院环境资源典型案例。

年报》等北京媒体上公开道歉;5. 由现代汽车承担本案鉴定费或专家咨询费以及律师费等合理支出。

现代汽车辩称:现代汽车对自然之友作为原告的主体资格予以认可,同时对其提起本案的环境公益诉讼表示理解和尊重。2014 年 9 月 18 日,现代汽车因全新胜达 3.0 车型尾气超标排放一事,受到北京市环境保护局的行政处罚。从 2013 年 9 月北京市环境保护局首次实施环保一致性抽检开始,现代汽车一直积极配合相关政府部门做好抽检工作,努力查找颗粒物排放超标的原因,并实施改善措施。截至 2014 年 6 月,现代汽车已将行政处罚所认定的在京销售的超标排放车辆通过经销商进行了维修和改善,上述车辆已经达到排放标准并且得到行政主管机关的确认,因此自然之友在 2016 年 5 月 11 日提起本案诉讼时要求现代汽车停止销售和实施召回,失去了客观的事实前提,已经售出车辆均已召回且完成了更换并完全达标,未售出车辆也在更换喷油嘴后才进行销售,故现已不存在停止销售和召回的前提。对于本案自然之友要求现代汽车支付的环境修复费用,因现代汽车采取整改措施比较及时,故目前微量超标排放对于环境污染比较轻微,尽管如此,现代汽车仍然愿意尊重法院的认定和判决,采取合理措施对于在超标排放期间造成的环境污染进行适度的弥补。另外,现代汽车在过去将近十年时间一直持续在查干诺尔地区进行绿化工作,并取得了非常好的效果。现代汽车一直关注环境保护,关注社会公益,对本次超标排放深表遗憾,愿意予以弥补。

经北京市第四中级人民法院主持调解,当事人自愿达成如下协议:

1. 现代汽车已经停止在北京地区销售不符合《轻型汽车(点燃式)污染物排放限值及测量方法(北京Ⅴ阶段)》(DB 11/946 – 2013)规定的排放标准的全新胜达 3.0 车辆;

2. 现代汽车已经通过技术改进等方式对所有在北京地区销售的不符合《轻型汽车(点燃式)污染物排放限值及测量方法(北京Ⅴ阶段)》(DB 11/946 – 2013)规定的排放标准的全新胜达 3.0 车辆进行维修,并达到排放标准;

3. 现代汽车于调解书生效之日起 30 个工作日内向信托受托人长安国际信托股份有限公司交付信托资金 120 万元,用于保护、修复大气环境、防治大气污染,支持环境公益事业;

4. 现代汽车就本案所涉及销售车辆不符合排放标准一事向社会公众致歉,

并承诺支持环境公益事业；

5. 现代汽车于调解书生效之日起30个工作日内给付自然之友因本案诉讼而支出的各项费用20万元。

北京市第四中级人民法院于2019年3月28日将调解协议在《人民法院报》上进行了为期30日的公告。公告期满后未收到任何意见或建议。

【实务要点评析】

本案系最高人民法院发布的2019年度人民法院环境资源典型案例，亦为全国首例将慈善信托机制引入公益诉讼专项资金制度的环境民事公益诉讼案件。

一、工业产品不符合相关排放标准的，可否起诉要求生产经营单位停止销售不符合排放要求的产品，并对已销售的不符合排放要求的产品并对已销售的不符合排放要求的产品承担相应召回、维修责任

根据《大气污染防治法》第58条的规定："国家建立机动车和非道路移动机械环境保护召回制度。生产、进口企业获知机动车、非道路移动机械排放大气污染物超过标准，属于设计、生产缺陷或者不符合规定的环境保护耐久性要求的，应当召回；未召回的，由国务院市场监督管理部门会同国务院生态环境主管部门责令其召回。"2021年4月27日，国家市场监督管理总局联合生态环境部制定并发布《机动车排放召回管理规定》，将产品召回由安全召回扩展至排放召回。机动车存在排放危害的，其生产者应当实施召回。排放危害具体包括以下三种情形：1. 由于设计、生产缺陷导致机动车排放大气污染物超过标准。2. 由于不符合规定的环境保护耐久性要求，导致机动车排放大气污染物超过标准。3. 由于设计、生产原因导致机动车存在其他不符合排放标准或不合理排放。如果机动车存在排放危害，车企和零部件厂将会被调查。《机动车排放召回管理规定》第14条指出，生态环境部在大气污染防治监督检查中发现机动车可能存在排放危害的，国家市场监督管理总局会同生态环境部可以对机动车生产者进行调查，必要时还可以对排放零部件生产者进行调查。

二、在环境公益诉讼案件中，可否设立慈善信托，由信托机构管理被告自愿支付的环境公益资金

公益诉讼目的能够实现的关键，就在于公益诉讼赔偿金的管理和使用。本案通过设立专项慈善信托的成功实践，说明在环境民事公益诉讼中，可借助信托机构的资金管理经验，设立专项慈善信托管理被告支付的环境公益信托资金，充分发挥公益诉讼资金的效用，进一步拓宽了替代性修复的方式。①

在执行环节，案件承办法院还牵头就该项信托设立了由公益组织代表、环境专家、法学专家组成的信托决策委员会作为信托监察人，切实保障信托资金真正用于"保护、修复大气环境，防治大气污染，支持环境公益事业"的目的，亦是对公益诉讼专项资金管理、使用和监督制度的一项有益探索，为同类其案件的处理方式提供了范本。

案例5　通过安装新能源汽车充电桩的方式承担替代修复责任

——中华环境保护基金会等诉重庆长安汽车股份有限公司环境民事公益诉讼案

【案例介绍】

案　号：北京市第四中级人民法院（2016）京04民初22号

本案原告：中华环境保护基金会（以下简称中华环保基金会）、中国绿发会

本案被告：重庆长安汽车股份有限公司（以下简称长安汽车公司）

基本案情：北京市环境保护局于2015年7月21日起对长安汽车公司进行调查，发现长安汽车公司在北京地区销售的机动车中，型号为SC7186A5和SC6469B5两个车型不符合环保生产一致性要求。检测结果显示，在车型为SC7186A5的三辆抽检样车中，VIN号为LS5A2DEW0FJ102871的轿车排放的NMHC的检测结果为0.088g/km、VIN号为LS5A2DEW0FJ102866的轿车排放的NMHC的检测结果为0.082g/km，均超过《轻型汽车污染物排放限值及测量方法（中国第五阶段）》（GB 18352.5－2013）规定的限值；车型为SC6469B5的三辆抽检样车中，VIN号为LS4ASE2W5FJ138490的多用途乘用车排放的NMHC的检测结果为0.083g/km，超过《轻型汽车污染物排放限值及测量方法（中国第五阶段）》（GB 18352.5－2013）规定的限值，且该车型三辆抽检样车（VIN号分

---

① 参见竺效、蒙禹诺：《论生态损害赔偿资金的信托管理模式——以环境公益维护为视角》，载《暨南学报（哲学社会科学版）》2018年第5期。

别为：LS4ASE2W5FJ138490、LS4ASE2W6FJ138854、LS4ASE2W4FJ138867）的OBD系统均不具备实际监测频率（IUPR）功能，不符合《轻型汽车污染物排放限值及测量方法（中国第五阶段）》（GB 18352.5－2013）的要求。上述两个车型中，SC7186A5车型在北京市场销售274辆，销售违法所得为188.8万元；SC6469B5车型在北京市场销售1912辆，销售违法所得为1071.7万元；以上共计1260.5万元。北京市环境保护局于2016年1月6日作出京环保车罚字〔2015〕13号行政处罚决定书，责令长安汽车公司停止违法行为，没收违法所得12,605,000元，并处罚款3,780,000元。原告中华环保基金会、中国绿发会认为，被告长安汽车公司是生产、销售的上述汽车不符合环保生产一致性要求，尾气排放会造成大气污染，因此向北京市第四中级人民法院提起环境民事公益诉讼。

诉讼请求：1. 判令长安汽车公司立即停止在北京市范围内销售不符合《轻型汽车污染物排放限值及测量方法（中国第五阶段）》（GB 18352.5－2013）要求的SC7186A5和SC6469B5两个车型汽车，并且召回已经在该地区销售的SC7186A5车型汽车274辆和SC6469B5车型汽车1912辆；2. 判令长安汽车公司采取措施或替代修复措施，修复被污染损害的生态环境，如长安汽车公司不履行修复义务，请求判令其应承担相应的生态环境修复费用；3. 判令长安汽车公司赔偿生态环境受到损害至修复完成、危害排除期间服务功能损失；4. 判令长安汽车公司通过北京市级以上公开媒体向社会公众公开赔礼道歉；5. 判令长安汽车公司承担中华环保基金会和中国绿发会为本案诉讼支付的相关费用及其他合理支出。

审理过程：诉讼中，长安汽车公司专业人员出庭就汽车超标排放原因，采取的整改措施和技术方法，以及整改减排的实际效果进行说明，中华环保基金会、中国绿发会均进行了提问，并对说明情况予以认可。

经长安汽车公司申请，中华环保基金会和中国绿发会认可，经一审法院批准，长安汽车公司按照鉴定意见书中提出的修复建议，在北京地区采取安装新能源电动车充电桩的方式修复大气环境。截至2018年11月27日，长安汽车公司已安装新能源电动汽车充电桩46根，正在准备安装新能源电动汽车充电桩26根。

本案审理过程中，经一审法院主持调解，当事人自愿达成调解协议，一审法院于2016年1月28日、2016年7月1日将民事起诉状、于2018年11月3日将调解协议在《人民法院报》上分别进行了为期30日的公告。公告期满后未收到任何意见或建议。调解协议不违反法律规定和社会公共利益,一审法院予以确认。

达成调解协议:经一审法院主持调解,当事人自愿达成调解协议:

1. 长安汽车公司于本调解书生效之日起立即停止在北京地区生产、销售不符合《轻型汽车污染物排放限值及测量方法(中国第五阶段)》(GB 18352.5-2013)要求的型号为SC7186A5和SC6469B5两个车型的车辆,承诺通过完善生产工艺和技术的方式,保证今后生产销售的型号为SC7186A5和SC6469B5两个车型的车辆均符合国家环境保护标准和销售地区的地方环境保护标准;长安汽车公司对由于生产、销售未达到国家和地方环境保护标准的汽车而给大气环境造成的污染向社会公众赔礼道歉,对于长安汽车公司于2016年1月13日在其品牌官方网站上发布公告赔礼道歉的行为,确认为已经履行上述赔礼道歉义务。

2. 确认长安汽车公司已经完成对在北京地区销售的不符合《轻型汽车污染物排放限值及测量方法(中国第五阶段)》(GB 18352.5-2013)要求的型号为SC7186A5车型和SC6469B5车型汽车的召回、整改。

3. 长安汽车公司承诺开放销售到全国范围内的型号为SC7186A5和SC6469B5两个车型车辆的IUPR检测频率设置,允许普通诊断读取检测数据,并已采取切实措施,使得上述两个型号的汽车已经符合国家环境保护标准和销售地区的地方环境保护标准。

4. 长安汽车公司采用安装新能源电动汽车充电桩的方式修复生态环境,安装数量不低于《关于重庆长安汽车股份有限公司大气责任纠纷案的鉴定意见》中评估测算的数值,费用不低于《关于重庆长安汽车股份有限公司大气责任纠纷案的鉴定意见》中评估测算的修复成本。具体方案为:长安汽车公司在北京市范围内公共场所安装新能源电动汽车充电桩100根,并在充电桩处标明"北京市第四中级人民法院环境公益充电桩"字样,安装期限不超过本调解书生效之日起18个月。长安汽车公司对其依据本调解书安装的新能源电动汽车充电桩负有维护义务,单根充电桩的维护期为五年,维护期限自每根充电桩安装完成之日起开始计算,长安汽车公司保证全部充电桩在维护期内可正常使用。如维护期内出现充电桩无法正常工作的情况，长安汽车公司应在30日内进行维修或者更换。在维护期内，长安汽车公司于每年12月31日前向一审法院及中华环保基金会书面汇报充电桩的使用及维护情况。

5. 长安汽车公司如未能在本调解书第4项限定的期限内完成100根充电桩安装工作，则应以116根充电桩减去已经完成安装的充电桩数量为基数，以单根充电桩的安装成本（1.5万元）为单价，计算公式为（116根－已经安装的充电桩数量）×1.5万元/根，于本调解书第四项期限届满之日起10日内，将上述费用作为生态修复费用，汇入北京市第四中级人民法院指定账户，以用于生态环境保护、修复、治理。

6. 案件受理费140元，减半收取计70元，由长安汽车公司负担，于本调解书生效之日起15日内向一审法院交纳；本案鉴定费235,000元（已由中华环保基金会垫付），中华环保基金会为本案支出的律师费200,000元、公告费520元，中国绿发会为本案支出的律师费200,000元、公告费390元、其他费用30,000元，因公告本案调解协议产生的公告费2000元，均由长安汽车公司负担，已支付2000元，对于未支付的665,910元，于本调解书生效之日起15日内向中华环保基金会支付435,520元，向中国绿发会支付230,390元。

7. 中华环保基金会、中国绿发会有权监督长安汽车公司对本调解书第1、3、4项的实施与执行。

【实务要点评析】

一、不同社会组织就同一侵权行为分别提起的公益诉讼如何处理

原告中华环保基金会诉被告长安汽车公司大气污染责任纠纷环境民事公益诉讼一案，一审法院于2016年1月22日立案，案号为（2016）京04民初22号。中国绿发会诉长安汽车公司大气污染责任纠纷环境民事公益诉讼一案，一审法院于2016年6月23日立案，案号为（2016）京04民初86号。

根据《民诉法解释》第291条的规定，公益诉讼案件的裁判发生法律效力后，其他依法具有原告资格的机关和有关组织就同一侵权行为另行提起公益诉讼的，人民法院裁定不予受理，但法律、司法解释另有规定的除外。现（2016）京04民初22号环境民事公益诉讼案件受理后，人民法院并未作出发生法律效力的裁判，故其他依法具有原告资格的社会组织有权就同一侵权行为提起公益诉

讼，中国绿发会就同一侵权行为起诉长安汽车公司，一审法院依法予以受理。

根据《民诉法解释》第221条的规定，基于同一事实发生的纠纷，当事人分别向同一人民法院起诉的，人民法院可以合并审理。本案中，因(2016)京04民初22号案件与(2016)京04民初86号案件系基于同一事实发生的纠纷，中华环保基金会和中国绿发会作为原告分别向同一人民法院起诉，一审法院为保障各方当事人在公益诉讼中充分行使诉讼权利，方便组织对两原告与被告提供的各项证据进行质证，综合评判环境公益诉讼的诉讼请求是否足以保护社会公共利益，节约诉讼资源，提高审判质效，决定将上述两起案件合并审理，符合法律的规定。

二、替代性修复的适用条件

在环境民事公益诉讼中，污染者因破坏生态环境，侵害环境公共利益，代表社会环境公共利益的环保社会组织可以要求污染者恢复原状，对受损害的环境进行全面修复和治理。[①]

环境污染、生态破坏很多时候具有不可逆性，不可修复或者修复成本过高，因此法律规定了替代性修复方式。《环境民事公益诉讼司法解释》第20条第1款规定，"原告请求恢复原状的，人民法院可以依法判决被告将生态环境修复到损害发生之前的状态和功能。无法完全修复的，可以准许采用替代性修复方式"。对那些无法完全修复和难以完全修复的环境污染，可以采用替代性修复方式。替代性修复是在生态环境修复不能实现的情况下才予以使用的一种补充性责任。

本案中，长安汽车公司生产、销售不符合环境标准的汽车，尾气排放造成大气环境污染，而大气环境因为流动属性与本身具有的自净能力，同时汽车尾气排放属于点源污染，无法具体确定其造成的实际损害，因此无法准确评估应当承担的修复责任。此种情况下，长安汽车公司主动提出通过修建充电桩的方式替代修复大气污染环境损害，符合保护环境、维护公众环境权益的环境司法宗旨。

三、环境公益诉讼案件中的调解制度

环境民事公益诉讼中的调解指的是在人民法院审判人员的主持下，双方当

---

① 参见李挚萍：《生态环境修复责任法律性质辨析》，载《中国地质大学学报(社会科学版)》2018年第2期。

事人就争议展开平等、自愿的协商,以达成协议,解决纠纷的诉讼活动。由于传统民事诉讼解决的是当事人的私益,当事人各方在自愿平等的基础上自由处分各自权利,符合民法的意思自治原则,法律无权干涉;而环境民事公益诉讼解决的环境权益是社会公益,诉讼最终指向的环境权益并非作为诉讼当事人的社会组织享有,社会组织仅是受托代表社会公众主张环境权益,其不能对具有公共属性的环境权益随意处分。因此,《环境民事公益诉讼司法解释》第25条第1、2款规定,"环境民事公益诉讼当事人达成调解协议或者自行达成和解协议后,人民法院应当将协议内容公告,公告期间不少于三十日。公告期满后,人民法院审查认为调解协议或者和解协议的内容不损害社会公共利益的,应当出具调解书。当事人以达成和解协议为由申请撤诉的,不予准许。"

案例6 未实际排放大气污染物的"年检神器"销售商应承担环境侵权责任

——中国绿发会与深圳市速美环保有限公司、浙江淘宝网络有限公司大气污染责任纠纷案①

【案例介绍】

案　号:浙江省高级人民法院(2019)浙民终863号

一审原告:中国绿发会

一审被告:深圳市速美环保有限公司(以下简称速美公司)、浙江淘宝网络有限公司(以下简称淘宝公司)

基本案情:速美公司于2015年9月起在淘宝网销售汽车用品,主要销售产品为使机动车尾气年检蒙混过关的所谓"年检神器"产品,已售出3万余件,销售金额约为300余万元。

原告中国绿发会陈述:根据《大气污染防治法》,机动车所有人不得以弄虚作假的方式通过机动车排放检验,禁止机动车维修单位提供该类维修服务,禁止破坏机动车车载排放诊断系统。而且排放大气污染物造成损害的,应当依法承担侵权责任。而速美公司在淘宝网开办网上商铺销售使得机动车尾气年检得以

① 本案系2020年5月8日最高人民法院发布四十起2019年度人民法院环境资源典型案例之四。

蒙混过关的所谓"年检神器"系列产品，根据淘宝商铺上数据显示，其店铺销量较高的三种产品已售出30,353件。速美公司是在以弄虚作假的方式帮助尾气不合格的车辆规避汽车尾气年度检测，使得原本尾气超标的车辆得以蒙混过关继续上路，其行为存在严重的违法性，对我国大气污染防控工作造成了极为严重的影响。而淘宝公司作为网络交易平台经营者，未能按照有关法律法规的规定建立或执行有效的检查监控制度，导致速美公司通过淘宝公司所设立的第三方交易平台将大量非法产品销入市场，致使广大人民群众的身体健康及社会公共利益遭受严重损害。中国绿发会提交了公证书、淘宝网交易记录、交易注册数据、网上销售的实体商品等证据。

原告诉讼请求：速美公司和淘宝公司赔礼道歉；速美公司停止生产案涉非法产品；淘宝公司对速美公司停止提供第三方交易平台服务；二者以连带责任方式承担生态环境修复费用1.52亿元（具体数额以评估鉴定报告为准）及中国绿发会就诉讼所支相关费用。

被告速美公司答辩称：1. 原告不具有公益起诉资格。原告隐瞒了2015年年审不合格的事实。2. 速美公司并非本案适格被告。速美公司作为销售者并非《大气污染防治法》第五十五条规定的责任主体。3. 根据鉴定机构发函内容，证明案涉的我方产品不属于非法产品。且至目前，没有任何事实或行政处罚证实有相关单位使用我方产品受到行政处罚或有增加大气污染的事实。4. 原告关于律师费的主张，我方至今没有收到原告支出律师费的发票、合同及支付凭证。被告速美公司提交了中国绿发会2015年度检查结论公告、2011年年检结果、关于汽车排污三种来源与三元催化器工作原理教科书复印件、原告关于汽车尾气"年检神器"不靠谱的声明网络内容截屏等证据。

被告淘宝公司答辩称：1. 关于本案淘宝平台上的商家速美公司是否存在原告主张的环境侵权行为，我方同意速美公司的答辩意见。2. 淘宝网仅是提供信息发布平台的服务提供商，并不参与会员用户的交易行为，已尽到身份审查、事前提醒等审查义务。本案涉及的并非法定的明显违法信息，在原告起诉后，淘宝网及时采取删除措施，因而不存在原告主张的帮助侵权行为，无须承担相应的法律责任。被告淘宝公司提交了增值电信业务许可证、《淘宝平台服务协议》《淘宝规则》等证据。

一审法院认为：1. 原告中国绿发会具有提起本案的主体资格，被告速美公司

为本案适格被告

首先，中国绿发会的章程符合联合国《生物多样性公约》和环境保护法保护生物多样性的要求，促进生态文明建设、人与自然和谐、构建人类美好家园等内容契合绿色发展理念，亦与环境保护密切相关，属于维护环境公共利益的范畴，故应认定中国绿发会的宗旨与业务范围包含维护环境公共利益，符合环境公益诉讼原告主体资格。其次，中国绿发会虽存在 2015 年度检查结论为“不合格”，但该情形并非《环境保护法》第五十八条，以及《环境民事公益诉讼司法解释》第五条所规定的，不得提起诉讼的情形，故应认定原告中国绿发会有提起本案诉讼的主体资格。

对于速美公司是本案适格被告的问题，法院认为《大气污染防治法》第五十五条第三款虽然是对机动车所有人的禁止性规定，违反该条规定造成环境损害的机动车所有人应依法承担赔偿责任。因速美公司在淘宝商铺上销售案涉三款产品时，宣传上述产品能通过弄虚作假的方式规避机动车年检，教唆或协助部分机动车主实施侵权行为，根据《侵权责任法》第九条的规定，速美公司应与前述机动车所有人承担连带责任。而依据《民法总则》第一百七十八条之规定，原告有权请求部分连带责任人即被告速美公司承担全部赔偿责任。

2. 被告淘宝公司不与速美公司承担连带责任

原告中国绿发会认为，淘宝公司作为网络交易平台经营者未建立有效的检查监控制度，未尽到确保网上交易合法的法定义务，放任速美公司在淘宝网上长期公然叫卖非法产品，以不作为方式帮助速美公司实现其非法销售行为，应与速美公司承担连带赔偿责任。本院认为，本案所涉三款产品虽然未经有权机关审批或备案，不符合相关产品标准要求，但从其设计原理及实际使用效果看，仍属于机动车尾气净化或治理类产品范畴，本身不当然属于法律、法规明令禁止生产、销售的产品。因速美公司不当的宣传、诱导，使得该三款产品可能被用于法律禁止的范围，速美公司发布的相关信息，并非法定的明显违法信息，也具有一定的隐蔽性，故淘宝网作为提供信息发布平台，其本身并不参与会员用户的交易行为，尽到身份审查、事前提醒等审查义务，并在发现上述情形后及时采取删除措施，无法认定其帮助速美公司实施了侵权行为，故对于原告要求淘宝公司与速美公司共同承担连带责任的诉请，法院不予支持。另外，鉴于淘宝公司在知晓中国绿发会提起本案诉讼后，已经将案涉产品下架，停止了相关平台服务，故原告的第3项请求实已履行,法院不再予以裁判。法院需要指出的是,淘宝公司对于卖家在其平台销售的类似上述本身不属于禁售品,但产品可能用于违法目的的行为,应加强检索、监管,有效履行网络运营服务商的法定职责,尽到应尽的社会责任。

3. 速美公司应承担环境污染侵权责任

本案被告速美公司行为构成损害社会公共利益,应承担相应的侵权责任。其中,对于原告要求被告速美公司在全国性媒体上向社会公众赔礼道歉的诉请,因速美公司的行为导致社会公众对于生活环境的满足感、获得感减低,造成社会公众精神利益上的损失,故速美公司应向社会公众赔礼道歉。

关于原告中国绿发会要求速美公司停止生产案涉三款产品的诉请。虽然速美公司辩称其并不生产案涉产品,系其委托他人生产,现已无法联系生产者,但该说法不符合常理且无任何证据支持,案涉产品在其店铺内销售时均冠以“速美”字样,法院对其抗辩不予采纳,认定上述产品均系由速美公司生产,故对于原告要求速美公司停止生产案涉三款产品的诉请予以支持。

4. 速美公司赔偿生态环境修复费用350万元,负担律师费、差旅费、相关工作人员必要开支等共计15万元

从原告先期公证及法院依法调查取证的情况看,淘宝公司及时删除相关产品后,速美公司在淘宝网上销售的三款产品的数量约为3万余件,但对于实际将该产品用于“临时更换机动车污染控制装置等弄虚作假的方式通过机动车排放检验”的具体数量,仅以现有证据无法查清。且法院依法委托两家相关鉴定机构,对案涉三款产品是否为符合国家相关标准的机动车尾气净化设施进行鉴定,但均因无相关国家标准或样品数量不足而无法完成鉴定,进而导致无法对每辆机动车每年因超标排放而对大气造成的污染损害的数量程度,以及对上述大气污染损害程度进行替代性修复的经济成本作出科学判定。但即便如此,鉴于案涉产品造成不特定地区大气污染物的增加导致环境污染的事实客观存在,原告中国绿发会要求被告速美公司承担生态环境修复费用的诉请有法律依据。依据《环境民事公益诉讼司法解释》的规定,生态环境修复费用难以确定,人民法院可以结合污染环境、破坏环境的范围和程度、生态环境的稀缺性、生态环境恢复的难易程度、防治污染设备的运行成本、被告因侵害行为所获得的利益及其过程程度等因素,并可以参考环境保护监督管理职责部门的意见、专家意见等,予以

合理确定。结合本案实际,法院酌情确定速美公司赔偿的生态环境修复费用为350万元。

关于原告主张的律师费、差旅费等问题。根据《环境民事公益诉讼司法解释》第二十二条的规定,法院综合考虑原告工作人员所办理的必要事项,以及案件的性质、办理难度、工作方式、交通距离、交通方式等予以确定。但环境民事公益诉讼原告主张的律师费应以合理为限,且原告暂定诉讼请求也未实际确定,原告主张3,259,300元律师费,显然过高。结合其花费的差旅费等发票,法院酌情确定为律师费、差旅费、相关工作人员必要开支等共计15万元。

一审法院判决:1.被告速美公司在本判决生效之日起15日内,在国家级媒体上向社会公众道歉(内容需经法院审核)。逾期不履行,法院将在国家级媒体上公布本判决书的主要内容,费用由速美公司承担。

2.被告速美公司在本判决生效之日起15日内,向原告中国绿发会支付律师费、差旅费、相关工作人员必要开支等15万元。

3.被告速美公司在本判决生效之日起15日内赔偿大气污染环境修复费用350万元(款项专用于我国大气污染环境治理)。

4.驳回原告中国绿发会的其他诉讼请求。

中国绿发会上诉称:1.速美公司在淘宝网上销售的产品具有明显的违法性和可识别性。速美公司是在以弄虚作假的方式帮助尾气不合格的车辆规避汽车尾气年度检测。速美公司所售产品的功能、用途与我国法律的强制性要求相违背,其本身具有明显的违法性。而且,"年检神器"系列产品的违法性极易识别。由于"以更换机动车污染控制装置等弄虚作假的方式通过机动车排放检验"具有违法性,那么生产、销售用于以上用途的专用装置即为违法,且此种违法与速美公司宣传的"适当"与"不当"无关。速美公司发布相关违法信息,通过引诱、唆使机动车车主购买、安装该公司的年检神器,在客观上架空了机动车尾气年检制度。速美公司在网上公然叫卖,历时数年,且卖出数万件,宣传用语毫不避讳,并不具有隐蔽性。2.被上诉人淘宝公司未履行法定义务,应承担责任。互联网交易平台经营者应当建立检查监控制度,负有确保网上交易合法的义务。淘宝公司未履行法定义务应承担责任。对于速美公司数年毫不避讳大量售卖"年检神器"的行为,被上诉人怠于行使其法定职责。换言之,被上诉人怠于履行职责实质上是以不作为方式帮助速美公司实现其非法销售行为,应与速美公司承担连带责任。基于以上事实和理由,中国绿发会向二审法院提起上诉,诉请二审法院:1.撤销原审判决第4项;2.判令被上诉人淘宝公司在国家级媒体上向社会公众赔礼道歉;3.判令被上诉人淘宝公司对速美公司在原审判决第2项、第3项所应承担的民事责任承担连带责任。

淘宝公司二审答辩称:1.案涉产品不属于明显违法信息。案涉三款产品在一审中经鉴定,其中两款目前国家无相关标准,一款产品无法满足检验需要,不具备鉴定条件。案涉产品属可便捷使用的汽车尾气过滤装置,不属于《互联网信息服务办法》规定的九大类违禁信息,也不属于淘宝禁售商品。上诉人以案涉产品存在诱导用户将产品于汽车年检时违规使用等情况,进而认为案涉产品页面宣传属于明显违法信息缺乏依据。此外,即使是违法信息也存在明显或普通之分,武断的将案涉产品宣传信息作为明显违法信息,将无限扩大平台检查监控义务。2.淘宝网作为第三方交易平台,商品信息量难以想象,没有对普通违法信息进行主动审查的能力和义务。为管控平台的商品信息,淘宝网不仅建立了商户身份信息审查等制度,尽到了事前提醒义务,还通过发布禁售商品信息、关键词搜索等管控措施对平台违规信息进行排查。虽然没有对普通违法信息进行主动审查的能力和义务,但淘宝网还是以现有能力,通过系统排查与人工方式对产品信息进行排查。由于案涉产品并不属于明显的违法信息,只能通过人工排查方式进行检测,但因人工排查的阶段性、覆盖面等天然缺陷,可能不能及时发现商家的违法信息发布行为。在上诉人提起诉讼后,淘宝网也第一时间对商家进行处理。3.淘宝公司在收到起诉材料后不仅对案涉商品作出删除处理,还及时主动对平台类似违规信息均作出处理,不符合《侵权责任法》第三十六条"网络服务提供者在明知用户侵权或者接待被侵权人通知的情况下仍不采取必要措施,应承担连带责任"之情形,无须承担连带责任。4.本案不涉及侵犯人身权益,且淘宝网不构成帮助侵权,赔礼道歉于法无据。综上,请求二审法院依法驳回上诉人的上诉请求。

二审法院认为:本案二审争议焦点为被上诉人淘宝公司是否应当与原审被告速美公司承担连带责任的问题。首先,在案证据表明,被上诉人淘宝公司作为信息平台服务提供商,本身并不参与会员用户的交易行为,在提供案涉服务过程中已经履行了身份审查、事前提醒等义务。被上诉人淘宝公司在收到本案诉状后及时采取删除措施,将包括案涉产品在内的所有类似产品下架,停止了相关平台服务。被上诉人淘宝公司的相应行为并未违反《侵权责任法》第三十六条第二款为网络服务提供者设立的“通知—删除”义务。其次,案涉三款产品不属于国务院《互联网信息服务管理办法》第十五条规定的禁售范围,相关产品及信息描述也不属于淘宝公司自行制定的《淘宝平台违禁信息管理规则》《淘宝平台违禁信息管理规则〈实施细则〉》及《禁发商品及信息名录&对应违规处理》等规定的违禁商品或禁发信息。原审被告速美公司在淘宝店铺上的商品信息虽然存在不当描述、具有诱导性等问题,但有关网页内容并不足以构成明显违反法律禁止性规定的情形,故难以据此认定被上诉人淘宝公司构成《侵权责任法》第三十六条第三款规定的“知道或者应当知道网络用户利用其网络服务侵害他人民事权益”之情形。

至于上诉人中国绿发会提出的被上诉人淘宝公司构成《侵权责任法》第九条规定的帮助、教唆行为,故应与原审被告速美公司承担连带责任的主张,如前所述,被上诉人淘宝公司仅系信息平台服务提供商,提供网络平台服务本身不应被认定为构成提供物质上的加害工具或创造加害条件等的帮助行为,淘宝公司更不存在教唆、鼓励他人实施侵权行为的情形,故上诉人中国绿发会据此要求被上诉人淘宝公司承担连带责任亦缺乏事实依据,不能予以支持。然正如一审判决指出的,被上诉人淘宝公司对于卖家在其平台销售的类似本案本身不属于禁售品,但产品可能用于违法目的的行为,应建立行之有效的检索及监管制度,有效履行网络运营服务商的法定职责,尽到应尽的社会责任。希望淘宝公司能以本案为鉴,进一步加强网络平台信息管理,为守护好蓝天碧水肩负起更多的社会责任。

二审法院判决:驳回上诉,维持原判。

【实务要点评析】

本案系2020年5月8日最高人民法院发布四十起2019年度人民法院环境资源典型案例之四,为社会组织提起的涉大气污染环境民事公益诉讼案件。本案中,速美公司销售可使机动车尾气年检蒙混过关的所谓“年检神器”,造成不特定地区大气污染物的增加,导致环境污染。人民法院认定被告速美公司销售“年检神器”的行为构成环境侵权,应承担环境侵权责任;结合污染破坏环境的范围和程度、生态环境的稀缺性、生态环境恢复的难易程度、防治污染设备的运行成本、被告因侵权行为所获得的利益及其过程、程度等因素,法院酌情合理确定了被告应承担的生态环境修复费用。本案判决同时指出淘宝等信息平台服务提供商应加强网络平台信息管理,建立行之有效的检索及监管制度。

本案环境侵权属特殊的共同环境侵权。在诸多涉及环境侵权的民事诉讼中,数个主体共同排污或开发环境的行为致使同一环境损害发生的情形并不少见。一般的共同侵权,是指二人以上基于共同的意思联络造成他人民事权益受到损害并承担连带责任的侵权行为。而环境共同侵权行为除了具有传统的共同侵权的一般特征之外,还具有环境侵权行为人与受害者地位不平等、以环境污染间接致害等特点。①

与一般的环境侵权相比较,环境共同侵权的侵权主体具有复数性特征,其因果关系认定更加困难,对侵权行为人的责任认定亦更加复杂。对于环境共同侵权本质的界定,主要分为主观共同说、客观共同说、折中说三种。主观共同说以意思联络作为共同侵权的本质,认为主观上的意思联络是共同侵权的前提。而客观共同说则不同于传统共同侵权中主观意思联络的要件要求,偏向于保护受害者权益,其只要求各个行为人在侵权行为上存在共同性,与损害的发生存在因果关系,就构成共同侵权。折中说则认为共同侵权的认定要件,要同时考虑行为人的主观方面和客观行为。②

一、销售导致环境污染的产品的销售者是否承担环境侵权责任

《大气污染防治法》第55条第3款虽然是对机动车所有人的禁止性规定,违反该条规定造成环境损害的机动车所有人应依法承担赔偿责任,但速美公司在淘宝商铺上销售案涉三款产品时,宣传上述产品能通过弄虚作假的方式规避机动车年检,具有明显的"教唆""帮助"机动车主通过弄虚作假规避机动车年检的主观故意,可以认定其行为构成"教唆"或"帮助"机动车主实施环境侵权,其销售行为可认定为环境共同侵权,根据《侵权责任法》第9条第1款的规定,"教唆、帮助他人实施侵权行为的,应当与行为人承担连带责任",《民法典》第1169条第1款亦作了相同规定,速美公司应与前述机动车所有人承担连带责任。而依据《民法总则》第178条第1、2款之规定,"二人以上依法承担连带责任的,权利人有权请求部分或者全部连带责任人承担责任。连带责任人的责任份额根据

① 参见刘杰等:《环境民事公益诉讼案件实践与问题》,载《中国检察官》2019年第18期。

② 参见张筱:《共同侵权行为的本质界定》,载《法制与社会》2008年第18期。

各自责任大小确定;难以确定责任大小的,平均承担责任。实际承担责任超过自己责任份额的连带责任人,有权向其他连带责任人追偿"。《民法典》第178条第1、2款亦作了相同规定,原告有权请求部分连带责任人即被告速美公司承担全部赔偿责任。

因此,销售行为人虽未直接实施污染环境的行为,但若其销售了导致环境污染的产品,则环境污染受害者或公益诉讼原告有权依据《民法典》第1169条之规定,直接诉其承担环境污染损害赔偿责任。本案为环境保护实践提供了非常好的参考样本。

二、为销售者提供销售平台的经营者是否应与销售者就环境污染承担连带责任

在相关产品虽实际造成环境污染但不属于法律法规禁止生产、销售的情况下,产品虽未经有权机关审批或备案,不符合相关产品标准要求,但产品本身如并不当然属于法律、法规明令禁止生产、销售的产品,销售平台作为产品销售信息发布平台,如其本身并不参与用户的交易行为,未销售违禁品,也尽到了身份审查、事前提醒等审查义务,更进一步讲,如平台在发现销售行为人相关销售行为后及时采取警示、提醒或其他相关措施,则销售平台不应与销售行为人承担连带责任。

但是,销售平台对于卖家在其平台的销售行为应当加强管理,其卖家销售的本身不属于禁售品、但产品可能用于违法目的的行为,应当进一步加强平台信息管理,对发现的相关行为及时采取清理、删除或制止措施,为保护环境承担社会责任。

三、如销售者承担环境侵权责任,应承担何种侵权责任

如销售行为人的销售行为被认定构成环境侵权,则其侵权行为势必损害社会公共环境利益,应承担相应的侵权责任。销售行为人除应承担赔偿损失的责任外,由于其行为导致社会公众对于生活环境的满足感、获得感减低,造成社会公众精神利益上的损失,还应向社会公众赔礼道歉。

对于环境污染程度以及修复费用计算的问题,在因各种客观条件限制无法准确计算修复费的情况下,可结合污染环境、破坏环境的范围和程度、生态环境的稀缺性、生态环境恢复的难易程度、防治污染设备的运行成本、被告因侵害行为所获得的利益及其过程程度等因素,并可以参考环境保护监督管理职责部门的意见、专家意见等,酌情予以合理确定。

第四章　水污染类环境民事公益诉讼

我国气候干旱、缺水严重，虽说淡水资源总量较多，但人均水资源量却仅有 $2200m^3$，仅为世界平均水资源量的 1/4、美国平均水资源量的 1/5，与世界和其他国家的水资源量相比是相对较低的。如果除去难以开发利用的水资源，如洪水径流或偏远地区的地下水资源等，能够实际开发并可供利用的淡水资源量将比现在还少，并且我国水资源分配严重不均，呈现出南方及沿海地区水资源量较多、北方及西部地区水资源量较少的局面。

一般来说，水本身具有自净能力，但由于人类对水污染缺乏足够的认知，将生产生活中的大量污水或垃圾无限制地排入水中，以至于水的自净过程十分缓慢，甚至难以完成，导致水污染日趋严重。水污染常规指标是反映水质污染状况的重要指标，是对水质监测、评价、利用以及污染治理的主要依据。其主要指标有臭味、水温、浑浊度、pH、电导率、溶解性固体、悬浮性固体、总氮、总有机碳（TOC）、溶解氧（DO）、生化需氧量（BOD）、化学需氧量（COD）、细菌总数、大肠菌群等。目前，根据国家环境监测网对地表水环境质量的实际监测显示，我国水环境的质量总体上属于中度污染，Ⅰ－Ⅲ类、Ⅳ类和Ⅴ类、劣Ⅴ类水环境质量结构比例为 40%、32% 和 28%。我国一些地区水环境质量差、水生态受损重等问题影响和损害了群众健康和经济社会的持续发展。

为防治水污染，保护水资源，确保水资源得到合理的开发和利用，《水污染防治法》规定了水污染防治应当坚持预防为主、防治结合、综合治理的原则，优先保护饮用水水源，严格控制工业污染、城镇生活污染，防治农业面源污染，积极推进生态治理工程建设，预防、控制和减少水环境污染和生态破坏。2015 年国务院发布《水污染防治行动计划》，切实加大了水污染防治力度，为我国水污染的防治指明了方向。

发挥司法保障作用、助推生态环境保护是加强生态环境系统保护修复、实现我国水污染综合防治的有效途径。2017年12月,最高人民法院出台《关于全面加强长江流域生态文明建设与绿色发展司法保障的意见》,明确各级法院既要从生态系统整体性和流域系统性着眼,加强对水环境、水生态和水资源的司法保护力度,又要结合主体功能区和生态红线制度分类施策,加强长江、黄河、大运河等重点流域区域环境司法保护,对持续深化长江经济带、黄河流域生态保护和高质量发展、京津冀、海南自贸区等重点流域区域司法协作和生态环境系统治理具有重要意义。

案例1 污染物排放点的水质达标不意味着没有环境污染损害

——江苏省徐州市人民检察院诉徐州市鸿顺造纸有限公司环境民事公益诉讼案①

【案例介绍】

案　号:江苏省高级人民法院(2016)苏民终1357号

公益诉讼起诉人:江苏省徐州市人民检察院

一审被告:徐州市鸿顺造纸有限公司(以下简称鸿顺公司)

基本案情:2013年4月27日,环保部门经现场监察发现,被告使用暗排口直接将废水排入砖厂废坑及周围沟渠,且污水处理设施不能正常运转等问题,故向被告发出环境监察建议书。2014年4月5日至6日,被告因私设暗排管将未经处理的生产废水600吨排入苏北堤河,被环保部门处以罚款5万元。2015年2月24日至25日,被告再次将未经处理的2000吨生产废水排入苏北堤河,被环保部门处以罚款10万元,其经理王某某被行政拘留10日。从2013年、2014年、2015年连续三年违法偷排的事实来看,被告未严格按照环保验收工作报告中所明确的在污水排口安装污水流量计、COD在线监测仪从而实现对废水排放总量和COD的连续监测,存在持续逃避监管排放污染物的严重违法情况。环保专家评估认为被告于2014年4月、2015年2月两次违法排放2600吨废水所造成的生态环境损害数额共计为26.91万元。

① 本案系最高人民法院2017年发布十起环境公益诉讼典型案例之案例八。

公益诉讼人诉请判令被告:1. 将其污染损害的苏北堤河环境恢复原状,并赔偿生态环境受到损害至恢复原状期间的服务功能损失,如被告无法恢复原状请求判令其以环境污染损害咨询意见所确定的人民币 26.91 万元为基准的 3~5 倍承担赔偿责任;2. 承担本案专家辅助人咨询费用 3000 元。被告所赔偿的环境损害费用应支付至徐州市环境保护公益金专项资金账户,用于修复生态环境。原告认为,被告连续三年违法排污且每次都加大污水排放量,有理由推定在 2013 年至 2015 年被告的防治污染设备未能有效运行。根据《侵权责任法》第六十五条规定,被告应当承担恢复原状的责任,根据《环境民事公益诉讼司法解释》第二十一条规定,被告还应当赔偿生态环境受到损害至恢复原状期间服务功能的损失。①

被告答辩称:被告是民政福利企业,且属于废旧物资再利用型企业。违法排污及处罚事件之后,加大环保治理工作,将注册资金由 780 万元增加至 6000 万元,新增资金绝大部分用于污水治理改造,增加设备投入,确保防污设施正常运行、达标排放。被告虽愿意对生态环境损害进行赔偿,但认为:1. 被告不应承担恢复原状的责任,由于被告周边企业较多,所有工业废水均排放至苏北堤河,环境治理工作需要多家企业共同完成,且经过环保设施改进,被告现在没有污水排放,苏北堤河应当已经达到Ⅴ类水质标准;2. 被告以前违法排放的废水污染物成分以有机物、木质物、纤维素为主,重金属等有毒有害物质极少,生态环境受到的损害较小,恢复较容易,公益诉讼人认为排放 2600 吨废水相应的生态环境修复费用数额为 26.91 万元,计算过高;3. 公益诉讼人要求被告以 26.91 万元为基数计算 3~5 倍赔偿,不能成立;4. 被告已在两次行政处罚中缴纳共计 15 万元罚款,该款项应当用于环境治理,应从赔偿数额中扣除。综上,被告愿意倡导环保、努力改善环境,支付相应赔偿数额,请求法院综合本案相关事实以及被告企业发展状况,合理确定被告所应承担的责任。

一审法院认为:1. 根据本案事实,在确定被告所应承担的生态环境修复费用时,应不限于 2600 吨污水排放行为所造成的环境损害数额,而应酌情考虑相关因素,予以合理确定。《环境民事公益诉讼司法解释》第二十三条规定,生态环境修复费用难以确定或者确定具体数额所需鉴定费用明显过高的,人民法院可

---

① 根据 2020 年 12 月 29 日法释〔2020〕20 号,该条已作修改。

以结合污染环境、破坏生态的范围和程度、生态环境的稀缺性、生态环境恢复的难易程度、防治污染设备的运行成本、被告因侵害行为所获得的利益以及过错程度等因素，并可以参考负有环境保护监督管理职责的部门的意见、专家意见等，予以合理确定。本案中，被告2014年4月及2015年2月两次被行政查处，其违法排放生产废水分别为600吨、2000吨，但2013年4月被告违法排放生产废水的数量并不确定。从被告年产6万吨高强瓦楞纸技改项目环境影响报告、建设项目竣工环境保护验收申请表等证据看，被告运行生产设备每天废水排放量最高可达960吨，按照排污许可证最多每年也可有19.5万吨的污水排放量。经本院依法释明，被告亦不能提供近年的产量、污水产生量、防治污染物设施建设和运行情况等相关证据证明其违法排污量仅限于2600吨。根据《民诉法解释》第一百零八条规定，本院确信被告实际排污量远大于2600吨的事实具有高度可能性。从公益诉讼人提供的被告税务报表等证据看，被告在2013年至2015年处于正常生产经营状态，被告自认高强瓦楞纸市场价在2000～2100元，以年产6万吨的生产规模看，被告具有相对较大的生产规模，亦可能获得较高的经营利益。每吨50元的防治污染设备运行成本，意味着违法偷排能获取较高的非法利益。从行政机关查处的被告连续三年、三次违法排污情况看，被告都是故意违法，且采用偷埋、私设暗管等方式实施违法行为。被告为追求利益最大化，多次故意实施违法排污行为，在环保部门给予环境监察建议、处以罚款后，仍加大违法排污量，实施环境污染行为。可见，被告的主观过错较为明显。环境侵权行为及后果的复杂性、长久性、隐蔽性、迁移性等特点导致其危害性强、损害范围广且难以及时固定证据。根据本院确认的事实，不能仅就2600吨的排污事实确定被告的赔偿责任。鉴于被告的实际排污量及对生态环境实际造成的损害大小难以准确确定，本案应根据上述司法解释的规定，综合考虑案件事实及相关因素，酌情合理确定生态环境修复费用。2. 在确定被告所应承担的赔偿数额时，应将生态环境受到损害至恢复原状期间服务功能损失作为酌定因素。《环境民事公益诉讼司法解释》第二十一条规定，原告请求被告赔偿生态环境受到损害至恢复原状期间服务功能损失的，人民法院可以依法予以支持。所谓生态环境受到损害至恢复原状期间服务功能损失即期间损失，《环境损害鉴定评估推荐方法（第Ⅱ版）》中将其定义为生态环境损害发生至生态环境恢复到基线状态期间，生态环境因其物理、化学或生物特性改变而导致向公众或其他生态系统提供服务的丧失或减少,即受损生态环境从损害发生到其恢复至基线状态期间提供生态系统服务的损失量。恢复原状或赔偿生态环境修复费用只考虑了生态环境交换价值的恢复,没有考虑生态环境使用价值的损失。本案中,仅就遭受损害的苏北堤河而言,在生态环境受到损害至恢复原状期间,其所承担的沿线灌溉和排涝等功能,必然受到影响。公益诉讼人申请出庭的技术专家提出:高浓度水排入后会存在灌溉时引的水不能符合灌溉需要,河流功能就受影响,排涝过程中苏北堤河和京杭运河是相通的,就会影响京杭运河的水质,同时也会影响京杭运河的功能。双方申请出庭的技术专家均认为:本案的期间损失客观存在,但是难以准确计算。对此,本院认为,鉴于本案受污染环境的复杂性、功能的多样性,按照《环境损害鉴定评估推荐方法(第Ⅱ版)》,服务功能损失在本案中也是难以准确计算的。鉴于此项损失客观存在,在确定被告所应承担的赔偿费用时,应予以酌情考虑。3. 关于被告接受行政处罚已缴纳的15万元罚款应否在本案赔偿数额中予以抵扣的问题。公益诉讼人主张,根据《侵权责任法》相关规定,侵权人因同一行为应当承担行政责任或刑事责任的,不影响依法承担侵权责任,15万元罚款不应抵扣。被告主张,15万元行政罚款的依据是水污染防治法,其目的是防治水污染,改善环境,应用于环境治理,且被告已经因为违法事实付出成本,故应当在本案中予以抵扣。本院认为,被告因行政违法而被行政机关处以行政处罚,并不影响其民事责任的承担。被告主张直接抵扣赔偿数额没有法律依据,但在确定本案中被告所应承担的环境污染责任时,因被行政机关处罚的情况也是一个酌定因素,故对被告已缴纳15万元行政罚款的事实可予以酌情综合评判。综上所述,本院认为,公益诉讼人主张被告应以2600吨废水造成的生态环境损害数额为基数在3~5倍区间承担最终赔偿数额,具有事实和法律依据,亦具有合理性。综合考虑已查明的具体污染环境情节、被告违法程度及主观过错程度、防治污染设备的运行成本、被告生产经营情况及因侵害行为所获得的利益、污染环境的范围和程度、生态环境恢复的难易程度、生态环境的服务功能等因素,本院酌情确定被告所应当承担的生态环境修复费用及生态环境受到损害至恢复原状期间服务功能损失共计为105.82万元,并应承担公益诉讼人为本案支付的专家费用3000元。

一审法院判决:1. 被告鸿顺公司于本判决生效后30日内赔偿生态环境修复费用及生态环境受到损害至恢复原状期间服务功能损失共计人民币105.82万

元，支付至徐州市环境保护公益金专项资金账户。2. 被告鸿顺公司于本判决生效后10日内支付公益诉讼人为本案支付的合理费用人民币3000元。

鸿顺公司上诉称：1. 公益诉讼人关于判令鸿顺公司以26.91万元为基数的3~5倍承担赔偿责任的诉讼请求数额为约数，诉讼请求不明确，应当依法驳回起诉；公益诉讼人没有起诉请求赔偿生态环境修复费用，原审判决赔偿生态环境修复费用，属于超诉讼请求判决，审判程序违法。2. 鸿顺公司不应当承担生态修复费用。鸿顺公司虽违法排放废水，但所排放废水的成分以有机物、木质素、纤维素为主，重金属等有毒有害物质极少，由于水体的自我净化，苏北堤河水质未受影响，排放废水行为未造成生态破坏。3. 原审判决将2.035倍作为计算本案生态环境损害赔偿计算系数取值过高。鸿顺公司生产瓦楞纸采用全废纸造纸工艺，造纸废水主要为废纸的碎浆、筛选、浮选及抄纸过程中产生的废水。因无脱墨、漂白等工艺，与脱墨废纸浆生产工艺相比，排出的废水污染负荷少，生态修复容易。依据“虚拟治理成本法”环境损害数额赔偿倍数取值范围为1.5~3倍，本案应当按照1.5倍取值。4. 原审判决以26.455万元为基数，以其3~5倍计算生态环境修复费用和服务功能损失缺乏法律依据。苏北堤河因水体流动及自我净化，水质早已自然恢复，无须恢复原状，也不存在服务功能损失。5. 原审判决未将鸿顺公司已经缴纳的15万元罚款予以抵扣不当。铜山区环境保护局曾经依据水污染防治法对该公司处以罚款。水污染防治法的立法目的是防治水污染，保护和改善环境。该公司缴纳的罚款应当用于改善环境，与本案赔偿资金的使用目的一致，已经缴纳的罚款理应在赔偿金中予以抵扣。

被上诉人徐州市人民检察院收到上诉状后未提交书面答辩意见。

二审法院认为：鸿顺公司上诉请求不能成立。具体理由分述如下：

1. 徐州市人民检察院的诉讼请求明确，原审判决未超公益诉讼人请求范围。《环境民事公益诉讼司法解释》第二十三条规定：“生态环境修复费用难以确定的，人民法院可以结合污染环境、破坏生态的范围和程度、生态环境的稀缺性、生态环境恢复的难易程度、防治污染设备的运行成本、被告因侵害行为所获得的利益以及过错程度等因素，并可以参考负有环境保护监督管理职责的部门的意见、专家意见等，予以合理确定。”[①]由于排污行为具有隐蔽性、污染后果显现具有滞

---

① 根据2020年12月29日法释〔2020〕20号，该条已作修改。

后性等因素,根据上述规定,在一定条件下法官应当对生态环境修复费用作出裁量酌定。法官在行使自由裁量权过程中需要根据案件中各种主客观因素、在一定区间数额内进行权衡取舍。公益诉讼人提出的要求鸿顺公司在以26.91万元为基数的3~5倍范围内承担赔偿责任的诉讼请求,区间起止点明确具体,其实质是请求法院在该请求期间范围内,综合本案的情况,作出合理裁量。鸿顺公司认为该诉讼请求不成立,亦完全可以在实体审理过程中举出证据予以辩驳。徐州市人民检察院的诉讼请求符合《民事诉讼法》第一百一十九条第(三)项规定。

徐州市人民检察院提起环境公益诉讼要求鸿顺公司承担将其污染的苏北堤河环境恢复原状并赔偿服务功能损失。由于鸿顺公司在一审审判过程中已明确表示没有能力将环境恢复原状亦不能提出修复方案,原审法院依照《环境民事公益诉讼司法解释》第二十条之规定直接确定鸿顺公司所应承担的生态环境修复费用来替代恢复原状的责任。该判决并未超出徐州市检察院的请求范围。

2.污染物排放点的环境质量已经达标不能作为拒绝承担生态环境修复费用的理由。因鸿顺公司的生产废水具有明显的环境危害性,江苏省环境保护厅在作出环评许可时明确禁止鸿顺公司将生产废水排放到地面水体。但鸿顺公司以私设暗管的方式将化学需氧量超标12.1倍、氨氮超标2.5倍、总磷超标1倍的生产废水偷排进苏北堤河。仅2014年和2015年两次被查获排放废水就达2600吨。鸿顺公司上述行为必然对苏北堤河造成污染。

由于河水的流动性,污染物排放点的水质有可能好转,更多是污染物迁移的结果。污染物必将会向下游转移并逐步扩散,污染物依然存在于生态环境系统,生态环境依然需要修复。即使随着时间的推移,经生态系统的自然净化,污染物总量有可能减少甚至基本消失,但在生态环境自净期间,环境的整体质量已经下降,生态环境的承载能力受到不利影响。在自净过程中,由于灌溉用水水质下降,对农业生产会导致不利影响,对下游水生态会造成损害,存在服务功能损失。依照《侵权责任法》第六十五条之规定,鸿顺公司应当承担侵权赔偿责任,对遭受损害的生态环境进行修复或者承担替代修复责任,对服务功能损失进行赔偿。

3.原审判决以2.035倍作为以虚拟治理成本法计算生态环境修复费用时计算系数并无不当。因河水流淌、污染物扩散,无法获得实际工程修复费用,环境保护部《环境损害鉴定评估推荐方法(第Ⅱ版)》推荐虚拟治理成本法确定生态环境修复费用。本案一审中，鸿顺公司和徐州市人民检察院均认可依照该方法计算生态环境修复费用，均认可排放废水的虚拟治理成本为50元/吨，均认可按照虚拟治理成本的1.5～3倍计算生态环境修复费用。

《环境民事公益诉讼司法解释》第二十三条规定，生态环境修复费用难以确定的，人民法院可以结合污染环境、破坏生态的范围和程度、生态环境的稀缺性、生态环境恢复的难易程度、防治污染设备的运行成本、被告因侵害行为所获得的利益以及过错程度等因素，并可以参考负有环境保护监督管理职责的部门的意见、专家意见等，予以合理确定。就本案而言，应当考虑污染的后果、污染者主观过错程度等因素，合理确定计算系数。苏北堤河入顺堤河后进入京杭运河，系流经地区的灌溉排涝主要河流，其水质不仅影响到京杭运河的水质，也关系到流经区域的农业灌溉用水质量。鸿顺公司向苏北堤河排放生产废水对生态环境具有明显的危害。鸿顺公司多次反复以私设暗管的方式偷排，非法排放行为具有较强的隐蔽性，在环保机关查处后依然违法排放，过错程度严重。鸿顺公司每吨废水治理成本达50元，其偷排行为获利明显。一审法院在1.5～3倍计算系数的中间值以下确定2.035为系数计算鸿顺公司排放2600吨生产废水的生态环境修复费用，亦是考虑了鸿顺公司排放的废水成分为可降解的有机物这一因素。该系数并未超出合理的选择区间，不存在计算系数偏高的情形。鸿顺公司主张1.5倍计算生态环境修复费用，该主张缺乏事实依据，本院不予支持。

4. 以查获的排放废水量的4倍计算生态环境修复费用具有事实和法律依据。徐州市人民检察院以鸿顺公司多次偷排废水且防治污染设备未能有效运行为由，主张该公司实际排放废水远超2600吨，应当以26.91万元为基数，在该基数的3～5倍确定生态环境损害赔偿责任和服务功能损失赔偿责任。鸿顺公司运行生产设备每天废水生成量最高可达960吨，在2013年就存在污水处理设施不能正常运转问题，该公司连续三年被发现私设暗管排放废水，查获的废水排放量逐年增多。上述事实足以证明徐州市人民检察院该项诉讼主张的成立具有高度的可能性。

鸿顺公司有能力举证证明该企业废水的实际排放量。《环境保护法》第四十二条第三款规定，重点排污单位应当按照国家有关规定和监测规范安装使用监测设备，保证监测设备正常运行，保存原始监测记录。鸿顺公司作为重点排污单位，早在2009年9月就安装了污染物排放检测计量装置，鸿顺公司完全有能力证明该公司生产废水的实际排放量，也完全可以举出净化污水实际耗费成本的财务证据。更由于偷排污染物系生产企业单方秘密实施的违法行为，本案应当由鸿顺公司承担该公司废水实际排放量的举证责任，并承担举证不能的法律后果。鸿顺公司在一审法院释明后依然未能提交相关证据以推翻徐州市人民检察院的主张。依照《环境民事公益诉讼司法解释》第十三条之规定，应当认定徐州市人民检察院所提鸿顺公司实际排放废水为查获偷排量2600吨的3~5倍的主张成立。一审法院认定鸿顺公司应当以实际查获偷排量2600吨的4倍计算侵权赔偿费用并无不当。

5. 已经缴纳的罚款不应从生态环境修复费用中抵扣。依照《侵权责任法》第四条之规定，侵权人因同一行为应当承担行政责任或者刑事责任的，不影响依法承担侵权责任。环保执法机关对鸿顺公司作出罚款的行政处罚，属于该公司因行政违法而应当承担的行政责任，该处罚系对鸿顺公司违法排放废水的惩戒，目的在于遏制环境违法行为。徐州市人民检察院要求鸿顺公司支付生态修复费用，系要求该公司承担对生态环境造成损害的修复责任，属于民事侵权责任。两项法律责任的功能完全不同。鸿顺公司要求将其缴纳的罚款在侵权赔偿费中予以抵扣，该请求缺乏法律依据。

鸿顺公司非法排放生产废水污染苏北堤河，应当承担生态环境修复责任。原审判决认定鸿顺公司非法排放生产废水的生态环境修复费用依据充分，计算方法合法适当；公益诉讼人的诉讼请求明确具体，原审审判程序合法。

二审法院判决：驳回上诉，维持原判。

【实务要点评析】

一、原告以某一数值区间作为侵权赔偿的诉求金额可否视为诉讼请求不明确

《民事诉讼法》第119条第3项关于起诉的条件规定，"有具体的诉讼请求和事实、理由"。检察机关在本案的一项诉讼请求为"如被告无法恢复原状请求判令其以环境污染损害咨询意见所确定的人民币26.91万元为基准的3倍至5倍承担赔偿责任"，该项请求为一个数值区间而非一个具体的数值，该做法可能直接导致无法计算案件受理费，在传统的民事诉讼中较为罕见。

《环境民事公益诉讼司法解释》第23条规定："生态环境修复费用难以确定

或者确定具体数额所需鉴定费用明显过高的,人民法院可以结合污染环境、破坏生态的范围和程度,生态环境的稀缺性,生态环境恢复的难易程度,防治污染设备的运行成本,被告因侵害行为所获得的利益以及过错程度等因素,并可以参考负有环境资源保护监督管理职责的部门的意见、专家意见等,予以合理确定。"由于排污行为具有隐蔽性、污染后果显现具有滞后性等因素,根据上述规定,在一定条件下法官可以对生态环境修复费用作出裁量酌定。法官在行使自由裁量权过程中需要根据案件中各种主客观因素,在一定区间数额内进行权衡取舍。公益诉讼原告提出的要求污染行为人在某一数值区间范围内承担赔偿责任的诉讼请求,如区间起止点明确具体,其实质是请求法院在该请求区间范围内,综合案件实际情况作出合理裁量,该类诉请不属于诉讼请求不明确。

从理论上看,法院根据原被告举证,运用法律规定,对原告的权利主张进行审理和判断,权利主张是否明确,在于其表达是否清晰,不在于是"数值"还是"数值区间",因为无论是"数值"还是"数值区间",都不会影响法院根据当事人举证并结合法律规定进行最终裁量和判断。

二、污染排放点的环境质量已达标,是否不需要承担生态环境修复费

由于河水具有流动性特点,排放至河水中的污染物会向下游转移并逐步扩散,随着时间的推移,污染物排放点的水质有可能好转,但该好转不代表环境的根本好转,而是污染物迁移的结果。污染物依然存在于生态系统,受污染的生态依然需要修复。即使随着时间的推移,经生态系统的自然净化,污染物总量有可能减少甚至基本消失,但在生态环境自净期间,环境的整体质量已经下降,生态环境的承载能力受到不利影响。在自净过程中,由于受污染的灌溉用水或饮用水水质下降,对农业生产或饮用水水源会导致不利影响,对水生态会造成损害,存在环境服务功能损失。因此,水生态环境污染损害已客观形成,污染物排放点的水质达标并不意味着没有环境污染损害或者生态环境已恢复,不能作为拒绝承担生态环境修复费的理由。

三、在确定生态环境修复费时如何确定虚拟治理成本的倍数

根据原环境保护部《关于开展环境污染损害鉴定评估工作的若干意见》(环发〔2011〕60号)和《环境损害鉴定评估推荐方法(第Ⅱ版)》,采用"虚拟治理成本法"确定生态环境修复费用。在计算出虚拟治理成本后量化生态环境损害时,可以根据受污染影响区域的环境敏感程度分别乘以一定的倍数作为环境损害数额的上下限值。至于计算倍数的具体数值,可以结合当地环境敏感程度、污染物有害物资含量、污染物排放持续时间、环境污染损害程度等因素进行综合评估确定,必要时可请专家辅助人出庭说明或接受法官、双方当事人的质询。

四、以环境行政执法查获的污染排放量乘以一定倍数作为计算生态环境修复费的污染物排放数量是否合理

诚然,原告应当承担证明被告污染物排放量的证明责任,但正如本案二审法院认定,"早在2000年9月就安装了污染物排放检测计量装置,鸿顺公司完全有能力证明该公司生产废水的实际排放量,也完全可以举出净化污水实际耗费成本的财务证据。更由于偷排污染物系生产企业单方秘密实施的违法行为,本案应当由鸿顺公司承担该公司废水实际排放量的举证责任,并承担举证不能的法律后果"。由原告承担举证责任明显不符合本案的实际情况。同时,由于环境执法通常具有偶发性,由环境行政执法部门对某一污染行为人长期持续不间断执法的方式确认实际排污量明显不具有可操作性,这就导致在确认污染物排放量时受到较大限制。因此,法院将证明污染物实际排放量的证明责任分配给被告,如被告不举证,根据民事诉讼的高度盖然性证明标准,法院有理由相信根据检察机关的计算方法计算的数值作为排放量较实际排放量更低,即可以环境行政执法查获的污染排放量乘以一定倍数作为计算生态环境修复费的污染物排放数量。

五、已缴纳的行政罚款可否折抵生态环境修复费

侵权人因同一行为应当承担行政责任或者刑事责任的,不影响依法承担侵权责任。环保执法机关对鸿顺公司作出罚款的行政处罚,属于该公司因行政违法而应当承担的行政责任,该处罚系对鸿顺公司违法排放废水的惩戒,目的在于遏制环境违法行为。[①] 徐州市人民检察院要求鸿顺公司支付生态修复费用,系要求该公司承担对生态环境造成损害的修复责任,属于民事侵权责任。两项法律责任的功能完全不同,已经缴纳的罚款不应从生态环境修复费用中抵扣。

六、环境公益诉讼原告可否同时主张环境修复费和环境服务功能损失

《环境民事公益诉讼司法解释》第18条规定,"对污染环境、破坏生态,已经

---

① 参见唐绍均、魏雨:《环境民事公益诉讼中"技改抵扣"的淆乱与矫正》,载《中州学刊》2020年第8期。

损害社会公共利益或者具有损害社会公共利益重大风险的行为，原告可以请求被告承担停止侵害、排除妨碍、消除危险、修复生态环境、赔偿损失、赔礼道歉等民事责任”。

《环境损害鉴定评估推荐方法（第Ⅱ版）》中将“环境服务功能损失”定义为生态环境损害发生至生态环境恢复到基线状态期间，生态环境因其物理、化学或生物特性改变而导致向公众或其他生态系统提供服务的丧失或减少，即受损生态环境从损害发生到其恢复至基线状态期间提供生态系统服务的损失量。

恢复原状或赔偿生态环境修复费用只考虑了生态环境交换价值的恢复，没有考虑生态环境使用价值的损失。本案中，仅就遭受损害的苏北堤河而言，在生态环境受到损害至恢复原状期间，其所承担的沿线灌溉和排涝等功能，必然受到影响。高浓度水排入后会存在灌溉时引的水不能符合灌溉需要，河流功能就受影响，排涝过程中苏北堤河和京杭运河是相通的，就会影响京杭运河的水质，同时也会影响京杭运河的功能。本案的期间损失客观存在，不能替代环境的间接价值。因此，环境修复费与环境服务功能损失可以同时主张。

同时，由于期间损失难以准确计算，又因本案受污染环境的复杂性、功能的多样性，期间损失在计算时也可参照《环境损害鉴定评估推荐方法（第Ⅱ版）》的规定进行计算，最终结合本案的实际情况酌情予以确定。

案例2 被告投入的污染治理或废物循环利用资金可冲抵环境修复费

——泰州市环保联合会诉泰兴锦汇化工有限公司等环境民事公益诉讼案①

【案例介绍】

案　号：最高人民法院（2015）民申字第1366号

一审原告：泰州市环保联合会

支持起诉机关：泰州市人民检察院

① 本案即泰州水污染公益诉讼案，被媒体称为“天价”环境公益诉讼案，系最高人民法院2017年发布十起环境公益诉讼典型案例之案例一、最高人民法院2016年公布十起弘扬社会主义核心价值观典型案例之案例十、《最高人民法院公报》2016年第5期（总第235期）。

一审被告：江苏常隆农化有限公司（以下简称常隆公司）、泰兴锦汇化工有限公司（以下简称锦汇公司）、江苏施美康药业股份有限公司（以下简称施美康公司）、泰兴市申龙化工有限公司（以下简称申龙公司）、泰兴市富安化工有限公司（以下简称富安公司）、泰兴市臻庆化工有限公司（以下简称臻庆公司）

基本案情：2012年1月至2013年2月，被告锦汇公司等六家企业将生产过程中产生的危险废物废盐酸、废硫酸总计2.5万余吨，以每吨20元至100元不等的价格，交给无危险废物处理资质的相关公司偷排进泰兴市如泰运河、泰州市高港区古马干河中，导致水体严重污染。泰州市环保联合会诉请法院判令六家被告企业赔偿环境修复费1.6亿余元、鉴定评估费用10万元。

常隆公司、锦汇公司、施美康公司、申龙公司、富安公司、臻庆公司系在江苏省泰兴市经济开发区内从事化工产品生产的企业，在化工产品生产过程中产生副产盐酸、对羟基苯甲醚催化剂废硫酸、丁酸、二氧化硫、氯乙酰氯、氨基油尾气吸收液（以下简称副产酸）。江苏省环境监测中心测定上述尾气吸收液腐蚀性pH均小于1。经江苏省环境科学学会评估，上述尾气吸收液pH小于2.0，均属于国家危险废物名录中的废物。2012年至2013年，由于市场低迷导致副产盐酸、废酸无法销售，胀库现象大面积存在，影响了上述公司的生产。常隆公司等六家公司明知泰州市江中化工有限公司（以下简称江中公司）等四家公司没有危险废物处理资质，仍然违反《固体废物污染环境防治法》等法律法规的规定，以给予对方每吨20元至100元不等补贴的形式，将副产酸提供给江中公司等四家公司，江中公司等四家公司将从常隆公司等六家公司提取的总计2.5万余吨的酸液倾倒入如泰运河和古马干河，造成如泰运河、古马干河和周围水域严重污染。江苏卫视公共频道于2012年12月19日播出“泰兴疯狂槽罐车工业废酸偷排长江连续多年”新闻，社会反响强烈。

原告诉讼请求：判令六家被告企业赔偿环境修复费1.6亿余元、鉴定评估费用10万元。

一审法院认为：泰州市环保联合会作为依法成立的参与环境保护事业的非营利性社团组织，有权提起环境公益诉讼。六家被告企业将副产酸交给无处置资质和处置能力的公司，支付的款项远低于依法处理副产酸所需费用，导致大量副产酸未经处理倾倒入河，造成严重环境污染，应当赔偿损失并恢复生态环境。2万多吨副产酸倾倒入河必然造成严重环境污染，由于河水流动，即使倾倒地点的水质好转,并不意味着河流的生态环境已完全恢复,依然需要修复。在修复费用难以计算的情况下,应当以虚拟治理成本法计算生态环境修复费用。遂判决六家被告企业赔偿环境修复费用共计1.6亿余元,并承担鉴定评估费用10万元及诉讼费用。

一审法院判决:泰州市中级人民法院于2014年9月10日作出(2014)泰中环公民初字第00001号民事判决:1.常隆公司、锦汇公司、施美康公司、申龙公司、富安公司、臻庆公司在判决生效后9个月内分别赔偿环境修复费用人民币82,701,756.8元、41,014,333.18元、8,463,042元、26,455,307.56元、1,705,189.32元、327,116.25元,合计160,666,745.11元,用于泰兴地区的环境修复;2.常隆公司、锦汇公司、施美康公司、申龙公司、富安公司、臻庆公司承担鉴定评估费用10万元。

上诉人常隆公司等六家企业上诉称:1.泰州市环保联合会提起环境公益诉讼不符合《民事诉讼法》第五十五条、《环境保护法》第五十八条规定的条件,也与司法实践相悖。2.一审程序违法,本案不符合共同诉讼的条件,一审法院将本案作为共同诉讼不当;一审法院漏列直接实施倾倒行为的江中公司等单位以及副产酸同样被江中公司倾倒的其他公司为共同被告;一审法院同意泰州市环保联合会当庭增加关于鉴定费用的诉讼请求却拒绝给上诉人举证期和答辩期。3.各上诉人未抛弃副产酸,更无非法倾倒的主观故意,上诉人的合法销售行为和江中公司等单位实施的倾倒行为之间没有因果关系。4.江苏省环境科学学会出具的《技术评估意见》和《评估技术报告》无鉴定人签字盖章,出庭证人既是《技术评估报告》的鉴定人,又是《专家论证意见》的专家组组长,未对副产酸是否系固体废物进行鉴定便直接确认系危险废物,程序不合法。5.根据《环境污染损害数额计算推荐方法》规定,水体修复是在采取应急措施后污染依然无法消除情况下采取的人工干预措施。由于长江的流量、流速、自净能力,倾倒行为造成的损害属于期间损害,水体已经恢复到以往的水质标准,客观上已不再需要进行人工干预,判决各上诉人承担环境修复费用不符合规定。长江流域属于国家自然资源,《环境污染损害数额计算推荐方法》第3.2条规定,生态环境资源的损害评估不适用《环境污染损害数额计算推荐方法》,财产损害也不包括国家和集体所有的自然资源,一审法院将被污染河流的环境修复与地区生态环境修复错误混同。本案即使需要承担赔偿责任,也应以《评估技术报告》推荐的试验值法即 2541.205 万元作为依据。请求撤销一审判决,驳回被上诉人诉讼请求。

被上诉人泰州市环保联合会答辩称:1. 泰州市环保联合会具备提起环境公益诉讼的原告主体资格。泰州市环保联合会是经民政部门依法登记设立的非营利性环保组织,其业务范围包含维护公众环境权益,符合《民事诉讼法》第五十五条提起环境公益诉讼条件,提起环境公益诉讼符合机构设立宗旨和设立环境公益诉讼制度的立法目的。修订后的《环境保护法》自 2015 年 1 月 1 日开始施行,不适用于本案。2. 上诉人和原审被告与江中公司等单位之间买卖行为不符合买卖合同的基本特征,其实质系以买卖合同形式掩盖非法处置危险废物目的。上诉人与原审被告以补贴方式将其生产产品过程中所附带产生的、对其无利益价值的副产酸“出售”给江中公司等单位处理,抛弃、放弃这些物质的主观意图十分明显。其处置行为与环境污染之间存在因果关系。上诉人和原审被告与江中公司等单位是否具备生产、销售危险化学品资质与其处置行为是否合法不具备关联性。3. 上诉人和原审被告非法处置的酸性物质属于危险废物。上诉人和原审被告生产过程中产生的副产酸经检测 pH 均小于 1,根据《危险废物鉴别标准腐蚀性鉴别标准》,pH≤2.0 即具有危险废物的腐蚀性特征。4. 一审认定被倾倒的副产酸数量正确。一审判决综合销售发票、戴某平的记账本、曹某峰的记账本、磅码单、刑事上诉人的供述、上诉人和原审被告工作人员的证言等证据,认定上诉人和原审被告各自被倾倒副产酸数量,依据充分。案涉的刑事判决尚未生效,不能作为认定倾倒数量的依据。戴某平的记账本记载的是戴某国等人自 2012 年 10 月至 2013 年 2 月 5 个月运输倾倒数量,不能说明其 2012 年 1 月至 2013 年 2 月的倾倒量。锦汇公司以报销戴某国、姚某元等人运费票据和油票两种方式进行补贴,锦汇公司仅凭运费票据不能证明其被倾倒副产酸数量只有 1702.27 吨。在无法分清同一行为人倾倒的副产酸中常隆公司或锦汇公司的数量,两公司也无法举证证明各自被倾倒数量的情况下,一审判决按照常隆公司和锦汇公司各自交付给江中公司副产酸数量比例来确定各自被江中公司倾倒副产酸数量,认定方法合理。申龙公司认为曹某峰的记账单与申龙公司的磅码单重复计算,但记账单与磅码单的运输时间并不重合。结合其他犯罪嫌疑人的供述,认定其被倾倒数量为 4746.99 吨正确。

二审法院认为:泰州市环保联合会依法具备提起环境公益诉讼的原告资格,一审审判程序合法。六家被告企业处置副产酸的行为与造成古马干河、如泰运河环境污染损害结果之间存在因果关系。一审判决对赔偿数额的认定正确,修复费用计算方法适当,六家被告企业依法应当就其造成的环境污染损害承担侵权责任。二审判决维持一审法院关于六家被告企业赔偿环境修复费用共计1.6亿余元的判项,并对义务的履行方式进行了调整。如六家被告企业能够通过技术改造对副产酸进行循环利用,明显降低环境风险,且一年内没有因环境违法行为受到处罚的,其已支付的技术改造费用可经验收后在判令赔偿环境修复费用的40%额度内抵扣。六家被告企业中的三家在二审判决后积极履行了判决的全部内容。

二审法院判决:1.维持泰州市中级人民法院(2014)泰中环公民初字第00001号民事判决第1项中关于赔偿数额部分,即常隆公司等六家公司分别赔偿环境修复费用合计160,666,745.11元。2.维持泰州市中级人民法院(2014)泰中环公民初字第00001号民事判决第2项。3.常隆公司等六家公司应于判决生效之日起30日内将本判决第1项所列款项支付至泰州市环保公益金专用账户;逾期不履行的,应当加倍支付迟延履行期间的债务利息。如果当事人提出申请且能够在本判决生效之日起30日内提供有效担保的,上述款项的40%可以延期至判决生效之日起一年内支付。4.判决生效之日起一年内,如常隆公司等六家公司能够通过技术改造对副产酸进行循环利用,明显降低环境风险,且一年内没有因环境违法行为受到处罚的,其已支付的技术改造费用可以凭环保行政主管部门出具的企业环境守法情况证明、项目竣工环保验收意见和具有法定资质的中介机构出具的技术改造投入资金审计报告,向泰州市中级人民法院申请在延期支付的40%额度内抵扣。此外,二审法院还对诉讼费数额进行了调整。

最高人民法院再审认为:环境污染案件中,危险化学品和化工产品生产企业对其主营产品及副产品均需具有较高的注意义务,需要全面了解其主营产品和主营产品生产过程中产生的副产品是否具有高度危险性,是否会造成环境污染;需要使其主营产品的生产、出售、运输、储存和处置符合相关法律规定,亦需使其副产品的生产、出售、运输、储存和处置符合相关法律规定,避免对生态环境造成损害或者产生造成生态环境损害的重大风险。虽然河水具有流动性和自净能力,但在环境容量有限的前提下,向水体大量倾倒副产酸,必然对河流的水质、水体动植物、河床、河岸以及河流下游的生态环境造成严重破坏。如不及时修复,污染的累积必然会超出环境承载能力,最终造成不可逆转的环境损害。因此,不能以部分水域的水质得到恢复为由免除污染者应当承担的环境修复责任。最高人民法院最终裁定驳回了锦汇公司的再审申请。

【实务要点评析】

泰州水污染公益诉讼案被媒体称为“天价”环境公益诉讼案，系最高人民法院2017年发布十起环境公益诉讼典型案例之案例一、最高人民法院2016年公布十起弘扬社会主义核心价值观典型案例之案例十、《最高人民法院公报》2016年第5期(总第235期)。

一、产废单位与处置单位就危险废物签订的买卖合同是否合法，与环境污染损害是否有因果关系

在许多非法处置危废案件中，由于危险废物的处置成本高企，产废单位为控制成本并规避本单位在处置危废上的法律责任，将本单位在生产过程中产生的危废以表面合法的买卖合同的形式以极低的价格销售给无危废处置资质的第三方，同时另行向第三方支付处置补贴。《固体废物污染环境防治法》第80条第3款规定：“禁止将危险废物提供或者委托给无许可证的单位或者其他生产经营者从事收集、贮存、利用、处置活动。”第118条规定：“违反本法规定，造成固体废物污染环境事故的，除依法承担赔偿责任外，由生态环境主管部门依照本条第二款的规定处以罚款，责令限期采取治理措施；造成重大或者特大固体废物污染环境事故的，还可以报经有批准权的人民政府批准，责令关闭。”

基于下述理由，产废单位与处置单位就危险废物签订的买卖合同系以合法形式掩盖非法目的，该行为与环境污染损害是否有因果关系：1. 虽然产废单位与无资质的第三方签订危险废物买卖合同，但其向第三方另行支付了补贴，说明该行为的本质和真实目的是处置危废而非买卖危废；2. 危废须由具有相应资质的单位进行处置，本案处置单位不具有相应资质，产废单位存在选任过错；3. 产废单位向第三方支付的补贴明显不足以承担正常无害化处理的费用，其又未对第三方的处置行为履行谨慎注意义务，则可认定产废单位对第三方的非法倾倒、处置行为是明知且放任的，主观上具有非法处置危险废物的主观故意。产废单位抛弃、放弃危废的主观意图十分明显，其不仅给倾倒者提供了污染源，导致大量危废被第三方倾倒、丢弃至自然环境中，而且客观上使倾倒者获取了非法利益，造成了环境严重污染的结果。产废单位将其危废提供给第三方的行为与环境污染损害结果之间存在法律上的因果关系，根据《民法典》第1229条的规定，“因污染环境、破坏生态造成他人损害的，侵权人应当承担侵权责任”。产废单位应就其污染环境、生态破坏行为承担环境修复及损害赔偿等环境侵权责任。

二、在未客观记录非法倾倒危废数量的情况下，如何认定非法倾倒的危废数量

产废单位作为合法设立的有限责任公司或其他市场主体的情况下，其应当根据《会计法》的规定设置完备的财务账簿，其产品数量、相关废物数量、污染物排放数量完全可以通过其记载与污染排放相关的药剂费、水电费、运营费、处置费等财务数据、会计凭证予以证明，亦可通过产成品数量与废物排放量的钩稽关系计算得出。

如产废单位对原告提交的关于排放的废物或污染的数量有异议，但又未提交上述数据、凭证的，则法院可依据民事诉讼的高度盖然性标准，结合当事人提交的产废单位的相关发票、处置单位的财务资料以及当事人供述等，对非法倾倒的危废数量进行综合认定。

三、危废倾倒地点水质好转是否意味着生态环境已完全恢复、不需要承担环境修复费

由于水体具有流动性和一定自净能力的特点，废物倾倒点的水体经过一定时间之后，水质确实可能好转甚至完全符合环境质量标准要求。但数量巨大的废物倾倒进河流或其他水体后，伴随河水的流动，污染源必然会向下游移动，水体、水生物、河床、河岸等水生态环境都将受到严重的损害，对水生态环境产生严重危害是无可争议的事实，对水生态环境的修复费用将远远超过正常治理成本，污染行为人应当对受损的环境进行修复，难以修复的，应当承担环境修复费。[①]

四、采用虚拟治理成本法计算生态环境修复费的前提以及计算方法

修复受损生态环境的前提之一是要确定因环境污染对生态环境所造成的损害，并以此制定损害修复方案、计算修复成本。但在环境污染案件的个案中，有时污染物质已通过生态环境的自净能力被分解、吸收，或通过流动的空气、水流被扩散、稀释，致使在审理案件时在污染排放地检测到的污染损害后果并不严重，甚至完全检测不到污染物，但未能检测到污染损害后果并不意味着生态环境

---

① 参见陈贻健：《“泰州天价环境公益诉讼案”的法律评析及制度启示》，载《四川警察学院学报》2016 年第 5 期。

没有遭受到损害。那么面对这种难以检测到的环境污染损害,虚拟治理成本的概念应需而生。虚拟治理成本法的逻辑,即如果污染物在排放之前进行了无害化处理,那么再排放至生态环境之中就不会导致生态环境的破坏,因此修复环境污染所造成的生态损害,其成本至少等于对污染物排放前的无害化处理成本,即按照现行的治理技术和水平治理排放到环境中的污染物所需要支付的费用。

虚拟治理成本是指工业企业或污水处理厂治理等量的排放到环境中的污染物所花费的成本,即污染物排放量与单位污染物虚拟治理成本的乘积。当环境污染损害难以检测、环境污染所致生态环境损害无法通过恢复工程完全恢复、恢复成本远远大于其收益或缺乏生态环境损害恢复评价指标时,鉴定机构可参照《环境污染损害数额计算推荐方法》《环境损害鉴定评估推荐方法(第Ⅱ版)》《突发环境事件应急处置阶段环境损害评估技术规范》,采用"虚拟治理成本法"量化环境治理所需费用并根据受污染区域的环境功能敏感程度乘以敏感系数计算出最终的环境替代修复费。①

虚拟治理成本法的适用前提是环境污染所致生态环境损害无法通过恢复工程完全恢复、恢复成本远远大于其收益或缺乏生态环境损害恢复评价指标。这是因为在环境侵权案件中,仍然根据一般规则要求原告提供环境损害的相应证据,在客观上既不可能(或无必要),又可能给侵权人逃避责任以可乘之机,不利于环境的保护,也有违实质的公平、正义原则。②

五、被告投入的用于污染治理或废物循环利用的资金可否冲抵环境修复费用

《环境保护法》第1条规定,"为保护和改善环境,防治污染和其他公害,保障公众健康,推进生态文明建设,促进经济社会可持续发展,制定本法"。保障和改善环境,防治污染是环境保护法的立法目的。环境公益诉讼制度作为保护环境的一项重要司法制度,在追究侵权者的环境侵权责任的同时,采取灵活的、人性化的防治污染的司法政策,更有利于实现改善环境、预防污染的立法目的,最终实现环境保护同经济建设和社会发展相协调,促进经济社会可持续发展。

---

① 参见孙洪坤、胡杉杉:《环境公益诉讼中虚拟治理成本法律适用的认定》,载《浙江工业大学学报(社会科学版)》2017年第4期。

② 参见吕忠梅:《环境司法理性不能止于"天价"赔偿:泰州环境公益诉讼案评析》,载《中国法学》2016年第3期。

在环境民事公益诉讼案件中,污染行为人的非法排污行为已造成环境污染,对环境造成实质损害,其当然应当根据法律规定承担环境侵权责任,及时对受损害的环境进行修复。但是,与案涉污染行为相关的污染物排放及废物处置仍存在环境污染风险,需要采取预防措施避免污染再次发生。根据《循环经济促进法》第2条、第3条规定,对具有明显环境风险的废物进行减量化、再利用和资源化,是从源头预防废物污染环境的有效途径。

根据江苏省高级人民法院的二审判决,污染行为人如能够通过技术改造对废物进行循环利用,明显降低环境风险,且一年内没有因环境违法行为受到处罚的,其已支付的技术改造费用可以凭环保行政主管部门出具的企业环境守法情况证明、项目竣工环保验收意见和具有法定资质的中介机构出具的技术改造投入资金审计报告,向一审法院申请在延期支付的40%额度内抵扣。江苏省高级人民法院的此项判决非常具有创新性,获得了理论界、实务界的一致好评。该项判决最大限度地调动了污染行为人进行技术改造、防治污染的积极性,有利于实现环境保护法"保护和改善环境,防治污染和其他公害"的立法宗旨,既达到了对违法排污的有力震慑,又实现了对污染治理的有效推进。

案例3 不具备环境损害鉴定资质的教育科研机构所作的鉴定报告可作为定案依据

——重庆市绿色志愿者联合会诉恩施自治州建始磺厂坪矿业有限责任公司水环境民事公益诉讼案①

【案例介绍】

案　号:重庆市第二中级人民法院(2016)渝02民终772号

一审原告:重庆市绿色志愿者联合会(以下简称重庆绿联会)

一审被告:恩施自治州建始磺厂坪矿业有限责任公司(以下简称建始磺厂坪矿业公司)

基本案情:千丈岩水库位于重庆市巫山县、奉节县和湖北省建始县交界地

① 本案系最高人民法院2019年发布的指导案例134号。

带，水库被重庆市人民政府确认为集中式饮用水源保护区，保障着周边5万余居民的生活饮用和生产用水。湖北省建始县毗邻重庆市巫山县，建始磺厂坪矿业公司选矿厂2014年6月基本建设完成，但水污染防治设施等未建成，且未实际履行修改和补充措施。2014年8月10日，建始磺厂坪矿业公司选矿厂使用硫铁矿原矿约500吨、乙基钠黄药、2号油进行违法生产，产生的废水、尾矿未经处理就排入临近有溶洞漏斗发育的自然洼地。8月12日，经巫山县红椿乡村民反映，巫山县启动应急预案，应急监测结果表明，被污染水体无重金属毒性，但具有有机物毒性，COD（化学需氧量）、Fe（铁）分别超标0.25倍、30.3倍，悬浮物高达260mg/L。

千丈岩水库水污染事件发生后，环境保护部明确该起事件已构成重大突发环境事件。湖北省环保厅于2014年9月4日作出行政处罚决定，认定建始磺厂坪矿业公司硫铁矿选矿项目水污染防治设施未建成，擅自投入生产；非法将生产产生的废水和尾矿排放、倾倒至厂房下方的洼地内，造成废水和废渣经洼地底部裂隙渗漏，导致重庆市巫山县千丈岩水库水体污染。依据《湖北省水污染防治条例》第79条规定，责令停止生产，直至验收合格，处罚款50万元；依据《水污染防治法》第76条规定，责令停止违法行为，限期采取治理措施，消除污染，处罚款50万元。行政处罚决定作出后，建始磺厂坪矿业公司仅缴纳了罚款100万元，但并未采取有效消除污染的治理措施。

一审法院认为：建始磺厂坪矿业公司违法生产，污染环境，损坏公共利益，已构成民事侵权，应当承担民事责任。

1. 提起本案环境民事公益诉讼的可诉性

重庆绿联会是依法登记从事环境保护公益活动的社会组织，业务活动已满5年且无违法记录，有权提起公益诉讼。三峡库区是长江流域重要生态屏障，巫山县千丈岩水库位于三峡库区腹地，其特殊的地理位置、地质、地貌与长江三峡的生态涵养息息相关。建始磺厂坪矿业公司违法生产行为已导致千丈岩水库污染，破坏了千丈岩地区水体、地下水溶洞以及排放废水洼地等生态环境，造成周边四个乡镇居民的生活饮用水困难，损害了公共利益。同时，建始磺厂坪矿业公司厂址选择有极大的地下水污染风险，且至今未建设水污染防治设施，虽然采取了应急处理措施，但潜在的污染风险和现实的生态污染依然存在。建始磺厂坪矿业公司称已经履行行政处罚，但仅缴纳了100万元罚款，并未采取有效的治理措施消除污染风险，修复生态环境，因此，重庆绿联会提起公益诉讼确有必要，符合追求生态正义的社会需求。

2. 是否需判令停止侵害并重新作出环境影响评价

建始磺厂坪矿业公司辩称已履行行政处罚无须判令停止侵害的理由不成立。《侵权责任法》第四条规定，“侵权人因同一行为应当承担行政责任或刑事责任的，不影响依法承担侵权责任”。因此，建始磺厂坪矿业公司应当承担停止侵害的侵权责任，并重新作出环境影响评价。(1)千丈岩水库污染虽经应急处理，但检测的部分生态指标仍然超过生态基线，区域生态环境已经遭受破坏；且本案污染源地理位置高于千丈岩水库，处于喀斯特地貌的山区，地下裂缝纵横，暗河较多，而其中的暗河水源正是千丈岩水库的聚水来源，污染风险明显存在。(2)《水污染防治法》第三十五条规定：“禁止利用渗井、渗坑、裂隙和溶洞排放、倾倒含有毒污染物的废水、含病原体的污水和其他废弃物”。由此可见，前述污染物在特定的区域和复杂的地质条件下对周边生态环境污染的潜在风险极高，而建始磺厂坪矿业公司在裂隙和溶洞较多的喀斯特山区建设选矿厂，从地理条件的角度，显然具有极高的生态污染风险。(3)《环境影响评价法》第二十三条规定：“建设项目可能造成跨行政区域的不良环境影响，有关环境保护行政主管部门对该项目的环境影响评价结论有争议的，其环境影响评价文件由共同的上一级环境保护行政主管部门审批”。本案硫铁矿建设项目环境影响评价未考量到千丈岩水库饮用水源保护区，客观现实已经造成跨行政区域的不良环境影响，其原有的环境影响评价依据发生情势变化，须重新作出，并履行法定审批程序。综上，重新进行环境影响评价，只是约束建设项目选址风险问题而作出的裁判，系建始磺厂坪矿业公司停止侵害、消除危险具体承担民事责任的方式之一，建始磺厂坪矿业公司辩称无须重新作出环境影响评价的理由不成立。

3. 是否需要对洼地进行生态环境修复

建始磺厂坪矿业公司履行修复义务或承担替代履行修复费用，对于消除环境污染和生态危险是应当的。(1)建始磺厂坪矿业公司违法生产行为已经破坏了该地区水体、溶洞以及排放废水洼地等整个生态环境，进行生态环境修复，符合破坏生态环境承担民事责任的法律规定。(2)我国《地表水环境标准》(GB 3838－2002)、《饮用水水源保护区污染防治规定》、《生活饮用水卫生标准》的规定均是集中式饮用水源 Fe 低于 0.3mg/L，由此说明 Fe 含量是评价集中式饮用水源是否达标的指标之一。《土壤环境质量标准》(GB 15618)未将 Fe 作为土壤的控制性指标,是因为针对的对象是土壤,并不能类推 Fe 不能作为饮用水源的指标。本案中关于重大风险的评判也不是以其本身物理特性上含 Fe 的高或者低,而是对饮用水安全而言。北京师范大学的鉴定报告选择洼地土壤 Fe 作为指标,判断其含量超标构成对饮用水水源的潜在污染风险具有科学性、合理性。(3)《环境民事公益诉讼司法解释》第二十条规定,原告请求恢复原状的,人民法院可以依法判决被告将生态环境修复到损害发生之前的状态和功能。无法完全修复的,可以准许采用替代性修复方式。[①] 鉴于北京师范大学鉴定报告对洼地生态遭受破坏的客观判断,因此,理应对建始磺厂坪矿业公司承担洼地土壤生态修复的义务作出裁判。

4. 是否需要在相关范围内媒体上向公众道歉

虽然建始磺厂坪矿业公司积极配合政府采取应急措施,并当庭道歉,但其污染行为,破坏了生态环境,严重影响了当地居民的生产生活,损害了社会公共利益,应当在国家级媒体上向公众作出正式道歉。

此外,建始磺厂坪矿业公司依法还应承担重庆绿联会本次公益诉讼支出的合理费用和律师费,并承担北京师范大学鉴定费。

一审法院判决:1. 建始磺厂坪矿业公司立即停止对巫山县千丈岩水库饮用水源的侵害,重新进行环境影响评价,未经批复和环境保护设施未经验收,不得生产;2. 建始磺厂坪矿业公司在判决生效后 180 日内,对位于恩施自治州建始县业州镇郭家淌国有高岩子林场选矿厂洼地土壤制定修复方案进行生态修复,逾期不履行修复义务或修复不合格,由建始磺厂坪矿业公司承担修复费用 991,000 元支付至指定的账号;3. 建始磺厂坪矿业公司对其污染生态环境,损害公共利益的行为在国家级媒体上赔礼道歉;4. 建始磺厂坪矿业公司支付重庆绿联会为本案诉讼而产生的合理费用及律师费共计 150,000 元;5. 驳回重庆绿联会的其他诉讼请求。案件受理费 15,069 元,由重庆绿联会承担 1069 元,依法予以免收,由建始磺厂坪矿业公司承担 14,000 元;鉴定费 163,000 元由建始磺厂坪矿业公司承担。

二审法院认为:本案的争议焦点为:1. 一审判令上诉人"立即停止对巫山县

① 根据 2020 年 12 月 29 日法释〔2020〕20 号,该条已作修改。

千丈岩水库饮用水源的侵害，重新进行环境影响评价，未经批复和环境保护设施未经验收，不得生产”有无不当；2. 对北京师范大学作出的鉴定评估报告的结论应否采信；3. 责令上诉人在国家级媒体上赔礼道歉有无必要；4. 鉴定费和律师费是否合理。具体评述如下：

1. 关于一审判令上诉人“立即停止对巫山县千丈岩水库饮用水源的侵害，重新进行环境影响评价，未经批复和环境保护设施未经验收，不得生产”有无不当的问题

本案上诉人所谓的停止生产，只是暂时停止了生产行为，其“三同时”工作严重滞后、环保设施未建成等违法情形并未实际消除，随时可能恢复违法生产。考虑到上诉人的违法情形尚未消除、项目所处区域地质地理条件复杂特殊，在不能确保恢复生产不会再次造成环境污染的前提下，应当禁止其恢复生产，才能有效避免当地生态环境再次遭受污染破坏，亦可避免在今后发现上诉人重新恢复违法生产后需另行诉讼的风险，减轻当事人诉累、节约司法资源。此外，由于上诉人先前的污染行为，导致相关区域土壤中部分生态指标超过生态基线，因当地降水量大，又地处喀斯特地貌山区，裂隙和溶洞较多，暗河纵横，而其中的暗河水源正是千丈岩水库的聚水来源，上诉人排放到土壤中的污染物质对千丈岩水库饮用水源的污染实际仍在持续，侵害并未停止。停止生产并不意味着已停止侵害。故上诉人辩称在起诉之前已停止生产，对千丈岩水库饮用水源的侵害已经停止，无须判令停止侵害的理由不能成立，一审判令停止侵害事实及法律依据充分。

关于一审判令上诉人“重新进行环境影响评价，未经批复和环境保护设施未经验收，不得生产”有无不当的问题。首先，该部分判决内容，是对上诉人重新恢复生产作出的一种约束，是对停止侵害具体履行方式的明确、细化，不违反相关法律规定。其次，千丈岩水库长期以来担负着周边红椿乡、庙宇镇、铜鼓镇、长安乡等5万余人的生活生产保障、防洪蓄水、梯级发电等任务，并于2013年12月6日被重庆市人民政府确定为集中式饮用水水源一级保护区，对当地群众的生存发展具有重大意义，也与三峡库区的生态涵养息息相关，对于周边建设项目，均应将其作为重点环境保护目标纳入建设项目的环境影响评价。千丈岩水库开始建设于2008年，而上诉人项目的环境影响评价工作开展于2010年7月，并于2011年5月16日才取得当地环境行政主管部门的批复，考虑到该项目的

性质、与水库之间的相对位置及当地特殊的地质地理条件,本应在当时项目的环境影响评价中着重考虑对千丈岩水库的影响,但由于两者分处不同省级行政区域,导致当时的环境影响评价并未涉及千丈岩水库,可见该次环境影响评价是不全面且有着明显不足的。鉴于千丈岩水库的重要性、作为一级饮用水水源保护区的环境敏感性及涉案项目对水库潜在的巨大污染风险,在应当作为重点环境保护目标纳入建设项目环境影响评价而未能纳入且客观上已经造成重大突发环境事件的情况下,考虑到原有的环境影响评价依据已经发生变化,出于对重点环境保护目标的保护及公共利益的维护,责令上诉人在考虑对千丈岩水库的环境影响的基础上重新对项目进行环境影响评价并履行法定审批手续显然是必要也是合理的。最后,由于新增加了千丈岩水库这一需要重点考量的环境保护目标,导致原有的环境影响评价依据发生变化,在已发生重大突发环境事件的现实情况下,涉案项目在防治污染、防止生态破坏的措施方面显然也需要作出重大变动。根据《环境影响评价法》第二十四条第一款"建设项目的环境影响评价文件经批准后,建设项目的性质、规模、地点、采用的生产工艺或者防治污染、防止生态破坏的措施发生重大变动的,建设单位应当重新报批建设项目的环境影响评价文件"及《水污染防治法》第十七条第三款"建设项目的水污染防治设施,应当与主体工程同时设计、同时施工、同时投入使用。水污染防治设施应当经过环境保护主管部门验收,验收不合格的,该建设项目不得投入生产或者使用"的规定,一审判令上诉人"重新进行环境影响评价,未经批复和环境保护设施未经验收,不得生产"于法有据。

关于上诉人提出针对最初的环境影响评价未考虑到对千丈岩水库的影响,其已在事故发生后主动对项目重新进行环境影响评价,已实际履行了重新进行环境影响评价的义务,不应再判决上诉人重新进行环境影响评价的上诉理由。二审法院认为,"重新进行环境影响评价,未经批复和环境保护设施未经验收,不得生产"中的环评、批复、环保设施验收,是相互关联且有机结合在一起的,不应逐项割裂开来孤立看待,上诉人在实际履行过程中应全面系统履行环评、批复、环保设施验收等各环节义务。上诉人虽在事故发生后曾重新作出环评报告,但该环评报告尚未经批复,能否通过环保行政主管部门审批仍未可知,且报告所附的专家意见亦表明该份报告关于尾矿库发生渗漏及极端气候条件下发生溢流的环境风险评估仍存在明显不足,尚需进一步修改完善,故不能仅以该份环评报告认定其已实际履行完毕重新进行环境影响评价的义务，上诉人的该上诉理由不能成立。综上，一审该项判决并无不当。

2. 关于对北京师范大学作出的鉴定评估报告的结论应否采信的问题

二审法院认为，一审委托北京师范大学进行鉴定评估并无不当，鉴定评估的程序合法，结论科学，且得到了专家意见的支持与认可，可以作为认定本案事实的根据，应予采信。具体理由如下：

首先，一审委托北京师范大学进行鉴定评估并无不当。在现阶段，考虑到构建专门的环境损害司法鉴定体系尚需时日，在现有司法鉴定机构远不能满足环境司法现实需要的情况下，基于案件审理的需要，法院应当注意发挥各类鉴定、科研机构的优势。在没有专门司法鉴定机构，或司法鉴定机构的鉴定能力不能满足鉴定需要的情况下，可以依法委托具备鉴定能力的科研机构实施鉴定。北京师范大学水科学研究院是专门从事水环境研究的科研机构，主要鉴定人员为国家环境应急专家组专家、教授，有较强的专业技术优势，具有专业方面的权威性及作为第三方鉴定评估机构的中立性，具备对本案进行鉴定评估的相应技术能力及公信力，故一审委托北京师范大学对生态修复及其费用进行鉴定评估并无不当。

其次，本案鉴定评估的程序合法、结论科学。经审查，鉴定评估机构在鉴定评估的受理、实施、鉴定评估结论的出具等方面，均不存在违法的情形，上诉人虽辩称鉴定评估机构对洼地土壤的取样不科学，但未能举证证明，二审法院不予采信，本案鉴定评估的程序合法。北京师范大学的鉴定评估报告选择洼地土壤 Fe 作为指标，判断其含量超标构成对饮用水水源的潜在污染风险，是有充分科学依据的。我国的《土壤环境质量标准》(GB 15618)虽未将 Fe 作为土壤的控制性指标，但在《地表水环境标准》(GB 3838 - 2002)、《饮用水水源保护区污染防治管理规定》、《生活饮用水卫生标准》中均规定集中式饮用水源 Fe 低于 0.3mg/L，由此说明 Fe 含量是评价集中式饮用水源是否达标的指标之一。而本案中关于重大污染风险的评判正是针对饮用水安全而言，并非基于对土壤的污染。故鉴定评估报告依据充分，结论科学。

最后，鉴定评估报告得到专家意见的支持与认可，予以采信符合现有法律规定。根据《环境侵权责任司法解释》第九条第二款的规定，具有专门知识的人在法庭上提出的意见，经当事人质证，可以作为认定案件事实的根据。本案中，主要鉴定人员北京师范大学的王金生教授出庭发表了专家意见并当庭接受了质询,根据前述司法解释的规定,该专家意见可以作为认定案件事实的根据。北京师范大学的鉴定评估报告得到了专家意见的支持与认可,故可以作为认定案件事实的根据,应予采信。

3. 关于责令上诉人在国家级媒体上赔礼道歉有无必要的问题

赔礼道歉是一种人格恢复性责任方式,不仅适用于人格权和具有精神价值的财产遭受损害的情形,同样也适用于生态环境遭受损害的情形。在环境民事公益诉讼中,污染环境、破坏生态的行为导致损害发生后到恢复原状前生态环境服务功能的损害,该损害包含了社会公众享有美好生态环境精神利益的损失。本案中,上诉人明知相关环保设施未建成,而擅自投入生产,过错明显。上诉人违法生产造成环境污染,其行为侵害了社会公众的精神性环境权益,应当承担赔礼道歉的民事责任。本次污染事故属于跨省级行政区域的重大突发环境事件,污染后果严重,社会影响较大,一审判令上诉人在国家级媒体上赔礼道歉并无不当。上诉人虽在一审庭审过程中进行了道歉,但这种道歉形式不能等同也无法替代在媒体上的正式道歉,故上诉人的该项上诉理由不能成立。

4. 关于鉴定费和律师费是否合理的问题

二审法院认为,北京师范大学出具的鉴定费用清单明确了鉴定费的实际构成,根据北京师范大学在接受委托后为鉴定事项所实际支出的各项费用,考虑到本案鉴定事项的复杂疑难程度,北京师范大学收取 163,000 元鉴定费具有合理性。根据重庆绿联会举示的《法律事务委托合同》和增值税发票,基于案件的复杂疑难程度,重庆绿联会与代理人合同约定的 10 万元律师费符合重庆市律师收费标准,亦具有合理性。根据《环境民事公益诉讼司法解释》第二十二条之规定,"原告请求被告承担检验、鉴定费用,合理的律师费以及为诉讼支出的其他合理费用的,人民法院可以依法予以支持",上诉人主张鉴定费和律师费不合理不应支持的上诉理由不能成立。

二审法院判决:驳回上诉,维持原判。

【实务要点评析】

根据《环境民事公益诉讼司法解释》第 18 条规定,被告在公益诉讼案件中承担的环境侵权责任包括四类:属于预防性责任的停止"停止侵害、排除妨碍、消除危险",属于恢复性责任的"修复生态环境",属于赔偿性责任的"赔偿损失”，属于人格恢复性责任的“赔礼道歉”。本案中，原告要求判令环境侵权人重新进行环境影响评价、未经环评批复及环保验收不得恢复生产，属于停止侵害、消除危险的预防性责任。

本案审理法院对已有的公益诉讼审判规则的把握和适用较为准确，并体现了一定的创新性。法院根据事实和法律判决支持原告停止侵害诉讼请求，判令被告重新申请环境影响评价，未经环境保护行政主管部门批复和环境保护设施未经验收的不得生产。这种将诉讼请求具体化的原告主张方式和法院判决思路，能够较好地实现司法权与行政权的衔接、配合，使判决更加具有可执行性。

一、在发生环境应急事故且排污企业已停止生产的情况下，是否有必要仍判令企业承担停止侵害、未经环评批复及环保验收不得恢复生产的责任

基于下述理由，在发生环境应急事故且排污企业已停止生产的情况下，仍有必要判令企业承担停止侵害、未经环评批复及环保验收不得恢复生产：1. 环境侵权行为对环境的污染、生态资源的破坏往往具有不可逆性，被污染的环境、被破坏的生态资源很多时候难以恢复，事后的经济赔偿往往不足以从实质上扭转对环境造成的破坏。2. 虽然涉案企业发生环境应急事件后停止生产，但由于其停止生产前的污染行为，已导致相关区域中部分生态指标超过生态基线，尤其是在生态环境敏感区域，如气候发生变化，如持续降雨、大风等天气，势必会导致污染持续扩大，污染实际仍在持续，侵害并未停止，停止生产并不意味着已停止侵害。故涉案企业虽已停止生产，仍应承担停止侵害的责任。3. 如涉案企业未完全按规定履行环评批复、环保验收程序，尽管其在发生环境应急事件后停止生产，但由于其环评批复、环保验收环节的不合规情形并未实际消除，仍随时可能恢复违法生产。综上，为有效避免当地生态环境再次遭受污染破坏，避免在今后发现涉案矿业公司重新恢复违法生产后需另行诉讼的风险，减轻当事人诉累、节约司法资源，在未重新履行环评批复并经环保验收的情况下，应当禁止其恢复生产。

二、不具备环境损害鉴定资质的教育科研机构所做的鉴定报告可否采信

在下述情形下，虽环境损害鉴定机构或人员缺乏资质，但其所做的鉴定报告亦可被采信：1. 法院在对外委托鉴定时，难以找到具有相应资质的环境损害司法鉴定机构，或者虽然能够找到相应资质的鉴定机构，但该机构没有相应的科学技术设备、环境监测技术以及专业人才；2. 法院委托的机构系专家资源丰富、学术水平较高、设备齐全的具备实际鉴定能力的高校、科研院所等科研机构实施的鉴定,参加鉴定的人员在业内享有较高知名度,或具有较强的专业技术能力。

三、行为人是否应当对受损环境进行修复

在涉案企业的违法生产行为事实上污染环境、破坏生态的情况下,《环境民事公益诉讼司法解释》第20条第1款规定,“原告请求修复生态环境的,人民法院可以依法判决被告将生态环境修复到损害发生之前的状态和功能。无法完全修复的,可以准许采用替代性修复方式”。污染企业应承担对受污染环境的修复的义务,无法修复的,可采取替代性修复方式。

四、行为人是否应在相关媒体上向公众道歉

赔礼道歉是一种人格恢复性责任方式,不仅适用于人格权和具有精神价值的财产遭受损害的情形,同样也适用于生态环境遭受损害的情形。在环境民事公益诉讼中,污染环境、破坏生态的行为导致损害发生后到恢复原状前生态环境服务功能的损害,该损害包含了社会公众享有美好生态环境精神利益的损失。[①]登报道歉的媒体级别,应考虑污染事故的影响区域,如污染影响跨省级行政区域,可以判令污染企业在国家级媒体上道歉,跨市级行政区域,则在省级媒体上道歉。涉案企业在庭审过程中的道歉由于受众范围过小,不能等同也无法替代在媒体上的正式道歉。

五、如环评未涵盖重点环保目标,行为人是否应重新开展环评并履行审批手续

如涉案企业虽已履行环评批复并已通过环保验收,但由于其环评批复未涵盖重点环境保护目标,且发生环境应急事件对该环保目标造成污染,则根据《环境影响评价法》第24条第1款“建设项目的环境影响评价文件经批准后,建设项目的性质、规模、地点、采用的生产工艺或者防治污染、防止生态破坏的措施发生重大变动的,建设单位应当重新报批建设项目的环境影响评价文件”和《水污染防治法》第19条第3款“建设项目的水污染防治设施,应当与主体工程同时设计、同时施工、同时投入使用。水污染防治设施应当经过环境保护主管部门验收,验收不合格的,该建设项目不得投入生产或者使用”的规定,可以根据原告要求判令涉案企业“重新进行环境影响评价,未经批复和环境保护设施未经验收,不得生产”,该种判决是对涉案企业重新恢复生产的一种约束,是对停止侵

① 参见方乐坤:《精神利益保护与民事责任体系完善研究》,西南政法大学2012年博士学位论文。

害具体履行方式的明确、细化。

六、鉴定费与律师费是否合理

鉴定费问题:考虑到鉴定机构的鉴定费用清单明确了鉴定费的实际构成,结合涉案鉴定事项的复杂程度,以及鉴定机构为鉴定事项所实际支出的各项费用,法院最终认可了163,000元鉴定费具有合理性。

律师费问题:虽然本案律师费并未实际支付,但考虑到社会组织经费紧张的实际情况,且原告提交了法律事务委托合同和增值税发票,代理合同约定的10万元律师费亦符合律师收费标准,结合案件的复杂疑难程度,最终认定律师费具有合理性。认定律师费是否具备合理性,通常会考虑当地经济发展水平及律师费的平均收费水平。

案例4 不能仅凭生产废水超标排入市政集污管网即认定造成环境污染损害

——北京市丰台区源头爱好者环境研究所诉新昌县和兴纺织印染有限公司环境民事公益诉讼案①

【案例介绍】

案　号:浙江省高级人民法院(2020)浙民终893号

一审原告:北京市丰台区源头爱好者环境研究所

一审被告:新昌县和兴纺织印染有限公司(以下简称和兴公司)

基本案情:被告和兴公司成立于2005年2月,是一家生产销售服装、化工原料、五金机电、纺织原料以及纱线印染的企业,长期存在超标排放污水等污染物,损害环境公益的问题。2007年,被告成立不久即在未报批环境影响评价文件,配套污染物处理设施未经验收的情况下,建成人造丝染色项目并投入生产,在2015~2017年多次被新昌县环保部门进行处罚。其间被告虽采取了一些措施,但污染问题并未得到根本解决。被告存在的上述违法行为,也构成了环境民事侵权行为,应当承担民事侵权法律责任,北京市丰台区源头爱好者环境研究所向

① 本案系环保公益组织一审、二审均败诉的典型案例。

浙江省绍兴市中级人民法院提起环境民事公益诉讼。

诉讼请求：1. 判令被告停止侵权，立即停止排放超标污水等损害环境公益的违法行为；2. 判令被告赔礼道歉，对其损害环境公益的行为在全国主流媒体向社会公众赔礼道歉；3. 判令被告消除危险，即采取有效措施消除废水等有害物对环境公益的危害风险；4. 判令被告赔偿损失，即赔偿环境受到的损失以及至其恢复原状期间服务功能的损失，共计 100 万元（最终以评估确定的数额为准）；5. 判令被告承担本案检验、鉴定费用，合理律师费及原告为诉讼支出的差旅费等费用，共计 8 万元（最终以确定的数额为准）；6. 判令被告承担本案的全部诉讼费用。

被告一审抗辩：1. 原告的诉请均不能成立。被告公司成立于 2005 年，原经营范围为纺织，2007 年公司决定增加印染车间，开始从事纺织印染。筹建印染车间初期，被告就向新昌县沃洲排水有限公司申请废水入网，并得到许可。故从印染车间投产开始，生产过程中产生的废水经本公司污水一级处理后，排入市政集污管网，经嵊新污水处理厂处理后，符合排放标准再排放。因此，被告在生产过程中产生的废水，即使未经本公司一级处理直接排入管网，也不会对环境造成损害。被告在筹建污水处理设施时，严格按照规定标准建造，并通过了标准化验收，环保部门在公司污水总排放口安装有实时监控设施，一旦超标排放，监控设施就会自动报警。公司就会及时对污水处理池进行调节，以达到间接排放标准，环保部门会及时知道处理情况并通知被告调节污水处理系统。因此，即使偶然有超标排放情况，排放量也不会过多。而且被告排放的污水是排入市政集污管网，不是直接排入土壤和河道，不会对环境造成损害。2. 关于环保部门对被告作出的四次行政处罚问题，该处罚是环保部门对超过排放标准作出的行政处罚，不是因为废水排放污染了环境而进行处罚。被告排出的废水超标，最多也只会增加二级（污水处理厂）废水处理成本，不会对环境造成危害。经二级处理后排放的废水，从未出现超标排放的情况。因此，原告以行政处罚为依据证明被告对环境造成损害的理由不能成立。3. 关于原告主体资格问题，社会组织提起公益诉讼，其主体有严格的适用条件，在原告未提供主体适格的证据材料前，被告有理由怀疑原告的主体是否适格。

一审法院认为：对于原告向绍兴市中级人民法院提出书面的调查取证申请，要求被告提供以下证据：1. 被告建设项目环境影响报告书全本、批复和竣工验收通过的文件;2. 被告自 2007 年投产至本案起诉前的生产台账和废水排放记录等;3. 被告与嵊新污水处理厂签订的污水处理合同等相关文件;4. 被告自投产以来所受到的行政处罚和整改情况。同时要求绍兴市中级人民法院向绍兴市生态环境局、绍兴市生态环境局新昌县分局调取嵊新污水处理厂建设项目环境影响报告书全本、批复和竣工验收通过的文件。被告质证认为已提供了充分的证据证明其主张,原告要求提供的证据与本案无关,没有必要提交。绍兴市中级人民法院认为,针对原告要求被告提供的证据,被告已在举证期限内补充提交了相关证据,鉴于原告要求被告提供再行提供的建设项目环境影响报告书等证据,不影响本案相关的事实的认定,与本案处理无实质关联性。对于原告要求绍兴市中级人民法院责令被告提供上述证据的申请,绍兴市中级人民法院不再予以准许。

对于原告向绍兴市中级人民法院提出的书面鉴定申请,要求对被告自投产至起诉前因超标排污给生态环境造成的损失和生态环境受到损失至恢复原状期间的服务功能损失数额进行鉴定。绍兴市中级人民法院经审查后认为本案涉及环境侵权责任的认定,故应当对被告在生产中排放废水的行为是否造成公共环境污染以及造成的损害后果进行鉴定。根据原告申请,绍兴市中级人民法院依法委托绍兴市环保科技服务中心对被告在生产中排放废水的行为是否造成公共环境污染以及造成的损害后果进行鉴定。绍兴市环保科技服务中心鉴定后向绍兴市中级人民法院出具的回复函中载明:1. 根据送鉴材料,和兴公司污水排放去向为经城市污水管网送嵊新污水处理厂处理,该行为由新昌县环境保护主管部门和新昌县排水管理部门批准同意;根据送鉴材料,和兴公司因不正常运行废水处理设施导致废水超标排放,所检主要污染物指标化学需氧量(COD)最大排放浓度为 329mg/L,虽超过《纺织染整工业水污染物排放标准》(GB 4287 – 2012)表 2 规定的间接排放标准,但低于嵊新污水处理厂设计纳管标准[化学需氧量(COD)500mg/L]的要求。根据调查了解,嵊新污水处理厂的污水处理范围包括印染废水,且和兴公司缴纳了污水处理费[收费依据和标准为《新昌县人民政府关于印发新昌县综合水价改革实施方案的通知》(新政办〔2014〕149 号)及该文件附件 1《新昌县关于实行工业污水按污染物浓度多因子复合计收污水处理费的实施意见(试行)》]。和兴公司纳管排入嵊新污水处理厂的污水超过《纺织染整工业水污染物排放标准》(GB 4287 – 2012)表 2 规定的间接排放标准的行为,根据《水污染防治法》和《浙江省水污染防治条例》,由县级以上人民政府环境保护主管部门按照权限依法实施处罚。2. 根据《生态环境损害鉴定评估技术指南总纲》(环办政法〔2016〕67 号)“3.2 生态环境损害”的术语和定义(详见附件),生态环境损害所指的生态环境不包括“城镇污水集中处理设施”;根据《生态环境损害鉴定评估技术指南总纲》(环办政法〔2016〕67 号)“5.2.1 基线的确定方法”“5.2.3 生态环境损害确认”技术规范条款(详见附件),和兴公司纳管排入嵊新污水处理厂的污水超过《纺织染整工业水污染物排放标准》(GB 4287－2012)表 2 规定的间接排放标准的行为,无法确认生态环境基线和生态环境损害事实,因此无法开展该项司法鉴定委托的生态环境损害鉴定评估。3. 根据送鉴材料,无证据证明和兴公司从 2007 年投产后将印染废水直接排入周边生态环境的行为及事实存在。因此无法确认和兴公司的行为造成生态环境损害。后绍兴市环保科技服务中心将鉴定材料退回绍兴市中级人民法院,未开展该项司法鉴定。

一审法院归纳的本案争议焦点主要集中在以下两个方面:

1. 关于北京市丰台区源头爱好者环境研究所是否具备提起本案环境民事公益诉讼主体资格的问题。《环境保护法》第五十八条规定:“对污染环境、破坏生态,损害社会公共利益的行为,符合下列条件的社会组织可以向人民法院提起诉讼:(一)依法在设区的市级以上人民政府民政部门登记;(二)专门从事环境保护公益活动连续五年以上且无违法记录。符合前款规定的社会组织向人民法院提起诉讼,人民法院应当依法受理。”本案中,北京市丰台区源头爱好者环境研究所系在北京市丰台区民政局登记的社会团体法人,从业务范围和章程规定的设立目的来看,应认定其为专门从事环境保护公益活动的社会组织。且北京市丰台区源头爱好者环境研究所在提起诉讼时已提交了社会组织登记证书、章程、起诉前连续 5 年的年检报告书,以及由其法定代表人签字并加盖公章的无违法记录的声明,符合《环境民事公益诉讼司法解释》第八条第(三)项的规定,故北京市丰台区源头爱好者环境研究所具备提起本案环境民事公益诉讼的主体资格。

2. 关于被告是否存在环境民事侵权行为,是否存在造成公共环境的损害而应该承担民事责任的情形。根据《民诉法解释》第二百八十四条第(三)项和《环境民事公益诉讼司法解释》第八条第(二)项的规定,环境保护法等法律规定的机关和有关组织对污染环境、侵害众多消费者合法权益等损害社会公共利益的行为，根据《民事诉讼法》第五十五条规定提起公益诉讼，应有社会公共利益受到损害的初步证据或者提交被告的行为已经损害社会公共利益或者具有损害社会公共利益重大风险的初步证明材料。本案中，原告提供了 2015～2017 年的四份行政处罚决定书，认为被告存在上述违法行为即构成环境民事侵权行为，但环境行政责任并不当然构成环境民事责任，两种法律责任的构成要件并不完全相同。从被告提供的证据以及鉴定机构的回复函中载明的内容来看，无证据证明被告从 2007 年投产后将印染废水直接排入周边生态环境的行为及事实存在，无法确认被告的行为造成生态环境损害。因此，目前尚无充分证据证明“有社会公共利益受到损害”或“被告的行为已经损害社会公共利益或者具有损害社会公共利益重大风险”的情形发生。原告主张被告存在环境民事侵权行为，造成公共环境的损害而应承担停止侵害、赔礼道歉、消除危险、赔偿损失及支付至其恢复原状期间服务功能损失费的诉讼请求依据不足，本院不予支持。鉴于本案评估鉴定费并未实际发生，被告无须承担本案鉴定费用。对于原告主张的差旅费，因原告未提供相应依据，本院不予支持。原告主张的 8 万元律师代理费，结合本案实际以及原告的诉讼请求不能成立等情况，本院不予支持。综上，原告的诉讼请求缺乏充分的事实和法律依据，均不能成立，本院不予支持。

一审法院判决：驳回北京市丰台区源头爱好者环境研究所的诉讼请求。

北京市丰台区源头爱好者环境研究所上诉称：北京市丰台区源头爱好者环境研究所提起上诉，请求法院撤销绍兴市中级人民法院于 2020 年 7 月 31 日作出的(2019)浙 06 民初 439 号民事判决，发回重审或者查清事实后改判支持一审诉讼请求，以及判令被上诉人承担本案全部诉讼费用。提起上诉的理由为：

1. 一审判决在违法限制上诉人调取证据权利的情况下，再以所谓证据不足为由，驳回上诉人的诉讼请求的做法，违反法律规定。一审时，上诉人依法提出要求被上诉人补充提供证据的申请，该申请是依据《环境民事公益诉讼司法解释》第十三条，在被上诉人拒绝提供的情况下，法院也不予准许上诉人的申请，导致了本案客观事实的认定困难。这种情形下，应当依据最新的最高人民法院《关于民事诉讼证据的若干规定》第九十五条规定，判决支持上诉人的诉讼请求。一审判决认为“目前尚无证据证明具有社会公共利益受到损害或被上诉人的行为已经损害社会公共利益或者具有损害社会公共利益重大风险的情形”，是完全错误的。一审判决对环境公益损害类型，尤其是对于那些通过“穿肠而过”方式隐蔽损害生态环境的侵权行为认识不足，还停留在只有污染废水“直接排入”外环境，才认定造成生态环境损害，存在不当。即便不考虑被上诉人特征性污染物“穿肠而过”对外部环境的损害，仅仅就被上诉人间接超标排放行为本身而言，它也构成“具有损害社会公共利益的重大风险”的公益诉讼类型，上诉人提起此公益诉讼的目的就在于推动相关部门对环境损害风险的前端控制和监督。所以，对于特征性污染物，凡违法排放的，无论直接排入还是“穿肠而过”，均应直接承担环境损害责任。对于非特征性污染物，超标排放的，需要按具有重大风险承担相应的民事责任。

2. 对于下游污水处理厂，司法实践中，法院认可“污水处理厂虽然本身不产生污水，但经过处理、净化达不到排放污水标准亦属于违法行为”，不能因上游企业污水排放超标而免责，更不属于不可抗力，没有法定理由免责。对于上游排污企业，虽然在行政法上，上游企业的行政责任得以豁免，但是，不能得出其民事责任（尤其是风险诉讼责任）也应当豁免的结论。从民事责任角度看，最后排放至环境的污染物本身并不是由下游厂产生，而是上游厂如本案被上诉人等产生，按照损害担责的环保法原则，被上诉人当然应当承担责任。也就是说，被上诉人这类间接排放也需要承担一定的民事责任，这也是环境监管部门去监管上游厂的实质所在，也是最高人民法院司法解释中规定风险类公益诉讼的内在正当性所在。本案被上诉人这类上游类型的环境违法行为，尤其是超标排放行为，对于下游厂，对于外部环境就是重大的生态环境损害风险。

3. 关于本案所谓的司法鉴定机构出具的“回复函”，不但没有征得上诉人的选择同意或者知情同意，且就内容而言，“回复函”不对本案被上诉人的特性污染物进行细致分析，仅通过上下游的简单关系，看到表面上被上诉人污水没有直接排入外环境，就认为没有造成环境损害，基于该“回复函”一审判决简单认为，被上诉人将本身就是违法生产的废水只要接管排放到下游污水处理厂就可以免于承担污染环境的责任，就不存在对生态环境的破坏，该认定是完全错误的。

本案被上诉人人造丝染色项目自 2007 年至 2020 年连续 13 年的生产均为违法，排放的污染物也属于违法排放，即其在没有取得环评批复和污染防治设施竣工验收文件的情况下，污染物排放本身就构成民事侵权。环境公益诉讼不仅仅是对污染企业的违法行为的惩治，更重要的是防范对环境损害的风险，最终对其他企业形成正确的引导，引导企业审慎经营，遵守国家的法律法规，而不是将本身就是违法生产的废水简单的接管排放到污水处理厂就可以免于承担污染环境的责任。

和兴公司答辩称:双方争议的焦点在于 COD 排放标准,嵊新污水处理厂设施纳管的 COD 标准是 500mg/L,答辩人排放标准提升后是 200mg/L,两者设计值的指向的 COD 标准是一致的,即答辩人排放至二级处理厂,其 COD 标准只要不超过 500mg/L 即可被二级处理厂处理好,然后再排放到外环境中。因此,虽然答辩人一级处理时有超过标准,但没有直接排放在外环境中,而是排放入管后,还有二级处理。虽违反强制标准会被行政处罚,但决不会对环境造成损害,也不存在对环境造成污染的风险。上诉人的诉请,无证据佐证,其诉请不能成立。一审法院判决程序得当,适用法律正确。请求驳回上诉,维持原判。

二审法院认为:本案争议焦点为以下四个方面:

1. 上诉人提交的初步证据能否证明和兴公司存在环境污染行为以及该行为是否造成了环境损害的情形。上诉人在一审时提供了 2015 ~ 2017 年的四份行政处罚决定书,用以证明被上诉人存在上述违法行为即构成环境民事侵权行为。本院认为行政违法行为应承担的行政责任与民事侵权行为应承担的民事损害赔偿责任是不能等同的,行政违法行为只要存在就应当承担行政责任,而民事侵权损害赔偿责任除了行为存在外还须以损害事实的存在为前提。从被上诉人提交的污水入网申请表、新环建字〔2016〕40 号和新环验〔2017〕36 号文件、废水处理工程设计方案等证据,可以证明被上诉人自 2007 年 8 月经原新昌县环境保护局批准,同意其生产过程中产生印染废水全部通过管网纳入新昌县沃洲排水有限公司的管网进行处理,2014 年后纳入嵊新污水处理厂集中处理排放,2016 年被上诉人由原来的纱线加工转产为纱线印染,对成衣染色整治提升技改项目进行了环境影响申报并经审批,环境保护设施已经竣工验收,其生产过程中产生项目生产废水及生活污水均纳入公司污水预处理系统预处理后,排入市政府集污管网,送至嵊新污水处理厂集中再处理,项目污水纳管执行《纺织染整工业水污染排放标准》(GB 4287 - 2012)中的相关标准要求,污水排放执行《城镇污水处理厂污染物排放标准》(GB 18918 - 2002)中的相关标准要求。生态环境的破坏、损害从环境保护的相关法律规定看,一般应是指空气、地表水、沉积物、土壤、地下水等环境介质遭受破坏或损害。虽然被上诉人存在超标排放的行为,但目前尚无证据证明被上诉人的排污行为使周边的空气、地表水、沉积物、土壤、地下水等环境介质遭受破坏或损害。因此,被上诉人虽因配套的污染物处理设施未经验收及废水向嵊新污水处理厂排放时 COD 超标被行政处罚,但因其污水并非直接向外排放到周边环境,而是全部通过嵊新污水处理厂进行处理后才排入自然环境,故不能证明被上诉人存在将污水排入空气、地表水、沉积物、土壤、地下水等周边环境行为及事实存在,从而也无法确认被上诉人存在造成生态环境损害的事实。

2. 被上诉人和兴公司是否存在损害社会公共利益重大风险的行为。上诉人认为被上诉人作为上游企业排出的特征性污染物,导致下游的嵊新污水处理厂无法处理这些污染物排入外环境,存在社会公共利益重大风险情形,给生态环境带来了损害。一审法院调取的《关于嵊新污水处理建设项目环境影响报告书审查意见的函》(绍市环〔2003〕207 号)的第三条载明,接入污水处理厂的企业污水排放执行《污水综合排放标准》(GB 8978 - 1996)三级标准。《污水综合排放标准》三级标准,适用该标准表 4 第二类污染物,最高允许排放浓度(1998 年 1 月 1 日后建设的项目)化学需氧量(COD)为 500mg/L。《嵊新污水处理厂环境影响报告书》第 1.7.2.2 节污染物排放标准,表 1.7 - 4 中"进管企业污水,GB 8978 三级标准"化学需氧量(COD)为 500 mg/L。上诉人提交的原绍兴新昌县环境保护局对被上诉人作出的四份行政处罚决定中,其中新环罚字〔2017〕第 35 号处罚决定认为被上诉人废水处理不均匀导致废水超标排放,构成不正常使用水污染物处理设施;新环连罚〔2016〕第 1 号处罚决定认为化学需氧量(COD)为 320mg/L,超过《纺织染整工业水污物排放标准》(GB 4287 - 2012)的间接排放量;新环连罚〔2016〕第 87 号处罚决定认为化学需氧量(COD)为 329mg/L,超过《纺织染整工业水污物排放标准》(GB 4287 - 2012)的间接排放量;新环连罚〔2015〕第 72 号处罚决定认为配套的污染物处理设施未经验收。因此,被上诉人排放的污水虽超过《纺织染整工业水污物排放标准》(GB 4287 - 2012)的间接排放标准,但并没有超过嵊新污水处理厂进管企业污水的设计标准,且上诉人也没有提交证据证明除了上述处罚决定认定的化学需氧需 COD 超出标准外,被上诉人存在化学需氧量 COD 排放超过 500mg/L 或者超出 COD 化学需氧量之外的污染环境物质的排放行为,故上诉人就此提出的上诉理由不能成立。关于上诉人提出《纺织染整工业水污染物排放标准》与《城镇污水处理厂污染物排放标准》不一致,下游的嵊新污水处理厂无法处理印染废水中的二氧化氯、硫化物等被上诉人产生的特定污染物的问题。如前所述,被上诉人将项目产生的生产污水进行预处理后,排入市政府集污管网,送至嵊新污水处理厂集中再处理,已经环保部门审查和批准,故上诉人的该理由也不能成立。

3. 被上诉人和兴公司是否需要承担环境污染侵权责任。如前所述,被上诉人不存在环境污染行为造成环境损害及损害社会公共利益重大风险的行为情形,故其也不需承担环境污染侵权责任。

4. 一审法院程序是否违法。上诉人主张一审法院程序违法的理由主要有两个,一是一审法院没有调取被上诉人 2007 年建设项目环境影响报告书、批复和竣工验收通过文件;二是一审法院没有组织原、被告双方对鉴定检材进行质证,就直接作为鉴定的依据以及存在以鉴代审的情况。对于第一个问题,一审法院认为被上诉人已经在举证期限内补充提交了相关证据,上诉人要求调取的证据不影响本案相关事实的认定,故不予准许。本院认为,根据新环连罚〔2015〕72号行政处罚决定,2007 年印染厂是未经验收投入生产,因此上诉人请求调取的 2007 年验收文件根本不存在,且和兴公司的生产污水并非直接排放,而是经批准排入市政府集污管网,送至污水处理厂集中再处理,因此上诉人要求的证据与本案和兴公司是否存在上诉人所称侵害行为之间无实质性的关联,故一审法院不予调取并无不当。对于第二个问题,原审法院虽没有在鉴定委托之前交双方当事人质证,但是鉴于本案实际上没有进行鉴定,而有关鉴定材料之后又作为本案证据在一审庭审时进行了质证,因此上诉人的该理由也不能成立。但原审法院未依据在案证据而是依据鉴定回复函来认定没有证据证明和兴公司存在超标排放行为存在不当。本院应予指正。

综上,上诉人认为被上诉人造成了环境损害及存在损害社会公共利益重大风险情形并应承担环境污染侵权责任的上诉理由不能成立,本院不予采纳,但对一审法院存在的不当之处,本院予以指正。一审判决认定事实清楚,适用法律正确,依法应予维持。

二审法院判决:驳回上诉,维持原判。

【实务要点评析】

本案是较为少见的社会组织在一审、二审中均败诉的环境民事公益诉讼案件,对其他社会组织开展环境民事公益诉讼实践工作极具指导意义。

一、被告的生产废水未经处理排入市政集污管网是否造成生态环境损害

根据我国环境保护相关法律的规定，一般认为，生态环境的破坏、损害是指空气、地表水、沉积物、土壤、地下水等环境介质遭受破坏、损害。表现为违法行为导致环境介质、生态基础遭受实际的损害。本案中，被告因配套的污染物处理设施未经验收，废水向污水处理厂排放时COD超标被行政处罚，但其废水并非直接向外排放到周边环境，而是通过市政集污管网全部排入嵊新污水处理厂进行处理后才排入自然环境，不存在环境因被告的排放行为已遭受损害的事实。同时，污水处理厂作为污水的专门处理机构，通常情况下可以认为其依靠专业设备、专业技能能够将污水处理到达标排放的水平。我们有充分理由相信本案被告通过集污管网排入污水处理厂的废水经处理后排放自然环境是完全达标的。

综上，被告的废水虽未经处理直接排放而受到行政处罚，但其排入的集污管网并非自然环境，而废水通过污水处理厂处理后向外环境排放已经达标，现有证据不足以证明被告的排污行为使周边的空气、地表水、沉积物、土壤、地下水等环境介质遭受破坏或损害，无法确认被上诉人存在造成生态环境损害的事实。

二、行政违法行为是否必然属于民事侵权、应承担民事侵权责任

行政违法与民事侵权的构成要件不同，行政违法行为应承担的行政责任也不等同于民事侵权行为应承担的民事责任。行政违法行为只要存在就应当承担行政责任，而民事侵权损害赔偿责任承担的条件除了须存在侵权行为，至少还须造成损害后果、侵权行为与损害后果存在因果关系。

民事侵权责任的构成要件是：侵权行为、有损害结果的存在、侵权行为与损害结果之间有因果关系、行为人主观上有过错四个方面。本案中被告因配套的污染物处理设施未经验收及废水向嵊新污水处理厂排放时COD超标被行政处罚，表明其存在违法行为。但其污水并非直接向外排放到自然环境，而是全部通过嵊新污水处理厂处理后才排入自然环境，外环境并未遭受污染，未造成损害结果；即使外环境遭受了污染，但是行为人将污水通过污水处理厂后才排入自然环境，不能直接得出行为人的排放行为与环境污染存在因果关系的结论。

故即使被告的行为违反了环境保护的行政法规，但是不能以此当然推定其应承担环境侵权责任。

三、原告败诉后，检验鉴定费用、合理律师费、差旅费、诉讼费等费用如何承担

环境公益诉讼是环保组织或者其他组织为了公共利益提起的诉讼，但环境公益诉讼因为诉讼客体特殊，动辄产生巨额鉴定费、律师费、诉讼费等支出，对于完全依赖社会捐款运转的环保社会组织而言，一旦败诉将由自己承担相关费用，这将严重打击环保组织开展环境公益诉讼的积极性。

根据《诉讼费用交纳办法》第44条的规定，诉讼费的免交只适用于自然人。这意味着，环保公益组织不是诉讼费免交的对象。但是环境公益诉讼在符合一定条件下可以实现诉讼费的缓交、减交或免交。《环境民事公益诉讼司法解释》第33条规定："原告交纳诉讼费用确有困难，依法申请缓交的，人民法院应予准许。败诉或者部分败诉的原告申请减交或者免交诉讼费用的，人民法院应当依照《诉讼费用交纳办法》的规定，视原告的经济状况和案件的审理情况决定是否准许。"这就是说，环保公益组织在败诉后，可以依法申请减交或免交诉讼费用，是否准予，再由法院依法决定。人民法院可以综合环保公益组织的经济状况以及案件的审理情况等，对其应当承担的诉讼费决定是否准予减交，决定减交的，减交比例不得低于30%。一旦出现上述败诉情况，公益组织可及时向法院申请减免。同时，《环境民事公益诉讼司法解释》第22条规定："原告请求被告承担以下费用的，人民法院可以依法予以支持：(一)生态环境损害调查、鉴定评估等费用；(二)清除污染以及防止损害的发生和扩大所支出的合理费用；(三)合理的律师费以及为诉讼支出的其他合理费用。"因此，在环境民事公益诉讼中，可以判令被告承担原告合理的律师费。但是，鉴于本案原告的全部诉求均被法院驳回，则原告律师费应由其自行承担，这有利于防止环境民事公益诉讼的滥诉。

案例5 畜禽养殖粪便未经处理直接排放的应承担环境侵权责任

——中华环保联合会诉江苏江阴长泾梁平生猪专业合作社等环境民事公益诉讼案①

【案例介绍】

案　号：江苏省无锡市中级人民法院(2015)锡环公民初字第1号

① 本案系最高人民法院2017年发布十起环境公益诉讼典型案例之案例五、2017年江苏公布2016年度十大环境资源审判案件之案例八，涉及了此前缺乏典型案例的畜禽污染的公益诉讼领域，并被业内专家评价为"一份十分负责的判决"。

本案原告:中华环保联合会

本案被告:江苏江阴长泾梁平生猪专业合作社(以下简称梁平合作社)、江阴市长泾栋梁生猪养殖场(以下简称栋梁养殖场)

基本案情:梁平合作社等与周边村庄相距较近,其生猪养殖项目建设未经环境影响评价、配套污染防治设施未经验收,就擅自投入生产,造成邻近村庄严重污染。诉讼期间,梁平合作社停止了生猪养殖及排污侵害行为,向法院提交《环境修复报告》。无锡市中级人民法院组织双方进行了质证,并邀请专家到庭发表意见。专家认为,《环境修复报告》所提供的修复方案不能达到消除污染的目的。原、被告双方对专家意见均无异议,该院予以确认。经双方当事人同意,法院委托鉴定部门重新作出修复方案和监理方案。

原告诉讼请求:判令梁平合作社等立即停止违法养猪、排污行为,并通过当地媒体向公众赔礼道歉;对养殖产生的粪便、沼液等进行无害化处理,排除污染环境的危险,并承担采取合理预防、处置措施而发生的费用;对污染的水及土壤等环境要素进行修复,并承担相应的生态环境修复费用;承担生态环境受到损害至恢复原状期间服务功能损失费用等。

一审法院认为:防治畜禽养殖污染,推进畜禽养殖废弃物的综合利用和无害化处理,保护和改善环境,是畜禽规模养殖发展的应有之义。

经查,梁平合作社、栋梁养殖场所经营的生猪规模化养殖项目,在设立时既未经环保部门审批,也未进行环境影响评价。在本案诉讼过程中,经现场勘验,无锡市环境保护局出具的《监测报告》显示在梁平合作社现场采集的水样均超过了《畜禽养殖业污染物排放标准》中规定的相应排放标准,梁平合作社、栋梁养殖场的养殖经营对周边水体已造成了严重污染。此外,在当地环保部门对梁平合作社作出行政处罚决定后,梁平合作社、栋梁养殖场仍未改善其养殖排污流程,仍未依法履行防治污染义务。综上,梁平合作社、栋梁养殖场已经构成了环境侵权,应当承担停止侵害、排除污染、修复环境的民事责任。

关于原告中华环保联合会要求二被告立即停止违法排污行为的诉讼请求,经法院现场勘验和调查,二被告在本案诉讼前已经停止了养殖生猪及排污等行为,故该诉讼请求针对的事实行为已不存在。

关于原告中华环保联合会要求二被告立即排除污染、修复土壤的诉讼请求。鉴于本案诉讼中,二被告已向法院提交了土地复耕方案,该方案经被告所在地县级以上人民政府农林部门同意并盖章确认,原告中华环保联合会亦未对该方案提出异议,故对原告的该项诉讼请求予以支持。

关于原告中华环保联合会要求二被告立即排除污染、对污染的水环境进行修复的诉讼请求。针对涉案水环境污染,一审法院在审理过程中,已依法委托江南大学环境与土木工程学院制定《水环境修复方案》,该方案系专家在现场调研和勘验的基础上,针对涉案环境地形地貌、污染状况,并结合国家、地方地表水环境质量标准、江河湖泊水功能区划水质要求作出的技术性修复方案。该方案程序合法,依据充分,法院予以确认。二被告应按照《水环境修复方案》确定的修复方式、程序对受污染的水环境进行修复,并自觉接受监理单位的监督。故对原告的该项诉讼请求,法院予以支持。

关于原告中华环保联合会要求二被告承担生态环境受到损害至恢复原状期间功能损失费用的诉讼请求,因原告未在举证期限内向法院提供相关证据和计算依据,法院对此不予理涉。

关于原告要求二被告承担律师费31,800元的诉讼请求。根据《环境民事公益诉讼司法解释》第二十二条的规定,检验、鉴定费用和合理的律师费用,人民法院可以依法予以支持。本案中,结合原告律师调查取证的次数、难度以及实际参加诉讼等情况,31,800元的律师费用应属合理范围,该诉讼请求予以支持。另,法院依法委托第三方制定《水环境修复方案》的费用100,000元、监理费用20,000元应由梁平合作社、栋梁养殖场负担。

一审法院判决:1. 梁平合作社、栋梁养殖场必须严格按照《环境修复报告》明确的土地复耕方案对涉案土壤进行修复,复耕标准达到国土部门复耕要求和农林部门农业生产条件符合性评价指标与要求;

2. 梁平合作社、栋梁养殖场必须严格按照《水环境修复方案》对涉案污染的水环境进行修复,水环境污染物浓度应降低到《地表水环境质量标准》(GB 3838－2002)V类标准,并自觉接受监理单位的监督;

3. 梁平合作社、栋梁养殖场在本判决生效后1个月内向法院报告环境修复落实情况,法院将委托当地环保职能部门验收;

4. 如自行修复后经环保职能部门验收仍不能达到环境修复预期目标的,法院将委托第三方进行修复,由此产生的一切费用由梁平合作社、栋梁养殖场负担;

5. 中华环保联合会支出的律师费 31,800 元由梁平合作社、栋梁养殖场负担,该款项在本判决生效之日起 10 日内由梁平合作社、栋梁养殖场直接支付给原告中华环保联合会;

6. 驳回中华环保联合会的其他诉讼请求。

【实务要点评析】

"十三五"规划纲要提出,开展农村人居环境整治行动,建设美丽宜居乡村。原国家质量监督检验检疫总局、国家标准化管理委员会下发的《美丽乡村建设指南》明确了农村畜禽养殖厂污染排放、废弃物综合利用和畜禽粪便无害化处理等的具体标准。所以畜禽养殖场的选址、建设和管理应当符合有关环境保护法律法规及国家标准的规定。从事畜禽养殖的单位和个人未依法对畜禽粪便、废水等废弃物进行科学处置,对周边环境造成污染的,应当承担停止侵害、排除污染、修复环境等民事责任。

本案法院判决的"负责性"体现在将法院审判延伸至执行阶段,在判令被告承担环境修复责任的同时,对修复过程中的监理、修复后的验收亦作出了合理详尽的安排。法院在案件审理中加大了职权介入,引入专家辅助人审查污染行为人提出的环境修复方案,直接否定了被告缺乏专业性、无法满足环境修复基本要求、无法实施的修复方案,充分体现了环境案件审判"技术的归技术,法律的归法律"的特点。①

《环境保护法》第 49 条规定:"畜禽养殖场、养殖小区、定点屠宰企业等的选址、建设和管理应当符合有关法律法规规定。从事畜禽养殖和屠宰的单位和个人应当采取措施,对畜禽粪便、尸体和污水等废弃物进行科学处置,防止污染环境。"《畜牧法》第 46 条规定:"畜禽养殖场、养殖小区应当保证畜禽粪便、废水及其他固体废弃物综合利用或者无害化处理设施的正常运转,保证污染物达标排放,防止污染环境。"《水污染防治法》第 56 条规定:"国家支持畜禽养殖场、养殖小区建设畜禽粪便、废水的综合利用或者无害化处理设施。畜禽养殖场、养殖小区应当保证其畜禽粪便、废水的综合利用或者无害化处理设施正常运转,保证污水达标排放,防止污染水环境。"

---

① 王慧:《环境民事公益诉讼案件执行程序专门化之探讨》,载《甘肃政法学院学报》2018 年第 1 期。

根据上述法律规定,如畜禽养殖行为人在设立养殖项目前既未经环保部门审批,亦未进行环境影响评价,则其养殖行为系违法经营。在养殖经营过程中,其未对畜禽粪便进行综合利用或无害化处理即直接排放,对周边水体造成污染,则其行为构成环境侵权,应承担环境侵权责任。法院可判令养殖污染行为人对受污染的土壤、水体制定修复方案,在确定的期限内按照《环境修复报告》确定的土地复耕方案对涉案土壤进行修复,复耕标准应达到国土部门复耕要求和农林部门农业生产条件符合性评价指标与要求;在确定期限内按照《水环境修复方案》对涉案污染的水环境进行修复,水环境污染物浓度应降低到《地表水环境质量标准》(GB 3838－2002)Ⅴ类标准,并自觉接受监理单位的监督。如行为人不修复,或虽修复但经环保主管部门验收不能达到环境修复预期目标的,则法院可委托第三方进行修复,由此产生的修复费用由养殖行为人负担。法院还可直接判令畜禽养殖行为人直接承担环境修复费,并可同时判令其承担环境服务功能损失。

案例6 就同一污染行为提起的生态环境损害赔偿诉讼与环境民事公益诉讼可合并审理

——重庆市人民政府、重庆两江志愿服务发展中心诉重庆藏金阁物业管理有限公司、重庆首旭环保科技有限公司环境民事公益诉讼案

【案例介绍】

案　号:重庆市第一中级人民法院(2017)渝01民初773号

一审原告:重庆市人民政府、重庆两江志愿服务发展中心

一审被告:重庆藏金阁物业管理有限公司(以下简称藏金阁公司)、重庆首旭环保科技有限公司(以下简称首旭公司)

基本案情:被告藏金阁公司负责处理藏金阁电镀工业园区企业产生的废水,被告首旭公司系具有工业废水处理二级资质的企业。2013年12月5日,首旭公司与藏金阁公司签订《委托运行协议》,由首旭公司承接废水处理项目,使用藏金阁公司的废水处理设备处理废水。在运营该项目过程中,项目现场管理人员

发现1号调节池有渗漏现象,向首旭环保公司法定代表人程某报告。程某召集项目工作人员开会,要求利用1号调节池的渗漏偷排未经完全处理的电镀废水。项目现场管理人员遂将未经完全处理的电镀废水抽入1号调节池进行渗漏。

2016年5月4日,重庆市环境监察总队现场检查发现该偷排行为。2016年6月30日,重庆市环境监察总队对藏金阁公司作出行政处罚决定,罚款580.72万元。藏金阁公司经申请行政复议后维持行政处罚决定,遂诉至重庆市渝北区人民法院,要求撤销行政处罚决定和行政复议决定。该法院于2017年2月28日作出(2016)渝0112行初324号行政判决,驳回藏金阁公司的诉讼请求。判决后,藏金阁公司未提起上诉,该判决发生法律效力。

2016年12月29日,重庆市渝北区人民法院经重庆市渝北区人民检察院提起公诉,作出(2016)渝0112刑初1615号刑事判决,判决首旭公司、程某等人构成污染环境罪。判决后,未提起抗诉和上诉,该判决发生法律效力。

原告诉讼请求:1.判令二被告连带赔偿因违法排放超标废水污染水环境造成的生态环境损害费用1441.6776万元用于异地替代修复;2.判令二被告承担本案的生态环境损害鉴定评估费用30万元;3.判令二被告承担本案诉讼费及重庆市人民政府、重庆两江志愿服务发展中心分别支出的律师服务费19.8万元和8万元;4.要求二被告赔礼道歉。

2017年4月,重庆市环境科学研究院经重庆市人民政府委托,对藏金阁公司和首旭公司违法排放超标废水造成生态环境损害进行鉴定评估,并出具《鉴定评估报告书》。经鉴定违法排放废水共计145,624吨,生态环境污染损害量化数额为1441.6776万元。二原告先后向法院提起诉讼。

被告藏金阁公司和首旭公司辩称:原告诉称的污染物种类、污染源排他性认定、偷排废水量有误,不予认可。藏金阁公司还辩称,其与首旭公司签订了《委托运行协议》,违法排污是首旭公司的行为,与藏金阁公司无关,应由首旭公司承担民事责任,藏金阁公司不应承担赔偿责任。

一审法院认为:重庆市人民政府依据《试点方案》规定,有权提起生态环境损害赔偿诉讼,重庆两江志愿服务发展中心具备合法的环境公益诉讼主体资格,二原告基于不同的规定而享有各自的诉权,均应依法予以保护。鉴于两案原告基于同一污染事实与相同被告提起诉讼,诉讼请求基本相同,故将两案合并审理。

本案的争议焦点为：

一、关于《鉴定评估报告书》认定的污染物种类、污染源排他性、违法排放废水计量以及损害量化数额是否准确

首先，关于《鉴定评估报告书》认定的污染物种类、污染源排他性和违法排放废水计量是否准确的问题。污染物种类、污染源排他性及违法排放废水计量均已被(2016)渝0112行初324号行政判决直接或者间接确认，本案中二被告并未提供相反证据来推翻原判决，故对《鉴定评估报告书》依据的上述环境污染事实予以确认。具体而言，一是关于污染物种类的问题。除了生效刑事判决所认定的总铬和六价铬之外，二被告违法排放的废水中还含有重金属物质如总锌、总镍等，该事实得到了江北区环境监测站、重庆市环境监测中心出具的环境监测报告以及(2016)渝0112行初324号生效行政判决书的确认，也得到了首旭公司法定代表人程某在调查询问中的确认。二是关于污染源排他性的问题。二被告辩称，江北区环境监测站出具的江环(监)字〔2016〕第JD009号分析报告单确定的取样点W4、W6位置高于藏金阁废水处理站，因而该两处检出污染物超标不可能由二被告的行为所致。由于被污染水域具有流动性的特征和自净功能，水质得到一定程度的恢复，鉴定机构在鉴定时客观上已无法再在废水处理站周围提取到违法排放废水行为持续时所流出的废水样本，故只能依据环境行政执法部门在查处二被告违法行为时通过取样所固定的违法排放废水样本进行鉴定。在对藏金阁废水处理情况进行环保执法的过程中，先后在多个取样点进行过数次监测取样，除江环(监)字〔2016〕第JD009号分析报告单以外，江北区环境监测站与重庆市环境监测中心还出具了数份监测报告，重庆市环境监察总队的行政处罚决定和重庆市环境保护局的复议决定是在对上述监测报告进行综合评定的基础上作出的，并非单独依据其中一份分析报告书或者监测报告作出。环保部门在整个行政执法包括取样等前期执法过程中，其行为的合法性和合理性已经得到了生效行政判决的确认。同时，上述监测分析结果显示废水中的污染物系电镀行业排放的重金属废水，在案证据证实涉案区域唯有藏金阁一家电镀工业园，而且环境监测结果与藏金阁废水处理站违法排放废水种类一致，以上事实证明上述取水点排出的废水来源仅可能来自藏金阁废水处理站，故可以认定污染物来源具有排他性。三是关于违法排放废水计量的问题。根据生效刑事判决和行政判决的确认，并结合行政执法过程中的调查询问笔录，可以认定铬调节池的废水进入1号综合废水调节池，利用1号池安装的120mm口径管网将含重金属的废水直接排入外环境并进入市政管网这一基本事实。经庭审查明，《鉴定评估报告书》综合证据，采用用水总量减去消耗量、污泥含水量、在线排水量、节假日排水量的方式计算出违法排放废水量，其所依据的证据和事实或者已得到被告方认可或生效判决确认，或者相关行政行为已通过行政诉讼程序的合法性审查，其所采用的计量方法具有科学性和合理性。综上，藏金阁公司和首旭公司提出的污染物种类、污染源排他性和违法排放废水量认定有误的异议不能成立。

其次，关于《鉴定评估报告书》认定的损害量化数额是否准确的问题。原告方委托重庆市环境科学研究院就本案的生态环境损害进行鉴定评估并出具了《鉴定评估报告书》，该报告确定二被告违法排污造成的生态环境损害量化数额为1441.6776万元。经查，重庆市环境科学研究院是环境保护部《关于印发〈环境损害鉴定评估推荐机构名录（第一批）〉的通知》中确立的鉴定评估机构，委托其进行本案的生态环境损害鉴定评估符合司法解释之规定，其具备相应鉴定资格。根据环境保护部组织制定的《生态环境损害鉴定评估技术指南总纲》《环境损害鉴定评估推荐方法（第Ⅱ版）》，鉴定评估可以采用虚拟治理成本法对事件造成的生态环境损害进行量化，量化结果可以作为生态环境损害赔偿的依据。鉴于本案违法排污行为持续时间长、违法排放数量大，且长江水体处于流动状态，难以直接计算生态环境修复费用，故《鉴定评估报告书》采用虚拟治理成本法对损害结果进行量化并无不当。《鉴定评估报告书》将22元/吨确定为单位实际治理费用，系根据重庆市环境监察总队现场核查藏金阁公司财务凭证，并结合对藏金阁公司法定代表人孙某某的调查询问笔录而确定。《鉴定评估报告书》根据《环境损害鉴定评估推荐方法（第Ⅱ版）》，Ⅲ类地表水污染修复费用的确定原则为虚拟治理成本的4.5～6倍，结合本案污染事实，取最小倍数即4.5倍计算得出损害量化数额为320.3728万元×4.5＝1441.6776万元，亦无不当。

综上所述，《鉴定评估报告书》的鉴定机构和鉴定评估人资质合格，鉴定评估委托程序合法，鉴定评估项目负责人亦应法庭要求出庭接受质询，鉴定评估所依据的事实有生效法律文书支撑，采用的计算方法和结论科学有据，故对《鉴定评估报告书》及所依据的相关证据予以采信。

二、关于藏金阁公司与首旭公司是否构成共同侵权

首旭公司是明知1号废水调节池池壁上存在120mm口径管网并故意利用其违法排污的直接实施主体，其理应对损害后果承担赔偿责任，对此应无疑义。本争议焦点的核心问题在于如何评价藏金阁公司的行为，其与首旭公司是否构成共同侵权。法院认为，藏金阁公司与首旭公司构成共同侵权，应当承担连带责任。

第一，我国实行排污许可制，该制度是国家对排污者进行有效管理的手段，取得排污许可证的企业即是排污单位，负有依法排污的义务，否则将承担相应法律责任。藏金阁公司持有排污许可证，必须确保按照许可证的规定和要求排放。藏金阁公司以委托运行协议的形式将废水处理交由专门从事环境治理业务（含工业废水运营）的首旭公司作业，该行为并不为法律所禁止。但是，无论是自行排放还是委托他人排放，藏金阁公司都必须确保其废水处理站正常运行，并确保排放物达到国家和地方排放标准，这是取得排污许可证企业的法定责任，该责任不能通过民事约定来解除。申言之，藏金阁公司作为排污主体，具有监督首旭公司合法排污的法定责任，依照《委托运行协议》其也具有监督首旭公司日常排污情况的义务，本案违法排污行为持续了1年8个月的时间，藏金阁公司显然未尽监管义务。

第二，无论是作为排污设备产权人和排污主体的法定责任，还是按照双方协议约定，藏金阁公司均应确保废水处理设施设备正常、完好。2014年8月，藏金阁公司将废酸池改造为1号废水调节池并将地下管网改为高空管网作业时，未按照正常处理方式对池中的120mm口径暗管进行封闭，藏金阁公司亦未举证证明不封闭暗管的合理合法性，而首旭公司正是通过该暗管实施违法排放。也就是说，藏金阁公司明知为首旭公司提供的废水处理设备留有可以实施违法排放的管网，据此可以认定其具有违法故意，且客观上为违法排放行为的完成提供了条件。

第三，待处理的废水是由藏金阁公司提供给首旭公司的，那么藏金阁公司知道需处理的废水数量，同时藏金阁公司作为排污主体，负责向环保部门缴纳排污费，其也知道合法排放的废水数量，加之作为物业管理部门，其对于园区企业产生的实际用水量亦是清楚的，而这几个数据结合起来，即可确知违法排放行为的存在，因此可以认定藏金阁公司知道首旭公司在实施违法排污行为，但其却放任首旭公司违法排放废水,同时还继续将废水交由首旭公司处理,可以视为其与首旭公司形成了默契,具有共同侵权的故意,并共同造成了污染后果。

第四,环境侵权案件具有侵害方式的复合性、侵害过程的复杂性、侵害后果的隐蔽性和长期性,其证明难度尤其是对于排污企业违法排污主观故意的证明难度较高,且本案又涉及对环境公益的侵害,故应充分考虑到此类案件的特殊性,通过准确把握举证证明责任和归责原则来避免责任逃避和公益受损。综上,根据本案事实和证据,藏金阁公司与首旭公司构成环境污染共同侵权的证据已达到高度盖然性的民事证明标准,应当认定藏金阁公司和首旭公司对于违法排污存在主观上的共同故意和客观上的共同行为,二被告构成共同侵权,应承担连带责任。

一审法院判决:1. 被告藏金阁公司和被告首旭公司连带赔偿生态环境修复费用 1441.6776 万元,于本判决生效后 10 日内交付至重庆市财政局专用账户,由原告重庆市人民政府及其指定的部门和原告重庆两江志愿服务发展中心结合本区域生态环境损害情况用于开展替代修复;2. 被告藏金阁公司和被告首旭公司于本判决生效后 10 日内,在省级或以上媒体向社会公开赔礼道歉;3. 被告藏金阁公司和被告首旭公司在本判决生效后 10 日内给付原告重庆市人民政府鉴定费 5 万元,律师费 19.8 万元;4. 被告藏金阁公司和被告首旭公司在本判决生效后 10 日内给付原告重庆两江志愿服务发展中心律师费 8 万元;5. 驳回原告重庆市人民政府和原告重庆两江志愿服务发展中心的其他诉讼请求。判决后,各方当事人在法定期限内均未提出上诉,判决发生法律效力。

【实务要点评析】

环境民事公益诉讼制度由 2012 年《民事诉讼法》修正案确立,生态环境损害赔偿制度则由 2015 年《试点方案》确立。至此,我国生态环境损害赔偿制度形成了环境侵权私益诉讼、环境民事公益诉讼、生态环境损害赔偿诉讼并存的格局。2019 年 6 月,最高人民法院颁发《若干规定》(2020 年已修正),对生态环境损害赔偿诉讼和环境民事公益诉讼的衔接等问题作出规定。生态环境损害赔偿诉讼保护的范围更广,其不但保护社会公共利益,还可对国家利益进行保护,且行政机关举证能力更强,具备更强的调动生态环境修复的资源和能力。此规定的目的在于避免相关民事主体对同一损害生态环境行为重复承担责任。

一、鉴定评估报告是否可作为认定污染物排放种类、污染源排他性、污染物排放量的依据

关于污染物排放种类的问题。如污染行为人排放污染物的事实、排放污染物种类已由关于同一行为的行政判决、刑事判决、监测报告所直接或者间接确认,则鉴定报告可以直接引用经生效判决确认的污染物种类、污染物排放量进行鉴定。关于污染源排他性的问题。在监测取样过程中,如取样点高于排污口或在排污口上方,应考虑到违法排污行为已成为过去式,鉴定机构在鉴定时客观上已无法再在排污口周围提取违法排污行为当时所排放的污染物样本,故只能依据环境行政执法部门在查处违法行为时通过取样所固定的违法排放污染物样本进行鉴定。如环境监测部门多次取样并制作了监测报告,在对多份监测报告进行综合评定的基础上,如综合结论证明污染行为人排放的污染物是超标的,且超标排放的污染物与污染行为人生产过程中排放的污染物具有高度关联性,涉案企业周边又无其他同类企业,则可以认定污染物来源具有排他性。关于违法排污计量的问题。根据生效刑事判决、行政判决、合法行政程序的确认,并结合行政执法过程中的调查询问笔录,可以直接认定违法排污量。对于违法排放污水量的计算,可采用用水总量减去消耗量、污泥含水量、在线排水量、节假日排水量的方式计算。

二、生效刑事判决、行政判决所确认的事实与本环境民事公益诉讼的关联性

环境污染行为已经经过刑事和行政诉讼程序审理的,被生效判决所确认的事实可以直接作为生态环境损害赔偿诉讼和环境公益诉讼的证据。根据《民诉法解释》第93条的规定,行政判决和刑事判决作为生效判决,除非被告提出相反证据足以推翻原判决,其所确认的事实具有既判力,当事人无须再在本案中举证证明。行政判决确认了行政处罚决定、行政复议决定的合法性,所以行政决定也具有了既定效力。且根据生效刑事判决和行政判决确认的事实,可直接确认违法排污的环境侵权事实。

环境侵权民事案件与刑事犯罪、行政违法案件所要求的证明标准存在差异。刑事案件的证明标准明显高于民事案件,环境污染犯罪行为造成损害后果的,固然应当承担相应赔偿责任,但未被认定为犯罪的污染行为,不等于不构成民事侵权;而根据《环境侵权责任司法解释》第1条第1款的规定,"侵权人以排污符合国家或者地方污染物排放标准为由主张不承担责任的,人民法院不予支持",所以环境污染行为承担民事责任的范围可以大于进行行政处罚的范围,即符合强制性标准的排污行为却不一定不构成民事侵权。

环境侵权案件由于证明标准和责任标准存在差异,故最终认定的案件事实在不存在矛盾的前提下,可以不同于刑事案件和行政案件认定的事实。

三、排污主体与治污主体是否应就环境污染承担共同侵权责任

由于污染治理的高度专业性,绝大部分企业的主要精力和时间均集中于生产、经营其主要产品和业务,在污染治理方面并不专业,因此,相当多的企业通过与专业的第三方单位签订委托运营合同,将其污染治理业务委托给第三方运营管理。实践中,如何界定作为排污主体的企业与作为治污主体的第三方受托运营单位在违法排污行为中的法律责任,存在较多分歧。

我国实行排污许可制,实际是国家对企业的排污许可被视为政府与排污单位之间的契约,取得排污许可证的企业即是排污单位,负有依法排污的义务,否则将承担相应法律责任。排污单位持有行政主管部门颁发的排污许可证,无论是自行排放还是委托他人排放,均应确保其废水处理站正常运行,并确保污染物排放达到国家和地方排放标准,这是取得排污许可证企业的法定责任,且该责任不能通过合同约定来解除或转移。无论是作为排污设备的产权人和排污主体的法定责任,还是按照双方协议约定,排污单位均应确保污染治理设施正常、完好、稳定运行,作为排污单位,具有监督受托运营单位合法排污的法定责任,且由于其应当缴纳排污费,如第三方受托运营单位长期持续超标排放未经治理的污染物,可以认定排污单位未尽监管义务,对排污采取了放任的态度,具有共同侵权的故意。

鉴于委托排污型环境侵权中委托人侵权故意的隐蔽性,依据排污主体的法定责任、行为的违法性、主观上的默契及客观上的相互配合等因素,对委托人和受托人共同侵权主观故意的认定可以采用推定的方式进行判断。

综上,在排污主体将污染治理设施委托给第三方运营的情况下,如因第三方故意违法超标排放污染物,根据《民法典》第1168条亦作出相同规定。

四、就同一污染行为提起的生态环境损害赔偿诉讼与环境民事公益诉讼可否合并审理

根据《若干规定》(2021年)第16条规定,“在生态环境损害赔偿诉讼案件审理过程中,同一损害生态环境行为又被提起民事公益诉讼,符合起诉条件的,应当由受理生态环境损害赔偿诉讼案件的人民法院受理并由同一审判组织审理”。

基于既要积极推进生态环境损害赔偿制度改革，又要保护社会组织维护社会公共利益的积极性的考虑，在环境民事公益诉讼审理期间，政府针对同一污染事实提起生态环境损害赔偿诉讼的，在两案案件事实相同、诉讼目的一致、被告相同、诉讼请求基本相同的情况下，法院可以根据上述规定，将公益诉讼和生态环境损害赔偿诉讼合并审理。[①]

---

① 冷罗生、李树训：《生态环境损害赔偿制度与环境民事公益诉讼研究——基于法律权利和义务的衡量》，载《法学杂志》2019 年第 11 期。

第五章　固废/危废污染类环境民事公益诉讼

固体废物，是指在生产、生活和其他活动中产生的丧失原有利用价值或者虽未丧失利用价值但被抛弃或者放弃的固态、半固态和置于容器中的气态的物品、物质以及法律、行政法规规定纳入固体废物管理的物品、物质。经无害化加工处理，并且符合强制性国家产品质量标准，不会危害公众健康和生态安全，或者根据固体废物鉴别标准和鉴别程序认定为不属于固体废物的除外。《固体废物污染环境防治法》把固体废物分为：工业固体废物，生活垃圾，建筑垃圾、农业固体废物等和危险废物。另外，由于液态废物（排入水体的废水除外）的污染防治适用于《固体废物污染环境防治法》，所以有时也把这些废物称为固体废物。但是，固体废物污染海洋环境的防治和放射性固体废物污染环境的防治不属于《固体废物污染环境防治法》的范畴。

任何单位和个人都应当采取措施，减少固体废物的产生量，促进固体废物的综合利用，降低固体废物的危害性。控制固体废物对环境污染和对人体健康危害的主要途径是实行对固体废物的资源化、无害化和减量化处理。固体废物处理应根据其性质和对环境造成的危害情况进行，废物的来源不同，其组成成分差异很大，对环境的危害也不相同，应用的处理方法也不一样。固体废物处理往往要通过物理处理、化学处理、生物处理、热解处理、焚烧处理、固化处理等不同方法，使固体废物转化为适于运输、贮存、资源化利用，进而实现最终处置。

危险废物，是指列入国家危险废物名录或者根据国家规定的危险废物鉴别标准和鉴别方法认定的具有危险特性的固体废物。危险废物具有毒性、腐蚀性、反应性、易燃性、浸出毒性等特性之一，由于其数量、浓度、物理化学性质或易传播性常引起死亡率增加、无法治愈的疾病发病率增高或者对人体健康或环境造成严重危害，所以通过制定和动态调整国家危险废物名录，实现统一的危险废物鉴别标准、鉴别方法、识别标志和鉴别单位管理要求。

固体废物具有量大面广、种类繁多、性质复杂和危害程度深等特点，是大气、水、土壤的重要污染来源。从司法实践看，固体废物污染防治案件的处理存在以下三个难点：一是固体废物污染一般都涉及污染物的转移，比如由城市向农村转移，影响美丽乡村、宜居乡村建设的问题；又或者是跨省、自治区、直辖市行政区划的转移问题，出于逃避监管、降低成本等考虑，一些生产企业会以远低于市场价的价格，将固体废物交给不具有资质的人非法处置，多表现为发达地区向欠发达地区转移；甚至还有“洋垃圾”的跨境转移问题。二是固体废物污染防治案件涉事者众多，多人环境侵权的特点明显，在生产、销售、贮存、利用、处置、运输等环节均会发生污染行为，相关主体之间是否具有意思联络、是否构成共同侵权、责任承担方式如何、责任份额如何划定，是此类案件处理的重点、难点。与此同时，同一污染行为在造成环境污染侵权的同时，往往也会违反固体废物污染防治法的相关行政管理规定，情节严重的，还会构成犯罪。因此，在证据、事实和责任上，需要注重刑事、民事、行政诉讼三大传统诉讼以及环境公益类诉讼之间的衔接。三是固体废物包括工业固体废物，生活垃圾，危险废物，建筑垃圾、农业固体废物等，与每一个社会主体的生产生活息息相关，不仅其自身具有危害公众健康和生态环境安全的属性，一旦贮存、利用、处置不当，也是造成大气、水、土壤污染的主要来源，甚至容易引发突发环境事件。

固体废物污染环境案件的处理要结合不同环境要素的修复需求，探索创新解决问题的方式，促进受损生态环境及时有效修复。

案例1 固体废物危险特性的鉴别须遵守标准的鉴别程序

——江苏省镇江市生态环境公益保护协会诉江苏优立光学眼镜公司环境民事公益诉讼案①

【案例介绍】

案　号：江苏省镇江市中级人民法院（2015）镇民公初字第00003号

① 本案系最高人民法院2017年发布十起环境公益诉讼典型案例之案例七。

一审原告:江苏省镇江市生态环境公益保护协会

一审被告:江苏优立光学眼镜公司(以下简称优立公司)

基本案情:优立公司是江苏省丹阳市一家生产树脂眼镜镜片的企业。2006年,丹阳市环境保护科技咨询服务中心作出的环境影响报告表认定,当地眼镜生产加工企业因树脂镜片磨边、修边工段产生的树脂玻璃质粉末废物为危险废物HW13。2014年4月至7月,优立公司将约5.5吨该类废物交给3名货车司机,倾倒于某拆迁空地,造成环境污染。优立公司在法庭上陈述称该公司当时未审查上述3名货车司机有无该类废物处置能力,未审查废物流向,也未将上述废物的数量、流向、贮存、处置等信息向丹阳市环境保护局申报。事发后,丹阳市环境保护局对污染场地进行初步清理,将该废物连同被污染的土壤挖掘并予以保管。

2015年11月25日,镇江市中级人民法院向丹阳市环境保护局、丹阳市眼镜商会发出(2015)镇中法建字第7号《司法建议书》,建议依法重新评定该类固体废物的属性、准确定性并依法移送涉嫌犯罪的环境污染案件、科学制订废物防治及回收利用方案、强化企业污染防治的主体责任。丹阳市环境保护局于2015年12月6日形成《有关树脂镜片磨边、修边废屑的固废属性专家咨询意见》,并由南京大学环境规划设计研究院有限公司作出《江苏明月光学眼镜有限公司树脂镜片磨边、修边废屑危险特性专项评价报告》(以下简称南大专项评价报告),经属性判别分析,该固体废物不具有易燃性、腐蚀性、反应性、浸出毒性、毒性物质含量的特性,经采样和检测结果分析,该固体废物不具有急性毒性。

在案件审理期间,当事人曾自愿达成调解协议:1.优立公司自愿将暂存于镇江风华废弃物处置有限公司的所有树脂粉末混合物交由有资质的危险废物处置单位处置。2.优立公司自愿承担相关废物暂存于镇江风华废弃物处置有限公司的存储费用共计5万元。3.优立公司自愿承担前期处置费用共计18,000元。4.第2项和第3项费用自本协议生效后一周内支付,丹阳市环境保护局协助支付给相关单位。5.上述协议自签字或盖章后成立,经镇江市中级人民法院送达调解书后生效。当事人同意对该类废物按照危险废物处置,调解协议经公告,并未收到异议,但因本案涉及丹阳市树脂镜片产业的安全清洁生产和环境监管模式,在该类废物的属性已经科学认定的情况下,依据《环境民事公益诉讼司法解释》第二十五条第二款之规定,法院改为采用判决方式。

原告诉讼请求:优立公司采取措施消除污染,承担固体废物暂存、前期清理以及验收合格的费用，或者赔偿因其环境污染所需的相关修复费用234,400元。

被告优立公司答辩称：1. 优立公司产生的该类废物一直都交由镇江新宇固体废物处置有限公司处置，但是2014年4月以后，环保部门及镇江新宇固体废物处置有限公司对优立公司该类废物处置渠道加以限制，致使优立公司的该类废物未能及时处置；2. 优立公司虽然没有合法处置相关废物，但并未委托3名货车司机直接倾倒，对其倾倒行为并不知情；3. 优立公司的该类废物不应认定为危险废物，属于一般性固体废物，原告诉请按照危险废物处置费用的标准要求优立公司承担处置费用，缺乏合理性。

一审法院认为：

一、关于企业的污染治理责任

《固体废物污染环境防治法》第三十条规定，产生工业固体废物的单位应当建立、健全污染环境防治责任制度，采取防治工业固体废物污染环境的措施。第三十二条第一款规定，国家实行工业固体废物申报登记制度。产生工业固体废物的单位必须按照国务院环境保护行政主管部门的规定，向所在地县级以上地方人民政府环境保护行政主管部门提供工业固体废物的种类、产生量、流向、贮存、处置等有关资料。第八十五条规定，造成固体废物污染环境的，应当排除危害，依法赔偿损失，并采取措施恢复环境原状。所以在本案中，被告优立公司应对相应的环境污染承担治理责任。

二、关于该类废物属性的确定

1. 危险废物的认定应严格按照危险废物鉴别程序认定。应根据《固体废物污染环境防治法》第八十八条第（四）项、《危险废物鉴别标准 通则》（GB 5058.7－2007）“4 鉴别程序”等规定严格进行认定。

本案中，该类废物不属于《国家危险废物名录》中的危险废物，丹阳市环境保护科技咨询服务中心在未进行危险属性鉴别、未经国务院环境保护行政主管部门组织专家认定的情况下，在环境评价中将该类废物认定为危险废物HW13，没有法律和科学依据。

2. 该类废物不具有危险特性。经查，江苏康达检测技术有限公司对上述废物倾倒地被污染的土壤进行检测，未发现挥发性有机物、半挥发性有机物；依据上海市松江区环境保护局审批的“上海依视路光学有限公司三期工程调整项目”环境影响报告表，上海依视路光学有限公司自1995年一期项目开始，即将该类废物作为一般工业固体废物交第三方综合利用,实践已有 20 余年;树脂眼镜镜片长期使用于世界各地,长期与人体接触,安全性已成为众所周知的事实,其修边粉末系物理磨边、修边产生,丹阳市作为全球树脂镜片主要产地,丹阳市环境保护局亦未能提供该类废物具有危险性的执法资料;南大专项评价报告认定江苏明月光学眼镜有限公司树脂镜片磨边、修边废屑不具有危险特性;经环保专家审查,南大专项评价报告评价结论可信,丹阳市环境保护局亦予认可。综上,南大专项评价报告认定江苏明月光学眼镜有限公司树脂镜片磨边、修边废屑不具有危险特性,具有科学和法律依据,予以采信。

三、关于该类废物的监管和处置

环保主管部门有权在依法科学认定的基础上,对于属性明确的物质确定统一的监管标准,豁免对不同企业的同类物质分别进行危险属性鉴别。而且由于一般废物的种类远远多于危险废物,设定豁免清单的论证和设立具有重要的环保和经济意义。因此,案涉废物作为一般固体废物,丹阳市环境保护局可以依法设定统一的监管标准,要求相关企业依法处置,无须对不同企业的同类废物分别进行属性鉴别。

在案件审理期间,当事人曾自愿达成调解协议,同意对该类废物按照危险废物处置,调解协议经公告,并未收到异议,但因本案涉及丹阳市树脂镜片产业的安全清洁生产和环境监管模式,在该类废物的属性已经科学认定的情况下,依据《环境民事公益诉讼司法解释》第二十五条第二款之规定,法院改为采用判决方式。

综上所述,被告优立公司非法处置该类废物约 5.5 吨,导致环境污染,应承担前期清理费用、暂存费用,并依法处置相关废物(被倾倒该类废物及被污染土壤),对于原告的相关诉讼请求,本院予以支持。在本案审理期间,优立公司已按照调解协议主动支付前期清理费用、暂存费用,主动将上述废物中的 5 吨树脂粉末依法处置,已依法履行相关责任,相关诉讼请求已经实现,因此原告撤回关于前期清理费用、暂存费用、验收合格费用、处置 5 吨树脂粉末的诉讼请求,不损害公共利益,本院予以准许,相关诉讼费亦依法不再收取。对于暂存于优立公司的约 23 吨剩余废物,系土壤和少量该类废物的混合物,因该类废物无危险性,相关剩余废物亦无危险性,应在丹阳市环境保护局的监督下按照一般废物依法处置。

一审法院判决：被告优立公司应于本判决生效后1个月内在丹阳市环境保护局监督下按照一般固体废物依法处置暂存于该公司的约23吨废物(树脂镜片磨边、修边粉末与土壤混合物)。

【实务要点评析】

本案系最高人民法院2017年发布十起环境公益诉讼典型案例之案例七，其关于树脂眼镜镜片修边工艺段粉末是否具有“危险特性”的认定过程具有典型性。

一、认定企业的污染治理责任的法律依据

2020年9月1日施行的《固体废物污染环境防治法》(2020年修订)第36条规定，“产生工业固体废物的单位应当建立健全工业固体废物产生、收集、贮存、运输、利用、处置全过程的污染环境防治责任制度，建立工业固体废物管理台账，如实记录产生工业固体废物的种类、数量、流向、贮存、利用、处置等信息，实现工业固体废物可追溯、可查询，并采取防治工业固体废物污染环境的措施”。第37条规定，“产生工业固体废物的单位委托他人运输、利用、处置工业固体废物的，应当对受托方的主体资格和技术能力进行核实，依法签订书面合同，在合同中约定污染防治要求。受托方运输、利用、处置工业固体废物，应当依照有关法律法规的规定和合同约定履行污染防治要求，并将运输、利用、处置情况告知产生工业固体废物的单位。产生工业固体废物的单位违反本条第一款规定的，除依照有关法律法规的规定予以处罚外，还应当与造成环境污染和生态破坏的受托方承担连带责任。”第39条规定，“产生工业固体废物的单位应当取得排污许可证。排污许可的具体办法和实施步骤由国务院规定。产生工业固体废物的单位应当向所在地生态环境主管部门提供工业固体废物的种类、数量、流向、贮存、利用、处置等有关资料，以及减少工业固体废物产生、促进综合利用的具体措施，并执行排污许可管理制度的相关规定。”第118条规定，“违反本法规定，造成固体废物污染环境事故的，除依法承担赔偿责任外，由生态环境主管部门依照本条第二款的规定处以罚款，责令限期采取治理措施；造成重大或者特大固体废物污染环境事故的，还可以报经有批准权的人民政府批准，责令关闭。”第122条规定，“固体废物污染环境、破坏生态给国家造成重大损失的，由设区的市级以上地方人民政府或者其指定的部门、机构组织与造成环境污染和生态破坏的单位和其他生产经营者进行磋商,要求其承担损害赔偿责任;磋商未达成一致的,可以向人民法院提起诉讼。”

根据上述法律规定,产废单位在未审查受托方是否有处置资质、处置能力的情况下,擅自将固体废物交由无处置资质、无处置能力的第三方处置,在处置过程中未尽审慎注意义务,未审查废物流向,且未将该类废物的数量、流向、贮存、处置等有关资料向生态环境主管部门申报,应对由此造成的环境污染承担治理责任。固体废物污染环境、破坏生态给国家造成重大损失的,设区的市级以上地方人民政府或者其指定的部门、机构组织可以在磋商无果的情况下,提起生态环境损害赔偿诉讼。

二、如何认定危险废物属性

(一)危险废物的鉴别认定程序

2020年9月1日施行《固体废物污染环境防治法》第124条规定,“危险废物,是指列入国家危险废物名录或者根据国家规定的危险废物鉴别标准和鉴别方法认定的具有危险特性的固体废物”。

依据《危险废物鉴别标准 通则》(GB 5058.7-2019)“4 鉴别程序”规定,危险废物的鉴别应按照以下程序进行:“4.1 依据法律规定和GB 34330,判断待鉴别的物品、物质是否属于固体废物,不属于固体废物的,则不属于危险废物。4.2 经判断属于固体废物的,则首先依据《国家危险废物名录》鉴别。凡列入《国家危险废物名录》的固体废物,属于危险废物,不需要进行危险特性鉴别。4.3 未列入《国家危险废物名录》,但不排除具有腐蚀性、毒性、易燃性、反应性的固体废物,依据GB 5085.1、GB 5085.2、GB 5085.3、GB 5085.4、GB 5085.5和GB 5085.6,以及HJ 298进行鉴别。凡具有腐蚀性、毒性、易燃性、反应性中一种或一种以上危险特性的固体废物,属于危险废物。4.4 对未列入《国家危险废物名录》且根据危险废物鉴别标准无法鉴别,但可能对人体健康或生态环境造成有害影响的固体废物,由国务院生态环境主管部门组织专家认定。”

如实践中某类固体废物不属于《国家危险废物名录》中的危险废物,在未经具备资质的危险废物鉴定机构进行危险属性鉴别、未经国务院环境保护行政主管部门组织专家认定的情况下,任何机构均不应将该类固体废物擅自认定为危险废物。

根据自2021年1月1日起施行的《国家危险废物名录(2021年版)》第2条

规定:“具有下列情形之一的固体废物(包括液态废物),列入本名录:(一)具有毒性、腐蚀性、易燃性、反应性或者感染性一种或者几种危险特性的;(二)不排除具有危险特性,可能对生态环境或者人体健康造成有害影响,需要按照危险废物进行管理的。”《危险废物鉴别标准 通则》(GB 5058.7 - 2019)第4.1款关于“依据法律规定和GB 34330,判断待鉴别的物品、物质是否属于固体废物,不属于固体废物的,则不属于危险废物”的规定不再适用。

(二)固体废物的危险特性认定

在进行固体废物危险特性的鉴别时,必须严格按照标准的鉴别程序,才能保证鉴别结果的客观性、准确性:1.首先需结合固体废物类型、来源等重要信息,分析判定待鉴别废物的所属范畴,若待鉴别废物属于固体废物范畴,才能进行后续分析与鉴别工作;否则,则根据废物的具体所属范畴进行危险特性以及相关信息的鉴别工作。2.在准确确定待鉴别废物的所属范畴后,需结合《国家危险废物名录》中相关依据加以指示,对固体废物的危险性质进行分析鉴别,即判断固体废物是否具有危险性。若待检测固体废物不在《国家危险废物名录》中,需结合其他相关文件做进一步判断,若经分析鉴定,明确得知待鉴别固体废物具有危险性,便需根据危险废物鉴别标准进行判断。3.如在判断鉴别过程中遭遇特殊情况,即固体废物的范畴与是否具有危险性这一重要信息不确定,但明确得知,在不恰当运输、贮存与处理的情况下,待鉴别废物将对生态环境与人体健康造成不利影响,那么就需及时组织专家对该废物的范畴以及危险性做进一步确定。

三、生态环境主管部门对一般固体废物的监管标准

鉴于以下理由,生态环境主管部门有权在依法科学认定的基础上,对于属性明确的物质确定统一的监管标准,豁免对不同企业的同类物质分别进行危险属性鉴别:(1)法律并未规定对不同企业的同类废物必须分别进行属性鉴别。生态环境主管部门有权依据法律规定认定某类物质属于一般固体废物或者危险废物,对于属性明确的物质,无须针对不同企业分别进行危险属性鉴别。(2)环境保护应坚持科学性并尽量降低不必要的成本。危险废物的属性鉴别费用高、耗时长,是产业发展的重要成本。在对单一企业特定物质的属性依法科学认定的基础上,基于科学的一般原理,该结论可以适用于采用同类原材料、同类生产工艺产生的同类物质。因此生态环境主管部门在依法科学认定的基础上,可就属性明确的某类物质设定统一的监管标准,豁免对不同企业的同类物质分别进行属性鉴别。(3)《国家危险废物名录》的设定,即是准确认定危险废物并豁免分别鉴别的典范;按照"举重以明轻"的原则,对于已依法认定的某类一般固体废物,生态环境主管部门可以在属性明确、安全稳定、处置可控的前提下,设定豁免清单,避免分别进行危险属性鉴别,不仅可节省鉴别费用和时间成本,还可避免因错误归入危险废物挤占紧缺的危险废物处置产能。由于一般废物的种类远远多于危险废物,该类清单的论证和设立具有重要的环保和经济意义。对于各类作为一般固体废物的废物,生态环境主管部门可以依法设定统一的监管标准,要求相关企业依法处置,无须对不同企业的同类废物分别进行属性鉴别。

案例2 垃圾焚烧发电企业违法处置危废的应承担环境修复责任

——吉林市人民检察院诉吉林市双嘉环保能源利用有限公司等环境民事公益诉讼案①

【案例介绍】

案　号:吉林省吉林市中级人民法院(2017)吉02民初32号

公益诉讼起诉人:吉林市人民检察院

本案被告:吉林市双嘉环保能源利用有限公司(以下简称双嘉公司)、吉林市洪郡运输有限公司(以下简称洪郡公司)

基本案情:双嘉公司系一家经营生活垃圾处理及焚烧发电、污泥资源化处理处置的企业,其焚烧生活垃圾过程中产生的飞灰,经螯合后形成飞灰螯合物。经吉林省绿科环境检测有限公司检验,双嘉公司产生的飞灰螯合物中含有砷、钡、铬、硒等重金属。经江苏力维检测科技有限公司检验,双嘉公司产生的飞灰螯合物中含有二噁英。洪郡公司系一家经营道路普通货物运输的企业,无危险货物运输资质。2014年11月,双嘉公司与洪郡公司签订运输合同,由洪郡公司负责将双嘉公司生产中形成的飞灰螯合物运输至吉林市生活垃圾填埋场。2015年1月至2016年7月,洪郡公司共将45,913.46吨飞灰螯合物倾倒在双嘉公司东北角的炉渣场内,并未运输至吉林市生活垃圾填埋场。双嘉公司同意洪郡公司将

① 本案系全国首例针对垃圾焚烧发电企业提起的环境民事公益诉讼案。

飞灰螯合物倾倒在其公司的炉渣场内。

2016年8月25日，吉林市环境保护局向双嘉公司下达《关于责令吉林市双嘉环保能源利用有限公司限期依法处置违法填埋的飞灰螯合固化物的通知》，责令双嘉公司立即停止违法行为，限期至2016年9月15日前将违法堆埋的飞灰螯合物及沾染物送吉林市生活垃圾填埋场按规定处置，填写危险废物转移联单，将涉嫌违法填埋的区域恢复原状。2016年8月27日至2016年9月7日，双嘉公司在吉林市环境保护局的监督下，将倾倒在该公司东北角的13,177.86吨飞灰螯合物运输至吉林市生活垃圾填埋场处置。2016年9月，吉林市环境保护局将洪郡公司孙某某飞灰倾倒涉嫌环境犯罪案件移交至吉林市公安局。随后，吉林市公安局对孙某某等涉嫌环境污染案进行立案侦查。根据吉林市公安局的要求，双嘉公司于2016年9月7日后未再继续运输倾倒的飞灰螯合物，亦未对倾倒区域进行治理。

2016年10月，吉林市公安局委托环境保护部规划院环境风险与损害鉴定评估中心对双嘉公司倾倒飞灰螯合物区域(以下简称影响区域)开展环境调查与损害评估工作。环境保护部规划院环境风险与损害鉴定评估中心于2016年11月出具了《吉林市双嘉环保能源利用有限公司飞灰倾倒区域环境调查与损害评估报告》，证明“焚烧生活垃圾产生的飞灰经处理形成的螯合固化物，仍属于危险废物，不按规定填埋，会对环境造成污染”。现填埋区域内土壤淤泥中锌和砷含量超过《土壤环境质量标准》三级标准值，污染面积为3718平方米，区域内飞灰及其搅拌混合物的重量约22,785.5吨，炉渣重量为7912.2吨。

吉林市人民检察院诉讼请求：1. 判令双嘉公司与洪郡公司在判决生效后1个月内将填埋在双嘉公司东北角的22,785.5吨飞灰螯合物和7912.2吨炉渣运输至吉林市生活垃圾填埋场；2. 如果双嘉公司与洪郡公司不履行第1项义务，判令双嘉公司与洪郡公司共同承担22,785.5吨飞灰螯合物运输费用755,230元和7912.2吨炉渣运输费用166,160元，合计921,390元；3. 判令双嘉公司与洪郡公司共同承担淤泥清理费用405,180元和样品检测费用10万元，合计505,180元。

被告双嘉公司辩称：1. 双嘉公司同意委托吉林市环境保护局认可的第三方运输公司将飞灰螯合物及炉渣运输至吉林市生活垃圾填埋场。由洪郡公司承担飞灰螯合物、炉渣全部运输及淤泥治理费用。在洪郡公司不能有效承担运输及污泥治理费用时,双嘉公司同意先行垫付费用并在判决生效后1个月内运输全部飞灰螯合物和炉渣,垫付费用由双嘉公司与洪郡公司进行结算。双嘉公司具有淤泥治理的能力,同意自行完成淤泥治理,提供第三方权威机构合格的监测报告,同意承担样品检测费用。2. 双嘉公司临时堆放飞灰螯合物,存在客观原因。自2014年12月以来,由于吉林市生活垃圾填埋场已被填满,处于过负荷填埋的状态,导致进入填埋场的道路十分陡峭泥泞,飞灰螯合物因雨季、冬季不能及时运输。吉林市生活垃圾填埋场始终处于施工过程,截至目前未投入使用。新建二期填埋场在去一期填埋场的必经之路上,因建设间断封路影响飞灰螯合物运输,为此出现了部分飞灰螯合物积压的情况。而吉林市中心城区按现有的生活垃圾产生量致使填埋场已满,不可能停止垃圾焚烧。双嘉公司每日垃圾焚烧产生飞灰50~150吨,而飞灰库容仅600吨左右,如出现超过一周不能运输飞灰螯合物的情况,除了停产没有别的解决办法,因此,被迫将飞灰螯合物临时堆埋在公司东北角渣场附近,计划在道路改善及二期垃圾填埋场投运后彻底解决该问题。3. 2016年8月25日,吉林市环境保护局下达《关于责令吉林市双嘉环保能源利用有限公司限期依法处置违法填埋的飞灰螯合固化物的通知》后,双嘉公司按照吉林市环境保护局的要求,已向吉林市生活垃圾填埋场运输飞灰螯合物合计1.33万吨。2016年9月7日,公安部门要求停止运输,封存现场,对现场进行覆盖和加装实时监控,配合公安部门就飞灰螯合物处置问题进行调查,否则在2016年9月就能将全部飞灰螯合物运输至吉林市生活垃圾填埋场。运输期间,双嘉公司为确保道路畅通,支付56万元用于修缮吉林市生活垃圾填埋场的道路,并租赁铲车驻场进行填埋和道路的修缮。4. 飞灰螯合物不应属于高度危险物。按照国家环保的相关标准,双嘉公司对飞灰进行了螯合,并委托第三方有权威资质检测单位进行检验,螯合后的飞灰螯合物完全符合《生活垃圾填埋场污染控制标准》(GB 16889-2008)中第6.3条的要求,已经完成了飞灰从危险废物转变成固体废物的全过程。由于性质的转变,因而不存在危险废物运输资质的问题,否则《国家危险废物名录》也不应该豁免垃圾填埋场填埋飞灰螯合物的危险废物填埋资质。同时,双嘉公司将飞灰螯合物交给洪郡公司后,不再是飞灰螯合物的所有人。

被告洪郡公司辩称:洪郡公司在涉案废物处理过程中确有错误,同意积极配合双嘉公司在合理期限内将涉案废物运输至吉林市生活垃圾堆埋场,并对淤泥进行治理,自行承担相关费用。但洪郡公司对公益诉讼人诉称的事实与理由有异议。1. 2016 年 8 月 25 日吉林市环境保护局通知后,双嘉公司已将 1. 3 万余吨飞灰螯合物运输至吉林市生活垃圾填埋场。2. 公益诉讼人认为飞灰螯合物为危险废物,证据不足。3. 环境保护部规划院环境风险与损害鉴定评估中心于 2016 年 11 月出具的《吉林市双嘉环保能源利用有限公司飞灰倾倒区域环境调查与损害评估报告》,虽然认定影响区域土壤中锌和砷超标,但超标事实与飞灰螯合物之间的因果关系并不明确。飞灰螯合物和飞灰相比,已经不再具备飞灰特有的飞散的性质,且毒性大大降低,化学性质稳定。4. 洪郡公司没有及时将飞灰螯合物运至吉林市生活垃圾填埋场,存在客观原因。2015 年至 2016 年 7 月,因吉林市生活垃圾填埋场改造,进场道路崎岖泥泞,运输车辆常常无法通行。

一审法院认为:《固体废物污染环境防治法》第十六条规定:"产生固体废物的单位和个人,应当采取措施,防止或者减少固体废物对环境的污染。"第十七条第一款规定:"收集、贮存、运输、利用、处置固体废物的单位和个人,必须采取防扬散、防流失、防渗漏或者其他防止污染环境的措施;不得擅自倾倒、堆放、丢弃、遗撒固体废物。"本案中,双嘉公司生产中产生的飞灰螯合物属于固体废物,洪郡公司在承运双嘉公司产生的飞灰螯合物过程中,擅自将大量飞灰螯合物倾倒在双嘉公司东北角的炉渣场内,并未运输至吉林市生活垃圾填埋场进行处置。双嘉公司知晓洪郡公司擅自倾倒行为并表示同意,应认定为其与洪郡公司共同实施倾倒行为。洪郡公司和双嘉公司的行为,违反了上述法律规定。经环境保护部规划院环境风险与损害鉴定评估中心对影响区域进行环境调查与损害评估,影响区域土壤淤泥中锌和砷含量超过《土壤环境质量标准》(GB 15618 - 1995)三级标准值,污染面积约为 3718 平方米,方量约为 3865 立方米,重量约 5840 吨,淤泥下层土壤中一个点位锌含量超过《土壤环境质量标准》(GB 15618 - 1995)三级标准值 2 倍,即影响区域土壤环境已被污染。因案涉飞灰螯合物含有砷、钡等重金属及二噁英,且洪郡公司与双嘉公司均未提供证据证明影响区域土壤环境被污染与倾倒飞灰螯合物不存在因果关系,故应认定洪郡公司和双嘉公司倾倒飞灰螯合物的行为,对土壤环境已经造成了损害。

《侵权责任法》第六十五条规定:"因污染环境造成损害的,污染者应当承担侵权责任。"第八条规定:"二人以上共同实施侵权行为,造成他人损害的,应当承担连带责任。"《环境民事公益诉讼司法解释》第十八条规定:"对污染环境、破坏生态，已经损害社会公共利益或者具有损害社会公共利益重大风险的行为，原告可以请求被告承担停止侵害、排除妨碍、消除危险、恢复原状、赔偿损失、赔礼道歉等民事责任。”第二十条规定：“原告请求恢复原状的，人民法院可以依法判决被告将生态环境修复到损害发生之前的状态和功能。无法完全修复的，可以准许采用替代性修复方式。人民法院可以在判决被告修复生态环境的同时，确定被告不履行修复义务时应承担的生态环境修复费用；也可以直接判决被告承担生态环境修复费用。生态环境修复费用包括制定、实施修复方案的费用和监测、监管等费用。”本案中，洪郡公司与双嘉公司擅自倾倒飞灰螯合物行为，已对土壤环境造成损害，且具有扩大损害的风险，应当共同承担相应的民事责任。洪郡公司与双嘉公司抗辩因吉林市生活垃圾场进行改造影响运输，但未提供充分证据加以证明，且该情形不属于免除责任的法定事由，故本院不予采纳。公益诉讼人请求洪郡公司和双嘉公司将案涉飞灰螯合物及炉渣运输至吉林市生活垃圾填埋场进行处置，符合法律规定，应予支持。洪郡公司和双嘉公司应当在本院确定的期限内对影响区域内的飞灰螯合物及炉渣进行清理，委托具有相应资质的检测单位检测，达到《生活垃圾填埋场污染控制标准》(GB 16889－2008)后，委托具有危险废物运输资质的单位送往吉林市生活垃圾填埋场或者其他具有填埋条件的填埋场填埋处置，相关费用由洪郡公司和双嘉公司共同承担。如果双嘉公司与洪郡公司不履行该项义务，应共同承担清理费用921,390元。公益诉讼人请求洪郡公司与双嘉公司共同承担影响区域淤泥治理费用505,180元，符合法律规定，应予支持。关于影响区域淤泥治理问题，因双嘉公司具有污泥资源化处理的能力，且明确表示同意自行清理并承担相关费用，洪郡公司亦明确表示同意由双嘉公司自行清理并与双嘉公司共同承担相关费用，本院予以准许。双嘉公司应在本院确定的期限内对影响区域的淤泥进行清理，并委托具有相应资质的检测单位检测，达到《生活垃圾填埋场污染控制标准》(GB 16889－2008)后，委托具有危险废物运输资质的单位送往吉林市生活垃圾填埋场或者其他具有填埋条件的填埋场填埋处置，相关费用由双嘉公司与洪郡公司共同承担。如果双嘉公司不履行淤泥清理义务，应由其与洪郡公司共同承担影响区域淤泥清理费用505,180元。关于飞灰螯合物是否属于危险废物问题，因涉及刑事案件，且不影响本案处理结果，故本院不予评判。

一审法院判决：1. 双嘉公司与洪郡公司在本判决生效后，立即对双嘉公司东北角炉渣场内现存的全部飞灰螯合物及炉渣(飞灰螯合物约为22,785.5吨,炉渣约为7912.2吨)进行清理,经具有相应资质的检测单位检测,达到《生活垃圾填埋场污染控制标准》(GB 16889-2008)后,委托具有危险废物运输资质的单位送往吉林市生活垃圾填埋场或者其他具有填埋条件的填埋场填埋处置。此项义务应在本判决生效后60日内履行完毕。

2. 双嘉公司在本判决生效后,立即对倾倒飞灰螯合物影响区域内的淤泥(污染面积约为3718平方米,方量约为3865立方米,重量约5840吨)进行清理和脱水处理,经具有相应资质的检测单位检测,达到《生活垃圾填埋场污染控制标准》(GB 16889-2008)后,委托具有危险废物运输资质的单位送往吉林市生活垃圾填埋场或者其他具有填埋条件的填埋场填埋处置。相关费用由双嘉公司与洪郡公司共同承担。此项义务应在本判决生效后60日内履行完毕。

3. 双嘉公司对倾倒飞灰螯合物影响区域内的淤泥清理后,委托具有相应资质的检测单位对影响区域的土壤环境进行检测,保证相关重金属含量不超过《土壤环境质量标准》(GB 15618-1995)三级标准值。相关费用由双嘉公司与洪郡公司共同承担。此项义务应在淤泥清理后30日内完成。

4. 如果双嘉公司与洪郡公司不履行本判决第1项确定的义务,应当立即向吉林省吉林市人民检察院给付飞灰螯合物及炉渣清理费用合计921,390元;如果双嘉公司不履行本判决第2项确定的义务,双嘉公司与洪郡公司应当立即向吉林省吉林市人民检察院给付淤泥清理及样品检测费用合计505,180元。

【实务要点评析】

本案是全国首例针对垃圾焚烧发电企业提起的环境民事公益诉讼案,业内关注度较高。

垃圾焚烧发电企业本身是环境治理企业,其主要功能是焚烧处理城市每天产生的大量生活垃圾。但由于生活垃圾会产生恶臭,焚烧过程中会产生氮氧化物、二氧化硫、一氧化碳、颗粒物等大气污染物,还会产生毒性是砒霜900倍的二噁英,焚烧过程中还会产生危险废物“飞灰”。垃圾焚烧厂生产过程的环境治理稍有不慎,即有可能产生对周边环境造成污染,甚至造成群体性事件。因此,垃圾焚烧厂历来都是社会关注的焦点,时刻牵动着社会的敏感神经。北京六里屯、高安屯、阿苏卫,上海江桥,江苏吴江,广东番禺、清远,武汉陈家冲,杭州中泰等都曾发生过闻名全国的反对垃圾焚烧的“邻避运动”。

由于每人每天都会产生生活垃圾，生活垃圾的处理处置和每个人息息相关，生活垃圾处理不当又会影响到城市的正常运转，进而影响到每一个人的生活。由于生活垃圾处理的高度敏感性，以及与每个人日常生活的高度相关性，生态环境部将垃圾焚烧行业纳入环境监管的重点监管与整治范围。

垃圾焚烧发电企业在日常生产运营中除产生含氮氧化物、二氧化硫、一氧化碳、颗粒物的废气，对垃圾渗滤液处理后的废水外，还会产生固体废弃物炉渣和危险废物“飞灰”，在环境治理方面受到诸多环保单行法的约束与规范，在固体废物管理中，主要应当注意下述问题：

1. 2020年4月29日修订的《固体废物污染环境防治法》第19条规定：“收集、贮存、运输、利用、处置固体废物的单位和其他生产经营者，应当加强对相关设施、设备和场所的管理和维护，保证其正常运行和使用。”第20条规定：“产生、收集、贮存、运输、利用、处置固体废物的单位和其他生产经营者，应当采取防扬散、防流失、防渗漏或者其他防止污染环境的措施，不得擅自倾倒、堆放、丢弃、遗撒固体废物。”

根据上述规定，垃圾焚烧企业应设置固体场所，收集、贮存其日常生产运营中产生的炉渣，炉渣应交由有相应资质的单位运输，处置和利用方式应符合相关法律法规的要求，外运倾倒、堆放的场所应符合《生活垃圾填埋场污染控制标准》(GB 16889－2008)的要求。

2.《固体废物污染环境防治法》第78条规定：“产生危险废物的单位，应当按照国家有关规定制定危险废物管理计划；建立危险废物管理台账，如实记录有关信息，并通过国家危险废物信息管理系统向所在地生态环境主管部门申报危险废物的种类、产生量、流向、贮存、处置等有关资料。”第79条规定：“产生危险废物的单位，应当按照国家有关规定和环境保护标准要求贮存、利用、处置危险废物，不得擅自倾倒、堆放。”第80条规定：“禁止无许可证或者未按照许可证规定从事危险废物收集、贮存、利用、处置的经营活动。禁止将危险废物提供或者委托给无许可证的单位或者其他生产经营者从事收集、贮存、利用、处置活动。”第82条规定：“转移危险废物的，应当按照国家有关规定填写、运行危险废物电子或者纸质转移联单。”

根据上述规定，垃圾发电企业应制定关于“飞灰”的管理计划，建立管理台账,如实记录企业产生的所有“飞灰”数量、流向等信息;建立专用的贮存仓库贮存“飞灰”;与有合法资质的危废运输企业签订运输合同外运“飞灰”;转移每批“飞灰”时如实填写转移联单,与有合法资质的危废处置企业签订处置合同处置“飞灰”。

案例3 同时诉求环境修复费与环境服务功能损失的不属于对同一事实的重复主张

——中山市环境科学学会诉李某某、苏某某等环境民事公益诉讼案

【案例介绍】

案　号:广东省广州市中级人民法院(2017)粤01民初201号

本案原告:中山市环境科学学会

支持起诉人:广东省中山市人民检察院

本案被告:李某某、苏某某、胡某1、胡某2、万某某、中山市慈航农业投资有限公司(以下简称慈航公司)

基本案情:中山市南朗镇横门西水道西三围区域原为水塘,后经调整划为工业用地,被告苏某某承包了该水塘的填土工程,该地块土地使用权人为中山市围垦有限公司(以下简称围垦公司)。2015年3月12日,围垦公司将涉案地块租赁给慈航公司经营使用,并约定未经围垦公司同意不得转租赁垦地或转卖租赁合同。2016年6月1日,慈航公司未经围垦公司同意将上述地块的加高垦地工程转租给苏某某填土。2016年8月15日,万某某在明知胡某1用船运输货物填土及李某某经营的洗水场经过分拣后的垃圾废渣需找人处理的情况下,介绍李某某与胡某1认识。由胡某1以每吨65元至70元的垃圾处理价格,将李某某经营的洗水场内废弃物使用“平南顺辉969号”船运输到中山市南朗镇横门西三围码头交给苏某某填埋在西三围填土工程工地,并支付给苏某某80××元好处费。李某某、苏某某在接受公安讯问时均认可该次所运的垃圾废渣大约有600吨。2016年8月23日,胡某1再次使用“平南顺辉969号”船从李某某处运输一批废弃物至中山市××西三围水域准备交给苏某某填埋处理时,经群众举报后被中山市公安机关查获。公安机关当场从上述船只查获约600吨建筑垃圾

和生活垃圾,该船本次运载的垃圾未倾倒至涉案地块,后已被交由东莞市道滘至顺制品加工店进行处理。胡某1两次收取李某某支付的垃圾处理费共计人民币126,500元。胡某2是“平南顺辉969号”船主,其与胡某1是父子关系。胡某2在接受公安机关讯问时称其自2015年起一直在船上工作,且2016年8月15日与2016年8月23日两次同胡某1使用“平南顺辉969号”船从李某某处运输废弃物至中山市××西三围水域。根据中山市固体废物和环境化学品管理中心勘查结果显示,“平南顺辉969号”船装载的、由蓝色大帆布覆盖的废物以及横门西三围填埋场填埋的废物,为同一类废物;主要是废塑料块、废塑料薄膜等混杂废物以及部分生活垃圾。广东省中山市第一人民法院于2017年11月28日作出(2017)粤2071刑初1292号刑事判决书,认定李某某、苏某某、胡某1、万某某的上述行为均构成污染环境罪。广东省中山市中级人民法院于2017年12月28日作出(2017)粤20刑终471号刑事裁定书,裁定驳回上诉,维持原判。中山市环境保护局委托环境保护部华南环境科学研究所(以下简称华南环科所)对中山市西水道西三围垃圾倾倒污染事件环境损害进行鉴定评估。华南环科所作出的《环境损害鉴定评估报告书》可明确得出该区域水质已受到污染,该水塘水已部分丧失原有的渔业养殖功能以及该区域土壤已受到了垃圾堆填的污染的环境损害结论。

原告诉讼请求:1. 判令六被告在1个月内共同连带赔偿生态环境受到损害至恢复原状期间服务功能损失费2,052,086.4元;2. 判令六被告共同在3个月内对中山市南朗镇横门西三围修复至地表水第Ⅲ类标准、土壤第Ⅲ类标准(以环保部门审核为准);3. 判令六被告共同连带赔偿处置本次环境事件产生的检测费、鉴定评估费289,806元;4. 判令六被告共同连带赔偿原告支付的律师费129,560元;5. 判令六被告共同连带赔偿原告诉讼保全担保费11,986元;6. 判令六被告共同连带承担本案所有诉讼费用。

法院认为:《环境保护法》第五十八条第一款规定:“对污染环境、破坏生态,损害社会公共利益的行为,符合下列条件的社会组织可以向人民法院提起诉讼:(一)依法在社区的市级以上人民政府民政部门登记;(二)专门从事环境保护公益活动连续五年以上且无违法记录。”中山市环境科学学会符合该法律规定的条件,可以提起环境民事公益诉讼。

《环境民事公益诉讼司法解释》第十一条规定:“检察机关、负有环境保护监督管理职责的部门及其他机关、社会组织、企业事业单位依据民事诉讼法第十五条的规定，可以通过提供法律咨询、提交书面意见、协助调查取证等方式支持社会组织依法提起环境民事公益诉讼。”①广东省中山市人民检察院通过提交书面意见、协助调查取证、指派人员参加庭审等方式，支持中山市环境科学学会依法提起本案环境民事公益诉讼，符合该司法解释规定，广州市中级人民法院予以支持。

《侵权责任法》第六十五条规定：“因污染环境造成损害的，污染者应当承担侵权责任。”首先，本案中，李某某经万某某介绍，将其洗水厂内的废弃物交由胡某1处理，而胡某1又将该废弃物交给苏某某填埋在涉案填土工程地块内。李某某、万某某、胡某1、苏某某因上述行为已被生效的刑事判决认定构成污染环境罪，在各被告未能提供充分的证据推翻该生效刑事判决的情形下，广州市中级人民法院对原告中山市环境科学学会主张李某某、万某某、胡某1、苏某某构成环境侵权予以认可和支持。李某某、万某某辩称其不构成环境侵权依据不足，广州市中级人民法院不予采纳。其次，关于胡某2是否构成环境民事侵权的问题。因胡某1运输涉案废弃物所使用的“平南顺辉969号”的船主即为胡某2，而其又在接受公安机关询问时称其自2015年起一直在船上工作，且2016年8月15日与2016年8月23日两次同胡某1使用“平南顺辉969号”船从李某某处运输废弃物至中山市××西三围水域。由此，可见胡某2参与了将涉案废弃物倾倒至涉案填土工程地块内的事实，故胡某2的行为亦构成环境侵权。胡某2以其并未受到刑事处罚为由认为其并不构成环境民事侵权的主张因依据不足，广州市中级人民法院不予采纳。最后，关于慈航公司是否构成环境民事侵权的问题。慈航公司未经围垦公司的同意，将涉案地块转租给没有排污资质的苏某某管理，实际上放任了环境污染行为的发生，主观上存在过错。且该转租行为为苏某某实施涉案侵权行为提供了必要条件，故慈航公司亦构成环境民事侵权。慈航公司抗辩称其不构成环境侵权的理由不成立，广州市中级人民法院不予采纳。综上，因各被告的行为构成环境侵权，应共同承担相应的侵权责任。

《环境民事公益诉讼司法解释》第二十一条规定：“原告请求被告赔偿生态环境受到损害至恢复原状期间服务功能损失的，人民法院可以依法予以支持。”

---

① 根据2020年12月29日法释〔2020〕20号，该条已作修改。

对于损失的具体金额,原告中山市环境科学学会主张以华南环科所出具的《环境损害鉴定评估报告书》载明的生态环境损害费用2,052,086.4元为依据,各被告均对此不予确认。对此广州市中级人民法院认为,首先,华南环科所为环境保护部推荐的环境损害鉴定评估机构之一,其具备相应的鉴定资质。

其次,《环境损害鉴定评估推荐方法(第Ⅱ版)》规定,虚拟治理成本法适用于环境污染所致生态环境损害无法通过恢复工程完全恢复、恢复成本远远大于其收益或缺乏生态环境损害恢复评价指标的情形。根据《环境损害鉴定评估报告书》的意见,本案中涉案废弃物倾倒区域的污染物浓度水平较高,预计较长时间内难以通过一次性恢复工程完全恢复至基线浓度水平,且恢复成本远远大于其收益,故对于涉案侵权行为造成的生态环境受到损害至恢复原状期间服务功能损失的计算,可以适用虚拟治理成本法。

再次,关于具体金额的计算涉及的污染土壤量、土壤修复单价以及生态环境损害计算倍数等因素是否能采信。第一,关于污染土壤量,其是根据广州中科检测技术服务公司和佛山量源环境与安全监测有限公司的现场采样勘察确定。因广州中科检测技术服务公司和佛山量源环境与安全监测有限公司的现场采样工作是受政府部门委托进行,在各被告没有相反的证据推翻该事实的情形下,该数据应予以采信。第二,在土壤修复单价无政府指导价及涉案污染行为的恢复工程难度较大等情形下,鉴定机构采用行业经验并参照广东省生态环境和土壤研究所编制《广钢集团白鹤洞地块(北区)土壤状况调查及修复方案》的标准亦属于合理范围。第三,因鉴定机构对涉案地块的土壤采取的是最低的第Ⅲ类标准,且涉案地块按中山市功能水区域划分为地表水标准第Ⅲ类标准,同时,根据《突发环境事件应急处置阶段环境损害评估技术规范》虚拟治理成本法的有关规定,第Ⅲ类土壤生态环境损害数额可以按照虚拟治理成本的3倍至6倍计算,第Ⅲ类地表水生态环境损害数额可以按照虚拟治理成本的4.5倍至6倍计算,华南环科所按照3倍计算并无不当。综上,华南环科所采用的污染土壤量、土壤修复单价以及生态环境损害计算倍数均无不当之处,据此计算出2,052,086.4元的金额,足以证明原告所造成的生态环境受到损害至恢复原状期间服务功能损失不少于2,052,086.4元。

最后,《环境损害鉴定评估报告书》既进行了生态环境损害量化的评估,亦进行了生态恢复费用的评估,足以可见该生态环境损害量化结果并不等同于生态修复费。且鉴定人员欧某某亦明确表示本案鉴定报告中的生态环境损害费用就是指生态环境受到损害到恢复原状期间的服务功能损失费用。

综上，原告中山市环境科学学会主张赔偿生态环境受到损害至恢复原状期间服务功能损失费2，052，086.4元的诉请依据充分，广州市中级人民法院予以支持。

《环境民事公益诉讼司法解释》第二十条第一款规定："原告请求恢复原状的，人民法院可以依法判决被告将生态环境修复到损害发生之前的状态和功能。"虽然环境保护行政主管部门未对涉案地块在污染之前的水质基线进行确定，且双方均未能提供直接证据证明涉案地块在受污染前的水质标准，但根据华南环科所的《环境损害鉴定评估报告书》及鉴定人员欧某某的意见，涉案地块为地表水第Ⅲ类标准、土壤第Ⅲ类标准。在各被告未能提供充分的证据推翻评估报告及鉴定人员的意见的情形下，广州市中级人民法院认定涉案地块在受污染之前的标准为地表水第Ⅲ类标准、土壤第Ⅲ类标准。本案侵权行为发生后，虽土地权利人围垦公司对涉案地块上的固体废物进行了清理，环境经治理后确有得到改善，但各被告却未能举证证明涉案地块已达到上述标准。故原告中山市环境科学学会请求将涉案地块恢复至地表水第Ⅲ类标准、土壤第Ⅲ类标准依据充分，应予以支持。鉴于鉴定机构明确表明涉案地块在较长时间内难以通过一次性恢复工程进行修复，且鉴于围垦公司已对涉案地块进行了一定程度的修复，故原告中山市环境科学学会确定修复时间需要三个月亦无不妥之处，广州市中级人民法院予以采纳。鉴于环境民事公益诉讼的目的在于被污染的环境得到修复，根据《环境侵权责任司法解释》第十四条第二款"污染者在生效裁判确定的期限内未履行环境修复义务的，人民法院可以委托其他人进行环境修复，所需费用由污染者承担"的规定，为确保涉案地块得到修复，如李某某、万某某、胡某1、苏某某、胡某2未能履行修复义务的，广州市中级人民法院将选定具有专业资质的机构代为修复，修复费用由各被告共同负担。

《环境民事公益诉讼司法解释》第二十四条规定："人民法院判决被告承担的生态环境修复费用、生态环境受到损害至恢复原状期间服务功能损失等款项，应当用于修复被损害的生态环境。"[①]故上述赔偿费用应当用于修复被损害的生

① 根据2020年12月29日法释〔2020〕20号，该条已作修改。

态环境。

《环境民事公益诉讼司法解释》第二十二条规定："原告请求被告承担检验、鉴定费用，合理的律师费以及为诉讼支出的其他合理费用的，人民法院可以依法予以支持。"原告中山市环境科学学会为证明本案环境侵权损害事实，委托华南环科所开展鉴定、评估工作且华南环科所作出的《环境损害鉴定评估报告书》系认定本案环境侵权损害事实的重要证据，故该289,806元的鉴定评估费用属于合理诉讼支出费用的范围，原告中山市环境科学学会该诉请依据充分，广州市中级人民法院予以支持。因原告中山市环境科学学会委托律师提供法律服务且律师亦到庭参与诉讼，该律师费亦未超出合理范围，故原告中山市环境科学学会请求赔偿其支付的律师费129,560元依据充分，广州市中级人民法院予以维持。因原告中山市环境科学学会提起本案环境民事公益诉讼时维护社会公共利益且为保证案件能得到执行，被损害的环境能得到修复，为此申请财产保全。且鉴于其为公益组织，故其为财产保全所支出的财产保全担保费11,986元亦属于合理支出且在合理范围内，故原告中山市环境科学学会请求赔偿其支付的诉讼保全担保费11,986元依据充分，广州市中级人民法院亦予以支持。

关于慈航公司追加围垦公司为被告的申请，在慈航公司未能举证证明围垦公司与本案有利害关系的情形下，其申请因依据不足，故广州市中级人民法院不予准许。关于李某某、苏某某中止审理的申请，因刑事判决已生效，故不存在案件中止审理的法定事由，故广州市中级人民法院亦不予采纳。

法院判决：1.被告李某某、万某某、胡某1、苏某某、胡某2、慈航公司于本判决发生法律效力之日起1个月内共同赔偿生态环境受到损害至恢复原状期间服务功能损失费用2,052,086.4元（该费用上缴中山市地方国库或支付至环境公益金账户，用于修复被损害的生态环境）；

2.被告李某某、万某某、胡某1、苏某某、胡某2、慈航公司于本判决发生法律效力之日起3个月内共同修复中山市南朗镇横门西水道西三围区域的涉案地块（原为水塘）的水质至地表水第Ⅲ类标准、土壤第Ⅲ类标准。逾期未修复的，由人民法院选定具有专业资质的机构代为修复，修复费用由李某某、万某某、胡某1、苏某某、胡某2、慈航公司共同承担。

3.被告李某某、万某某、胡某1、苏某某、胡某2、慈航公司于本判决发生法律效力之日起15日内向原告中山市环境科学学会支付其所支出的检测费、环境损

害鉴定评估费用289,806元;

4.被告李某某、万某某、胡某1、苏某某、胡某2、慈航公司于本判决发生法律效力之日起15日内向原告中山市环境科学学会支付其所支出的律师费129,560元;

5.被告李某某、万某某、胡某1、苏某某、胡某2、慈航公司于本判决发生法律效力之日起15日内向原告中山市环境科学学会支付其所支出的诉讼保全担保费11,986元;

6.驳回原告中山市环境科学学会的其他诉讼请求。

【实务要点评析】

一、固体废物产生单位,为非法填埋行为提供不符合填埋条件的填埋场所的管理单位,为非法填埋行为提供居间介绍的行为人,为非法填埋行为人提供运输、工具等帮助的行为人,是否应与非法处置单位承担共同侵权责任

根据行为时有效的《侵权责任法》第65条的规定:“因污染环境造成损害的,污染者应当承担侵权责任。”同时,行为时有效的《侵权责任法》第9条第1款规定,“教唆、帮助他人实施侵权行为的,应当与行为人承担连带责任”,《民法典》第1169条第1款亦作相同规定。在倾倒固体废物环境污染案件中,除直接倾倒垃圾的行为人外,固体废物产生单位,以及为非法填埋提供工具、运输的行为人,为非法填埋行为提供不符合填埋条件的填埋场所的管理单位、为非法填埋行为提供居间介绍的行为人,以及为垃圾存放提供场所的行为人,该等行为人虽未直接倾倒固体废物,但为倾倒固体废物提供了帮助,各行为人分工合作,分别负责工具、运输、场所,以及居间介绍和协调,他们的行为已形成非法处置固体废物的完整产业链。因各行为人的行为,共同导致固体废物被随意倾倒,他们主观上具有共同故意,他们的行为与当地生态环境损害存在法律上的因果关系,可以认定该等行为人存在共同倾倒固体废物的事实,构成共同侵权,应与直接倾倒固体废物的行为人就环境侵权承担连带责任。

二、原告同时诉求环境修复费与环境服务功能损失,且环境服务功能损失按照虚拟治理成本法计算的,是否属于重复主张环境修复费

“环境服务功能损失”是指受损生态环境从损害发生到其恢复至基线状态期间提供生态系统服务的损失量,其本身不具有商业属性,不属于经济价值,但可采用货币化的方式对其进行评价;“环境修复费”是指将受损的生态环境修复至受损之前的状态所需支付的费用。虽然两者均属于对环境公益的救济,最终也均可货币化,且服务功能损失赔偿资金亦可用于环境保护和环境修复,但二者指向不同。生态环境修复是以人工方法为主、自然修复为辅,消除或修复环境破坏与环境污染造成的后果,侧重于对显性受损环境要素的填补;而生态环境服务功能损失赔偿金则是对生态环境受损及恢复期间所失去或减损的隐性功能和效用的赔偿。2020年修正的《若干规定》明确将“修复生态环境”作为生态环境损害赔偿责任方式,明确生态环境能够修复时应当承担修复责任并赔偿生态环境服务功能损失,生态环境不能修复时应当赔偿生态环境功能永久性损害造成的损失,并明确将“修复效果后评估费用”纳入修复费用范围。

目前,相关法律法规、标准及规范性文件并未就环境服务功能损失规定明确的计算标准及方法,鉴定机构在对环境服务功能损失进行鉴定时,可采用虚拟治理成本法计算生态环境损害价值量化的费用。虚拟治理成本法仅是生态环境损害赔偿的计算方法,不代表以该方法计算的费用就是环境修复费。技术支持单位根据目前已受到破坏的生态环境,为委托方提出的生态环境恢复方案及开展生态环境恢复工程措施的费用估算,应定性为环境修复费,与前述采用虚拟成本法计算的生态环境损害价值量化费用属于两项性质不同的费用,两者并不矛盾,亦不重复。

案例4 以提供环境公益劳动的方式承担替代修复责任

——连云港市赣榆区环境保护协会诉王某某环境民事公益诉讼案①

【案例介绍】

案　号:江苏省连云港市中级人民法院(2014)连环公民初字第00002号

本案原告:连云港市赣榆区环境保护协会

本案被告:王某某

基本案情:2012年以来,被告王某某在经营石英石加工厂期间,未依法在环境保护部门办理《排放污染物许可证》,购买工业废盐酸清洗石英石,将酸洗过

① 本案系《最高人民法院公报》2016年第8期案例。

程中产生的100余吨含酸废水通过渗坑排放至连云港市赣榆区龙北干渠,导致龙北干渠及与其相连的芦沟河受到严重污染,损害了公共利益。后经当地环境保护部门处理,该石英厂已停止经营。2013年6月26日至7月10日,赣榆县环境监测站对王某某污染水域污水、地表水进行多次环境监测,被告排水出口及龙北干渠等处的污水及受污染的河水中pH和氟化物严重超标,其中pH最高超标4.38倍,氟化物最高超标45.8倍。被告排污水体龙北干渠属通榆河北延送水工程部分,应符合国家地表水环境质量Ⅲ类标准。根据环保部《关于开展环境污染损害鉴定评估工作的若干意见》确定的环境污染损害数额计算推荐方法,Ⅲ类地表水污染修复费用的确定原则为虚拟治理成本的4.5~6倍。经评估,100吨浓度10%酸性废水虚拟治理成本约为14,616.7元。在本案审理过程中,法院依法调查了证人尹某,证人证明王某某的石英石加工厂确已停产,没有继续生产经营。同时,调查发现王某某家庭条件较差,尚欠有许多债务。经庭审质证,原告、被告对法院调取的证据真实性、合法性均无异议。

原告诉讼请求:依法判令被告王某某赔偿因排放含酸废水而造成的环境损失109,000元,承担原告因本案诉讼而发生的合理费用3500元。

被告王某某辩称:关于环境污染一事属实,表示愿意对环境损害的损失进行赔偿,积极配合法院在能力范围内给受害方赔偿。如果钱实在赔不够,被告愿意做一些公益事业来弥补我所造成的损害。被告对自己造成的环境损害深感后悔,以后一定多做一些对环境有益的事情。

法院认为:根据《水污染防治法》第二十九条规定,禁止向水体排放油类、酸液、碱液或者剧毒废液。第三十五条规定,禁止利用渗井、渗坑、裂隙和溶洞排放、倾倒含有毒污染物的废水、含病原体的污水和其他废弃物。被告王某某未经环境保护主管部门批准取得《排放污染物许可证》,违法采取酸洗方式清洗石英石,将酸洗后的含酸废水未进行无害化处理即通过渗坑排放,造成水污染并影响了水域周边土壤等生态环境,其应对其造成的环境污染损害承担赔偿责任。对原告赣榆区环境保护协会提起公益诉讼、连云港市人民检察院支持起诉要求被告赔偿公共利益损害的主张,法院予以支持。根据出庭专家的评估意见,100吨含酸废水治理成本约14,616.7元,因其未经处理即行排放导致治理成本扩大,无法具体测算对环境和生态的损害程度,依据环境保护部《关于开展环境污染损害鉴定评估工作的若干意见》中环境污染损害数额计算推荐方法,采取虚拟成本治理法符合本案实际。结合王某某排放废酸数量及环境监测评估意见等，对被告造成的环境损害，法院酌情认定为75,000元。

王某某主张其经济非常困难，自愿在经济赔偿能力不足的情况下，通过提供有益于环境保护的劳务活动抵补其对环境造成的损害，符合“谁污染，谁治理，谁损害，谁赔偿”的环境立法宗旨，较单纯赔偿更有利于环境的修复与治理，法院予以采纳。在本案审理过程中，连云港市赣榆区环境保护局发函同意对王某某提供的劳务进行监管。参照目前全国职工日工资标准，被告王某某提供环境保护劳务的工作量应相当于其环境污染赔偿不足的金额。原告作为不以营利为目的的公益组织，其为提起公益诉讼支出的合理费用应由被告承担。

法院判决：1. 被告王某某赔偿其对环境污染造成的损害人民币51,000元，于本判决书生效后10日内交付到法院指定的财政专户，用于对生态环境恢复和治理。

2. 被告王某某于本判决生效后2年内提供总计960小时的环境公益劳动（每月至少6次，每次不低于6小时），以弥补其环境损害赔偿金的不足部分，该项劳务执行由连云港市赣榆区环境保护局负责监督和管理。

3. 被告王某某于本判决生效后10日内支付原告赣榆区环境保护协会为提起公益诉讼支出的费用3500元。

【实务要点评析】

一、专家证人对鉴定人的鉴定意见提出合理异议的情况下，可否采纳专家证人的意见

本案中，鉴定人认为，针对王某某排放含酸废水情况形，处理含酸废水主要采用碱中和法，考虑不产生二次污染，根据纯碱和盐酸中和反应化学方程式，理论上处理1吨含酸量5%的废水需要0.145吨纯碱，处理100吨含酸废水需要纯碱14.5吨，其污染治理成本约为21,800元。《江苏省通榆河水污染防治条例》规定，通榆河及主要供水河道水质应符合国家地表水环境质量Ⅲ类以上标准，龙北干渠为通榆河北延送水工程部分，其环境功能区类型为Ⅲ类。根据环境保护部《关于开展环境污染损害鉴定评估工作的若干意见》（环发〔2011〕60号）中环境污染损害数额计算推荐方法，Ⅲ类河流水质污染修复费用应为虚拟治理成本的4.5～6倍，取其5倍为计算依据，污染修复费用为109,000元。

法院邀请江苏省环境工程咨询中心主任、研究员级高级工程师刘某作为专家证人出庭，对王某某污染损害鉴定评估报告的科学性进行评价。出庭专家证人认为，评估报告的金额较符合本案客观实际，但本案中涉及含酸废水的污染指标有两项，一是pH，二是氟化物的超标，该评估报告采取纯碱中和法只能解决pH超标问题，不能解决氟化物污染问题。建议采取氢氧化钙进行处理，这样处理成本亦会降低。考虑盐酸回调及污水处理的运输费用，综合计算100吨酸性废水的总处理费用约为14,616.7元，根据环境保护部《关于开展环境污染损害鉴定评估工作的若干意见》，按照虚拟治理成本法的倍数计算100吨含酸废水污染修复费用约75,000元。

出庭鉴定人与专家证人当庭就环境污染修复费用等进行专家论证，双方一致认可对地表水污染参照虚拟治理成本的4.5～6倍计算修复费用。关于虚拟治理成本，鉴定人认为所作的评估报告采取纯碱处理是因为考虑到石灰水对河流温差的影响，出具评估报告时未考虑到氟化物的情况，认可采用出庭专家证人关于虚拟成本的计算结果。经质证，原、被告均认为出庭专家证人对污染处理修复费用的意见更为科学合理。最终，法院根据庭审过程中出庭鉴定人与专家证人就环境修复费的论证意见，以及原、被告双方的意见，酌定采纳了出庭专家证人评估方案，确定污染行为人王某某环境污染的虚拟治理成本为14,616.7元。

因此，在专家证人对鉴定人的鉴定意见提出合理异议，经专家证人与鉴定人进行充分论证，并经各方当事人庭审质证的情况下，可以合理采纳专家证人或各方当事人一致认可的意见。

二、侵权行为人在经济能力不足的情况下，可否以提供劳务的方式进行代偿

当前，在生态环境服务功能损失赔偿金履行的实践中，各地存在三种主要履行方式，即一次性赔偿、分期赔付及劳务代偿。一次性赔偿、分期赔付及以劳代偿，是在实践基础上通过适用不同判断标准建立起来的类型化体系，具有很强的现实意义。一次性赔偿适用于有赔偿责任且有实际支付能力的赔偿责任人，可接受程度较低，但惩罚效果较好，环保功效高；分期赔付方式适用于有赔偿责任但没有一次性支付能力的赔偿责任人，可接受程度低，环保功效低；劳务代偿适用于有赔偿责任、没有货币支付能力但具备环境修复能力或劳动能力的赔偿责任人,可接受度中等,环保功效中等。① 具体选择哪种履行方式,需具体结合赔偿责任人的主观过错、经营状况、支付能力等因素,选择具有可实施性的履行方式。

劳务代偿是指在环境污染侵权行为人在对污染造成的损害经济赔偿能力不足的情况下,自愿通过提供有益于环境保护的劳务活动代偿,且生态环境主管部门或相关组织同意对侵权人提供劳务活动予以监管的,人民法院可以参照审判时全国职工日工资标准,判令侵权人以劳务代偿的方式弥补其对环境造成的损害应承担的环境损害赔偿金的不足部分。以劳务代偿的判决方式,不仅体现了对于环境污染者的惩戒态度,也体现出对于经济困难者的人性关怀,更重要的是,该方式也符合"谁污染,谁治理,谁损害,谁赔偿"的环境立法宗旨,否则很容易陷入巨额赔偿难以执行的尴尬境地。

劳务代偿是环境资源民事公益诉讼替代性修复的一种方式,目的是对侵权行为人经济困难无力赔偿生态环境修复费用,而生态环境修复已无可能或者没有必要的,责令侵权行为人提供一定数量的环境资源公益劳动,对生态环境进行替代性修复。最高人民法院《关于审理环境公益诉讼案件的工作规范(试行)》第33条规定,"对于因污染大气、水等具有自净功能的环境介质导致生态环境损害,原地修复已无可能或者没有必要的,人民法院可以判决被告支付生态环境修复费用,采取区域环境治理、劳务代偿、从事环境宣传教育等替代性修复方式"。

案例5 在刑事案件中不承担刑事责任不代表其不承担环境侵权责任

——上海市人民检察院第三分院诉宁波高新区米泰贸易有限公司、郎溪华远固体废物处置有限公司等环境污染责任纠纷案②

【案例介绍】

案　号:上海市高级人民法院(2019)沪民终450号

公益诉讼起诉人:上海市人民检察院第三分院(以下简称市检三分院)

① 王旭光、王展飞:《中国环境公益诉讼的新进展》,载《法律适用(司法案例)》2017年第6期。

② 本案系全国首例"洋垃圾"环境民事公益诉讼案。

一审被告:宁波高新区米泰贸易有限公司(以下简称米泰公司)(原名为宁波米泰贸易有限公司)、郎溪华远固体废物处置有限公司(以下简称华远公司)、黄某某、薛某

基本案情:2015年年初,被告华远公司法定代表人钱某某通过朋友联系被告黄某某、被告米泰公司员工陈某某、被告薛某,要求采购进口含铜固体废物。2015年9月,被告薛某在韩国组织了一票138.66吨的铜污泥,在明知铜污泥系国家禁止进口固体废物的情况下,由被告米泰公司制作了虚假报关单证,交由被告黄某某在上海港作为铜矿砂报关进口,并将进口铜污泥的情况告知被告华远公司,被告华远公司向被告米泰公司支付了相应货款,被告米泰公司将部分货款分给了被告薛某和被告黄某某。后该票固体废物被海关查获滞留港区,无法退运,危害我国生态环境安全。上海市固体废物管理中心认为,涉案铜污泥中含有大量重金属,应从严管理,委托有危险废物经营许可证的单位进行无害化处置。经上海市价格认证中心评估,涉案铜污泥处置费用为1,053,700元。

2017年12月25日,市检三分院就米泰公司、黄某某、薛某共同实施走私国家禁止进口固体废物,向上海市第三中级人民法院提起公诉。上海市第三中级人民法院于2018年9月18日作出(2018)沪03刑初8号刑事判决,判决米泰公司犯走私废物罪,判处罚金20万元;黄某某犯走私废物罪,判处有期徒刑四年,并处罚金30万元;薛某犯走私废物罪,判处有期徒刑二年,并处罚金5万元。上述刑事判决已生效。

公益诉讼起诉人市检三分院认为,四被告违反规定,非法走私国家禁止进口的固体废物,其共同实施的行为违反了《固体废物污染环境防治法》第二十五条第三款、《固体废物进口管理办法》第十一条之规定,造成环境污染风险,损害社会公共利益,应当连带承担民事责任。经市检三分院依法刊登诉前公告,未收到有关机关或组织就本案向法院提起民事公益诉讼的回复。故根据《民事诉讼法》第五十五条第二款的规定,向上海市第三中级人民法院提起环境民事公益诉讼。

诉讼请求:请求判令四被告连带偿付非法进口固体废物(铜污泥)的处置费用人民币1,053,700元(以下币种未特别标注的,均为人民币)。

被告提出抗辩:被告米泰公司辩称,不同意公益诉讼起诉人的诉讼请求。理由如下:第一,对公益诉讼起诉人诉称的案件事实和理由没有异议,但认为米泰

公司的陈某某是实际经营者，应当成为本案的必要共同被告，并承担相应的民事侵权责任。第二，对民事责任的承担方式提出异议，认为公益诉讼起诉人请求判令连带偿付的处置费用未实际产生，无害化处置并非本案侵权责任的唯一处置方式。

被告黄某某辩称，不同意公益诉讼起诉人的诉讼请求。黄某某在本案中只提供了相关的报关和运输服务，起次要作用，应该根据其在本案中的参与程度，承担百分之二十的责任。

被告薛某辩称，己方不应当承担民事侵权责任。理由如下：第一，认定侵权责任应当符合四个要素，涉案固体废物没有产生损害后果。第二，薛某不是本案的过错方，且在本案中责任较小。第三，薛某因该行为已经承担了刑事责任并处罚金，不应再承担民事责任。第四，米泰公司的张某应当是本案的共同被告。

被告华远公司辩称，不同意公益诉讼起诉人的诉讼请求。理由如下：第一，华远公司没有参与走私国家禁止进口的固体废物。第二，华远公司对涉案货物是国家禁止进口的铜污泥并不知情。第三，华远公司不应当承担民事侵权责任。第四，即使存在民事侵权责任，己方作用较小，最多承担百分之十以内的责任。

一审法院认为：本院认为，本案的争议焦点为：1. 米泰公司的陈某某、张某是否应当作为本案的必要共同被告。2. 各被告是否应当承担民事侵权责任，应当承担何种形式的责任。3. 涉案固体废物的处置方式和处置费用是否合理。

关于第一个争议焦点，米泰公司的陈某某、张某是否应当作为本案的必要共同被告的问题。本院认为，根据相关证据材料显示，张某系米泰公司法定代表人，陈某某系米泰公司实际经营者，两人在本案中均以米泰公司的名义对外进口固体废物铜污泥，系职务行为，依照《侵权责任法》第三十四条第一款的规定，应由米泰公司作为民事责任主体对外承担民事侵权责任。故被告米泰公司和被告薛某要求追加陈某某、张某为本案必要共同被告的意见，本院不予采纳。

关于第二个争议焦点，各被告是否应当承担民事侵权责任，应当承担何种形式的责任的问题。本院认为，《固体废物污染环境防治法》第二十五条第三款明确规定，禁止进口列入禁止进口目录的固体废物，进口列入限制进口目录的固体废物，应当经国务院环境保护行政主管部门会同国务院对外贸易主管部门审查许可。本案中，根据查明事实，四被告在明知铜污泥系国家禁止进口的固体废物的情况下，共同商议、分工合作。其中，被告华远公司作为一家固体废物处置企业，应当明确国家对进口境外固体废物实行严格管控，然而，其为谋取非法利益，首先提出购买境外固体废物铜污泥，在未尽到应有的对收购物品来源是否合法的审核和注意义务的情况下，确认货物并支付了相应的货款。被告米泰公司作为专业进口经营单位，违反国家法律规定，通过制作虚假涉案固体废物的报关单证进行走私。被告黄某某在得知华远公司需要铜污泥时，主动联系米泰公司，并负责报关和国内运输。被告薛某在米泰公司陈某某的指示下，在境外组织铜污泥货源，并配合米泰公司伪报品名、伪造单证将涉案固体废物销往境内。现该票固体废物被海关查获滞留港区，无法退运，危害我国生态环境安全。上述四被告通过商议共同实施了非法进口、购买境外固体废物的行为，造成了环境污染风险，损害了社会公共利益，依照《环境保护法》第六十四条规定，因污染环境和破坏生态造成损害的，应当依照《侵权责任法》的有关规定承担侵权责任。同时，《侵权责任法》第四条规定，侵权人因同一行为应当承担行政责任或者刑事责任的，不影响依法承担侵权责任。故被告米泰公司、被告黄某某、被告薛某因走私国家禁止进口固体废物受到刑事处罚后，不影响其因违法行为导致污染环境风险，而承担相应的民事侵权责任。《侵权责任法》第八条规定，二人以上共同实施侵权行为，造成他人损害的，应当承担连带责任。故四被告应当对共同侵权行为而造成的处置费用承担连带赔偿责任。因此，各被告提出不应当承担民事侵权责任以及承担按份责任的意见，本院不予采纳。

关于第三个争议焦点，涉案固体废物的处置方式和处置费用是否合理的问题。本院认为，首先，涉案铜污泥因客观原因已无法进行退运。其次，上海市固体废物管理中心出具的复函以及专家辅助人的出庭意见表明，涉案铜污泥来自铜锌冶炼过程中烟气处理、脱硫处理、废水处理等过程中的废弃物质、残余物，并含有大量的重金属，为避免二次污染，应从严管理，并委托有危险废物经营许可证的单位，在海关和环保部门的监管下对铜污泥进行无害化处置。上海市价格认证中心对该批固体废物的处置费用也出具了评估意见书，明确处置金额为1, 053, 700 元，该评估程序合法、结果公正。故各被告对处置方式和处置费用提出的意见，本院不予采纳。

综上所述，公益诉讼起诉人的诉讼请求成立，本院应予支持。保护环境是我国的基本国策，生态文明建设是关系中华民族永续发展的根本大计。被告米泰公司、被告黄某某、被告薛某、被告华远公司共同实施非法进口、购买国家禁止进口固体废物,造成环境污染风险,损害社会公共利益,应当依法承担连带赔偿责任。

一审法院判决:被告米泰公司、被告黄某某、被告薛某、被告华远公司于本判决生效之日起 10 日内,连带赔偿非法进口固体废物(铜污泥)的处置费 1,053,700 元,支付至市检三分院公益诉讼专门账户。

华远公司上诉称:华远公司不服一审判决,提起上诉,请求二审法院依法改判一审判决,驳回市检三分院针对华远公司的诉讼请求。所依据的事实和理由:1. 对进口铜污泥的行为,华远公司未与米泰公司、黄某某、薛某进行过商议,对涉案标的并不知道是铜污泥,要求出卖方销售的是均有商检报告的固体废物。2. 在华远公司提出购买固体废物后,后续的进口行为,均由米泰公司、黄某某、薛某共同实施,华远公司未参与具体的进口过程。3. 因进口本案所涉铜污泥,米泰公司、黄某某、薛某等均被判处刑事责任,而华远公司并未被刑事处罚。在本案中,应依刑事责任的判决确定公益诉讼的赔偿责任主体,故华远公司不应连带承担处置费用。

市检三分院辩称:华远公司对进口铜污泥的行为,在事前与米泰公司、黄某某、薛某进行了商议,在交易过程中也明确知晓货物标的为铜污泥,具有实施共同侵权的故意,应就处置费用承担连带责任。一审法院判决无误,应予维持。

二审法院认为:本院认为,刑事责任与民事责任是两种相互独立的责任形式,行为人未在走私废物犯罪案件中被判处刑事责任,不代表其必然无须在民事公益诉讼中承担民事责任,是否应当承担民事责任,需要依据民事法律规范予以判断,若符合相应民事责任构成要件的,仍应承担民事赔偿责任。在案证据虽能证明华远公司与米泰公司、黄某某、薛某在进口固体废物方面存在商议,但对于具体的报关入境这一环节,则没有证据证明华远公司参与其中,难以确凿认定华远公司与其他各方共同实施了逃避海关监管的行为,缺乏走私废物罪的相关要件,在之前的刑事案件中未被追究刑事责任。而在本案公益诉讼中,根据在案证据及查明事实,可充分认定华远公司与米泰公司、黄某某、薛某之间存在商议,具有共同的侵权故意,实施了进口铜污泥行为,符合共同实施环境民事侵权行为的构成要件。首先,各方在事前进行了商议,依据二审法院确认的事实,在进口涉案铜污泥之前,华远公司法定代表人钱某某与黄某某、薛某等人在昆山见面,已经就华远公司购买进口铜污泥事宜进行商议。其次,在交易过程中,华远公司知晓进口货物为国家禁止进口的铜污泥。《有色金属行业标准 YS/T 318—2007 铜精矿》明确,铜精矿中水分(质量分数)不得大于12%,冬季不应大于8%。而薛某发送给华远公司的《钱总货物清单222》所列货物水分含量最高竟然达到了50%,显然不属于铜精矿产品,华远公司作为专业的废物处置公司,依此清单应当能够判断出所购买的固体废物为铜污泥。环境保护部等五部委于2014年12月30日联合发布的《进口废物管理目录》之《禁止进口固体废物目录》明确规定,2015年1月1日起禁止进口主要含铜的矿渣、矿灰及残渣,华远公司作为固体废物处置企业,明知国家含铜固体废物进口管制规定,仍主动提出购买进口的铜污泥的需求,并积极与米泰公司、黄某某、薛某商议,存在共同侵犯我国生态环境公共利益的共同故意,存在共同侵权行为。

对于非法入境的国家禁止进口的固体废物,即使因被查扣尚未造成实际的生态环境损害,但侵权行为人仍应负有消除危险的民事责任。本案中,铜污泥固体废物入境后虽未被实际使用、未造成实际的生态环境损害,该票废物现仍被海关查扣,但查扣并不意味着对固体废物处理的终结。依《固体废物污染环境防治法》规定,进口属于禁止进口的固体废物的,由海关责令退运该固体废物。相关行为人应当首先承担退运固体废物的法律责任,并由其自行负担退运成本,以防止对我国生态环境安全造成影响。在固体废物无法退运的情形下,生态环境安全隐患和影响仍客观存在,行为人不应当因无法退运而免除排除污染风险的法律责任,否则亦会产生无法退运滞留境内情形下的责任,反而比能够退运情形下的责任更小的悖论。故在本案中,对于被查扣于海关的铜污泥,华远公司应当与米泰公司、黄某某、薛某共同承担消除危险的民事责任。

"环境有价、损害担责",针对非法入境而滞留境内的固体废物,无害化处置是消除危险的必要措施,相应的处置费用应由侵权行为人承担。根据《侵权责任法》第十五条、《环境民事公益诉讼司法解释》第十九条之规定,为防止生态环境损害的发生,行为人应当承担为停止侵害、消除危险等采取合理预防、处置措施而发生的费用。案涉铜污泥无法退运,为消除环境污染危险,需要委托有关专业单位采取无害化处置,此系必要的、合理的预防处置措施。相关费用属于因消除污染危险而产生的费用,华远公司与其他各方应承担连带赔偿责任。综上所述,上诉人华远公司的上诉请求不能成立,应予驳回;一审判决认定事实清楚,适用法律正确,应予维持。

二审法院判决：驳回上诉，维持原判。

【实务要点评析】

一、进口“洋垃圾”公司的法定代表人和实际经营者是否为本案共同被告

根据《民法典》第61条，“依照法律或者法人章程的规定，代表法人从事民事活动的负责人，为法人的法定代表人。法定代表人以法人名义从事的民事活动，其法律后果由法人承受。……”同时，第62条规定：“法定代表人因执行职务造成他人损害的，由法人承担民事责任。法人承担民事责任后，依照法律或者法人章程的规定，可以向有过错的法定代表人追偿。”结合第170条“执行法人或者非法人组织工作任务的人员，就其职权范围内的事项，以法人或者非法人组织的名义实施的民事法律行为，对法人或者非法人组织发生效力”之规定，法定代表人的行为构成公司的代表行为，应具备以下要件：1. 应当具有代表人的身份，即一个自然人经由公司章程规定的程序确定为公司法定代表人，并经工商登记公示，即具有法定代表人的身份；2. 必须是以公司的名义进行活动，如果不以公司名义而以个人名义进行活动，则为个人行为，而非代表行为；3. 代表行为必须在权限范围内。

公司法定代表人或者实际经营者以公司的名义对外进口固体废物的行为系职务行为，应由公司作为民事责任主体对外承担民事侵权责任。故进口“洋垃圾”公司的法定代表人和实际经营者不属于本案共同被告。

二、行为人未被判处承担刑事责任，是否表示就不需要承担民事责任

行为时有效的《侵权责任法》第4条规定：“侵权人因同一行为应当承担行政责任或者刑事责任的，不影响依法承担侵权责任。因同一行为应当承担侵权责任和行政责任、刑事责任，侵权人的财产不足以支付的，先承担侵权责任。”《民法典》第187条规定：“民事主体因同一行为应当承担民事责任、行政责任和刑事责任的，承担行政责任或者刑事责任不影响承担民事责任；民事主体的财产不足以支付的，优先用于承担民事责任。”无论是新法（《民法典》）还是旧法（《侵权责任法》），都对民事主体因同一行为应当承担民事责任、行政责任和刑事责任的情形作了相同的规定。刑事责任与民事责任是两种相互独立的责任形式，构成要件不同，且民事诉讼遵循高度盖然性的证明标准而刑事诉讼奉行严格证明责任标准，行为人未在走私废物犯罪案件中被判处刑事责任，不代表其必然无须在民事公益诉讼中承担民事责任。是否应当承担民事责任,需要依据民事法律规范予以判断,若符合相应环境侵权责任构成要件的,仍应承担环境侵权责任。①

三、进口禁止进口的固体废物尚未造成实际的环境污染及生态破坏,侵权行为人是否需要承担消除危险的民事责任

进口禁止进口的固体废物,虽然未实际使用、未造成实际的环境污染及生态破坏,但查封、扣押仅系对固体废物的行政执法措施,固体废物仍未被最终处置,仍存在对环境的潜在重大风险。依据《固体废物污染环境防治法》(2020 年修订)第 115 条"违反本法规定,将中华人民共和国境外的固体废物输入境内的,由海关责令退运该固体废物,处五十万元以上五百万元以下的罚款。承运人对前款规定的固体废物的退运、处置,与进口者承担连带责任"之规定,进口属于禁止进口的固体废物,无论有无实际使用、有无造成实际损害,相关行为人都应当首先承担退运固体废物的法律责任,并由其自行负担退运成本,以防止对我国生态环境安全造成影响。如无法退运的,应由具有合法资质的单位对其进行规范处置,消除环境污染风险,处置费用应由相关行为人承担。

---

① 黎宏:《民事责任、行政责任与刑事责任适用之司法困惑与解决》,载《人民检察》2016 年第 2 期。

第六章　噪声污染类环境民事公益诉讼

环境噪声，是指在工业生产、建筑施工、交通运输和社会生活中所产生的干扰周围生活环境的声音。环境噪声污染，是指所产生的环境噪声超过国家规定的环境噪声排放标准，并干扰他人正常生活、工作和学习的现象。环境噪声源分布是分散性的，噪声污染不能像污水、固体废物那样集中处理，同时环境噪声影响的范围是局限性的，但是噪声是一种恶性刺激物，长期作用于人的中枢神经系统，可使大脑皮层的兴奋和抑制失调，条件反射异常，出现头晕、头痛、耳鸣、多梦、失眠、心慌、记忆力减退、注意力不集中等症状，严重者可产生精神错乱。

目前噪声污染的控制技术包括：(1)吸声：利用多孔性吸声材料和共振吸声结构进行降噪；(2)隔声：用隔声结构把声能屏蔽、减少声辐射，从而降低噪声危害；(3)消声：主要用于空气动力性噪声的降低；(4)隔震和减震：用阻尼材料或减震器降低固体震动。

为防治环境噪声污染，保护和改善生活环境，保障人体健康，促进经济和社会发展，我国于 1996 年审议通过《环境噪声污染防治法》，2018 年修正后实施至今。该法规定任何单位和个人都有保护声环境的义务，并有权对造成环境噪声污染的单位和个人进行检举和控告。受到环境噪声污染危害的单位和个人，有权要求加害人排除危害；造成损失的，依法赔偿损失。当噪声污染环境，使不特定的主体暴露在不符合声环境标准的空间，损害公共利益时，有关组织可以依据《民事诉讼法》和《环境保护法》的规定提起公益诉讼。但是，司法实践中，如何承担侵权责任，是噪声污染类环境公益诉讼案件的难点。

案例1 噪声污染行为人应采取整改降噪措施对噪声污染源进行改造

——中华环保联合会诉江苏宁沪高速公路股份有限公司环境民事公益诉讼案①

【案例介绍】

案　号:无锡市锡山区人民法院(2014)锡环公民初字第1号

本案原告:中华环保联合会

本案被告:江苏宁沪高速公路股份有限公司(以下简称宁沪高速公司)

基本案情:2004年宁沪高速公司投资的沪宁高速公路江苏段实施改扩建双向八车道工程,2006年竣工营运。虽然宁沪高速公司在部分区域安装了声屏障,但声屏障的尺寸、标准不一,经环保部门现场检测,部分居民家中晚间环境噪声仍超过国家标准。自2007年起,居民不断聚众信访、投诉反映该段高速公路交通噪声污染问题,造成了极其恶劣的社会影响。

中华环保联合会经调查、取证,于2014年上半年将宁沪高速公司告上法庭,这起案件是2013年1月1日《民事诉讼法》(2012年)实施后,我国法院受理的首起环境公益诉讼。2014年5月6日,此案在无锡市中级人民法院开庭审理,委托当地环境监测站作出监测报告,最终法院判定宁沪高速公司应立即采取措施控制环境噪声污染。

达成调解协议:主要内容包括增设、加高、延长声屏障,更换声屏障材质等,整改完成后法院委托噪声监测,以确保符合相关标准,并承担原告支出律师费5万元。

【实务要点评析】

本案系2014年《环境保护法》修订后首例噪声公益诉讼,最终宁沪高速公司花费声屏障整改的费用高达1290万元,降噪整改路段长达2.65公里。

一、被告在噪声污染环境公益诉讼中通常如何承担责任

根据《环境噪声污染防治法》第2条规定,环境噪声是指在工业生产、建筑

① 本案系2014年江苏省高级人民法院发布的江苏法院2014年环境资源十大典型案例之案例二。

施工、交通运输和社会生活中所产生的干扰周围生活环境的声音;环境噪声污染是指所产生的环境噪声超过国家规定的环境噪声排放标准,并干扰他人正常生活、工作和学习的现象。噪声污染具有不可逆性,一旦发生即无法逆转,长期处于高噪声环境下的居民,身心健康势必受到不良影响。因此,对于噪声污染案件,更多强调的不是噪声污染环境的修复,而是采取噪声降噪措施预防噪声污染的再次产生。在噪声污染侵权案件中,诉讼请求除了"停止侵害"外,依然伴随损害赔偿。噪声污染导致的环境损害一般是指环境损害期间损失,在诉讼中要通过特定载体将其量化为赔偿金。

二、环境噪声污染公益诉讼中,整改降噪的基本流程是怎样的

1. 委托环境监测部门作出监测报告,确定噪声污染的现状。2. 确定环境噪声评价标准。虽然噪声污染不应唯标准论,但噪声是否扰民,往往牵涉不同公众的噪声敏感度和环境噪声容忍义务问题,噪声评价标准可以作为客观判断噪声污染的工具,它同时也是我国噪声污染防治法对环境噪声污染定义的标准。3. 咨询有关专家是否超标。超标后如何整改,专家往往能提出专业处理意见,这也是国际上环境噪声审判中通行的做法。4. 提出经专家审核的整改方案,作为噪声防治措施设计、施工的依据。5. 加强整改过程中的监管。法院监督噪声污染行为人委托具有资质的设计、施工单位进行降噪工程的设计和施工,施工单位所采用的声屏障屏体材料必须提供声学性能检测报告,污染行为人定期向法院报告工程进展情况。6. 整改完毕后,法院委托相关部门进行噪声监测,确认是否符合相关标准;不能达标的,噪声污染行为人仍须进一步采取新的降噪措施。

第七章　土壤污染类环境民事公益诉讼

土壤是构成生态系统的基本要素之一，是人类赖以生存的物质基础，是人类社会不可或缺的宝贵资源。防治土壤污染，直接关系到农产品质量安全、人民群众身体健康和经济社会的可持续发展。土壤污染问题与大气、水污染问题同样受到全社会关注，土壤污染防治作为重大环境保护和民生工程，已经纳入国家环境治理体系。但长期以来，我国经济发展方式较为粗放，污染物排放总量居高不下，土壤作为污染物的最终受体，已受到明显影响。根据土壤污染状况调查结果表明，全国土壤环境状况总体不容乐观，部分地区土壤污染较重。全国土壤总的点位超标率为16.1%，其中轻微、轻度、中度和重度污染点位比例分别为11.2%、2.3%、1.5%和1.1%。土壤污染问题成为亟须解决的重大环境问题和全面建设小康社会的突出问题。

土壤污染是指因人为因素导致某种物质进入陆地表层土壤，引起土壤化学、物理、生物等方面特性的改变，影响土壤功能和有效利用，危害公众健康或者破坏生态环境的现象。土壤中的污染物来源广、种类多，一般可分为无机污染物和有机污染物，无机污染物以重金属为主，如镉、汞、砷、铅、铬、铜、锌、镍，局部地区还有锰、钴、硒、钒、锑、铊、钼等；有机污染物种类繁多，包括苯、甲苯、二甲苯、乙苯、三氯乙烯等挥发性有机污染物，以及多环芳烃、多氯联苯、有机农药类等半挥发性有机污染物。

土壤污染的风险主要包括：一是耕地污染影响农产品质量。土壤污染影响农作物生长，造成减产。农作物可能会吸收和富集某些污染物，影响农产品质量，给农业生产带来经济损失；长期食用超标农产品可能严重危害人体健康。二是危害人居环境安全。住宅、商业、工业等建设用地土壤污染可能通过经口摄入、呼吸吸入和皮肤接触等方式危害人体健康。污染地块未经治理修复就直接开发,会给有关人群造成长期的危害。三是威胁生态环境安全。土壤污染影响植物、动物(如蚯蚓)和微生物(如根瘤菌)的生长和繁衍,危及正常的土壤生态过程和生态服务功能,不利于土壤养分转化和肥力保持,影响土壤的正常功能。土壤中的污染物,可能发生转化和迁移,继而进入地表水、地下水和大气环境,影响其他环境介质,可能会对饮用水源造成污染。

土壤污染具有不同于大气污染、水污染的特征,主要表现为:(1)土壤污染具有隐蔽性和滞后性。大气污染和水污染一般都比较直观,通过感官就能察觉。而土壤污染往往要通过土壤样品分析、农作物检测,甚至人畜健康的影响研究才能确定。土壤污染从产生到发现危害通常时间较长。(2)土壤污染具有累积性。与大气和水体相比,污染物更难在土壤中迁移、扩散和稀释。因此,污染物容易在土壤中不断累积。(3)土壤污染具有不均匀性。由于土壤性质差异较大,而且污染物在土壤中迁移慢,因此导致土壤中污染物分布不均匀,空间变异性较大。(4)土壤污染具有难可逆性。由于重金属难以降解,导致重金属对土壤的污染基本上是一个不可完全逆转的过程。另外,土壤中的许多有机污染物也需要较长时间才能降解。(5)土壤污染治理具有艰巨性。土壤污染一旦发生,则很难仅仅依靠切断污染源的方法恢复。总体来说,治理土壤污染的成本高、周期长、难度大。尽管土壤污染具有不同于大气污染、水污染的特征,但几乎所有的污染物质都会通过某种途径进入土壤最终导致土壤污染,土壤污染预防应当涉及对废水、废气、固体废物等诸多污染源的控制。

在我国土壤污染防治推进实践中,2016 年国务院发布《土壤污染防治行动计划》,对我国土壤污染防治工作作出全面战略部署。2018 年《土壤污染防治法》正式在立法层面上明确提出“任何组织和个人都有保护土壤、防止土壤污染的义务”。土地使用权人从事土地开发利用活动,企业、事业单位和其他生产经营者从事生产经营活动,应当采取有效措施,防止、减少土壤污染,对所造成的土壤污染依法承担责任。对于污染土壤且导致公共利益遭受损害的行为,法律规定的机关和有关组织可以向法院提起环境民事公益诉讼,要求污染土壤的行为人承担停止侵害、修复生态环境、赔偿损失、赔礼道歉等民事责任。

但是,在具体案件的处理过程中,土壤修复周期长、成本高、难度大,且土壤修复技术复杂,侵权人往往不具备自行修复生态环境的能力,导致土壤污染类环境公益诉讼案件在责任承担上较为复杂。

案例 1 环境修复费可参考环境技术专家的意见确定

——陕西省西安市人民检察院诉刘某某、随某某环境民事公益诉讼案①

【案例介绍】

案　号：西安铁路运输中级法院(2017)陕71民初4号

公益诉讼起诉人：陕西省西安市人民检察院

一审被告：刘某某、随某某

基本案情：2015年3月起，被告刘某某、随某某共同出资在西安市未央区下水腰村租赁场地，私开电镀厂，并将电镀作业产生的大量废水未经处理直接排入私挖的渗坑中。2015年7月16日，西安市环境保护局、西安市公安局处置突发事件支队浐灞大队进行执法检查时，发现该违法排污行为。经西安市环境监测站监测，两个渗坑内废水总锌含量、pH严重超出国家电镀污染物排放标准，造成土壤污染。2016年5月17日，西安市灞桥区人民法院作出(2016)陕0111刑初151号刑事判决，判决刘某某、随某某犯污染环境罪。

公益诉讼起诉人认为二被告实施了污染环境的行为，造成土壤严重污染，损害了社会公共利益，应当承担环境污染损害修复赔偿责任。因陕西省符合提起环境民事公益诉讼资格的5家社会公益组织均称不参与本案的诉讼，社会公共利益仍处于受侵害状态，西安市人民检察院于2017年6月5日向西安铁路运输中级法院提起诉讼。

公益诉讼起诉人请求判令：刘某某、随某某限期修复因其违法排放电镀废水污染的土壤，恢复原状；如二被告不能修复，判令其承担25.33万元的修复治理费用。并在庭审过程中，将“涉案土壤恢复原状”明确为“涉案土壤恢复至土壤质量标准二级标准”，将“二被告承担土壤修复治理费用”明确为“二被告承担共同赔偿责任”。公益诉讼起诉人依法提交了证明西安市人民检察院是适格的公

① 本案系西安铁路运输中级法院2019年十起生态环境保护典型案例之一。

益诉讼起诉主体、证明被告的侵权行为和损害事实的询问笔录、刑事判决书、镀锌厂未办理环评手续、证明被告侵权行为造成了土壤污染的损害后果、证明被污染土地是生态区城市建设用地、具有专门知识的人出具的污染修复治理意见等相关证据。检察机关委托专家对土壤环境污染修复进行技术评估,估算出土壤污染体积在 254.16 ~ 304.99 立方米,污染修复总费用在人民币 253,300 ~ 344,000 元,庭审时,专家出庭接受了质询并提交了修复治理意见。

被告刘某某答辩称:其承认公益诉讼起诉人主张的事实,自己和随某某共同实施了排放电镀废水的行为;其没有修复能力,愿意承担赔偿责任,但因其经营电镀厂的时间短,尚未盈利,且家庭经济困难,故希望能够减少赔偿数额。被告随某某未作答辩。

一审法院认为:1. 被告刘某某、随某某应承担破坏生态环境的侵权责任。

根据《侵权责任法》第八条、第六十五条,《环境民事公益诉讼司法解释》第十八条之规定,因污染环境造成损害的,污染者应当承担侵权责任;二人以上共同实施侵权行为,造成他人损害的,应当承担连带责任;对污染环境、破坏生态,已经损害社会公共利益或者具有损害社会公共利益重大风险的行为,原告可以请求被告承担停止侵害、恢复原状、赔偿损失等民事责任。本案中,被告刘某某、随某某在不具备电镀加工资质的情况下,共同出资私自开办电镀厂,将电镀后产生的废水未经任何处理直接排放到其私挖的渗坑内,造成土壤严重污染,其行为已构成违法,应当就本案的生态环境损害后果承担相应的民事赔偿责任。需要指出的是,环境安全关乎社会的可持续发展和人民群众的生活幸福指数。被告刘某某、随某某实施排污行为,污染环境,虽然相关刑事案件已经对二被告进行了刑事处罚,但刑事处罚不能免除民事责任。因为刑事处罚具有惩罚性质,而民事赔偿具有弥补性质,二者不能相互吸收或覆盖。在此情况下,因二被告共同出资办厂,共同经营收益,共同实施排污污染行为,故应共同承担相应的民事赔偿责任并承担连带责任。公益诉讼起诉人请求判令二被告承担共同赔偿责任应予支持。

2. 本案直接确定被告刘某某、随某某所应承担的生态环境修复费用,来替代恢复原状的责任。

根据《环境民事公益诉讼司法解释》第十八条、第二十条第二款之规定,对污染环境、破坏生态,已经损害社会公共利益或者具有损害社会公共利益重大风险的行为,原告可以请求被告承担停止侵害、恢复原状、赔偿损失等民事责任;人民法院可以在判决被告修复生态环境的同时,确定被告不履行修复义务时应承担的生态环境修复费用,也可以直接判决被告承担生态环境修复费用。本案中,具有专门知识的专家已经提供意见确认被污染土壤可以修复至《土壤环境质量标准》(GB 15618 - 1995)二级标准,但是考虑到土壤修复周期长、成本高、难度大,且二被告无自行修复生态环境的能力,亦未能提出修复方案,为确保生态环境损害尽快得到修复,本案直接确定被告刘某某、随某某所应承担的生态环境修复费用,来替代恢复原状的责任较为适宜。

3. 公益诉讼起诉人主张的25.33万元生态修复费用有无事实与法律依据。

根据《环境民事公益诉讼司法解释》第十五条、第二十三条之规定,当事人申请通知具有专门知识的人出庭,就鉴定人作出的鉴定意见或者就因果关系、生态环境修复方式、生态环境修复费用以及生态环境受到损害至恢复原状期间服务功能的损失等专门性问题提出意见的,人民法院可以准许,专家意见经质证,可以作为认定事实的根据;生态环境修复费用难以确定或者确定具体数额所需鉴定费用明显过高的,人民法院可以结合污染环境、破坏生态的范围和程度,生态环境的稀缺性,生态环境恢复的难易程度,防治污染设备的运行成本,被告因侵害行为所获得的利益以及过错程度等因素,并可以参考负有环境保护监督管理职责的部门的意见、专家意见等,予以合理确定。本案系公益诉讼起诉人提起的环境民事公益诉讼,在对土壤修复费用的确定进行司法鉴定成本明显过高的情况下,公益诉讼起诉人申请具有专门知识的人出庭并提交专家作出的修复治理意见,证明涉案被污染土壤的修复费用符合上述司法解释的规定。出具意见的四位专家均为高级工程师,具有相关专业能力,专家出具意见依据的《监测报告》系西安市环境监测站勘查采样后作出的,勘查采样全面、客观,专家依据渗流的基本定律(达西定律)确定土壤超标范围,确定土壤体积具有科学性,专家建议采用异位固化/稳定化技术修复涉案污染土壤,最终确定电镀厂土壤修复费用亦具有科学性,且朱某、唐某出庭接受了当事人和法庭的质询,故专家出具的《治理意见》,内容客观真实,本院予以采信。

根据《环境民事公益诉讼司法解释》第十八条、《环境侵权责任司法解释》第二十二条之规定,对污染环境、破坏生态,已经损害社会公共利益或者具有损害社会公共利益重大风险的行为,原告可以请求被告承担停止侵害、排除妨碍、消除危险、恢复原状、赔偿损失、赔礼道歉等民事责任;原告请求被告承担检验、鉴定费用,合理的律师费以及为诉讼支出的其他合理费用的,人民法院可以依法予以支持。本案中,具有专门知识的人出具意见证明土壤修复费用在20.33万~24.4万元,生态环境损害调查、鉴定评估、修复效果后评估等费用,估计其他费用总额在5万~10万元,本案的生态环境修复费用共计在25.33万~34.4万元,而公益诉讼起诉人主张要求二被告赔偿最低数额的修复费用即25.33万元符合法律规定,本院予以支持。

一审法院判决:被告刘某某、随某某自本判决生效后10日内,共同赔偿生态环境修复费用人民币253,300元,并承担连带责任。如果未按本判决指定的期间履行给付金钱义务,应当依照《民事诉讼法》第二百五十三条之规定,加倍支付迟延履行期间的债务利息。

案件受理费5099.5元,由被告刘某某、随某某共同负担。

【实务要点评析】

"有专门知识的人出庭作证"制度,也即专家辅助人制度,是大陆法系国家为了弥补司法鉴定制度的不足,仿效英美法系中的专家证人制度而制定的。我国法律仅对专家辅助人制度作出了初步的规定。目前,专家辅助人的诉讼角色仍较为模糊,其效力与性质在现行法律中并没有明确的规定。[①] 专家辅助人的意见不属于证据,其诉讼地位也不同于鉴定人或证人,但其功能在某种程度上又有类似之处。

环境民事公益诉讼过程中,时常会伴随地理、物理、化学、生物等非法律学科的技术问题,没有技术专业人员的帮助,通常很难厘清污染的内在机理以及损失的确定与计算,进而作出客观公正的判断。引入有专门知识的人出庭的制度,能够使客观性证据的质证环节不再流于形式,从而促进整个庭审过程的实质化。参考环境技术专家的意见,也有助于法院确定适当的环境修复费用。[②]

本案系西安铁路运输中级法院于2019年6月5日发布的十起生态环境保护典型案例之一。为了解决环境公益诉讼中专业领域事实认定的难题,本案审

---

① 刘鑫、王耀民:《论专家辅助人资格的审查》,载《证据科学》2014年第6期。

② 潘广俊、陈喆、胡铭:《专家辅助人制度的现状、困境与改善建议——以浙江省为例的实证分析》,载《证据科学》2014年第6期。

理法院联合当地环保主管部门,建立了涵盖多领域权威专家的陕西省首个环境资源审判技术专家库,并制定了《陕西省环境影响评价审查专家库管理办法》,探索出一条新的审判工作机制。

一、行为人已因环境污染行为承担刑事责任,是否仍须承担民事赔偿责任

环境安全关乎社会的可持续发展和人民群众的生活幸福指数。虽然行为人已经因污染环境刑事犯罪受到刑事处罚,但刑事处罚不能免除民事责任。因为刑事处罚具有惩罚性质,而民事赔偿具有弥补性质,二者不能相互吸收或覆盖。

二、行为人是承担环境修复责任,还是直接承担环境修复费

根据《环境民事公益诉讼司法解释》第18条、第20条第2款之规定,对污染环境、破坏生态,已经损害社会公共利益或者具有损害社会公共利益重大风险的行为,原告可以请求被告承担停止侵害、修复生态环境、赔偿损失等民事责任;人民法院可以在判决被告修复生态环境的同时,确定被告不履行修复义务时应承担的生态环境修复费用,也可以直接判决被告承担生态环境修复费用。考虑到在很多案件中,环境修复周期长、成本高、难度大、专业性强,且绝大部分污染行为人无自行修复生态环境的能力,为确保生态环境损害尽快得到修复,法院可委托具有专门知识的专家提出修复方案并对修复费用进行预估,结合案件情况酌情直接确定污染行为人应承担的生态环境修复费用,来替代污染行为人的环境修复责任。

三、是否可参考环境技术专家的意见而非环境损害鉴定报告确定环境修复费

根据《环境民事公益诉讼司法解释》第15条"当事人申请通知具有专门知识的人出庭,就鉴定人作出的鉴定意见或者就因果关系、生态环境修复方式、生态环境修复费用以及生态环境受到损害至修复完成期间服务功能丧失导致的损失等专门性问题提出意见的,人民法院可以准许。前款规定的专家意见经质证,可以作为认定事实的根据"之规定,以及第23条"生态环境修复费用难以确定或者确定具体数额所需鉴定费用明显过高的,人民法院可以结合污染环境、破坏生态的范围和程度,生态环境的稀缺性,生态环境恢复的难易程度,防治污染设备的运行成本,被告因侵害行为所获得的利益以及过错程度等因素,并可以参考负有环境保护监督管理职责的部门的意见、专家意见等,予以合理确定"之规定,在对环境修复费用的确定进行司法鉴定成本明显过高的情况下,原告可申请具有专门知识的人提出环境修复治理方案并对修复费用进行预估，在出庭接受法庭询问和当事人质证，经确认专家出具意见的程序应当符合相关技术规范及标准的规定，所依据的数据、信息来源应当合法，采样数据全面、客观、科学，采样程序及范围符合相关技术规范及标准的规定，修复方案的制定具有科学性①后，可以作为认定环境修复费的依据。

案例2 企业对其搬离前占用场地的环境污染风险管控和修复责任

——自然之友、中国绿发会诉江苏常隆化工有限公司、常州市常宇化工有限公司等环境民事公益诉讼案②

【案例介绍】

案　号：二审：江苏省高级人民法院（2017）苏民终232号

再审裁定：最高人民法院（2019）最高法民申1168号

一审原告：自然之友、中国绿发会

支持起诉单位：中国政法大学环境资源法研究和服务中心（以下简称法研中心）、苏州工业园区绿色江南公众环境关注中心（以下简称绿色江南）

一审被告：江苏常隆化工有限公司（以下简称常隆公司）、常州市常宇化工有限公司（以下简称常宇公司）、江苏华达化工集团有限公司（以下简称华达公司）

基本案情：常隆公司、常宇公司、华达公司原厂址地块位于常州市新北区龙虎塘街道，占地面积约26万平方米（以下简称"常隆地块"）。三被告在生产经营及对危险废物管理过程中，严重污染了"常隆地块"及周边环境后撤离，但却未对其进行修复处理。2015年9月，常州外国语学校搬入与"常隆地块"仅一条马路之隔的新校区，随后，多名学生身体不适，血液指标异常。常州外国语学校的学生家长反映：2015年12月开始，多名学生出现皮肤过敏、咳嗽、流鼻血、呕吐、口腔溃疡等不良反应，可能与学校附近正在进行土壤修复施工的"毒地"有

① 谢伟：《我国环境诉讼的专家证人制度构建》，载《政治与法律》2016年第10期。

② 本案系受到社会各界广泛关注的"常州毒地案"，也即工业场地污染引发的环境污染民事公益诉讼案件。

关——该地块的前身是2010年整体搬迁的常隆公司。2016年8月,国务院教育督导委员会专项督导组、环保部和江苏省政府调查组、国家卫计委和江苏省卫计委医疗卫生专家组经过3个多月的调查,指出"常隆地块"前期修复过程中确实存在问题,例如,未建设密闭大棚及配套废气收集设备,日常监管不到位,学校未经竣工环保验收违规投入使用等。

原告诉讼请求:1.请求判令三被告消除其污染物对原厂址及周边区域土壤、地下水等生态环境的影响,并承担相关生态环境修复费用(具体数额以损害鉴定评估或生态环境修复方案确定的金额为准)。生态环境损害无法修复的,判令三被告以货币赔偿,用于替代修复。2.请求判令三被告对其造成的土壤、地下水污染等生态环境损害行为,在国家级、江苏省级和常州市级媒体上向公众赔礼道歉。3.请求判令三被告承担原告因本诉讼支出的生态环境损害调查费用、污染检测检验费、损害鉴定评估费用、生态环境修复方案编制费用、律师费、差旅费、调查取证费、专家咨询费、案件受理费等。

法研中心支持起诉称:1.两原告提起本案诉讼符合原告主体资格的法定条件。2.企业、事业单位和其他生产经营者应当防止、减少环境污染和生态破坏,对所造成的损害依法承担责任。三被告生产经营排放的污染物存在破坏环境、产生危险的事实,对社会公共利益造成损害。故为维护社会公共利益,两原告的诉讼请求应当得到司法支持。3.两原告系非营利社会组织,支持起诉单位建议法院缓收、减收或免收两原告的诉讼费用。4.希望三被告能够通过本案负起责任,加强对污染场地治理,采取有效措施减少环境影响,依法履行应尽的环境保护法律义务和责任。

绿色江南支持起诉称:三被告都是化工企业,之前生产过程中污染了"常隆地块",却没有对该地块进行评估、治理、修复。该地块地下水和土壤受到污染,土壤有害物质亦挥发到空气中。该地块的污染未得到根本解决,周边地区和学校学生受到污染,即损害了公共利益。土壤和地下水是生物圈基本要素,污染问题无法通过自救予以解决,故该地块的污染危害具有持久性、广泛性。综上,两原告具备提起环境公益诉讼主体资格,绿色江南依据《民事诉讼法》第十五条的规定,支持两原告对三被告提起本案诉讼。

常隆公司、常宇公司、华达公司共同辩称:1.两原告的起诉不符合环境公益诉讼的起诉条件,应予裁定驳回。(1)本案两原告的证据材料不能证明被告的行为已经损害公共利益或者具有损害社会公共利益的重大风险。(2)两原告的起诉不符合设立环境公益诉讼制度的目的。当环境公共利益有权利人或相关主体在进行修复或者保护时,再提起公益诉讼已无必要。即使本案属于公益诉讼范畴,因案涉地块土地使用权被政府收回,环境修复义务按约定由案外人履行,且案外人已开展修复工程,对工程尚未完成的部分政府已作出行政命令由案外人继续修复。两原告追求的对污染土地进行生态修复的诉讼利益在已有案外人替代修复的情况下,其诉讼目的已经实现,故本案同样应当驳回两原告的起诉。2. 三被告不是案涉地块土壤污染治理、修复的责任主体,案外人是环境治理、修复的责任主体。

常隆公司另辩称:常隆公司的企业性质是由原国有企业改制为民营企业,已经将土地交由政府收储,土地使用权已不再属于常隆公司,客观上已无法对案涉地块进行修复。

常宇公司另辩称:1. 其企业性质为村办集体所有制企业,系樊家村集体所有,土壤污染为该期间及历史原因造成,因此应由该集体承担相应的责任,而非现在的有限责任公司。2. 两原告提起本案诉讼已经超过诉讼时效。3. 案涉地块已经由政府责令相关单位修复。常宇公司厂房所在地块的土地使用权已发生转移,应由土地使用权的受让人承担相关责任。

华达公司另辩称:由华达公司承担环境修复责任不具有合理性。华达公司前身是乡办集体企业,直到 2005 年农村集体经济组织的股权才退出,退出时交易资产价格中并不包含修复生产经营过程中场地污染的费用,现将该部分责任强加给华达公司明显缺乏合理性。

一审法院认为:本案各方争议焦点为:1. 本案诉讼标的是否具有公益性?2. 两原告请求三被告消除危险或赔偿环境修复费用、赔礼道歉的诉讼请求是否能够成立?

针对争议焦点 1,本院认为,本案诉讼标的具有公益性。原常州市环境保护研究所受常州市新北区政府委托于 2011 年所作的《常隆(华达、常宇)公司原厂址地块场地环境调查技术报告》和《常隆(华达、常宇)公司原厂址地块场地健康风险评估报告》显示,案涉地块土壤和地下水污染严重,环境风险不可接受,必须对污染场地实施修复。上述证据足以证明,长期化工生产经营对案涉地块的土壤、地下水造成了污染。由于土壤与地下水之间存在高度关联性,而地下水亦存在一定的流动性,因此,案涉地块化工生产排放的污染物并非仅仅损害了土地使用权人利益,而同时具有损害社会公共利益的风险,两原告的起诉具有公益性。

针对争议焦点2,本院认为,两原告关于请求三被告消除危险或赔偿环境修复费用、赔礼道歉的诉讼请求不能成立。1. 案涉地块于2009年由常州市新北国土储备中心协议收储并实际交付。常州市政府及常州市新北区政府在本案诉讼开始前即对案涉污染地块实施应急处置,并正在组织开展相应的环境修复。常州市政府对相关环境空气、地表水、地下水、土壤气进行监测的结果表明,案涉地块土壤和地下水对外界环境的威胁已经得到初步控制。《环境保护部关于加强土壤污染防治工作的意见》(环发〔2008〕48号)第(八)项规定:造成污染的单位已经终止,或者由于历史等原因确实不能确定造成污染的单位或者个人的,被污染的土壤或者地下水,由有关人民政府依法负责修复和治理;该单位享有的土地使用权依法转让的,由土地使用权受让人负责修复和治理。有关当事人另有约定的,从其约定;但是不得免除当事人的污染防治责任。常州市政府实施的环境应急处置与修复行为符合上述规定的要求,也符合国务院《土壤污染防治行动计划》的规定。在常州市政府正在实施环境修复的过程中,三被告并无可能取代政府实施环境修复行为。2. 案涉地块因承载化工产品生产而产生的环境污染始于20世纪七八十年代,土壤污染现状历经长期发展过程。案涉地块上的生产企业亦历经国有、集体企业产权制度改革、股权转让、中外合资等复杂变迁。在此期间,有关环境污染侵权责任法律法规逐步完善,企业环境保护法律责任逐步严格,防治污染的技术手段逐步发展。案涉地块环境污染系数十年来化工生产积累叠加造成,但两原告未提交可以清晰界定三被告与改制前各个阶段生产企业各自应当承担的环境污染侵权责任范围、责任形式、责任份额以及责任金额的证据。

综上,在案涉地块环境污染损害修复工作已由常州市新北区政府依法组织开展,环境污染风险已得到有效控制,后续的环境污染监测、环境修复工作仍然正在实施的情况下,两原告提起本案公益诉讼维护社会环境公共利益的诉讼目的已在逐步实现。因此,对两原告提出的判令三被告消除危险或赔偿环境修复费用、赔礼道歉的诉讼请求,本院依法不予支持。两原告主张由三被告承担律师费、差旅费等相关费用,本院亦不予支持。

一审法院判决:驳回原告自然之友、中国绿发会的诉讼请求。

案件受理费1,891,800元,由两原告自然之友、中国绿发会共同负担。

自然之友、中国绿发会上诉请求:1.撤销一审判决;2.责令被上诉人消除其原厂址污染物对原厂址及周边区域土壤、地下水等生态环境的影响,将原厂址恢复原状;3.责令被上诉人就其生态环境损害行为,在国家级、江苏省级和常州市级媒体上向公众赔礼道歉;4.由被上诉人承担上诉人一审、二审律师费、差旅费、案件受理费等。上诉人称:1.被上诉人污染环境,损害了社会公共利益,应当承担修复责任。政府部门不能代替污染者成为环境修复的责任主体。被上诉人存在违法生产造成污染物泄漏、填埋固体废物及搬迁污染等行为,具有主观过错,应当承担赔礼道歉责任。2.环境民事公益诉讼目的尚未实现,环境修复尚未完成。3.举证责任分配、处理错误。4.审判程序不当,一审法院没有追加地方政府为第三人参加诉讼。诉讼费判决不当,公益诉讼不应当适用普通民事财产案件的诉讼费用收取标准,应减交、免交诉讼费。

被上诉人常隆公司、常宇公司、华达公司答辩称:上诉人的诉讼请求缺乏事实和法律依据,应予驳回。事实和理由:1.本案不具备公益诉讼案件的受理条件。(1)污染行为没有损害公共利益。本案受到污染的是案涉地块本身,没有损害社会公共利益。(2)没有污染行为。常宇公司于2004年5月成立后,未在案涉地块进行化工生产。(3)超过诉讼时效。两上诉人在2011年5月相关环境调查技术报告形成之日即应当知晓环境损害的事实,本案诉讼超过了三年的诉讼时效期间。2.被上诉人不应承担环境污染侵权责任。(1)案涉地块环境污染修复责任应由地方政府承担。(2)改制遗留债务应当由企业出卖人承担。(3)案涉地块历史上存在与被上诉人无关的污染企业。(4)不应承担赔礼道歉责任。3.环境公益诉讼目的已在逐步实现。4.举证责任分配符合法律规定。5.审判程序合法。6.案件受理费的认定和承担符合法律规定。

二审法院认为:根据双方当事人的上诉请求和答辩意见,本案争议焦点是:1.被上诉人是否应当承担环境污染侵权责任;2.在政府已经组织实施环境污染风险管控和修复的情况下,是否应当由被上诉人承担环境污染风险管控和修复费用;3.被上诉人是否应当赔礼道歉。

一、关于被上诉人是否应当承担环境污染侵权责任问题

(一)本案属于环境公益诉讼案件的受案范围

《环境民事公益诉讼司法解释》第十八条规定:“对污染环境、破坏生态,已经损害社会公共利益或者具有损害社会公共利益重大风险的行为,原告可以请求被告承担停止侵害、排除妨碍、消除危险、恢复原状、赔偿损失、赔礼道歉等民事责任。”本案被上诉人常隆公司、常宇公司、华达公司长期从事农药、化工生产,导致案涉地块土壤、地下水受到严重污染,对周边生态环境及人群健康造成重大风险。虽然新北区政府收储案涉地块后,组织实施了污染风险管控和修复,但截至上诉人自然之友、中国绿发会于2016年5月提起本案公益诉讼时,案涉地块污染风险管控、修复尚未全部完成,其中地下水的修复尚未开展。《防控技术方案》中也指出“由于土壤修复调整(应急)工程并没有消除场地污染和地下水中的污染物,污染土壤中污染成分可能向地下水迁移,或形成土壤气逸出地表,地下水中的污染物也可能扩散。需要控制可能存在的潜在风险,实现确保场地和周边敏感人群环境健康安全的目标”。因此,被上诉人认为本案不存在污染损害社会公共利益的情形,不属于环境公益诉讼受案范围的抗辩理由与事实相悖,法院不予支持。

(二)被上诉人应当承担环境污染侵权责任

1. 污染者担责是法律确定的环境保护的基本原则。《环境保护法》第五条明确将损害担责确定为环境保护的基本原则。《侵权责任法》第六十五条规定:“因污染环境造成损害的,污染者应当承担侵权责任。”被上诉人常隆公司、常宇公司、华达公司实施了污染环境的行为,应当承担相应的侵权责任。

2. 被上诉人应对企业改制前的污染行为承担环境侵权责任。三被上诉人企业虽历经改制,但改制只是企业经营体制、股权结构、管理方式等发生变化,企业主体一直延续而未终止或灭失。三被上诉人应当对其企业改制前的污染损害行为承担环境侵权责任。被上诉人常宇公司提出的其成立后未在案涉地块实施化工生产,没有对案涉地块造成环境污染,因此不承担污染责任的抗辩,没有事实和法律依据,法院不予支持。

3. 政府收储不是法定的不承担侵权责任或减轻责任的情形。《侵权责任法》第六十六条规定,因污染环境发生纠纷,污染者应当就法律规定的不承担

责任或者减轻责任的情形承担举证责任。三被上诉人主张改制中未计入环境污染侵权责任所产生的债务,因此企业改制前生产经营行为产生的污染责任应当由企业出卖方相关地方政府承担,并非法律规定的不承担责任或者减轻责任的情形,法院不予支持。三被上诉人认为其原有的案涉地块国有土地使用权已被收储,土地使用权已经依法转让,相关侵权责任应当由土地受让人地方政府承担,亦非法律规定的不承担责任或者减轻责任的情形,法院不予支持。

4. 案涉地块存在其他污染责任单位不影响被上诉人对其自身污染行为承担环境侵权责任。被上诉人常宇公司、华达公司主张,其位于案涉地块的原厂区曾有与其不存在法律上承继关系的其他单位进行过化工生产,所造成的污染与其无关。《侵权责任法》第十二条规定:“二人以上分别实施侵权行为造成同一损害,能够确定责任大小的,各自承担相应的责任;难以确定责任大小的,平均承担赔偿责任”。根据相关调查、评估,三被上诉人各自原厂区内土壤和地下水超标污染物种类,重点污染物的区域、点位、种类、浓度和生物毒性的区域、级别等与三被上诉人公司在案涉地块厂区内各类产品生产区、辅助生产区、办公生活区、污水处理与仓储区等区域基本对应,可以印证案涉场地污染主要系三被上诉人从事农药、化工生产所致。因此,被上诉人常宇公司、华达公司应当就其生产经营行为对案涉场地造成的环境污染承担相应的侵权责任。

(三)本案起诉未超过诉讼时效

根据《环境保护法》第六十六条规定,提起环境损害赔偿诉讼的时效期间为三年,从当事人知道或者应当知道其受到损害时起计算。被上诉人认为在2011年5月相关环境调查技术报告形成之日,上诉人即应当知晓案涉地块环境损害的事实,但未提供证据证明该信息已经通过适当方式向社会公众公开并为社会公众所知悉。本案环境污染问题系修复过程中的异味对周边敏感人群产生影响,2016年年初经媒体报道后而为社会公众所知。因此,上诉人于2016年5月提起本案诉讼,并未超过三年的诉讼时效。而且案涉地块环境污染一直处于持续状态,《环境侵权责任司法解释》第十七条规定:“被侵权人提起诉讼,请求污染者停止侵害、排除妨碍、消除危险的,不受环境保护法第六十六条规定的时效期间的限制。”因此,被上诉人主张本案已超过诉讼时效期间的观点不能成立。

二、关于被上诉人是否应当承担污染风险管控和修复责任问题

虽然根据《环境民事公益诉讼司法解释》第十八条规定，本案上诉人具有要求被上诉人承担案涉场地环境污染风险管控和修复责任的请求权，但在地方政府已经对案涉地块进行风险管控和修复的情况下，该项诉讼请求难以支持。

被上诉人常隆公司、常宇公司、华达公司实施了污染环境的行为，损害了社会公共利益。上诉人自然之友、中国绿发会提出的由被上诉人承担环境污染侵权责任的诉求具有事实和法律依据，应当得到支持。但新北区政府已经有效组织实施案涉地块污染风险管控、修复，目前没有判令三被上诉人组织实施风险管控、修复的必要性。土壤污染损害后果具有累积性和隐蔽性，土壤污染风险管控、修复具有长期性、复杂性。鉴于案涉风险管控、修复工作尚未完成，修复效果存在一定的不确定性，污染行为对周边生态环境造成损害的风险依然存在，如果新北区政府组织实施的风险管控、修复未能完成，或完成后仍不足以消除污染对周边生态环境、公众健康的影响，符合条件的社会组织等适格主体依然可以另行提起环境民事公益诉讼，追究被上诉人的后续治理修复污染责任，维护社会公共利益。目前，因无法确定该后续治理所需费用的具体数额，本案尚不具备判决被上诉人承担生态环境修复费用的条件。

三、关于被上诉人是否应当赔礼道歉问题

被上诉人辩称污染具有污染防治技术手段不足、法律法规要求不严等历史原因，不能为此承担赔礼道歉责任。虽然被上诉人在长期生产经营中造成的污染有其一定的历史原因和发展局限，难以要求被上诉人就整个历史阶段中全部污染行为承担赔礼道歉责任，但被上诉人常隆公司于 2006 年 8 月至 2009 年 8 月受到行政处罚的环境违法行为和三被上诉人在案涉地块生产时发生的工业固废填埋行为、搬迁中对工业固废的不当处置行为，明显违反了当时就已经生效的《环境保护法》和《固体废物污染环境防治法》等法律规定，过错明显。案涉地块环境污染已经导致社会公众对于自身健康的担忧和焦虑，对生活于优良生态环境的满足感、获得感的降低，造成了社会公众精神利益上的损失，被上诉人应当向社会公众赔礼道歉。

四、关于律师费、差旅费问题

《环境民事公益诉讼司法解释》第二十二条规定，“原告请求被告承担检验、鉴定费用,合理的律师费以及为诉讼支出的其他合理费用的,人民法院可以依法予以支持”。综合考虑与本案直接关联的上诉人工作人员、诉讼委托代理人所办理的必要事项,以及案件的性质、办理难度、工作方式、交通距离、交通方式等,法院酌定由三被上诉人负担上诉人自然之友一审、二审律师费、差旅费共230,000元;负担上诉人中国绿发会一审、二审律师费、差旅费共230,000元。

五、关于案件受理费问题

环境民事公益诉讼案件受理费应当适用《国务院诉讼费用缴纳办法》的规定交纳,有财产诉求的根据诉讼请求的金额或者价额,按照一定比例分段累计交纳;非财产案件的受理费按件计收。本案上诉人提出的由被上诉人修复受损环境、赔礼道歉的诉求属于非财产诉求。上诉人提出的由被上诉人承担修复费用的诉求因无法确定后续治理所需费用,不能作为案件受理费的计算依据。且上诉人优先诉求是由被上诉人修复受损环境,承担修复费用系优先诉求不能实现时的备位诉求,应当按照优先诉求确定案件受理费。因此,本案按照非财产案件计算案件受理费。

二审法院判决:1. 撤销江苏省常州市中级人民法院(2016)苏04民初214号民事判决;

2. 常隆公司、常宇公司、华达公司在本判决生效后15日内,在国家级媒体上就其污染行为向社会公众赔礼道歉;

3. 常隆公司、常宇公司、华达公司在本判决生效之日起10日内,共同向自然之友支付本案律师费、差旅费230,000元,向中国绿发会支付本案律师费、差旅费230,000元;

4. 驳回自然之友、中国绿发会的其他诉讼请求。

如常隆公司、常宇公司、华达公司未按本判决指定的期间履行给付义务,应当按照《民事诉讼法》第二百五十三条之规定,加倍支付迟延履行期间的债务利息。

一审案件受理费100元、二审案件受理费100元,由常隆公司、常宇公司、华达公司共同负担。

再审裁定:1. 本案由本院提审;

2. 再审期间,不中止原判决的执行。

【实务要点评析】

本案系受到社会各界广泛关注的“常州毒地案”,也即工业场地污染引发的环境污染民事公益诉讼案件。由于科学认知不足和环境监管缺失等原因,世界各国工业化历程中大都存在严重的历史遗留的工业污染、场地污染且难以治理问题。中国经历数十年的经济快速发展,历史遗留污染场地问题也比较突出。随着各类环境事件的曝光,谁来承担环境责任、谁来修复受损环境、如何维护社会环境公共利益,成为社会公众和法学界均高度关注的问题。本案历经一审、二审程序,判决虽已生效,但最高人民法院于2020年3月19日裁定提审此案,最终土壤污染企业是否应当承担对污染场地的风险管控和修复责任,尚存在变数。下述分析总结,系以二审判决为基础,但最终以最高人民法院判决为准。截至本书编撰之日,该案尚未作出再审判决。

一、对具体工业企业场地环境污染的诉讼是否具有公益性

在工业场地污染环境案中,在受污染的场地上生产经营的工业企业,因长期从事农药、化工生产及其他导致场地污染的生产经营活动,导致案涉地块土壤、地下水受到严重污染,对周边生态环境及公众身体健康造成重大风险,存在损害社会公共利益的较大可能性,具有公益性,公益诉讼原告有权就场地污染行为提起环境公益诉讼。

二、土壤污染企业是否应对改制前的经营行为导致的污染承担侵权责任

在工业场地上经营并导致场地污染的企业历经改制的情况下,由于企业主体一直延续,并未因改制等因素终止或消灭,因此,产生污染的企业应当对其改制前的污染损害行为承担环境侵权责任。

三、土地使用权人是否因土地已被政府收储而不承担环境侵权责任或减轻责任

《土壤污染防治法》第96条规定,污染土壤造成他人人身或者财产损害的,应当依法承担侵权责任。土壤污染责任人无法认定,土地使用权人未依照本法规定履行土壤污染风险管控和修复义务,造成他人人身或者财产损害的,应当依法承担侵权责任。《侵权责任法》第66条规定,因污染环境发生纠纷的,污染者应当就法律规定的不承担责任或者减轻责任的情形承担举证责任(《民法典》第1230条规定亦作了相同规定)。三被告虽主张改制中未计入环境污染侵权责任所产生的债务，因此企业改制前生产经营行为产生的污染责任应当由企业出卖方相关地方政府承担，但该理由并非法律规定的不承担责任或者减轻责任的情形。他们又主张案涉地块国有土地使用权已被政府收储，土地使用权已经依法转让，相关侵权责任应由土地受让人地方政府承担，该理由亦非法律规定的不承担责任或者减轻责任的情形。

四、如何计算土壤污染侵权案件的诉讼时效

根据《环境保护法》第 66 条规定，提起环境损害赔偿诉讼的时效期间为三年，从当事人知道或者应当知道其受到损害时起计算。在案涉地块环境污染一直处于持续状态的情形下，根据《环境侵权责任司法解释》第 17 条的规定，“被侵权人提起诉讼，请求污染者停止侵害、排除妨碍、消除危险的，不受环境保护法第 66 条规定的时效期间的限制”，权利人主张环境侵权赔偿的诉讼时效不受三年的限制。

五、案涉地块存在其他污染责任单位是否影响案涉当事人对其自身污染行为承担环境侵权责任

如公益诉讼被告主张，案涉地块历史上曾存在较多其他企业且均从事与被告性质相同或类似的排放污染物较多的生产经营业务，案涉场地污染与其无关。《侵权责任法》第 12 条规定：“二人以上分别实施侵权行为造成同一损害，能够确定责任大小的，各自承担相应的责任；难以确定责任大小的，平均承担赔偿责任”（《民法典》第 1172 条亦作了相同规定）。结合相关调查、评估结果，如公益诉讼被告原厂区内土壤和地下水超标污染物种类，重点污染物的区域、点位、种类、浓度和生物毒性的区域、级别等与公益诉讼被告在案涉地块厂区内各类产品生产区、辅助生产区、办公生活区、污水处理与仓储区等区域基本对应，则根据高度盖然性的证明标准，可以得出案涉场地污染主要系公益诉讼被告从事相关生产所致。因此，公益诉讼被告应当就其生产经营行为对案涉场地造成的环境污染承担相应的侵权责任。

六、土壤污染企业是否应当承担污染风险管控和修复责任

江苏省高级人民法院认为，根据《环境民事公益诉讼司法解释》第 18 条的规定，公益诉讼原告具有要求土壤污染企业承担案涉场地环境污染风险管控和修复责任的请求权，但是，在地方政府已经对案涉地块进行风险管控和修复的情况下，该项诉讼请求难以支持，其理由主要如下：

（一）地方政府组织实施污染风险管控、修复与污染者担责并不冲突。虽然组织实施污染风险管控和修复是污染者的法律义务，但该项义务并不与特有身份挂钩，不具有人身专属性和排他性，不产生排除其他主体实施污染风险管控、修复以维护社会公共利益的效力。其他主体组织实施风险管控、修复既不等同于其在承担环境污染侵权责任，也不与污染者担责的归责原则相冲突。

工业污染场地尤其是化工、农药企业污染场地的环境治理修复难度大、周期长，需要较强的组织管理能力、专业技术能力以及高度的责任意识。地方政府组织实施风险防控和修复，在资金保障、资源调度、组织管理等各方面均有其优势。

（二）地方政府组织实施的风险管控、修复范围已经涵盖被上诉人的侵权责任范围

环境污染侵权行为往往具有一个侵权行为同时侵犯不同主体多种权益的特点。案涉地块因长期从事化工、农药生产而受到污染，不仅损害了土地所有者、使用者的土地资源利用权利，而且以污染土壤、地下水为介质的污染物蒸发、迁移、流动等，将导致周边生态环境受损或处于危险状态，损害社会公共利益。涉案场地所属区政府收储案涉地块后，根据不同时期的用地规划，先后以居住用地、绿化用地为标准制定了污染风险管控和修复方案已经涵盖了原告诉求应当承担的案涉场地污染风险防控和修复责任范围，全面实施后可以保证与目前案涉地块规划用途相匹配的周边生态环境和公众健康安全。

（三）风险管控、修复工作已经取得阶段性成效

原告提起本案诉讼前，涉案场地所属区政府已经组织开展了案涉地块污染情况调查评估、编制了污染土壤和地下水的修复方案、组织实施了相关修复工程。在修复过程中发生次生大气污染后及时采取了应急措施，调整了案涉地块用地规划和修复方案，完成了相应的工程施工并组织进行了验收。此后，编制了长期污染防控技术方案和实施方案并相应地开展了工作，编制了场地污染监控方案并采取了污染监控措施。相关调查报告、技术方案、实施方案、工程验收等均经过专家评审并获得通过。根据2016年年底、2017年年底连续两年对案涉场地及周边区域空气、地表水、地下水、土壤气的跟踪监测表明，生态环境风险和人群健康安全已经具有一定程度的保障，地方政府组织实施的环境风险管控、修复已经取得明显效果。工业企业场地污染修复治理难度大、周期长，案涉地块属于多介质污染（土壤、地下水）以及多种化学品、重金属复合污染，对其进行风险

管控、修复是一个长期过程,最终效果也需要长时间的检测和检验。上诉人要求消除污染对案涉地块及周边土壤、地下水生态环境影响的诉讼请求已经部分得以实现,并具有最终得到实现的高度可能性。

(四)原告提出由土壤污染企业承担地方政府支出的污染治理费用的诉讼请求不属于本案审理范围

《环境民事公益诉讼司法解释》第20条第2款规定:"人民法院可以在判决被告修复生态环境的同时,确定被告不履行修复义务时应承担的生态环境修复费用;也可以直接判决被告承担生态环境修复费用。"第24条规定:"人民法院判决被告承担的生态环境修复费用、生态环境受到损害至恢复原状期间服务功能损失等款项,应当用于修复被损害的生态环境。"因此,环境公益诉讼的被告承担环境修复责任的方式有两种,即组织实施环境修复或承担修复费用。在污染者无力或不愿履行组织实施环境修复的情况下,法院可以判令由其出资交由第三方组织实施修复。但案外人涉案场地所属区政府在本案诉讼前已经组织实施案涉地块的污染风险管控和修复。如果涉案场地所属区政府认为相关费用应由土壤污染企业负担或分担,可以依法向土壤污染企业追偿。由土壤污染企业负担涉案场地所属区政府支出的修复费用的诉求超出了环境公益诉讼的请求范围。涉案场地所属区政府并非本案当事人,法院无权主动介入界定其与土壤污染企业之间的权利义务关系。地方政府组织实施污染风险管控、修复行为与土壤污染企业是否应当担责之间没有法律上的利害关系。

综上,在涉案场地所属区政府已经有效组织实施案涉地块污染风险管控、修复的情况下,没有判令土壤污染企业组织实施风险管控、修复的必要性。土壤污染损害后果具有累积性和隐蔽性,土壤污染风险管控、修复具有长期性、复杂性。鉴于案涉风险管控、修复工作尚未完成,修复效果存在一定的不确定性,污染行为对周边生态环境造成损害的风险依然存在,如果涉案场地所属区政府组织实施的风险管控、修复未能完成,或完成后仍不足以消除污染对周边生态环境、公众健康的影响,符合条件的社会组织等适格主体依然可以另行提起环境民事公益诉讼,追究土壤污染企业的后续治理修复污染责任,维护社会公共利益。目前,因无法确定该后续治理所需费用的具体数额,本案尚不具备判决土壤污染企业承担生态环境修复费用的条件。

第八章　海洋环境污染类环境民事公益诉讼

我国是海洋大国，海洋是我国经济社会可持续发展的重要战略资源和战略空间。但在海洋经济快速发展的同时，陆源污染和海洋资源的开发活动不断影响我国海洋生态环境质量。海洋生态环境质量恶化会损害海洋生物生存、危害人类健康、妨碍人类的海洋生产活动、损害海水使用质量、造成优美环境的破坏。海洋环境污染损害是指直接或者间接地把物质或者能量引入海洋环境，产生损害海洋生物资源、危害人体健康、妨害海洋渔业和海上其他合法活动、损害海水使用质量和减损环境质量等有害影响。

由于海洋的特殊性，海洋污染与大气、陆地污染有很多不同，其有几个突出的特点：一是污染源广，不仅人类在海洋的活动可以污染海洋，而且人类在陆地和其他活动方面所产生的污染物，也将通过江河径流、大气扩散和雨雪等降水形式，最终汇入海洋。二是持续性强，海洋是地球上地势最低的区域，不可能像大气和江河那样，通过一次暴雨或一个汛期，使污染物转移或消除；一旦污染物进入海洋后，很难再转移出去，不能溶解和不易分解的物质在海洋中越积越多，往往通过生物的浓缩作用和食物链传递，对人类造成潜在威胁。三是扩散范围广，全球海洋是相互连通的一个整体，一个海域污染了，往往会扩散到周边，甚至有的后期效应还会波及全球。四是防治难、危害大。海洋污染有很长的积累过程，不易及时发现，一旦形成污染，需要长期治理才能消除影响，且治理费用大，造成的危害会影响到很多方面，特别是对人体产生的毒害，更是难以彻底清除干净。

《海洋环境保护法》第 89 条第 2 款明确将海洋自然资源与生态环境损害索赔的权利专门赋予依法行使海洋环境监督管理权的部门，代表国家对我国管辖海域内自然资源与生态环境造成污染损害和破坏的行为提出损害赔偿要求，具有维护国家利益的公益性,因此海洋自然资源与生态环境损害诉讼本质上属于环境民事公益诉讼范畴。因此,海洋自然资源与生态环境损害赔偿诉讼,作为一种环境侵权诉讼与环境民事公益诉讼,总体上也属于《环境民事公益诉讼司法解释》和《环境侵权责任司法解释》的适用范围。但海洋自然资源与生态环境损害赔偿诉讼也有其自身特殊性和规律,因此最高人民法院于2018年发布了《关于审理海洋自然资源与生态环境损害赔偿纠纷案件若干问题的规定》,对海洋自然资源与生态环境损害赔偿诉讼明确了特别的实体与程序规则,包括诉讼管辖、索赔主体、可以书面告知其他依法行使海洋环境监督管理权的机关的情形、诉讼形式、损失赔偿范围、损失认定的一般规则与替代方法、损害赔偿金的归口交纳、污染损害威胁的处理、船舶污染损害赔偿的法律适用等,在司法实务中要尤其关注该司法解释规定的特殊规则的适用,没有特殊规则的依然适用环境民事公益诉讼和环境侵权责任纠纷的相关规定。

案例1　为污染行为人提供工具、场所等帮助的应承担环境侵权连带责任

——中山市海洋与渔业局诉彭某某、冯某某等环境民事公益诉讼案①

【案例介绍】

案　号:广东省高级人民法院(2018)粤民终2065号

一审原告:中山市海洋与渔业局

一审被告:彭某某、冯某某、何甲、何乙、袁某某

基本案情:2016年8月30日,原告中山市海洋与渔业局工作人员在辖区海域巡查时发现"恒辉20"轮在中山市民众镇横门东出海航道12号灯标堤围处倾倒废弃垃圾,涉嫌犯罪,向中山市公安机关报警后,公安机关立即派员到场进行了调查,并传讯了船上的相关人员。经侦查查明,在2016年7月、8月,彭某某、冯某某、何甲、何乙、袁某某五被告为谋取非法利益,以加高加固堤围为借口,从东莞市中堂镇码头将造纸厂的垃圾(包括废胶纸等)通过船舶运往12号灯标堤围处倾倒,对周围海域造成极大的环境污染。该堤围东边是海域,南边是横门水

① 本案系最高人民检察院发布的全国检察机关服务保障打好污染防治攻坚战典型案例。

道,西边是民众镇裕安围,北边是河道。根据广东省人民政府2017年9月发布的《广东省海洋生态红线图件、登记表》,本案倾倒垃圾的堤围及其周边海域属于重要河口生态系统,禁止排放、倾倒污染物和废弃物。

在刑事案件调查取证阶段,受中山市环境保护局环境监察分局委托,广州中科检测技术服务有限公司对五被告倾倒的上述垃圾进行了检测,该公司在检测后作出了《废物属性鉴别报告》。该鉴别报告认定所检"横门东出海航道12号灯标堤围倾倒未知物"为含有害有毒物质的混合废弃物。2016年11月,中山市环境保护局委托环境保护部华南环境科学研究所(以下简称环科所)就五被告倾倒的垃圾对周边海域的环境污染损害情况进行评估鉴定,该所出具了《环境损害鉴定评估报告》。该评估报告载明:垃圾中含有一定的有毒有害物质和大量的病原微生物,对水体造成重大污染;垃圾受雨水淋溶会产生垃圾渗滤液,渗滤液中含有大量的有机污染物、重金属等污染物,会造成海水污染;垃圾倾倒区域面积约2500平方米,平均堆放高度约为1.2米;该环境污染事件造成的相关经济损失为3,862,716.50元,其中包括事务性费用330,968元;该污染事件的生态修复费用为3,751,941.78元……以上评估报告认定的事实为中山市两级人民法院所采信。就上述倾倒垃圾行为,彭某某、冯某某、何甲、何乙被以污染环境罪追究刑事责任,广东省中山市第一人民法院作出的(2017)粤2071刑初1293号刑事判决书(以下简称1293号刑事判决),认定彭某某、冯某某、何甲、何乙无视国家法律,违反国家规定,结伙倾倒、处置有毒有害物质,后果特别严重,其行为均已构成污染环境罪,并依法判处相应刑罚。冯某某、何甲、何乙不服一审判决,提出上诉。广东省中山市中级人民法院作出(2017)粤20刑终306号刑事裁定书(以下简称306号刑事裁定),驳回上诉,维持原判。

原告诉讼请求:1. 被告彭某某、冯某某、何甲、何乙连带赔偿生态修复费用3,725,589.78元,被告袁某某在904,979.29元的范围内承担连带赔偿责任;2. 被告彭某某、冯某某、何甲、何乙连带赔偿因环境污染产生的各项经济损失3,531,748.50元,被告袁某某在857,893.50元的范围内承担连带赔偿责任;3. 被告彭某某、冯某某、何甲、何乙连带赔偿因本案诉讼产生的鉴定评估费35万元、检测费192,800元、律师代理费2万元,被告袁某某在136,709.19元的范围内承担连带赔偿责任;4. 五被告共同承担本案诉讼费用。

被告彭某某辩称:1. 评估报告载明垃圾倾倒处上游存在其他污染源,故本案海洋底泥镉超标与五被告的倾倒垃圾行为没有因果关系,镉超标造成的相关损失与五被告无关,原告不能要求五被告赔偿本案全部损失。2. 如被告彭某某需要承担赔偿责任,本案的损失应结合刑事判决和实际发生的费用确定,不能仅根据评估报告确定。3. 评估报告不科学、不合理,且存在明显的计算错误,不能作为认定本案损失的依据。

被告冯某某辩称:1. 被告冯某某已将其承租的本案堤围转租给被告彭某某,被告彭某某实施了倾倒垃圾行为,而被告冯某某并未参与倾倒垃圾,原告请求被告冯某某与其他被告承担连带赔偿责任没有依据。2. 本案除了被告袁某某运输的一船垃圾,还存在其他运输垃圾的侵权行为人,故本案还应将其他侵权行为人列为共同被告。3. 原告提供的评估报告虽是生效刑事判决采信的证据,但作出该评估报告的鉴定人员在鉴定时不具有鉴定资质,且鉴定程序和内容不具有科学性,故该评估报告不能作为认定本案事实的依据。4. 原告提出的五被告赔偿因环境污染产生的各项经济损失的请求不明确,且缺乏法律依据。5. 原告提出的五被告赔偿因本案诉讼产生的费用没有相应的法律依据。

被告何甲辩称:1. 本案环境污染损害系多因一果,存在其他污染本案海洋环境的侵权行为人,根据《侵权责任法》第六十七条的规定,原告应当根据污染物的种类、排放量等因素确定五被告应当承担的赔偿金额,原告无权要求五被告承担全部的环境污染损害赔偿责任。2. 作出评估报告的鉴定人员在鉴定时尚未取得鉴定资质,检测方法是否科学和提取的检测样品是否具有代表性等均缺乏依据,故评估报告存在严重瑕疵,不能作为认定本案事实的依据。3. 被告何甲仅是打工的,根据雇主的指示开展工作,被告何甲的行为应由其雇主承担相应的责任。4. 如法院认定五被告应共同承担环境污染损害赔偿责任,因被告何甲在共同责任中所起的作用相对较小,应当承担较轻的赔偿责任。

被告何乙辩称:1. 被告何乙仅是出租钩机给被告彭某某,在被告彭某某承租的堤围从事挖掘地泥作业,不是倾倒垃圾非法获利项目的股东,被告何乙不是本案侵权行为人,原告请求被告何乙与其他被告承担连带赔偿责任没有依据。2. 本案不仅存在其他运输垃圾的侵权行为人,垃圾提供者也是侵权行为人,故本案还应将其他侵权行为人列为共同被告。3. 作出评估报告的鉴定人员在鉴定时尚未取得鉴定资质,且评估报告未能充分说明倾倒行为与损害结果之间的关系,评估报告不科学、不合理,不能作为认定本案事实的依据。4. 在造成本案环境污染的过程中，五被告独立的行为均不能单独造成侵权结果的发生，故原告要求五被告承担连带责任于法无据，本案应根据具体情况判决五被告承担按份责任。

被告袁某某辩称：1. 本案垃圾倾倒在堤围上，不是倾倒在海洋，而原告的职责是对海洋生态环境进行监督，故原告无权提起本案诉讼，原告的主体不适格。2. 被告袁某某运输废胶纸仅是在履行运输合同义务，并不清楚运输货物的属性，被告袁某某也没有配合参与倾倒垃圾，被告袁某某不是本案侵权行为人。3. 鉴定人员没有在“恒辉20”轮未卸载的货物中取样，而已倾倒在堤围的垃圾不能确定是否为被告袁某某运输的货物，故《废物属性鉴别报告》认定的含有毒有害物质的混合废弃物不能确定是否为被告袁某某运输的货物，原告主张被告袁某某污染本案海洋环境缺乏事实依据。4. 被告袁某某在事故发生后，主动配合行政部门执法，主动垫付费用处理“恒辉20”轮未卸载的货物。5. 评估报告不科学、不合理，不能作为认定本案损失金额的依据。6. 1293号刑事判决认定从“恒辉20”轮上卸载的废胶纸是200立方米，如袁某某需要承担赔偿责任，仅需对该200立方米废胶纸造成的损失承担赔偿责任。7. 鉴定评估费和检测费是中山市环境保护局环境监察分局支付的，不属于原告的损失，律师代理费是原告为更好地维护自身权益所产生的费用，均不是因五被告侵权行为所导致的损失，原告无权向五被告索赔。

一审法院认为：本案的争议焦点主要有：原告的主体是否适格？五被告是否需要承担污染海洋环境的赔偿责任？原告主张的各项损失是否合理？

一、关于原告主体是否适格的问题

本案废胶纸等垃圾虽然倾倒在中山市横门东出海航道12号灯标堤围，没有直接倾倒入海，但该堤围东边是海域，南边是横门水道，北边是河道，该堤围及其周边海域属于重要河口生态系统，本案倾倒的垃圾直接污染了海域和河道，破坏了河口生态系统，造成海洋环境污染损害，给国家造成了重大损失。原告负责该海域和河道的海洋环境保护和修复工作，是行使海洋环境监督管理权的部门，根据《海洋环境保护法》第八十九条第二款关于“对破坏海洋生态、海洋水产资源、海洋保护区，给国家造成重大损失的，由依照本法规定行使海洋环境监督管理权的部门代表国家对责任者提出损害赔偿要求”的规定和《民事诉讼法》第五十五条第一款关于“对污染环境、侵害众多消费者合法权益等损害社会公共利益的行为，法律规定的机关和有关组织可以向人民法院提起诉讼”的规定，中山市海洋与渔业局有权代表国家提起本案民事公益诉讼。袁某某以本案垃圾不是直接倾倒入海为由，对中山市海洋与渔业局的主体资格提出异议，缺乏事实和法律依据，不予支持。

根据《民事诉讼法》第十五条关于“机关、社会团体、企业事业单位对损害国家、集体或者个人民事权益的行为，可以支持受损害的单位或者个人向人民法院起诉”的规定和第五十五条第二款关于“人民检察院在履行职责中发现破坏生态环境和资源保护、食品药品安全领域侵害众多消费者合法权益等损害社会公共利益的行为，在没有前款规定的机关和组织或者前款规定的机关和组织不提起诉讼的情况下，可以向人民法院提起诉讼。前款规定的机关或者组织提起诉讼的，人民检察院可以支持起诉”的规定，本案倾倒的垃圾污染了海洋环境，负责海洋环境保护和修复工作的中山市海洋与渔业局提起本案诉讼，广东省中山市人民检察院依法可以支持中山市海洋与渔业局起诉。

二、关于五被告是否应当承担赔偿责任的问题

1293 号生效刑事判决和 306 号刑事裁定已认定彭某某、冯某某、何甲、何乙违反国家规定，结伙倾倒、处置有毒有害物质，污染环境。根据《民诉法解释》第九十三条的规定，已为人民法院发生法律效力的裁判所确认的事实，当事人无须举证证明，当事人有相反证据足以推翻的除外。彭某某对该刑事判决和刑事裁定认定的上述事实没有异议。冯某某、何甲、何乙否认其实施了本案污染环境行为，辩称其未与彭某某结伙倾倒、处置有毒有害物质，但他们提出的抗辩意见已在刑事案件中提出，并经过广东省中山市中级人民法院和广东省中山市第一人民法院审理，在 1293 号刑事判决和 306 号刑事裁定中均已作出分析和认定，对上述意见均不予采纳。冯某某、何甲、何乙未能提交新的相反证据推翻该刑事判决和刑事裁定确认的事实，本院对该刑事判决和刑事裁定确认的事实予以采信，认定彭某某、冯某某、何甲、何乙结伙倾倒、处置有毒有害物质，污染环境。冯某某、何甲、何乙提出的未实施污染环境侵权行为的抗辩，与查明的事实不符，不予支持。根据《侵权责任法》第八条关于“二人以上共同实施侵权行为，造成他人损害的，应当承担连带责任”的规定和第六十五条关于“因污染环境造成损害的，污染者应当承担侵权责任”的规定，彭某某、冯某某、何甲、何乙应对本案污染环境造成的损害承担连带赔偿责任。冯某某、何甲、何乙提出的各被告应承担按份责任的抗辩，缺乏法律依据，不予支持。

根据上述1293号刑事判决、306号刑事裁定的认定和袁某某的陈述,可以认定袁某某受彭某某委托,用袁某某所有的“恒辉20”轮从东莞市中堂镇码头运输一船废胶纸至中山市横门东出海航道12号灯标堤围。袁某某明知船上装载的货物为废胶纸,且在当地渔政部门执法人员告知不能将废胶纸卸载并倾倒至堤围的情况下,仍应彭某某的要求,配合其他被告将部分废胶纸卸载并倾倒至堤围,袁某某的上述行为已和本案其他四被告的行为构成共同侵权,袁某某应在其参与运输和倾倒的该部分废胶纸造成的损害范围内与其他四被告承担连带赔偿责任。袁某某提出的其运输废胶纸仅是在履行运输合同义务,没有配合参与倾倒废胶纸,其不是本案侵权行为人的抗辩,与查明的事实不符,不予支持。至于袁某某提出的鉴定人员没有对船上未卸载的货物取样进行鉴定,无法认定袁某某运输的废胶纸是否为含有有毒有害物质的混合废弃物的抗辩,因鉴定人员已在堤围多点采样,而从“恒辉20”轮卸下的废胶纸已和之前倾倒至堤围的垃圾混在一起,鉴定机构根据采样情况综合分析得出的结论足以证明袁某某运输的废胶纸是含有有毒有害物质的混合废弃物。退一步讲,即使袁某某运输的废胶纸不是含有有毒有害物质的混合废弃物,但其运输的废胶纸本身就是本案海洋环境的污染物,且袁某某运输的废胶纸与之前倾倒的垃圾混合后,已经无法准确区分各部分垃圾污染环境的程度,故袁某某的该项抗辩,缺乏事实和法律依据,也不予支持。

至于何甲、何乙提出的本案还有其他共同侵权行为人的抗辩。根据本案现有证据并不能确定五被告以外的明确的侵权行为人,况且,即使本案存在其他共同侵权行为人,根据《侵权责任法》第十三条关于“法律规定承担连带责任的,被侵权人有权请求部分或者全部连带责任人承担责任”的规定,原告在本案中请求五被告连带承担责任并无不当,故何甲、何乙的该项抗辩,缺乏事实和法律依据,不予支持。

三、关于原告主张的各项损失是否合理的问题

污染海洋环境责任纠纷是人民法院近年来受理的新类型案件,污染海洋环境造成的损失往往缺少直接、具体、可量化的计算标准,需要有专门知识的人作出鉴定意见。本案污染事件发生后,中山市环境保护局委托环科所对中山市横门东出海航道12号灯标堤围垃圾倾倒污染事件环境损害进行鉴定评估,环科所鉴定后作出了评估报告。环科所是我国环境保护部推荐的第一批环境损害鉴定评估推荐机构名录中的鉴定机构,具有环境损害鉴定评估资质。该评估报告是彭某某、冯某某、何甲、何乙刑事案件中的证据,该评估报告为广东省中山市中级人民法院和广东省中山市第一人民法院所采信,并作为认定刑事案件事实的依据。在本案审理过程中,作出评估报告的鉴定人员陈某某出庭接受质询,环科所还就合议庭和各方当事人提出的疑问作出书面答复。在五被告仅对评估报告提出异议,但未能提供充分的相反证据予以证明的情况下,本院采信环科所作出的评估报告,并将其作为认定本案事实的依据。

评估报告认定本案环境污染事件造成的经济损失为3,531,748.50元,生态修复费用为3,751,941.78元。因评估报告认定生态修复费用的可处置垃圾收集转运费用和垃圾处理费用两个项目时将“恒辉20”轮上尚未卸载的200立方米废胶纸计算在内,而“恒辉20”轮上尚未卸载的200立方米废胶纸已由袁某某自行处理,故应将该200立方米废胶纸的可处置垃圾收集转运费用和垃圾处理费用从生态修复费用总金额中扣减。根据评估报告确定的生活垃圾平均密度每立方米为0.488吨,200立方米废胶纸换算为97.60吨可处理类垃圾,可处置垃圾收集转运费用的单价为每吨180元,垃圾处理费用的单价为每吨90元,据此可以计算出97.60吨可处理类垃圾的可处置垃圾收集转运费用和垃圾处理费用共计26,352元,因此,本案环境污染事件的生态修复费用应为3,725,589.78元。根据《环境民事公益诉讼司法解释》第二十条关于“原告请求恢复原状的,人民法院可以依法判决被告将生态环境修复到损害发生之前的状态和功能。无法完全修复的,可以准许采用替代性修复方式。人民法院可以在判决被告修复生态环境的同时,确定被告不履行修复义务时应承担的生态环境修复费用;也可以直接判决被告承担生态环境修复费用。生态环境修复费用包括制定、实施修复方案的费用和监测、监管等费用”的规定和第二十一条关于“原告请求被告赔偿生态环境受到损害至恢复原状期间服务功能损失的,人民法院可以依法予以支持”的规定,原告请求彭某某、冯某某、何甲、何乙连带赔偿生态修复费用3,725,589.78元和经济损失3,531,748.50元,具有事实和法律依据,予以支持。

本案垃圾倾倒事件发生后,中山市环境保护局环境监察分局委托中科公司进行倾倒垃圾组成分析及废物属性鉴别检测,中山市环境保护局环境监察分局为此向中科公司支付检测费192,800元。中山市环境保护局委托环科所对中山市横门东出海航道12号灯标堤围垃圾倾倒污染事件环境损害进行鉴定评估,中山市环境保护局为此向环科所支付鉴定评估费35万元。原告为提起本案诉讼，委托广东悦盈律师事务所律师担任其委托诉讼代理人，原告为此向广东悦盈律师事务所支付律师代理费2万元。根据《环境民事公益诉讼司法解释》第二十二条关于“原告请求被告承担检验、鉴定费用，合理的律师费以及为诉讼支出的其他合理费用的，人民法院可以依法予以支持”的规定，原告请求彭某某、冯某某、何甲、何乙连带赔偿鉴定评估费35万元、检测费192,800元和律师代理费2万元，具有事实和法律依据，予以支持。冯某某、袁某某提出的原告无权请求鉴定评估费、检测费和律师代理费的抗辩，缺乏事实和法律依据，不予支持。

关于袁某某参与倾倒的废胶纸数量，1293号刑事判决、中山市公安局民众分局刑事侦查大队出具的说明、袁某某的陈述、“恒辉20”轮船员陈某某、温某某的陈述各不相同。考虑到中山市公安局民众分局刑事侦查大队出具的说明、袁某某的陈述、“恒辉20”轮船员陈某某、温某某的陈述均是刑事案件的证据，广东省中山市中级人民法院和广东省中山市第一人民法院在综合分析上述证据后，认定“恒辉20”轮运输废胶纸约400立方米至堤围，倾倒了约200立方米废胶纸，在本案没有新的证据推翻生效裁判确认事实的情况下，本案认定从“恒辉20”轮卸下的废胶纸为200立方米，即袁某某参与倾倒的废胶纸为200立方米。根据评估报告确定的生活垃圾的平均密度每立方米0.488吨，可计算出从“恒辉20”轮上卸载并倾倒至堤围的可处理类垃圾为97.60吨，评估报告以全部1029.192吨的可处理类垃圾确定生态修复费用和经济损失，故袁某某应在总赔偿额9.483%的范围内与其他四被告承担连带赔偿责任，即袁某某应连带承担的生态修复费用为353,297.68元，应连带承担的经济损失为334,915.71元，应连带承担的鉴定评估费、检测费和律师代理费为53,370.32元。

一审法院判决：1. 被告彭某某、冯某某、何甲、何乙连带赔偿生态修复费用3,725,589.78元，被告袁某某在353,297.68元范围内承担连带赔偿责任，以上款项上交国库，用于修复被损害的生态环境；

2. 被告彭某某、冯某某、何甲、何乙连带赔偿因环境污染产生的各项经济损失3,531,748.50元，被告袁某某在334,915.71元范围内承担连带赔偿责任，以上款项上交国库，用于修复被损害的生态环境；

3. 被告彭某某、冯某某、何甲、何乙连带赔偿鉴定评估费35万元、检测费

192,800元、律师代理费2万元,被告袁某某在53,370.32元范围内承担连带赔偿责任,以上款项上交国库;

4. 驳回原告中山市海洋与渔业局的其他诉讼请求。

一审判决后,袁某某不服一审判决提起上诉。后因袁某某未在二审法院发送的交费通知规定的期限内预交二审案件受理费,二审法院裁定按袁某某自动撤回上诉处理。一审判决生效。

【实务要点评析】

一、海洋与渔业行政主管部门是否有资格提起海洋环境民事公益诉讼

本案垃圾虽没有直接倾倒入海,但该堤围东边是海域,南边是横门水道,北边是河道,该堤围及其周边海域属于重要河口生态系统,本案倾倒的垃圾直接污染了海域和河道,破坏了河口生态系统,造成海洋环境污染损害,可定性为海洋环境民事公益诉讼。原告中山市海洋与渔业局负责该海域和河道的海洋环境保护和修复工作,是行使海洋环境监督管理权的部门,根据《海洋环境保护法》第89条第2款关于"对破坏海洋生态、海洋水产资源、海洋保护区,给国家造成重大损失的,由依照本法规定行使海洋环境监督管理权的部门代表国家对责任者提出损害赔偿要求"的规定,以及《民事诉讼法》第55条第1款关于"对污染环境、侵害众多消费者合法权益等损害社会公共利益的行为,法律规定的机关和有关组织可以向人民法院提起诉讼"的规定,中山市海洋与渔业局有权代表国家提起本案海洋环境民事公益诉讼。[①]

二、为海洋环境污染行为人提供运输、工具、场所租赁等帮助的行为人是否应与污染行为人连带承担环境侵权责任

在倾倒垃圾污染环境的案件中,很多案件除直接倾倒垃圾的行为人外,还存在为倾倒垃圾提供工具、运输的行为人,以及为垃圾存放提供场所的行为人,该等行为人虽未直接倾倒垃圾,但为倾倒垃圾提供了帮助,可以认定该等行为人存在共同倾倒垃圾的事实,构成共同侵权,根据《民法典》第1169条规定,"教唆、帮助他人实施侵权行为的,应当与行为人承担连带责任"。该等为倾倒垃圾提

---

① 参见梅宏:《海洋环境司法保护的多元主体及其联动机制》,载《浙江海洋大学学报(人文科学版)》2020年第1期。

供工具、运输,以及为垃圾存放提供场所的行为人,应与直接倾倒垃圾的行为人构成共同环境侵权,应与倾倒垃圾的行为人就环境侵权承担连带责任。

三、在涉及"刑民交叉"的环境民事公益诉讼中,民事侵权案件可否将刑事判决未认定构成犯罪的行为人认定为环境侵权主体

本案属于民刑交叉案件,案件审理遵循"先刑后民"的处理模式,即暂时中止民事案件审理,待刑事案件审结后再行审理民事案件。这涉及生效刑事裁判对环境侵权案件的预决力和既判力问题。根据《民诉法解释》第93条的规定,已为人民法院发生法律效力的裁判所确认的事实,当事人无须举证证明,当事人有相反证据足以推翻的除外。该规定中的"发生法律效力的裁判"当然包括刑事案件中的生效裁判。

由于民事诉讼遵循高度盖然性的证明标准而刑事诉讼奉行严格证明责任标准,因此,在民事案件中共同侵权的认定标准比刑事案件中的共同犯罪要低,"举重以明轻",在刑事案件中已成立共同犯罪的情形下,根据《民诉法解释》第93条的规定,可直接认定共同犯罪的行为人亦构成共同侵权。如部分行为人的行为未被生效刑事判决认定构成犯罪,但根据民事诉讼的高度盖然性标准,只要涉案证据足以证明该行为人实施了倾倒垃圾或其他环境污染行为,就可以认定该行为人是环境损害的共同侵权人。①

从我国《环境保护法》和其他环境保护单行法的规定看,环境污染侵权责任的免责事由有三项:不可抗力、受害人自身的过错和其他第三人的行为。只要具备前述条件之一,致害人就可以免予承担环境侵权的民事责任。本案由于不存在免责事由,相关环境污染行为人应当根据法律规定承担环境侵权责任。

另,根据《侵权责任法》第28条,"损害是因第三人造成的,第三人应当承担侵权责任",《侵权责任法》第68条:"因第三人的过错污染环境造成损害的,被侵权人可以向污染者请求赔偿,也可以向第三人请求赔偿。污染者赔偿后,有权向第三人追偿。"《民法典》第1233条也作出了相同规定,因第三人的过错污染环境、破坏生态的,被侵权人可以向侵权人请求赔偿,也可以向第三人请求赔偿。侵权人赔偿后,有权向第三人追偿。侵权人因第三人的过错造成了环境污染,或

① 参见杨秀清:《刑事判决已决事实对民事诉讼的证明效:理论与规则》,载《行政法学研究》2021年第1期。

其他第三人亦存在污染环境的行为，权利人依法可以向侵权人主张承担责任，亦可向第三人主张承担责任，或主张案涉侵权人与其他第三人共同承担侵权责任。侵权人依法应对其污染行为造成的损害承担无过错责任，不得以第三人过错造成损害或第三人亦存在污染环境情形为由主张不承担责任或减轻责任。

案例2　采用专家"分散评估+集体论证"的方法确定环境损害及修复费

——海南省人民检察院第二分院诉邢某某、宁波贤德颐贸易有限公司海洋环境民事公益诉讼案①

【案例介绍】

案　号：海南省高级人民法院(2020)琼民终384号

公益诉讼起诉人：海南省人民检察院第二分院

一审被告：宁波贤德颐贸易有限公司(以下简称贤德颐公司)

基本案情：邢某某为"宏翔1689"轮的实际所有人，贤德颐公司为"豪舟6"轮的实际经营人。2018年10月6日，邢某某和贤德颐公司约定合作经营砂石贸易，邢某某负责开采砂石，贤德颐公司负责调配船舶运输，所得利润按照三七分成。经邢某某指示，"宏翔1689"轮于10月7日抵达东方市海域，10月8日进行抽采海砂作业并将所采海砂过驳至"豪舟6"轮，过驳作业过程中被海南省公安边防总队海警第二支队查获，查获时船载海砂约2000m^3。后该案移交东方市海洋执法局处理。2018年11月19日，该局以邢某某和贤德颐公司未取得开采海砂行政许可且未进行专项环境影响评价为由，作出"东海执处罚〔2018〕018号"《行政处罚决定书》，责令停止海砂开采并罚款4.9万元，该罚款已足额缴纳。经咨询海南省海洋与渔业科学研究院梁某某、刘某等7位专家意见后，确定盗采海砂的行为可造成相应海域海洋生物资源损害、海洋生态环境破坏、地形地貌发生改变并存在岸线后移的潜在风险以及海水水质和沉积物污染等损害结果的发生。公益诉讼起诉人认为，被告邢某某和贤德颐公司未经环境影响评价，并在未取得行政许可的情况下开采海砂，造成海洋生态破坏，并对建筑工程质量带来潜

① 本案系2020年度海南检察机关发布的非法开采海砂公益诉讼四起典型案例之案例三。

在隐患,两被告构成共同侵权,应当依法承担连带赔偿责任。涉案事件发生后,海南省人民检察院第二分院于2019年8月15日公告了案件的相关情况,公告期内未有法律规定的机关和有关组织提起民事公益诉讼。海南省人民检察院第二分院遂向海口海事法院提起海洋环境污染环境公益诉讼。

诉讼请求:1.判令被告邢某某和贤德颐公司连带赔偿非法采砂造成的生态环境损害252,650元;2.判令被告邢某某和贤德颐公司连带承担专家咨询费1200元。

被告邢某某辩称:1.公益诉讼起诉人主张被告抽采海砂2000m^3没有依据。根据公益诉讼起诉人提交的证据,"宏翔1689"轮和"豪舟6"轮船员均证实抽采海砂的数量为2800吨,而非为2000m^3。2.公益诉讼起诉人主张的修复费用过高,应当参照(2020)琼72民初18号案件中海南省渔业与科学院出具的编号为"HKY2019-02-002"司法鉴定意见书(以下简称《鉴定意见》)标准确定本案修复费用。《鉴定意见》是由具有司法鉴定资质的机构出具的,在该鉴定意见书中,非法开采海砂的海洋生态环境修复费用折合为50.41元/m^3或33.61元/吨。本案与该案具有相似性,应当参照该《鉴定意见》或适当增加一定比例计算修复费用。此外,专家未对综合意见签名认可。3.此次开采的海砂在被查获后均已回填,相当于做了部分修复工作,修复费用也应减少。综上,请求参照《鉴定意见》或在此基础上适当增加一定比例确定损害赔偿金额。

被告贤德颐公司辩称:1.贤德颐公司不是本案适格的主体。一方面,贤德颐公司在本案中是砂石承运人的角色,与邢某某之间并非合作采砂关系,更无利润分成。另一方面,公益诉讼起诉人提交的《合作协议》中贤德颐公司公章与《授权委托书》中贤德颐公司公章存在明显差别,《合作协议》系伪造形成。而陈某某也并非贤德颐公司员工,其所作陈述和处理"豪舟6"轮被扣押事宜等行为不能代表公司。2.贤德颐公司未实施任何破坏海洋生态环境的行为。本案中,非法采砂的行为人是邢某某,贤德颐公司对此并不知情,而仅根据其电话指示运输货物,对于货物来源及货物状态并不清晰,因此贤德颐公司在本案中属于善意第三人,未实施环境侵权行为,不应该承担破坏海洋生态环境的赔偿责任。即使贤德颐公司需对自身的运输行为承担损害赔偿责任,也应限定在自身行为构成的责任比例之内,而非与采砂行为人邢某某承担连带赔偿责任。东方市海洋执法局作出的《责令停止违法行为通知书》系对邢某某个人作出,并未针对贤德颐公司。东方市海洋执法局作出的《行政处罚决定书》是基于陈某某关于贤德颐公司和邢某某合作开采海砂的陈述及《合作协议》,但陈某某的陈述和《合作协议》均为虚假,故《行政处罚决定书》基础事实不存在,不能以此作为认定贤德颐公司承担责任的依据。3. 关于损害赔偿数额的抗辩意见与邢某某相同。综上,请求驳回对贤德颐公司的诉讼请求。

一审法院认为:本案系海洋环境污染责任纠纷民事公益诉讼。公益诉讼起诉人海南省人民检察院第二分院根据《民事诉讼法》第五十五条第一款及《民诉法解释》第二百八十四条等法律法规的相关规定,在直接函告和发布公告催告相关海洋环保职能部门履行起诉职责未果后,提起本诉,符合法律规定,亦符合当前我国环境保护相关精神和趋势要求。

根据各方诉辩意见,本案的争议焦点为:1. "宏翔 1689"轮本次抽采海砂数量;2. 贤德颐公司是否应当承担连带赔偿责任;3. 损害赔偿金额如何确定。

一、关于"宏翔 1689"抽采海砂数量的问题

东方市海洋执法局于 2018 年 10 月 17 日、18 日、20 日、23 日分别对"宏翔 1689"轮船长张某、邢某某、"豪舟 6"轮船长王某某、陈某某进行了询问。张某在询问中陈述称,"宏翔 1689"轮于 2018 年 10 月 8 日 19 时至 22 日左右在东方市墩头湾海域抽采海砂作业,当日共抽采海砂约 3000 吨,当晚过驳到"豪舟 6"轮约 2800 吨;邢某某在询问中陈述称,"宏翔 1689"轮抽采的海砂过驳到豪舟 6 轮的量大约为 2800 吨,大概剩 200 吨的时候海警登船检查叫停;王某某在询问中陈述称"豪舟 6"轮于 2018 年 10 月 8 日 22 时至 23 时左右在东方市八所海域进行过驳,当时过驳到"豪舟 6"轮的海砂量大约为 3000 吨;陈某某在询问中陈述称,"宏翔 1689"轮 2018 年 10 月 8 日过驳到"豪舟 6"轮海砂约为 2800 吨,过驳过程中被海警当场查获。综合上述四人的询问笔录,本院认定"宏翔 1689"轮 2018 年 10 月 8 日在东方市海域抽采海砂 3000 吨,过驳至"豪舟 6"轮海砂为 2800 吨。按照 $1500kg/m^3$ 折算,"宏翔 1689"轮本次抽采海砂量为 $2000m^3$,过驳至"豪舟 6"轮海砂量为 $1900m^3$。邢某某辩称本次抽采海砂量仅为 2800 吨的理由不能成立。

二、关于贤德颐公司应否承担连带赔偿责任的问题

"豪舟 6"轮贤德颐公司于 2018 年 10 月 22 日向陈某某出具的《授权委托书》载明:贤德颐公司委托陈某某代表公司接受"豪舟 6"轮的调查和处理,陈某某在其权限范围内签署的文件在法律上产生的权利义务均由贤德颐公司享有和承担。贤德颐公司对该《授权委托书》的真实性予以认可。陈某某在2018年10月23日接受东方市海洋执法局询问时明确表示,贤德颐公司与邢某某合作经营海砂,邢某某负责采砂,贤德颐公司负责运输,所得利润按照三七分成。邢某某在2018年10月18日接受东方市海洋执法局询问时关于该事项的陈述与陈某某前述陈述一致。同年11月19日,陈某某代表贤德颐公司签收了"东海执处罚〔2018〕018号"《行政处罚决定书》。本院认为,虽然《合作协议》的真实性被否定,但在没有相反证据证明的情况下,陈某某在取得贤德颐公司有效授权后在行政执法过程中所作的陈述应当被采信,陈某某的相应行为也应视为代表贤德颐公司所进行的行为,行为后果应由贤德颐公司承担,故应当认定贤德颐公司与邢某某合作开采海砂,构成共同侵权,依据《侵权责任法》第八条的规定,贤德颐公司和邢某某应当就本次抽采海砂造成的损害承担连带赔偿责任。贤德颐公司抗辩其仅参与海砂运输,不构成共同侵权的理由不能成立。

三、关于损害赔偿数额如何确定问题

公益诉讼起诉人主张按照专家论证意见及《综合意见》计算修复费用,两被告主张参照另案《鉴定意见》计算修复费用。本院认为:一方面,《鉴定意见》并非针对本案作出。根据已查明的事实,《鉴定意见》系(2020)琼72民初18号案件中作出的鉴定结论,得出结论的依据为对海砂被抽采后相应海域实地测量数据。但(2020)琼72民初18号所涉海域为文昌市海域,本案所涉海域为东方市海域,两者所涉海域不同,故《鉴定意见》不具备适用于本案的前提条件。本案中文昌鱼密度虽来源于《鉴定意见》,但涉案的东方市海域缺乏采砂前后文昌鱼密度的数据,与本案涉案海域距离较文昌市海域更近的昌江海域文昌鱼密度高达16尾/m^2,故公益诉讼起诉人参照文昌市海域的文昌鱼密度计算修复费用已经较为保守,并未加重侵权行为人的负担。另一方面,本案中出具论证意见的7位专家具有海洋环境、海洋生态、渔业、地质等方面的专业知识,分别从不同角度出具了论证意见,并对《综合意见》签字表示认同,且无证据表明7位专家与案件相关当事人存在利害关系,《综合意见》中关于底栖生物恢复、海洋沉积物污染修复、渔业资源修复及技术支撑费、劳务费、运输费等计算,均有充分的依据,计算结果也较为合理,应当予以采信。但《综合意见》中将文昌鱼的修复费用按照其价值6倍进行计算不当,应当根据《水生野生动物及其制品价值评估办法》

的规定，调整为按照其保护级别系数即 5 倍计算修复费用，每开采 $1000m^3$ 海砂所需的文昌鱼修复费用计为 62,300 元（1.78 尾/m^2 ×10 元/尾 ×700m^2 ×5 倍）。依此计算，每非法抽采 $1000m^3$ 海砂所需的海洋生态环境修复费用为 110,127 元［（62,300＋154＋2099＋20,160）＋（62,300＋154＋2099＋20,160）×30%］。本案中，“宏翔 1689”轮抽采海砂量为 $2000m^3$，所造成的海洋生态环境损失为 220,254 元。

综上所述，被告邢某某和贤德颐公司在未进行环境影响评价，也未取得开采许可情况下合作抽采海砂，构成共同的环境侵权。根据专家论证意见，两被告非法抽采海砂的行为已经损害涉案海域的底栖生物、渔业资源，并造成海底沉积物污染，两被告应当承担生态环境修复费用。

一审法院判决：1. 被告邢某某、贤德颐公司自本判决生效之日起 10 日内赔偿非法开采海砂造成的海洋生态损害 220,254 元，该款项上交国库用于修复被损害的海洋生态环境。2. 被告邢某某、贤德颐公司自本判决生效之日起 10 日内向海南省人民检察院第二分院支付专家论证费用 900 元。3. 驳回公益诉讼起诉人的其他诉讼请求。

贤德颐公司提起上诉：请求二审法院依法改判驳回海南省人民检察院第二分院对贤德颐公司的全部诉讼请求；本案上诉费用由被上诉人承担。事实与理由：1. 上诉人不是本案适格主体。首先，上诉人与邢某某之间不存在任何《合作协议》。检察院在一审中提交的《合作协议》系伪造形成。上诉人已经于 2020 年 5 月 15 日向一审法院提交《鉴定申请书》一份，要求对本案中的《合作协议》进行鉴定。且对比《合作协议》中的公章和《授权委托书》中的公章就可知，两个公章肉眼可见存在明显差别。因此，上诉人与邢某某之间并非合作采砂关系，而是上诉人根据委托人电话指示，运输砂石并且收取运费的运输合同关系。其次，陈某某不是上诉人公司的员工，与上诉人没有任何关系。根据检察院提交《授权委托书》，上诉人公司授权陈某某的时间是 2018 年 10 月 22 日，当时系船舶实际经营管理人王某某告知上诉人该船舶因在海南被扣船，需要委托人出具一份授权委托书，委托当地人员进行处理，因此上诉人才出具该授权委托书。在这之前上诉人并未委托陈某某对外签订《合作协议》，也并未委托陈某某对外开展业务，这也进一步说明所谓的 2018 年 10 月 23 日签订的《合作协议》系伪造。因此，检察院在原审中提交的陈某某的陈述存在虚假。最后，从上诉人提交的证据付款凭证可知，本案中邢某某委托案外人电话向上诉人定航次，委托上诉人运输砂石，并且于10月18日向“豪州6”实际经营管理人王某某支付运费，按照35元/吨的价格运输4163吨，运费为145,705元，并且因为“豪州6”被海事局扣船一事，向“豪州6”实际经营管理人王某某支付人民币40,000元作为“豪州6”航次损失。如果双方是合作经营关系，那么经营风险共担，邢某某也无须向“豪州6”实际经营管理人王某某另外支付航次损失。由此可见，双方之间并非合作经营关系，而是运输合同关系。

2. 上诉人不存在任何破坏海洋生态环境的行为。首先，上诉人在本案中仅受邢某某委托运输砂石，并不存在非法采砂的行为。根据《海南省海洋环境保护规定》第二十三条的规定，而从检察院提交的询问笔录也可知，上诉人未进行采挖海砂、砾石和其他近岸矿产资源的行为。因此，上诉人的运输行为其本身并不存在破坏海洋生态环境的情形。其次，上诉人对于邢某某的非法采砂行为并不知情。本案中上诉人仅根据电话指示运输货物，对于货物来源及货物状态并不清晰，因此上诉人在本案中属于善意第三人，不应该承担破坏海洋生态环境的赔偿责任。最后，2018年11月19日，东方市海洋执法局作出的《责令停止违法行为通知书》系对邢某某个人作出，并未对上诉人作出。因此该局也认可上诉人本身并不存在违法行为的事实。东方市海洋执法局作出的《行政处罚决定书》，是基于认为邢某某与上诉人存在《合作协议》的基础上作出的，但事实上双方之间并不存在合作，陈某某作出的虚假陈述也不能成立。因此，上诉人认为《行政处罚决定书》并未有效送达至上诉人处，使得上诉人无法作出复议或诉讼。原审判决书中认定的“虽然《合作协议》的真实性被否定，但在没有相反证据证明的情况下，陈某某在取得贤德颐公司有效授权后在行政执法过程中所作的陈述应当被采信，陈某某的相应行为也应视为代表贤德颐公司所进行的行为，行为后果应由贤德颐公司承担”系错误的。陈某某隐瞒上诉人船舶被当地海事部门扣押的原因，骗取上诉人出具一份授权委托书给其，用于办理船舶事宜。上诉人主观上不存在开采砂石和运输砂石的故意，客观上对于船舶运输砂石的情况并不知情，从始至终运输砂石的行为均为陈某某个人作出。而东方市海洋执法局在调查阶段并未搞清楚这一事实，在一审阶段检察院已经知晓东方市海洋执法局并未搞清楚这一事实，但是仍然将错就错，仅凭一份授权委托以及陈某某的虚假证词，就认定上诉人需要承担连带责任，这是既不合法也不合理的。更何况,一审判决书中既然已经认定了《合作协议》系造假的事实,又认定“贤德颐公司与邢某某合作开采海砂,构成共同侵权”,完全是前后矛盾的。既然《合作协议》中的公章是伪造的,那么说明上诉人在本案中根本就是不知情的受害者,又何来共同侵权一说。检察院明知道陈某某个人存在伪造、欺诈等情形,不对陈某某个人重新展开调查,追究陈某某个人责任以纠正错误,反而对于这一点视若无睹,不符合司法的公平公正性。

3. 要求上诉人连带赔偿损失220,254元及专家论证费用900元无事实和法律依据。首先,上诉人根据上述两项意见,并不存在破坏海洋生态环境的情形,也未与邢某某达成合作,不是本案适格的主体。因此,不应该承担本案中因非法采砂造成的海洋生态环境损害赔偿责任。该赔偿责任应该由采砂主体,也就是邢某某全部承担。其次,根据《侵权责任法》的相关规定,本案是邢某某与陈某某的侵权行为所导致的。即使应该承担损失赔偿,也应该由其两个个人进行承担,上诉人作为善意第三人,客观上不知情,主观上无作为,不应该承担任何损失赔偿及其他费用。

被上诉人海南省人民检察院第二分院辩称:贤德颐公司的上诉理由不成立,一审判决正确。理由如下:1. 贤德颐公司是本案的适格被告。贤德颐公司向舟山昌隆船务有限公司承包经营其所有的“豪舟6”轮,承包期自2017年3月17日起至2022年3月16日止。“豪舟6”轮为运力超过600总吨、营运海区A1 + A2的沿海运输船舶,根据《国内水路运输管理规定》,水路运输业务经营者必须是企业法人,且水路运输经营者不得出租、出借水路运输经营许可证件,或者以其他形式非法转让水路运输经营资格。贤德颐公司是“豪舟6”轮的水路运输业务经营人,应该对该轮所涉违法行为的后果承担法律责任,贤德颐公司是本案的适格主体。

2. “豪舟6”轮参与违法采砂,贤德颐公司与邢某某构成共同侵权。在本案盗采海砂过程中,邢某某与“豪舟6”轮在实施侵权行为前存在意思联络,各行为人有共同实施采砂的主观故意;在共同故意支配下双方积极配合,采砂行为和接收、装载海砂有序衔接,形成完整的盗采海砂共同侵权行为。邢某某、“豪舟6”轮违法采砂被东方市海洋执法局查获后,贤德颐公司出具《授权委托书》,委托陈某某接受“豪舟6”轮的调查和处理,并写明陈某某所签署的文件,该公司均予以承认,由此产生的权利、义务由该公司享有和承担。陈某某在接受东方市海洋执法局询问时明确陈述,贤德颐公司与邢某某合作采砂,所得利润按三七分成。

邢某某在盗采海砂被抓获后第一次询问笔录中也做了基本相同的供述。陈某某代表贤德颐公司签收了《行政处罚决定书》,该行政处罚已经生效,具有行政行为的公定力和确定力。以上证据互相印证,可以认定贤德颐公司与邢某某合作盗采海砂,构成共同侵权,依法承担连带赔偿责任。至于上诉人贤德颐公司称该轮实际经营管理人是王某某,上诉人应王某某的要求出具授权委托书,委托他人(陈某某)处理"豪舟6"轮事务,陈某某又伪造上诉人公章与邢某某签订合作协议等辩解,均不是上诉人不对本案承担责任的合法理由。上诉人与王某某、陈某某之间属于何种法律关系以及是否存在责任分担问题,是上诉人与王某某、陈某某之间的内部法律关系,上诉人可以另案追究。另外,伪造印章属于违法行为,上诉人知道自己的印章被伪造后应该立即向公安机关报案,追究违法人的法律责任。

二审法院认为:本院认为,本案的争议焦点是贤德颐公司是否为本案适格主体;贤德颐公司是否与邢某某构成共同侵权,是否应承担连带赔偿责任。

关于贤德颐公司是否为本案适格主体的问题。本案中,贤德颐公司向舟山昌隆船务有限公司承包经营其所有的"豪舟6"轮,在双方约定的承包期内,贤德颐公司是"豪舟6"轮水路运输业务的实际经营人,应对该轮所涉违法行为后果承担法律责任,故贤德颐公司是本案适格主体。贤德颐公司关于其不是本案适格主体的上诉理由,于法无据,本院不予支持。

关于贤德颐公司是否与邢某某构成共同侵权、是否应承担连带赔偿责任的问题。首先,贤德颐公司作为"豪舟6"轮的实际经营企业,应对其所运输货物是否属于危化品、违禁品及来源的合法性尽到合理注意义务,但根据已查明的事实,贤德颐公司未对砂子来源及状态尽到合理注意义务,故贤德颐公司不属于善意第三人。其次,根据已生效的东海执处罚〔2018〕018号《行政处罚决定书》,结合陈某某、邢某某等人的询问笔录,可以确信邢某某与贤德颐公司共同违法抽采海砂这一事实的存在具有高度可能性。贤德颐公司虽否认陈某某为其员工,但并未否认向陈某某出具的《授权委托书》的真实性,且在没有相反证据证明的情况下,陈某某接受东方市海洋执法局调查时的行为应视为代表贤德颐公司,陈某某的行为后果应由贤德颐公司承担。因此,在未取得相关行政许可的情况下,邢某某与贤德颐公司共同违法抽采海砂,必然对海洋生态环境造成损害,贤德颐公司与邢某某构成共同侵权,应对损害承担连带赔偿责任。因此,贤德颐公司关于其与邢某某只是运输合同关系,不存在任何破坏海洋生态环境,不应承担连带赔偿责任的上诉理由，没有事实及法律依据，本院不予支持。

综上，贤德颐公司的上诉请求不能成立，应予驳回；一审判决认定事实清楚，适用法律正确，应予维持。

二审法院判决：驳回上诉，维持原判。

【实务要点评析】

一、接收盗采的海砂而未直接参与抽砂的行为人是否承担环境侵权责任

非法开采海砂行为严重损害海洋生态环境、海洋生态系统和地质环境，造成国家矿产资源受损。非法开采海砂表现为紧密或半紧密型的分工协作或采砂、运输、销售一条龙的组织化作业，无论是抽砂、接驳、运输还是销售，都是其中不可或缺的一环，他们的行为已共同构成盗采海砂的完整产业链。小船采砂、大船接收并运输是当前非法盗采海砂常见的合作采砂方式。此方式采砂效率高、隐蔽性强、对海洋生态环境资源的破坏大、打击难度大，尤其是大船"船主"以未直接参与抽砂为由逃避打击。无论是对直接抽采海砂的采砂船，还是对仅装载运输盗采海砂的过驳船，均不能简单作为单纯的运输主体对待，任何合同均不能掩盖上述主体实际参与采砂的客观事实，均应当追究其共同侵权责任，他们之间的分工合作存在明显的共同故意，共同造成海洋生态环境损害的后果。

二、如何确定非法采砂造成的海洋生态环境资源损害及修复费用

关于司法实践中生态环境修复费用计算的标准，目前通常依据司法鉴定报告确定，但因环境损害司法鉴定机构少，费用高，难以满足司法实践的需要。同时，破坏海洋类环境污染案件，因水流持续流动，存在鉴定难度大、鉴定费用高等现实问题。本案中，海南省人民检察院第二分院探索通过专家分散评估+集体论证的方式，委托海南省海洋与渔业科学院、海南省地质调查院、海南省热带农业科学院、海南大学等单位的7位专家对案件涉及的海洋生态环境损害进行评估，并征询了海南省自然资源和规划厅海洋资源主管部门的意见。在专家分别提出书面评估意见的基础上，联合主持召开了专家分析论证会。海洋执法部门及专家一致认为非法采砂造成了严重的生态环境资源损害，包括海洋生物资源的直接损失，海洋生态环境的破坏，地形地貌的改变，海岸线后移的潜在危险，海水水质和沉积物的污染，其他损害如对海洋方面科学研究、资源勘探开发的影响等。

根据我国现有法律规定和司法实践，在既无相应的法律法规及标准可适用，又无具备相关资质的鉴定机构的情况下，可通过委托国务院生态环境资源主管部门推荐的机构出具专业意见，或者请相关领域的专家出具专家咨询意见的方式，结合环境损害的程度、修复的难易、行政主管机关的意见、排污者的非法获益等案件中的具体情况，最终由法官合理酌定。例如，本案中对文昌鱼以增殖放流的形式进行补偿修复的费用，可以根据《水生野生动物及其制品价值评估办法》的规定计算确定。

三、授权文件不真实是否可以阻却“员工行为，公司责任”

一般而言，公司制企业的工作人员可分为两类：法定代表人和其他工作人员。据此，职务行为亦可进一步区分为法定代表人的职务代表行为和其他工作人员的职务代理行为两种。法定代表人是公司的领导机关、权力机关、意思机关和代表机关，其行为的性质在法理上属于职务代表行为，无须公司另行单独授权。一般情况下，其他员工的行为，须具有授权外观、以法人名义作出且利益归属公司时视为“职务行为”，即通常所指的书面授权委托材料。但是，不能因为不存在合法正式的书面授权否认员工行为的“职务”属性，“表见代理”亦可构成“职务行为”。

本案中，虽然授权文件、相关协议真实性存疑，但结合庭审中证人证言、其他被告陈述，能够将员工行为与公司利益相关联，在没有相反证据推翻的情况下，员工相应行为应视为代表公司所进行的职务行为，相关行为后果应由公司承担。

四、善意第三人的认定标准

善意第三人，即该第三人不知道法律关系中各方当事人的真实意图及相关背景，通常是指非法交易中，不知情的、已经办理了登记的权利人对非法交易的本质属性并不知情。善意第三人的认定以“不明知”为核心标准，同时要求行为人尽到合理注意义务。[①] 环境污染案件中，污染行为人系实际运输经营者时，应对其所运输货物是否属于危化品、违禁品及来源的合法性尽到合理注意义务，未对相关固废、危废等来源及状态尽到合理注意义务的，即使对真实交易意图及相关背景确实不知情，亦不能被认定为善意第三人。

---

① 参见吴泽勇：《论善意取得制度中善意要件的证明》，载《中国法学》2012年第4期。

第九章　破坏土地及资源类环境民事公益诉讼

自然资源指天然存在的(不包括人类加工制造的原材料)并有利用价值的自然物,土地资源属于自然资源的一种。按照国土开发与利用进行分类,土地可分为农用地、建设用地和未利用地三大类。农用地包括耕地、林地、果园、沟渠、农道和坑塘等;建设用地包括城镇用地、农村宅基地、公路、铁路、特殊用地和工业用地等;未利用地包括河流水面、荒草地和裸石裸土地等。

根据我国《刑法》及其司法解释,破坏环境资源保护罪是指个人或单位故意违反环境保护法律,污染或破坏环境资源,造成或可能造成公私财产重大损失或人身伤亡的严重后果,触犯刑法并应受刑事惩罚的行为,它是 1997 年新《刑法》增设的一类犯罪,其侵犯的客体是国家对环境资源保护的管理制度。因此,破坏环境资源的案件,根据侵犯对象和行为方式的不同,可以分成两种类型:第一类是污染环境案件,例如污染土地、水体、大气等引起的环境违法案件;第二类是破坏自然资源案件,其中尤其以破坏耕地、林地等破坏土地类案件最为典型。

耕地是最为宝贵的资源,耕地保护事关粮食安全、生态安全和社会稳定。一直以来,习近平总书记高度重视粮食问题,就耕地保护多次做出重要指示批示。他强调:“中国人的饭碗任何时候都要牢牢端在自己手上。我们的饭碗应该主要装中国粮”,并要求我们“像保护大熊猫一样保护耕地”。为了耕地保护,国务院办公厅先后印发《关于坚决制止耕地“非农化”行为的通知》(国办发明电〔2020〕24 号)和《关于防止耕地“非粮化”稳定粮食生产的意见》(国办发〔2020〕44 号),要求采取“长牙齿”的硬措施,落实好最严格的耕地保护制度,完善土地执法监管体制机制,坚决遏制土地违法行为,牢牢守住耕地保护红线。

森林是陆地生态系统的主体和维护生态安全的保障,对人类生存发展具有不可替代的作用。林地是森林的载体,是森林赖以生存和发展的根基,是国家重要的自然资源和战略资源,是野生动植物栖息繁衍和生物多样性保护的物质基础。它在实现绿色增长中具有首要地位,在保障木材及林产品供给、维护国土生态安全中具有核心地位,在应对气候变化中也具有特殊地位。当前我国的森林覆盖率虽总体上是增加的,但林地破坏亦非常严重,一方面表现为林地总量不足、流失严重,另一方面还表现为毁林开垦和征占用等消耗的多是优质林地,现有林地退化明显,修复治理难度大。为统筹好林地资源的保护利用,不断增加森林资源,国务院先后发布了《全国土地利用总体规划纲要(2006－2020年)》和《全国林地保护利用规划纲要(2010－2020年)》,明确要求“要把林地与耕地放在同等重要的位置,高度重视林地保护”。

案例1 非法占用、使用农用地导致耕地破坏的应承担破坏土地资源的环境侵权责任

——毕节市人民检察院诉银盘山砂石有限公司环境民事公益诉讼案①

【案例介绍】

案　号:贵州省毕节市中级人民法院(2021)黔05民初20号

公益诉讼起诉人:毕节市人民检察院

本案被告:银盘山砂石有限公司

基本案情:2017年,黔西市(原黔西县)太来乡银盘山砂石有限公司获颁采矿许可证后,在未按规定办理农用地审批手续的情况下,非法从事砂石开采活动。其间,该公司法定代表人张某多次通过与农户签订《土地流转协议》《土地租赁协议》等方式,长期非法占用农用地用于采砂,将矿区范围外的土地用作工业场地,并在场地上加盖钢架棚用于架设生产设备、堆放砂石,共非法占用农用地0.509公顷。在办案过程中,通过检察机关和自然资源部门释法说理,该公司主动申请办理了部分农用地的使用手续且恢复了部分农用地,但剩余0.3684公

① 本案系全国首例耕地保护民事公益诉讼案。

顷农用地尚未恢复,国家利益和社会公共利益仍持续处于受侵害状态。2020 年 12 月 18 日,经贵州省人民检察院批准,毕节市人民检察院依法对黔西县太来乡银盘山砂石有限公司提起民事公益诉讼。

毕节市人民检察院诉讼请求:1.判令被告停止非法占用农用地的行为;2.判令被告对其破坏的0.3684公顷基本农田进行修复或委托他人进行修复,所需修复费用4.43万元,由被告自行承担。毕节市人民检察院认为,银盘山砂石有限公司在未办理农用地审批手续的情况下,非法占用农用地进行砂石开采,破坏了国家土地资源,损害国家利益和社会公共利益。

被告银盘山砂石有限公司答辩称:对毕节市人民检察院诉求的事实无异议。

一审法院认为:本案被告在未办理农用地使用审批手续的情况下,通过私下与农户签订土地流转协议、土地租赁协议等方式,长期非法占用农用地用于挖砂、采石,对国家的土地资源造成了严重的破坏。虽然其法定代表人张某已因非法占用农用地罪被判处刑罚,被告已被处罚缴纳了相应的罚金并取得使用林地和部分土地的审批手续,但在其之后的生产过程中,仍未对非法占用的农用地0.3684公顷进行复垦修复,其行为已造成生态环境严重损害。根据《土地管理法》第三十七条、《民法典》第一千二百三十四条、第一千二百三十五条之规定,被告应立即停止对涉案农用地的非法占用,并应承担对其进行复垦修复、恢复生态的民事责任。

被告银盘山砂石有限公司非法占用农用地的行为,严重损害国家利益和社会公共利益,在法定机关或组织不提起诉讼的情况下,毕节市人民检察院以公益诉讼起诉人身份提起本案生态破坏民事公益诉讼符合法律规定,且不受行政机关是否先期作出行政处罚、采取行政措施的制约,这正是国家为更加全面、严格地保护生态环境而特别设立环境民事公益诉讼制度的价值体现。根据《环境民事公益诉讼司法解释》第二十条:"原告请求修复生态环境的,人民法院可以依法判决被告将生态环境修复到损害发生之前的状态和功能。无法完全修复的,可以准许采用替代性修复方式。人民法院可以在判决被告修复生态环境的同时,确定被告不履行修复义务时应承担的生态环境修复费用;也可以直接判决被告承担生态环境修复费用。生态环境修复费用包括制定、实施修复方案的费用,修复期间的监测、监管费用,以及修复完成后的验收费用、修复效果后评估费用等"及《环境侵权责任司法解释》第十四条:"被侵权人请求恢复原状的,人民法院可以依法裁判污染者承担环境修复责任,并同时确定被告不履行环境修复义务时应当承担的环境修复费用。污染者在生效裁判确定的期限内未履行环境修复义务的,人民法院可以委托其他人进行环境修复,所需费用由污染者承担”之规定,本案中,被告非法占用未复垦修复的农用地为0.3684公顷,所需修复费用为4.43万元。故本院对毕节市人民检察院诉请被告银盘山砂石有限公司承担恢复原状、履行生态环境修复义务、支付生态环境修复费用的诉讼请求全部予以支持。

一审法院判决:1.被告银盘山砂石有限公司立即停止对农用地0.3684公顷的非法占用;限其在本判决生效之日起60日内对非法占用的0.3684公顷农用地自行复垦修复,并经毕节市自然资源和规划局验收合格。

2.若被告银盘山砂石有限公司未在规定期限内自行修复非法占用的农用地0.3684公顷,则立即按《贵州省生态环境损害赔偿资金管理办法(试行)》规定向其指定的账户支付生态环境修复费4.43万元,由赔偿权利人指定的职能部门毕节市自然资源和规划局负责开展修复工作,并由公益诉讼起诉人贵州省毕节市人民检察院进行监督。

【实务要点评析】

本案系全国首例耕地保护民事公益诉讼案。随着人口增长、城镇化进程加快,我国人均耕地仍处于不断下降过程中。人均耕地少、耕地质量总体不高、耕地后备资源不足的基本国情没有改变。所以必须继续坚持最严格的耕地保护制度,运用司法手段对耕地进行保护。

一、行为人在未办理农用地审批的情况下,通过与农户签订农用地流转协议或租赁协议的方式,非法占用、使用农用地,是否构成对土地资源的环境侵权

根据《土地管理法》第37条:“非农业建设必须节约使用土地,可以利用荒地的,不得占用耕地;可以利用劣地的,不得占用好地。禁止占用耕地建窑、建坟或者擅自在耕地上建房、挖砂、采石、采矿、取土等。禁止占用永久基本农田发展林果业和挖塘养鱼。”本案被告在未办理农用地使用审批手续的情况下,通过私下与农户签订土地流转协议、土地租赁协议等方式,长期非法占用农用地用于挖砂、采石,对国家的土地资源造成了严重的破坏,属于破坏生态环境、损害社会公共利益的行为,构成环境侵权,情节严重的,构成非法占用农用地罪。

二、破坏耕地行为人应承担何种侵权责任

根据行为时有效的《侵权责任法》第15条，承担侵权责任的方式主要有：(一)停止侵害；(二)排除妨碍；(三)消除危险；(四)返还财产；(五)恢复原状；(六)赔偿损失；(七)赔礼道歉；(八)消除影响、恢复名誉。《民法典》第1235条："违反国家规定造成生态环境损害的，国家规定的机关或者法律规定的组织有权请求侵权人赔偿下列损失和费用：……(四)清除污染、修复生态环境费用……"之规定，相关行为人应立即停止对农用地的非法占用，并应承担对其进行复垦修复、恢复生态的民事责任。

三、如何确保被破坏耕地恢复原状

在环境公益诉讼作出判决后，更需将判项落实，将环境保护工作落至实处。在本案中，不但在庭审中邀请了省人大代表、政协委员、人民监督员、自然资源部门执法人员代表、砂石厂负责人代表参加旁听，更好地发挥了民事公益诉讼对于耕地保护的警示教育作用，而且在庭后积极开展"回头看"工作，检察机关与纪检监察部门、自然资源等部门配合，确保复垦效果。并且依托该耕地复垦现场，建设"贵州省毕节市耕地保护警示教育基地"，引导企业及群众认识到保护耕地的重要性，形成自觉保护耕地的良好氛围。

案例2　采矿权转让后的受让方应承担矿山地质环境保护与治理恢复责任

——自然之友、福建绿家园诉谢某某等4人环境民事公益诉讼案[①]

【案例介绍】

案　号：福建省高级人民法院(2015)闽民终字第2060号

一审原告：自然之友、福建绿家园

支持起诉人：福建省南平市人民检察院

① 本案系最高人民法院2015年度发布的十起环境侵权典型案例之案例一、福建省法院2017年发布的生态环境审判典型案例之案例七，亦为新《环境保护法》实施后的首例公益诉讼案件，且是最高人民法院颁布的《环境民事公益诉讼司法解释》实施后，第一例按照该司法解释的规定进行审理并作出判决的案件。

一审被告：谢某某、李某某、倪某某、郑某某

基本案情：2008年7月29日，被告李某某与被告谢某某、倪某某、郑某某签订采矿权转让合同，被告李某某将位于福建省南平市延平区太平镇葫芦山村的矿山及延平区恒兴石材厂，转让给被告谢某某、倪某某、郑某某，采矿许可期限至2008年8月。该转让合同未经主管部门审批，且合同约定的矿山范围被扩大至原采矿点山顶整个范围。在未依法取得占用林地许可证及办理采矿许可延期手续的情况下，被告谢某某、倪某某、郑某某改变原有塘口位置，从山顶剥山皮和开采矿石，并将产生的弃石往山下倾倒，至2010年年初停止开采，造成林地原有植被严重毁坏。在国土资源部门数次责令停止采矿的情况下，2011年6月，被告谢某某、倪某某、郑某某仍雇佣工人用挖掘机开路和扩大矿山塘口面积，再次造成林地植被毁坏。被告谢某某、倪某某、郑某某采石塘口非法占用林地19.44亩，被告李某某矿山转让前已占用林地8.9亩，两者先后共占用林地28.33亩。被告谢某某、倪某某、郑某某因犯非法占用农用地罪，于2014年7月28日被南平市延平区人民法院分别判处刑罚，上诉后被南平市中级人民法院维持。

2015年1月1日，即新修订的《环境保护法》正式生效的当天，原告自然之友、福建绿家园共同向南平市中级人民法院提起环境民事公益诉讼，要求被告恢复植被、赔偿损失。

原告诉讼请求：1.判令四被告在三个月内清除南平市延平区葫芦山砂基洋恒兴石材厂矿山采石处现存工棚、机械设备、石料和弃石，恢复被破坏的28.33亩林地植被（山顶19.44亩、原塘口8.89亩）；2.四被告不能按第一项请求三个月内恢复林地植被的，赔偿生态环境修复费用110.19万元，由第三人用该款组织恢复林地植被；3.判令四被告赔偿生态环境受到损害至恢复原状期间服务功能损失134万元；4.判令四被告承担诉讼费；赔偿原告自然之友支出的律师服务费96,200元、评估费6000元、工作人员差旅费56,537.9元；赔偿原告福建绿家园支出的律师服务费25,261元、工作人员差旅费19,000元。

被告谢某某、倪某某、郑某某辩称：1.原告自然之友主体不适格。2.原告诉讼请求第一项恢复被破坏的林地植被28.33亩，其中8.89亩是被告李某某实施的，与被告谢某某、倪某某、郑某某无关。3.原告诉讼请求第2项即被告不能按第1项请求三个月内恢复林地植被的需赔偿生态环境修复费用110.19万元，不能成立。闭坑恢复植被是被告的义务，被告已经依法缴纳了生态恢复保证金，待

闽赣公司征用压覆矿赔偿款到位后被告即可自行实施恢复植被。4. 原告第 3 项诉讼请求赔偿生态环境受到损害至恢复原状期间服务功能损失费没有法律依据。原告提出生态环境受到损害至恢复原状期间的服务功能损失费是依据 2015 年 1 月 7 日颁布的《环境民事公益诉讼司法解释》,而该司法解释是对《环境保护法》规定的环境保护公益诉讼所作出的司法解释。由于《环境保护法》第七十条规定:"本法自 2015 年 1 月 1 日起施行",该法没有溯及力,不能适用过去的行为。因此,原告该项诉请没有法律依据。5. 本案侵权责任,被告谢某某、倪某某、郑某某只应承担次要责任。第一,当地政府和林业、国土监管部门允许被告边开采、边审批。第二,被告配合当地政府部门作了大量的矿山采矿权许可延期、扩大(含征用林地许可证)手续。第三,涉案矿山 1999 年领证开采,国土部门在申请人未取得征用林地许可证的前置条件时违规发给采矿权证,1999 年至今十几年时间林业行政部门从未过问、提请矿主办理征用林地许可手续,不仅涉案矿山没有征用林地许可手续,南平市延平区所有矿山开采改变林地用途都没有征用林地许可手续。第四,当地林业行政部门默许被告边开采边审批,之前林业行政部门、国土资源部门从来没有口头或书面通知被告停止开采。6. 生态修复费用估算报告及损害价值评估不能作为定案的依据。该两份评估涉案矿山林地仅参考刑事案件原鉴定的林地面积,没有对该林地破坏之前的林地状况进行调查认证,而估算是按照造林标准估算的,若作为定案价值不公平。恳请法院依法判决驳回原告的起诉。

被告李某某辩称:1. 本部分内容在本书本编第一章案例 2 部分已详细阐述,此处不再赘述。2. 被告李某某不构成破坏生态环境侵权。被告采矿的矿区(塘口)早在 1995 年即已存在,被告是经招商后被鼓励参与地方政府的开发,还可享受当地政府提供的优惠政策。在取得采矿许可之前以及取得《采矿许可证》后的开采行为中,没有也无须对地表林木、土地进行砍伐、开挖,而是在已经裸露的矿区基础上直接进行矿石开采,被告李某某没有实施破坏生态环境的侵权行为,也不存在侵权的主观故意。李某某只是与被告谢某某、倪某某、郑某某签订了《采矿权出让合同》,并没有对经合法审批原矿点以外的其他区域实施对地表的森林、林地砍伐、开挖行为,与被告谢某某、倪某某、郑某某的行为没有关联,不应承担全案连带民事责任,也不应承担原塘口 8.89 亩的民事责任,故请求依法驳回原告对被告李某某的诉讼请求。

一审法院认为：本案争议的主要焦点问题：1. 原告自然之友、福建绿家园是否符合“从事环境保护公益活动连续五年以上”的主体资格要件；2. 被告谢某某、倪某某、郑某某、李某某是否应承担破坏生态环境的侵权责任，以及具体的责任形式和责任大小；3.《环境民事公益诉讼司法解释》规定的生态环境受到损害至恢复原状期间服务功能损失是否适用于本案；4. 评估费用、律师费以及为诉讼支出的其他合理费用的确定问题；5. 第三人国土延平分局、延平区林业局是否应承担组织恢复植被的民事责任。

关于原告自然之友、福建绿家园的主体资格问题。……本案例本环节内容在本书本编第一章案例 2 部分已详细阐述，此处不再赘述。

关于被告谢某某、倪某某、郑某某、李某某是否应承担破坏生态的侵权责任，以及具体的责任形式和责任大小问题。被告谢某某、倪某某、郑某某非法占用林地共 19.44 亩，被告谢某某、倪某某、郑某某依法应当承担该部分损坏林地植被的恢复义务。虽然被告李某某与被告谢某某、倪某某、郑某某签订了《采矿权转让合同》，但该合同未经主管部门批准而未生效，且被告李某某在采矿许可证到期未经行政主管部门办理续期手续的情况下，擅自将矿山采矿权四至范围扩大至原采矿点整个山顶范围并出让给被告谢某某、倪某某、郑某某采矿，被告李某某对被告谢某某、倪某某、郑某某非法占用林地造成植被破坏的行为具有共同过错，故被告李某某对被告谢某某、倪某某、郑某某非法占用林地 19.44 亩应承担共同责任。由于被告李某某的原塘口 8.89 亩部分已被被告谢某某、倪某某、郑某某之后采矿期间所产生的弃石、弃土所掩埋，对该部分被告李某某与被告谢某某、倪某某、郑某某的责任无法区分，故被告谢某某、倪某某、郑某某也应对该部分承担共同恢复责任。《森林法》第十八条规定：“进行勘查、开采矿藏和各项建设工程，应当不占或者少占林地；必须占用或者征用林地的，经县级以上人民政府林业行政主管部门审核同意后，依照有关土地管理的法律、行政法规办理建设用地审批手续，并由用地单位依照国务院有关规定缴纳森林植被恢复费。”被告李某某和被告谢某某、倪某某、郑某某未经林业行政主管部门审批，为采矿先后非法占用林地共 28.33 亩，造成林地的原有植被被严重破坏，属于破坏生态环境、损害社会公共利益的行为。关于被告李某某提出其采矿的矿区塘口早在 1995 年即已存在，其没有提供证据，且根据国土资源部《矿山地质环境保护规定》第二十四条规定：“采矿权转让的，矿山地质环境保护与治理恢复的义务同时转让。采矿权受让人应当依照本规定,履行矿山地质环境保护与治理恢复的义务。"其受让采矿权的同时,也应承受恢复的义务。综上,被告谢某某、倪某某、郑某某、李某某依法应共同承担恢复林地植被的义务,如未在判决指定的期限内履行恢复林地植被的义务,则应共同赔偿生态环境修复费用 110.19 万元用于恢复林地植被。

关于《环境民事公益诉讼司法解释》规定的生态环境受到损害至恢复原状期间服务功能损失是否适用于本案的问题。因新的法律、法规或者司法解释实施前的有关民事行为或者事件发生纠纷起诉到人民法院,在行为发生时的法律、法规或者司法解释没有明确规定时,可以适用新的法律、法规或者司法解释的规定。2015 年 1 月 7 日《环境民事公益诉讼司法解释》正式施行,该解释第二十一条规定:"原告请求被告赔偿生态环境受到损害至恢复原状期间服务功能损失的,人民法院可以依法予以支持。"本案系于 2015 年 1 月 1 日立案受理,一审审理过程中上述司法解释颁布实施,故针对该司法解释规定的生态环境服务功能损失,可以适用于本案。因此,原告主张被告赔偿生态环境受到损害至恢复原状期间服务功能损失,本院予以支持。但因原告主张的损害价值 134 万元中的损毁林木价值 5 万元和推迟林木正常成熟的损失价值 2 万元属于林木所有者的权利,不属于植被生态公共服务功能的损失,故原告无权主张,本院不予支持;其余植被破坏导致碳释放的生态损失价值、森林植被破坏期生态服务价值、森林恢复期生态服务价值合计 127 万元属于生态公共服务功能的损失价值,本院予以支持。

关于鉴定费用、律师费以及为诉讼支出的其他合理费用问题。根据《环境民事公益诉讼司法解释》第二十二条规定,原告自然之友主张的评估费用 6000 元,属于为诉讼合理支出,本院予以支持;其主张的律师费 96,200 元在律师收费相关规定允许范围内,没有违反规定,本院予以支持;为诉讼支出的其他合理费用 31,308 元亦属必要,本院予以支持。原告福建绿家园主张的律师费用 25,261 元系参照律师收费办法的规定,在收费幅度内按标的额约 1% 收取,合法合理,本院予以支持;为诉讼支出的其他合理费用 7393.5 元,亦予以支持。

关于第三人国土延平分局、延平区林业局是否应承担组织恢复植被的责任问题。本案中,第三人国土延平分局、延平区林业局作为对环境保护负有监督管理职责的行政执法部门,与本案处理结果没有民事法律利害关系,不应作为民事法律关系的第三人承担责任。

一审法院判决:1. 被告谢某某、倪某某、郑某某和李某某应于本判决生效后5个月内清除南平市延平区葫芦山砂基洋恒兴石材厂矿山采石处现存工棚、机械设备、石料和弃石,恢复被破坏的28.33亩林地功能,按照《造林技术规程》(DB35/T 84-2005)标准并结合当地林业行政部门人工造林技术要求在该林地上补种林木,并对补种的林木抚育管护3年(管护时间从补种的林木经验收合格之日起计算);

2. 被告谢某某、倪某某、郑某某和李某某不能在第1项判决指定的期限内恢复林地植被,应于期限届满之日起10日内共同赔偿生态环境修复费用110.19万元(支付到本院指定账户),该款用于本案的生态环境修复;

3. 被告谢某某、倪某某、郑某某和李某某应于本判决生效后10日内共同赔偿生态环境受到损害至恢复原状期间服务功能损失127万元(支付到本院指定账户),该款用于本案的生态环境修复或异地公共生态环境修复;

4. 被告谢某某、倪某某、郑某某和李某某应于本判决生效后10日内共同支付原告自然之友支出的评估费6000元、律师费96,200元、为诉讼支出的其他合理费用31,308元,合计133,508元;

5. 被告谢某某、倪某某、郑某某和李某某应于本判决生效后10日内共同支付原告福建绿家园律师费25,261元、为诉讼支出的其他合理费用7393.5元,合计32,654.5元;

6. 驳回原告自然之友和福建绿家园的其他诉讼请求。

上诉人谢某某、倪某某、郑某某上诉称:1. 原判对上诉人是否构成侵权的主观过错未予查明,对于当地政府、相关行政执法部门当时制定的政策以及行政违法、不作为没有查明认定,将应当由当地人民政府、相关行政主管部门承担的责任全部归责上诉人承担,缺乏公平公正性。2. 关于生态环境修复费用、生态环境受到损害至恢复原状期间服务功能损失的评估意见不能作为认定本案事实的依据。3.《环境民事公益诉讼司法解释》规定的生态环境受到损害至恢复原状期间服务功能损失不能适用于本案,原判适用法律错误。4. 被上诉人自然之友提起本案诉讼时,依法设立时间不足五年,即专门从事环境保护公益活动达不到连续五年,不符合原告主体资格。综上,原判认定事实不清,适用法律错误,程序违法,请求撤销原审判决,改判驳回被上诉人的一审诉讼请求。

被上诉人自然之友、福建绿家园答辩称:1.上诉人在未经审批许可的情况下实施开采行为,主观过错明显,当地人民政府、相关行政主管部门当时制定的政策以及行政违法、不作为与上诉人的环境侵权后果没有直接必然的联系。2.评估意见系聘请具有森林资源评估能力的专家,对生态环境修复费用和生态环境受到损害至恢复原状期间服务功能损失提出的专家意见,并出庭接受询问,应予采信。3.《民法通则》《侵权责任法》均规定恢复原状、赔偿损失等民事责任承担方式,应包括赔偿生态环境受到损害至恢复原状期间服务功能损失。《环境民事公益诉讼司法解释》规定的生态环境受到损害至恢复原状期间服务功能损失可以适用于本案。4.自然之友已从事环境保护公益活动连续满五年以上,符合原告主体资格要件。综上,原判认定事实清楚,证据充分,适用法律正确,程序合法,请求驳回上诉,维持原判。

二审法院认为:关于上诉人谢某某、倪某某、郑某某提出其不应承担本案侵权责任的上诉理由。经查,上诉人谢某某、倪某某、郑某某未经林业行政主管部门审批,为采矿非法占用林地,直接造成19.44亩林地的原有植被被严重破坏,依法应当承担环境侵权责任。上诉人谢某某、倪某某、郑某某在采矿过程中占用林地,除直接造成上述19.44亩林地植被被破坏外,还将采矿所产生的弃石、弃土堆放掩盖在原审被告李某某的原采石塘口所占用破坏的8.89亩林地上,双方对造成上述8.89亩林地植被被破坏的侵权责任已无法区分,应共同承担责任。原审被告李某某未经行政主管部门审批,擅自将矿山采矿权四至范围扩大至原采矿点整个山顶范围并转让给上诉人谢某某、倪某某、郑某某采矿,对造成上述19.44亩林地植被被破坏,具有共同过错,双方应共同承担责任。本案上诉人谢某某、倪某某、郑某某及原审被告李某某实施了占用林地、破坏林地植被的侵权行为,所侵犯的客体是森林资源,而非矿产资源。根据《森林法》第十八条的规定,上诉人谢某某、倪某某、郑某某及原审被告李某某实施占用林地的行为是否经人民政府相关行政主管部门审批同意,均应承担恢复林地植被的责任。因此,当地人民政府和相关行政主管部门是否存在行政违法、不作为的情形,不影响上诉人谢某某、倪某某、郑某某及原审被告李某某作为侵权人承担本案的环境侵权责任。故原审认定上诉人谢某某、倪某某、郑某某及原审被告李某某应共同承担上述共计28.33亩林地植被被破坏的环境侵权责任,此认定事实清楚,于法有据,上诉人的此项上诉理由亦不能成立,不予支持。关于上诉人谢某某、倪某某、郑某某提出生态环境修复费用、生态环境受到损害至恢复原状期间服务功能损失的评估意见不能作为认定本案事实依据的上诉理由。经查,该评估意见系具有资产评估资质的北京中林资产评估有限公司出具,虽未能提供评估人员的个人评估资格证书,但参与评估的主要人员具有生态学教授职称、生态学博士学历,其中评估人员厦门大学生态学教授李某某和生态学博士吴某某、景某某在一审庭审中出庭接受质询,可以视为专家意见。鉴于上诉人谢某某、倪某某、郑某某及原审被告李某某在一审和二审期间均未申请对本案生态环境修复费用、生态环境受到损害至恢复原状期间服务功能损失进行重新评估,根据《环境民事公益诉讼司法解释》第二十三条规定,原判将该评估意见视为专家意见予以参考,合理确定本案生态环境修复费用、生态环境受到损害至恢复原状期间服务功能损失,符合法律规定。故上诉人的此项上诉理由亦不能成立,不予支持。关于上诉人谢某某、倪某某、郑某某提出《环境民事公益诉讼司法解释》规定的生态环境受到损害至恢复原状期间服务功能损失不能适用于本案的上诉理由。经查,因新的法律、法规或者司法解释实施前的有关民事行为或者事件发生纠纷起诉到人民法院,在行为发生时的法律、法规或者司法解释没有明确规定时,可以适用新的法律、法规或者司法解释的规定。《民法通则》《侵权责任法》均规定了侵权人应承担赔偿损失的侵权责任,但对赔偿损失的具体事项没有明确规定。在本案于 2015 年 1 月 1 日立案受理,一审审理过程中《环境民事公益诉讼司法解释》于 2015 年 1 月 7 日颁布实施,该司法解释第二十一条规定:“原告请求被告赔偿生态环境受到损害至恢复原状期间服务功能损失的,人民法院可以依法予以支持。”因此,该司法解释明确规定了生态环境受到损害至恢复原状期间服务功能损失属于赔偿损失的事项,可以适用于本案。故上诉人谢某某、倪某某、郑某某及原审被告李某某占用林地,造成林地植被被严重破坏,属于破坏生态环境、损害社会公共利益的行为,在共同承担恢复林地植被责任的同时,还应共同赔偿生态环境受到损害至恢复原状期间服务功能损失,上诉人的此项上诉理由亦不能成立,不予支持。综上,本院认为,上诉人谢某某、倪某某、郑某某的上诉理由和原审被告李某某的答辩意见缺乏事实和法律依据不能成立,对其上诉请求不予支持。

二审法院判决:驳回上诉,维持原判。

【实务要点评析】

本案系最高人民法院2015年度发布的十起环境侵权典型案例之案例一、福建省法院2017年发布的生态环境审判典型案例之案例七，亦为新《环境保护法》实施后的首例公益诉讼案件，且是最高人民法院颁布的《环境民事公益诉讼司法解释》实施后，第一例按照该司法解释的规定进行审理并作出判决的案件。本案为其他地方、其他社会组织提供了通过司法途径解决环保问题的范本，对通过环境民事公益诉讼促进环境保护具有示范作用。

一、采矿权转让的，受让方是否对受让之前的矿山地质环境破坏承担恢复责任

《森林法》第37条规定："矿藏勘查、开采以及其他各类工程建设，应当不占或者少占林地；确需占用林地的，应当经县级以上人民政府林业主管部门审核同意，依法办理建设用地审批手续。占用林地的单位应当缴纳森林植被恢复费。森林植被恢复费征收使用管理办法由国务院财政部门会同林业主管部门制定。"国土资源部《矿山地质环境保护规定》第22条规定："采矿权转让的，矿山地质环境保护与治理恢复的义务同时转让。采矿权受让人应当依照本规定，履行矿山地质环境保护与土地复垦的义务。"采矿权转让的，矿山地质环境治理恢复的义务同时转让，但是，如采矿权转让未经相关行政主管部门批准，则转让方与受让方共同承担矿山地质环境治理恢复的义务。

二、占用林地是否经过批准，是否是承担侵犯森林资源类环境侵权责任的构成要件

本案中的侵权行为人实施了占用林地、破坏林地植被的侵权行为，所侵犯的客体是森林资源，而非矿产资源。根据《森林法》第37条的规定，侵权行为人实施占用林地的行为是否经人民政府相关行政主管部门审批同意，均应承担恢复林地植被的责任。因此，当地人民政府和相关行政主管部门是否存在行政违法、不作为的情形，不影响侵权行为人承担环境侵权责任。

三、损毁的具体林木价值及与之相关的价值是否属于公益诉讼赔偿范围

《环境损害鉴定评估推荐方法(第Ⅱ版)》中将"环境服务功能损失"定义为生态环境损害发生至生态环境恢复到基线状态期间，生态环境因其物理、化学或生物特性改变而导致向公众或其他生态系统提供服务的丧失或减少，即受损生态环境从损害发生到其恢复至基线状态期间提供生态系统服务的损失量。环境公共服务功能的损失针对的是环境被破坏的损失以及环境恢复期的期间损失,关系社会公共利益,可通过公益诉讼主张。

而具体林木由特定权利人拥有所有权,损毁的具体林木价值、推迟林木正常成熟所损害的是特定权利人的商业利益,不属于对植被生态公共服务功能的损失,应由林木所有者通过私益诉讼解决。

四、矿山地质环境破坏案件中,非法采矿行为人具体承担哪些环境侵权责任

在矿山地质环境破坏类案件中,原告除可请求判令被告承担律师费及其他诉讼合理支出外,还可请求判令侵权人清除矿山现存工棚、机械设备、石料和弃石,恢复被破坏的林地功能,按照《造林技术规程》(DB35/T 84 – 2005)标准并结合当地林业行政部门人工造林技术要求在该林地上补种林木,并对补种的林木抚育管护一定年限,如行为人不恢复林地植被或林地植被无法恢复,则可判令其承担生态环境修复费用,亦可同时判令被告赔偿生态环境受到损害至恢复原状期间的环境服务功能损失。

五、国土资源行政管理部门、林业行政主管部门是否承担组织恢复植被的责任

国土资源行政主管部门、林业行政主管部门虽然对环境保护负有监督管理职责,但作为行政执法部门,其与本案处理结果没有民事法律上的利害关系,不应作为民事法律关系的当事人承担公益诉讼的民事责任。

案例3 未经许可砍伐山场林木应承担破坏森林资源的环境侵权责任

——福建省南平市人民检察院诉连某侵权环境民事公益诉讼案[①]

【案例介绍】

案　号:福建省南平市中级人民法院(2018)闽07民初185号

公益诉讼起诉人:福建省南平市人民检察院

本案被告:连某

基本案情:被告连某在2012年8月至2013年10月,先后从他人手中购买

① 本案系全国首例破坏国家级生态公益林民事公益诉讼案。

浦城县“麻铺”“焦坞垅”“白源”“白沙岗”“大山铺”五片山场的林木,在未申请办理林木采伐许可证的情况下雇用他人砍伐上述五片山场的林木490亩,其中国家级生态公益林61亩,县级生态公益林61亩,造成林木植被严重破坏。经鉴定,连某砍伐森林490亩造成生态服务功能损失600.3万元,其中破坏122亩生态公益林造成生态环境服务功能损失136.4万元,包括森林水源涵养损失价值32万元,植被破坏导致吸收二氧化碳释放氧气损失价值42万元,生物多样化保护损失价值8.2万元,导致碳释放的生态损害价值54.2万元。

福建省南平市人民检察院诉讼请求:1.被告连某赔偿生态环境受到损害至恢复原状期间服务功能损失136.4万元。2.被告连某承担本案鉴定费1万元。原告福建南平市检在履行职责中发现,2012年8月至2013年10月,被告连某在未申请办理林木采伐许可证的情况下雇人滥伐其购买的五片山场的林木,其中国家级生态公益林61亩,县级生态公益林61亩,造成林木植被严重破坏。

被告连某辩称:对南平市人民检察院作为公益诉讼起诉人提起民事公益诉讼无异议,但主张赔偿136.4万元依据不足。理由:1.生态服务功能损失136.4万元只有鉴定结论,没有鉴定过程和说明。2.其滥伐的五片山场补种林木情况应作为确定赔偿生态服务功能损失的参考依据。请求法院考虑滥伐山场生态已修复的情况、连某个人经济状况、认罪态度及对侵权行为造成后果的认可态度,作出公正判决。

一审法院认为:生态公益林是以维护和改善生态环境、保护生态平衡和生物多样性为主体功能,以提供公益性生态产品和服务为主要利用方向的森林、林木和林地。破坏生态公益林必然造成生态服务功能损失。本案中,被告连某滥伐生态公益林122亩,严重破坏生态环境,损害环境公共利益,依法应当承担侵权损害赔偿责任。经鉴定,被告连某滥伐生态公益林的行为造成森林水源涵养损害、植被破坏导致吸收二氧化碳释放氧气功能损害、生物多样化保护损害及导致碳释放的生态损害等生态服务功能损失136.4万元。根据《环境民事公益诉讼司法解释》第二十一条规定:“原告请求被告赔偿生态环境受到损害至恢复原状期间服务功能损失的,人民法院可以依法予以支持。”公益诉讼起诉人南平市人民检察院诉请被告连某赔偿生态服务功能损失136.4万元及鉴定费1万元,于法有据,本院予以支持。

关于被告连某提出补充鉴定意见对生态服务功能损失只有鉴定结论,没有鉴定过程和说明的问题。本院认为,补充鉴定意见是对鉴定意见的补充,是对被破坏的490亩山场中122亩生态公益林的生态服务功能损失专门作出的鉴定。该补充鉴定意见与司法鉴定意见的鉴定过程、鉴定说明及鉴定依据均相同,鉴定程序合法,鉴定结论翔实有据,符合法律规定,且鉴定人亦出庭接受质询,并能作出合理说明,故可作为本案认定事实的依据。被告连某的该主张没有事实根据,不能成立,本院不予采纳。

关于被告连某提出滥伐的五片山场补种林木情况应作为确定赔偿生态服务功能损失参考依据的问题。本院认为,本案生态服务功能损失主要是计算生态公益林遭到破坏直到恢复原有状态期间的生态服务功能损失,该损失自生态公益林遭到破坏时即已客观存在,且在被破坏山场上补种林木并非被告连某所为,亦不影响生态服务功能损失的确定。因此,被告连某的该主张没有事实根据和法律依据,不能成立,本院不予采纳。

一审法院判决:1. 被告连某应于本判决生效后10日内赔偿生态环境受到损害至恢复原状期间服务功能损失136.4万元(支付到本院指定账户),该款用于本案的生态环境修复或异地公共生态环境修复;

2. 被告连某应于本判决生效后10日内支付公益诉讼起诉人南平市人民检察院鉴定费1万元。

【实务要点评析】

本案系全国首例破坏国家级生态公益林环境民事公益诉讼案。生态公益林是指生态区位极为重要,或生态状况极为脆弱,对国土生态安全、生物多样性保护和经济社会可持续发展具有重要作用,以提供森林生态和社会服务产品为主要经营目的的重点的防护林和特种用途林。包括水源涵养林、水土保持林、防风固沙林和护岸林,以及自然保护区的森林和国防林等。

一、行为人在未办理采伐许可证的情况下砍伐自身拥有林权的山场林木的行为是否构成对森林资源的破坏及环境侵权

根据《森林法》第56条规定:"采伐林地上的林木应当申请采伐许可证,并按照采伐许可证的规定进行采伐。"所以即使是砍伐自己拥有林权的山场的林木,亦须办理采伐许可证,如未办理采伐许可证,造成对森林资源的生态破坏,构成环境侵权,情节严重的,构成滥伐林木罪。

二、破坏生态公益林的行为人应承担何种侵权责任

生态公益林是为人类生存、生活和社会经济持续稳定发展,创造优良生态环境为目的的森林。生态公益林对国土生态安全、生物多样性保护和经济社会可持续发展具有重要作用,所以破坏生态公益林的行为必然会严重破坏生态环境,损害环境公共利益,造成生态服务功能损失,即破坏生态公益林的行为人应当依法承担环境侵权责任。

三、破坏生态公益林行为人补种树木是否可作为确定赔偿生态服务功能损失参考依据

生态服务功能损失主要是指环境遭到破坏到恢复原有状态期间的生态服务功能损失,该损失自环境遭到破坏时即已客观存在。生态服务功能损失从法律上定性应属"赔偿损失",补种树木的行为从法律上定性应属"恢复原状","恢复原状"与"赔偿损失"是环境侵权行为的两种不同的责任承担方式,两种责任内涵不同、功能不同,不能相互替代。本案中,南平市人民检察院已委托相关机构作出司法鉴定意见书及补充鉴定意见,确定被告连某滥伐林木造成生态环境受到损害至恢复原状期间服务功能损失为136.4万元,被告提出的补种林木行为并不影响生态服务功能损失的确定。

第十章　其他类型的环境民事公益诉讼

环境民事公益诉讼救济因污染环境、破坏生态行为而受到损害的社会公共利益。社会公共利益的具体载体则是特定的环境要素或者环境介质。环境民事公益诉讼中承载公共利益的具体环境要素需要依据《环境保护法》中“环境”的概念来确定。《环境保护法》第 2 条规定:“本法所称环境,是指影响人类生存和发展的各种天然的和经过人工改造的自然因素的总体,包括大气、水、海洋、土地、矿藏、森林、草原、湿地、野生生物、自然遗迹、人文遗迹、自然保护区、风景名胜区、城市和乡村等。”依据该规定,具体环境要素既包括大气、水、海洋等天然的自然因素,也包括自然遗迹、人文遗迹等经过改造的自然因素。需要注意的是,该条在最后用“等”省略了其他自然因素,属于不完全举,保持了法条的开放性,为环境公益诉讼实践中对新型的、属于“环境”的自然因素的认定提供了基础。本章列明了各类新型的环境民事公益诉讼案例,该部分案件表明由于新的环境问题不断出现,环境公益诉讼顺应环境保护的需要保持开放性,只要是污染环境、破坏生态且损害公共利益的行为,就可以提起环境民事公益诉讼,而不仅限于法律明文规定的环境要素,同时预示着新类型的环境民事公益诉讼势必会越来越多,这也成为理论界和实务界研究的热点。

案例1 破坏自然保护区(湿地)应承担环境侵权责任

——丰台区源头爱好者环境研究所诉石柱县工业园区管理委员会、石柱县鸿盛公司等环境民事公益诉讼案①

【案例介绍】

案　号:重庆市第四中级人民法院(2018)渝04民初523号

本案原告:丰台区源头爱好者环境研究所(以下简称源头爱好者环研所)

本案被告:石柱土家族自治县临港经济开发有限公司(以下简称临港公司)、石柱土家族自治县鸿盛经济发展有限公司(以下简称鸿盛公司)、石柱土家族自治县工业园区管理委员会(以下简称石柱县工业园区管委会)

基本案情:石柱县政府于2009年4月批复设立水磨溪湿地自然保护区,2012年8月24日生态环境部在其官方网站发布《重庆市自然保护区名录(截至2011年年底)》,将水磨溪湿地自然保护区列为内陆湿地县级自然保护区。该保护区位于重庆市石柱县西沱镇长江干流岸边,主要保护湿地生态系统和以荷叶铁线蕨为代表的野生动植物资源,具有重要的生态环境保护意义。2011年6月起,临港公司作为当地移民生态工业园区基础设施建设业主,擅自占用大量水磨溪湿地自然保护区区域兴建移民生态工业园基础设施,导致该保护区区域原有地形、地貌大幅改变,地表植被全部破坏,保护区核心区内的部分河段河道变窄,自然生态环境遭到明显破坏。2016年11月中央环保督察和"绿盾2017"专项行动要求石柱县认真整改水磨溪湿地自然保护区存在的环境问题。2018年5月,石柱县政府启动水磨溪湿地自然保护区环境问题整改。2018年7月15日,石柱县委、县政府委托国家林业局华东林业调查规划设计院制定了《重庆石柱水磨溪湿地县级自然保护区生态修复方案》,2018年9月重庆市政府同意此修复方案。

2018年10月,社会组织源头爱好者环研所向重庆市第四中级人民法院提起诉讼,请求被告停止侵权、消除危险并恢复原状,并请求被告赔偿环境受到损

① 本案系重庆市高级人民法院在2020年12月4日国家宪法日发布的十起公益诉讼与生态环境损害赔偿诉讼典型案例之一。

失至恢复原状期间服务功能损失1000万元。诉讼过程中,被告临港公司等根据修复方案对破坏的湿地环境进行了修复,保护区内生态环境基本恢复。2019年8月,法院委托司法鉴定机构对水磨溪自然保护区生态环境受到损失至恢复原状期间服务功能损失数额进行司法鉴定,因源头爱好者环研所未在规定的期限内预交鉴定费,鉴定未能进行。

原告诉讼请求:1. 被告临港公司、鸿盛公司、石柱县工业园区管委会拆除水磨溪湿地自然保护区内的硬化道路及四栋厂房;2. 判令被告共同赔偿环境受到损害至恢复原状期间服务功能损失共计1000万元(最终以评估确定的数额为准);3. 判令被告临港公司、鸿盛公司、石柱县工业园区管委会支付合理的律师费30万元,为诉讼支出的差旅费13,686.11元(已发生);4. 判令被告承担本案的全部诉讼费用。

被告临港公司、鸿盛公司共同答辩称:1. 原告源头爱好者环研所的主体资格不适格,无权提起本案诉讼。2. 本案应是环境行政公益诉讼案件,原告提起环境民事公益诉讼是错误的。3. 工业园区设立经过了国家批准,建设也是根据政府的要求进行的,本意是为了发展当地经济。经中央环保督查和"绿盾2017"专项行动后,被告在2015年5月就彻底停止建设,已经停止了侵权和侵害,拆除了所有建筑物并进行生态修复,目前已基本修复完毕,《重庆石柱水磨溪湿地县级自然保护区生态修复方案》已具体落实到位。原告诉请拆除的公路对荷叶铁线蕨的影响是极其有限的。4. 原告诉请拆除公路应不予支持。5. 受到损害至恢复原状期间服务功能损失因原告未缴纳鉴定费无法确定具体数额,对该项诉讼请求不应予以支持。6. 厂房的主要建筑物位于实验区,并未在核心区和缓冲区,厂房保留是为了转型保护湿地。7. 原告诉讼请求中,生态服务功能损失的鉴定费尚未产生,已产生的是对公路、道路所在保护区的位置所涉的鉴定费,但该费用是由原告提起诉讼产生的,基于其请求不能成立,该鉴定费用也应由原告负担。原告主张的律师费及差旅费不合理,也应该由原告自行负担。综上,请求人民法院驳回原告的全部诉讼请求。

被告石柱县工业园区管委会答辩称:1. 本案应当属于环境行政公益诉讼,原告的主体不适格,应当驳回原告的起诉。由重庆市人民检察院于2018年8月15日向石柱县政府作出渝检(2018)1号检察建议书可知,本案应系行政公益诉讼,应适用行政诉讼法。重庆市人民检察院认为该行政行为的主体为石柱县政府,并且认定水磨溪湿地的生态修复工作已经达到了良好的效果,已经予以结案,法院不应对此事进行重复处理。2. 即使法院认为本案属于民事公益诉讼,原告及被告主体仍不适格。原告主体资格不符合提起公益诉讼的法定条件。3. 原告选择的被告主体有误,临港公司和鸿盛公司并非适格被告,其并无设立工业园区的职权,只是根据相关行政机关的指派和委托,接管了工业园区,原告诉请指向的对象系建设工业园区的行政管理行为,临港公司、鸿盛公司并非该行为的实施主体,不是本案适格被告;石柱县工业园区管委会签订搬迁补偿安置协议系为收回国有土地使用权并给予合理补偿的行政管理活动,并非行政行为实施的主体,其被告主体不适格。临港公司、鸿盛公司及石柱县工业园区管委会均并非原告要求拆除厂房及道路的权利人,三被告未构成侵权。4. 即使不考虑原告、被告主体是否适格的问题,原告的诉讼请求也无法得到支持。石柱县工业园区管委会不应当承担服务功能损失的赔偿责任;案涉《生态修复方案》专业科学,且修改后已由全部专家审核通过;四栋厂房和道路符合公益教育和民生需要,应当予以保留;服务功能损失需以存在损害为前提,同时赔偿金额应当经过明确、具体、科学的计算,《环境民事公益诉讼司法解释》仅规定了生态环境修复费用可以由人民法院结合相关因素和意见予以合理确定,却并没有规定法院可以合理确定服务功能损失,原告对此应当承担举证不能的后果。综上,请求裁定驳回原告的起诉或判决驳回原告的全部诉讼请求。

法院认为:本案争议的焦点在于:1. 源头爱好者环研所是否具备原告主体资格?2. 源头爱好者环研所诉请停止侵权、消除危险、恢复原状的诉讼请求能否成立,即诉请拆除水磨溪湿地自然保护区内的公路及四栋量劲厂房的诉讼请求能否成立?3. 源头爱好者环研所诉请被告共同赔偿环境受到损失至恢复原状期间服务功能损失共计1000万元(最终以评估确定的数额为准)的诉讼请求能否成立?4. 判令被告共同承担评估鉴定费用、合理的律师费以及为诉讼支出的差旅费等费用能否成立?现针对上述焦点评述如下:

一、关于源头爱好者环研所是否具备原告主体资格的问题

《环境保护法》第五十八条第一款规定:“对污染环境、破坏生态,损害社会公共利益的行为,符合下列条件的社会组织可以向人民法院提起诉讼:(一)依法在设区的市级以上人民政府民政部门登记;(二)专门从事环境保护公益活动连续五年以上且无违法记录”。《环境民事公益诉讼司法解释》第三条规定:“设区的市，自治州、盟、地区，不设区的地级市，直辖市的区以上人民政府民政部门，可以认定为环境保护法第五十八条规定的设区的市级以上人民政府民政部门”；第四条规定：“社会组织章程确定的宗旨和主要业务范围是维护社会公共利益，且从事环境保护公益活动的，可以认定为环境保护法第五十八条规定的‘专门从事环境保护公益活动’”。本案中，源头爱好者环研所是在北京市丰台区民政局登记设立的民办非企业单位，现无证据证明源头爱好者环研所在起诉前五年内有因从事业务活动违反法律、法规的规定受过行政、刑事处罚的情形，其宗旨和业务范围与维护社会公共利益相关，且从事环境保护公益活动。依据前述规定，源头爱好者环研所为提起本案民事公益诉讼所提交的材料，符合《环境民事公益诉讼司法解释》第八条的规定，源头爱好者环研所具备提起环境民事公益诉讼的原告主体资格，其提起本案诉讼，人民法院依法应当受理。另外，本案系环保组织提起的请求被告临港公司、鸿盛公司、石柱县工业园区管委会承担环境侵权民事责任的案件，属于环境民事公益诉讼，并非对生态环境和资源保护领域负有监督管理职责的行政机关违法行使职权或者不作为提出的环境行政公益诉讼，三被告认为本案应属环境行政公益诉讼案件的抗辩理由不能成立，本院不予采纳。

二、关于源头爱好者环研所诉请停止侵权、消除危险、恢复原状的诉讼请求，即诉请拆除水磨溪湿地自然保护区内的公路及四栋厂房的诉讼请求能否成立的问题

石柱县政府根据石柱县林业局的请示，于 2009 年 4 月 7 日作出《关于建立水磨溪湿地自然保护区的批复》同意建立水磨溪湿地自然保护区，之后该保护区被原环境保护部列入《2011 年全国自然保护区名录》。2016 年 11 月中央环保督查和“绿盾 2017”专项行动要求石柱县认真整改水磨溪湿地自然保护区存在的环境问题，重庆市环保局 2018 年 1 月 29 日致函要求石柱县切实加强水磨溪湿地自然保护区管理工作，生态环境部 2018 年 6 月 4 日约谈石柱县委、县政府并形成约谈纪要，重庆市人民检察院于 2018 年 8 月 15 日向石柱县政府发出《检察建议书》及其于 2019 年 10 月 10 日作出《结案决定书》等事实，加之石柱县委、县政府整改、修复水磨溪湿地自然保护区的相关行为及在修复过程中形成的一系列文件，并且，石柱县水磨溪湿地自然保护区已经挂牌并成立了专门的管理机构。基于以上事实和证据，足以证明案涉水磨溪湿地应属县级自然保护区，三被告及第三人抗辩石柱县水磨溪湿地并非依法成立的县级自然保护区的理由不能成立,本院不予采纳。为对占用保护区建设工业园进行生态修复,石柱县委、县政府委托国家林业局华东林业调查规划设计院制定了《重庆石柱水磨溪湿地县级自然保护区生态修复方案》,该方案已付诸实施,实施后保护区内仅保留了原告诉请拆除的公路(道路)和四栋厂房。

关于源头爱好者环研所请求拆除水磨溪湿地自然保护区内的公路的诉请应否支持的问题。《重庆市石柱水磨溪县级自然保护区内道路及房屋坐标位置图》显示原告诉请拆除的道路部分位于该保护区的核心区、缓冲区内,另有一部分位于实验区内。石柱县委、县政府委托国家林业局华东林业调查规划设计院所作《重庆石柱水磨溪湿地县级自然保护区生态修复方案》中明确保护区内公路因涉及民生等问题,提出的整改措施为保留。该意见系专业机构综合各方面情况作出的专业判断,并通过了专家评审会的专业评审,重庆市人民政府亦同意该修复方案,基于上述情况,本院对国家林业局华东林业调查规划设计院所作的保留公路的专业意见予以认可。此外,根据三被告提交的证据,案涉公路在该保护区成立前已基本形成,本案也无证据表明案涉公路系被告临港公司、鸿盛公司、石柱县工业园区管委会修建而成,被告临港公司、鸿盛公司、石柱县工业园区管委会均不具有对案涉公路进行处置、拆除的权限。综上,原告源头爱好者环研所请求被告临港公司、鸿盛公司、石柱县工业园区管委会拆除案涉公路的理由不成立,本院不予支持。

关于源头爱好者环研所请求拆除水磨溪湿地自然保护区内四栋厂房的诉请应否支持的问题。本案中,源头爱好者环研所诉请拆除水磨溪湿地自然保护区内的四栋原重庆量劲科技有限公司厂房,该厂房原权利人为重庆市量劲科技有限公司,被告石柱县工业园区管委会与重庆市量劲科技有限公司签订了搬迁补偿安置协议,并约定该公司完成设备搬迁后将房屋等全部移交给石柱县工业园区管委会,该协议已实际履行。《重庆市石柱水磨溪县级自然保护区内道路及房屋坐标位置图》显示该四栋厂房全部位于该保护区实验区内,案涉《重庆石柱水磨溪湿地县级自然保护区生态修复方案》对其整改措施为保留主体建筑,改做保护区宣教设施。石柱县林业局也编制了《长江上游生态文明科普宣传教育中心水磨溪湿地专题》方案并已进行施工,该四栋厂房改做生态文明科普宣传教育中心后,已不属于《自然保护区条例》第三十二条第一款规定的"建设污染环境、破坏资源或者景观的生产设施”的禁止范畴，而应属于在自然保护区的实验区内已经建成的设施。保留该四栋建筑并改做宣传教育中心，并不违反《自然保护区条例》第十八条第四款、第二十九条、第三十二条第一款之规定。据此，该四栋建筑不属于自然保护区实验区内应予拆除的对象，原告源头爱好者环研所主张拆除水磨溪湿地自然保护区内四栋厂房的理由不能成立，本院对其该项诉讼请求亦不予支持。

三、关于源头爱好者环研所诉请被告共同赔偿环境受到损失至恢复原状期间服务功能损失的诉讼请求能否成立的问题

源头爱好者环研所诉请被告共同赔偿环境受到损失至恢复原状期间服务功能损失，该损失属于《环境民事公益诉讼司法解释》第二十一条“原告请求被告赔偿生态环境受到损害至恢复原状期间服务功能损失的，人民法院可以依法予以支持”规定的范围。源头爱好者环研所对案涉保护区 2011 年 6 月至厂房、道路等工业区设施全部拆除完毕之时止这一期间的服务功能损失的数额提出司法鉴定申请后，本院于 2019 年 8 月 5 日委托昆明环境污染损害司法鉴定中心进行司法鉴定。昆明环境污染损害司法鉴定中心来函要求预交鉴定费 97.1 万元。本院于 2019 年 12 月 26 日、2020 年 5 月 6 日两次作出《交纳鉴定费通知》并向源头爱好者环研所送达，要求源头爱好者环研所预交鉴定费。但源头爱好者环研所并未在本院指定的期间内预交鉴定费，昆明环境污染损害司法鉴定中心于 2020 年 6 月 1 日向本院出具《退件函》，终止本案司法鉴定工作并将鉴定材料退还。根据最高人民法院《关于民事诉讼证据的若干规定》第三十一条“当事人申请鉴定，应当在人民法院指定期间内提出，并预交鉴定费用。逾期不提出申请或者不预交鉴定费用的，视为放弃申请”之规定，本案视为源头爱好者环研所放弃申请，故本案所涉期间服务功能损失的数额无法通过司法鉴定确定。

但是，侵权人在重庆石柱水磨溪湿地县级自然保护区的范围内修建工业园区，给该保护区生态环境造成的损害是客观存在的，生态环境受到损害至恢复原状期间服务功能损失亦客观存在，原告依据《环境民事公益诉讼司法解释》第二十一条请求相关侵权人赔偿期间服务功能损失，对此应予支持。

关于侵权人的认定，重庆石柱水磨溪湿地县级自然保护区成立后，临港公司作为石柱县发展和改革委员会《关于同意移民生态工业园区基础设施建设项目立项的批复》（石发改审〔2011〕40 号）中确定的项目业主，其建设的石柱县移民生态工业园区基础设施建设项目基本在该自然保护区内进行。临港公司的建设内容损害了自然保护区的生态环境,临港公司系直接侵权人。石柱县财政局2013年3月27日作出《关于同意县鸿盛经济发展有限公司兼并县临港经济开发有限公司的批复》(石财〔2013〕117号),其内容为同意将临港公司整体合并至鸿盛公司,临港公司所有债权债务全部由鸿盛公司接管,将临港公司予以注销。鸿盛公司根据该批复的内容进行接管后,应系项目业主,直至2014年5月工业园基础设施才基本完成,故鸿盛公司也系直接侵权人,亦系批复同意的临港公司所有债权债务的接管者和承继者,应当承担相应的赔偿责任。临港公司至今未按前述批复的意见予以注销,作为侵权人不能免除其承担相应赔偿损失的责任。石柱县工业园区管委会系行政机关,对辖区内工业园区建设负有行政管理职责,其并未直接实施对案涉保护区生态环境进行损害的行为,不应承担期间服务功能损失的赔偿责任。并且,原告申请追加石柱县工业园区管委会的事由只是认为该管委会与其诉请拆除的量劲厂房相关,并未明确提出石柱县工业园区管委会应承担期间服务功能损失的具体理由,据此,原告请求石柱县工业园区管委会赔偿案涉期间服务功能损失的诉讼请求不能成立,本院不予支持。

鉴于本案生态环境受到损害至恢复原状期间服务功能损失客观存在,侵权人临港公司、鸿盛公司若不赔偿,无法弥补该保护区生态环境受到损害至恢复原状期间的服务功能损失。根据《环境民事公益诉讼司法解释》第二十三条规定,可结合污染环境、破坏生态的范围和程度、生态环境的稀缺性、生态环境恢复的难易程度、防治污染设备的运行成本、被告因侵害行为所获得的利益以及过错程度等因素合理确定生态环境修复费用的数额。本院参照该条规定关于生态环境修复费用所需考量的因素,对本案生态环境受到损害至恢复原状期间服务功能损失予以合理确定。本案中,《重庆石柱水磨溪湿地县级自然保护区生态修复方案》第八章"投资估算和效益评价"中涉及保护区内的有关区域的重建、恢复、保育等所需的生态环境修复费用,被告临港公司、鸿盛公司已按照该生态修复方案积极进行生态修复,并为此承担了相应的生态环境修复费用。以《重庆石柱水磨溪湿地县级自然保护区生态修复方案》为基础,结合案涉破坏生态的范围和程度、生态环境的稀缺性、生态环境恢复的难易程度等因素,本院确定被告临港公司、鸿盛公司应赔偿的生态环境受到损害至恢复原状期间服务功能损失为

300 万元。该赔偿款项应按《环境民事公益诉讼司法解释》第二十四条第一款“生态环境受到损害至恢复原状期间服务功能损失等款项,应当用于修复被损害的生态环境”之规定,用于修复案涉被损害的生态环境。

四、关于被告应否承担评估鉴定费用、合理的律师费以及为诉讼支出的差旅费等费用的问题

关于评估鉴定费用,本案实际发生的评估鉴定费为委托重庆市黔江区前地房地产经纪有限公司所作《重庆市石柱水磨溪县级自然保护区内房屋、道路位置及面积测绘报告》而产生的鉴定费 2.5 万元,该鉴定机构出具了《收费函》及发票。原告已完成证明案涉道路和房屋在该保护区之内的初步证明责任,依据《民诉法解释》第九十条第一款“当事人对自己提出的诉讼请求所依据的事实或者反驳对方诉讼请求所依据的事实,应当提供证据加以证明,但法律另有规定的除外”之规定,被告鸿盛公司、临港公司作为侵权人要反驳原告诉讼请求所依据的事实,应当提供证据证明案涉道路或房屋在该保护区各功能区的具体的位置,故前述鉴定所产生的鉴定费用 2.5 万元,应由被告鸿盛公司、临港公司向重庆市黔江区前地房地产经纪有限公司支付。

关于合理的律师费以及为诉讼支出的差旅费等费用及本案案件受理费的问题。原告请求被告向其支付合理的律师费用 30 万元及为诉讼支出的差旅费 13,686.11 元,根据《环境民事公益诉讼司法解释》第二十二条“原告请求被告承担检验、鉴定费用,合理的律师费以及为诉讼支出的其他合理费用的,人民法院可以依法予以支持”之规定,原告请求被告向其支付律师费 30 万元,本院以原告该请求为基础,以被告临港公司、鸿盛公司应赔偿的期间服务功能损失 300 万元所占原告诉请赔偿损失 1000 万元的比例进行合理确定,即被告临港公司、鸿盛公司应向原告支付的合理律师费用为:30 万元 ×(300 万元 ÷ 1000 万元) = 9 万元。原告请求被告向其支付为诉讼支出的差旅费 13,686.11 元,经审查,原告提交的票据能够证明其为诉讼支出的差旅费为 13,686.11 元,且该费用发生期间均与本案审理过程密切相关,系为诉讼支出的合理费用,被告临港公司、鸿盛公司应向原告支付该差旅费13,686.11元。石柱县工业园区管委会并非实施案涉侵权行为的侵权人,其对前述律师费及差旅费不承担支付责任。本案案件受理费 81,800 元,被告临港公司、鸿盛公司应承担 24,540 元,原告源头爱好者环研所应承担 57,260 元。鉴于原告向本院提交了免交诉讼费用的申请,根据《环境民事公益诉讼司法解释》第三十三条第二款"败诉或者部分败诉的原告申请减交或者免交诉讼费用的,人民法院应当依照《诉讼费用交纳办法》的规定,视原告的经济状况和案件的审理情况决定是否准许"之规定,考虑到原告的经济状况以及本案的审理情况,本院决定对原告应承担的诉讼费57,260元予以免交。

综上所述,原告提出的部分诉讼请求成立,本院对此予以支持。

法院判决:1. 被告临港公司、鸿盛公司赔偿生态环境受到损害至恢复原状期间服务功能损失300万元,此款限于本判决生效之日起10日内付至本院指定的对重庆石柱水磨溪湿地县级自然保护区具有管理职能的单位账户,用于修复被损害的生态环境;

2. 被告临港公司、鸿盛公司于本判决生效之日起10日内向原告源头爱好者环研所支付合理律师费90,000元、为诉讼支出的差旅费13,686.11元;

3. 驳回原告源头爱好者环研所的其他诉讼请求。

【实务要点评析】

本案系重庆市高级人民法院在2020年12月4日国家宪法日发布的十起公益诉讼与生态环境损害赔偿诉讼典型案例之一。

一、国家如何通过立法对自然保护区及湿地生态环境进行保护

湿地被称为"地球之肾"。根据《关于特别是作为水禽栖息地的国际重要湿地公约》的规定,湿地是指天然的或人工的,永久的或间歇性的沼泽地、泥炭地、水域地带,带有静止或流动、淡水或半咸水及咸水水体,包括低潮时水深不超过6米的海域。湿地具有保护生物和遗传多样性、减缓径流和蓄洪防旱、固定二氧化碳并调节区域气候、降解污染和净化水质及防浪固岸等功能与作用,并具备较高的经济效益和社会效益。[①] 2020年3月31日,习近平总书记在浙江杭州考察时强调,湿地是地球之肾,湿地开发要以生态保护为主。原生态是旅游的资本,发展旅游不能以牺牲环境为代价,要让湿地公园成为人民群众共享的绿意空间。

《自然保护区条例》第18条第1款规定:"自然保护区可以分为核心区、缓

---

① 参见朱育漩:《地球之肾,湿地之光》,载《环境经济》2019年第11期。

冲区和实验区。”该条第4款规定:“缓冲区外围划为实验区,可以进入从事科学试验、教学实习、参观考察、旅游以及驯化、繁殖珍稀、濒危野生动植物等活动。”第29条规定:“在自然保护区的实验区内开展参观、旅游活动的,由自然保护区管理机构编制方案,方案应当符合自然保护区管理目标。在自然保护区组织参观、旅游活动的,应当严格按照前款规定的方案进行,并加强管理;进入自然保护区参观、旅游的单位和个人,应当服从自然保护区管理机构的管理。严禁开设与自然保护区保护方向不一致的参观、旅游项目。”第32条第1款规定:“在自然保护区的核心区和缓冲区内,不得建设任何生产设施。在自然保护区的实验区内,不得建设污染环境、破坏资源或者景观的生产设施;建设其他项目,其污染物排放不得超过国家和地方规定的污染物排放标准。在自然保护区的实验区内已经建成的设施,其污染物排放超过国家和地方规定的排放标准的,应当限期治理;造成损害的,必须采取补救措施。”

二、哪些行为构成对自然保护区生态系统的破坏须承担环境侵权责任

根据《自然保护区条例》上述规定可知,在自然保护区的核心区和缓冲区内,不得建设任何生产设施;在自然保护区的实验区可以进行从事科学试验、教学实习、参观考察、旅游以及驯化、繁殖珍稀、濒危野生动植物等活动,不得建设污染环境、破坏资源或者景观的生产设施;建设其他项目,其污染物排放不得超过国家和地方规定的污染物排放标准。如在自然保护区的核心区和缓冲区内建设任何生产设施,或在自然保护区的实验区内建设污染环境、破坏资源或者景观的生产设施,或者建设其他项目的污染物排放超过国家和地方规定的污染物排放标准,即构成对自然保护区生态系统的破坏,应承担环境侵权责任,法律规定的机关和有关组织可以提起环境民事公益诉讼。

本案中,临港公司擅自占用大量水磨溪湿地自然保护区区域兴建移民生态工业园基础设施,导致该保护区区域原有地形、地貌大幅改变,地表植被全部破坏,保护区核心区内的部分河段河道变窄,明显构成对自然保护区湿地生态系统的破坏,应承担环境侵权责任。

三、在自然保护区内修建的公路及房屋不予拆除的条件是什么

被告在自然保护区内修建的公路及房屋不予拆除的条件:1. 被告修建的公路并非全部位于自然保护区的核心区内,最好均在缓冲区及实验区内;2. 专业机构编制的自然保护区修复方案中明确保护区内公路涉及民生等问题,并提出予

以保留的建议，且修复方案通过专家评审会的评审；3. 地方政府同意该修复方案。

四、如何在没有鉴定报告的情况下认定环境服务功能损失

本案中，由于原告逾期未交鉴定费用，导致鉴定机构未出具鉴定报告。

但是，侵权人在湿地自然保护区的范围内修建工业园区，给该保护区生态环境造成的损害是客观存在的，生态环境受到损害至恢复原状期间服务功能损失客观存在，依据《环境民事公益诉讼司法解释》第二十一条的规定，期间服务功能损失应予支持。至于损失金额，本案法院参照《环境民事公益诉讼司法解释》第二十三条的规定，可结合污染环境、破坏生态的范围和程度、生态环境的稀缺性、生态环境恢复的难易程度、防治污染设备的运行成本、被告因侵害行为所获得的利益以及过错程度等因素，以及《重庆石柱水磨溪湿地县级自然保护区生态修复方案》第八章关于投资估算和效益评价中涉及保护区内的有关区域的重建、恢复、保育等所需的生态环境修复费用，酌情确定为300万元。

案例2 损害自然遗迹、风景名胜区应承担环境侵权责任

——江西省上饶市人民检察院诉张某某、毛某某、张某环境民事公益诉讼案①

【案例介绍】

案　号：江西省高级人民法院(2020)赣民终317号

公益诉讼起诉人：江西省上饶市人民检察院

一审被告：张某某、毛某某、张某

基本案情：三清山风景名胜区是世界自然遗产地、世界地质公园、国家级风景名胜区、国家5A级旅游景区。巨蟒峰地质遗迹点位于其核心景区，于2017年8月22日被世界纪录认证机构认证为“世界最高的天然蟒峰”，是具有世界级地质或地貌意义的地质遗迹，是景区内珍贵的标志性景观，是不可再生的珍稀自然

① 本案系2020年度人民法院环境资源典型案例之七，是全国首例检察机关针对损毁自然遗迹提起的破坏生态环境民事公益诉讼案，亦是全国首例故意损毁自然遗迹入刑的刑事案件。

资源性资产，具有重大的科学价值、美学价值和经济价值。2017 年 4 月，张某某、毛某某、张某三人约定前往三清山风景名胜区攀爬“巨蟒出山”岩柱体（又称巨蟒峰）。2017 年 4 月 15 日凌晨，张某某、毛某某、张某三人携带电钻、岩钉、铁锤、绳索等工具开始攀爬巨蟒峰底部。在攀爬过程中由张某某在有危险的地方打岩钉，毛某某、张某则沿着张某某布好的岩钉和绳索攀爬，三人通过互相协作、互相配合的方式共同攀爬至巨蟒峰顶部。经现场勘查，张某某在巨蟒峰上打入岩钉 26 个。2017 年 4 月 28 日，受上饶市公安局三清山分局的委托，罗某某等四位专家组成的专家组就 4 月 15 日三名游客攀爬三清山世界级地质遗迹点巨蟒峰造成的损毁情况进行研讨分析，并出具了《关于“4·15”三名游客攀爬三清山世界级地质遗迹点巨蟒峰毁损情况的意见》，认定三名游客攀爬巨蟒峰的行为对其造成了严重的损毁。2018 年 3 月 28 日，受上饶市人民检察院委托，经江西财经大学专家组评估，此次“巨蟒峰案的价值损失评估值”不应低于该事件对巨蟒峰非使用价值造成损失的最低阈值 1190 万元，且该专家评估咨询费用为 15 万元。事后，三清山管委会建设了巨蟒峰智能监测系统，为此支付建设费用 51.08万元。2017 年 4 月 22 日，上饶市公安局三清山分局以三被告故意毁坏名胜古迹罪一案立案侦查。上饶市人民检察院于 2018 年 8 月 21 日以饶检公诉刑诉（2018）40 号起诉书，向上饶市中级人民法院提起公诉。

上饶市人民检察院诉讼请求：1. 判令三被告依法连带赔偿巨蟒峰非使用价值造成损失的最低阈值 1190 万元；2. 判令三被告连带支付采取消除危险的措施建设巨蟒峰智能监测系统的费用 510,826.4 元；3. 判令三被告在全国性知名新闻媒体公开赔礼道歉；4. 判令三被告依法连带承担其聘请专家所支出的评估费用 15 万元。

被告张某某辩称：1. 本案在法律程序上存在问题；2. 张某某等人的行为不构成侵权，无须承担赔偿责任；3. 上饶市人民检察院关于三清山管委会安装监控设施的费用及案涉聘请专家的 15 万元费用由张某某等人承担的诉求不成立；4. 若要认定对巨蟒峰打入岩钉加速其崩塌，则张某某与其他人共同造成了这一损害后果；5. 若要认定本案为生态侵权，则应当判令张某某与张某、毛某某承担连带赔偿责任。

被告张某辩称：1. 本案不属于公益诉讼范畴，提起公益诉讼的前提条件之一是损害社会公共利益的行为，而本案不符合公益诉讼的条件；2. 上饶市人民检察院要求张某承担连带赔偿责任的诉讼请求依法不能成立;3. 巨蟒峰智能监测系统的费用不应由被告承担;4. 要求被告依法连带承担聘请专家所支出的评估费用15万元无法成立。

被告毛某某辩称:1. 赞同张某某、张某的答辩意见。2. 关于本案的诉讼主体资格问题。三清山风景名胜区有明确的管理部门即三清山管委会,在三清山管委会明确不提起诉讼的前提下,检察院才可以提起公益诉讼。3. 关于本案的受理条件。本案尚不具备受理条件,即便受理了也应当中止审理。因为本案无论是法律事实还是相关证据的认定,取决于刑事案件的判决结果。4. 毛某某在本案中不构成共同侵权。5. 上饶市人民检察院提起诉讼的依据之一是《环境保护法》第二十九条的规定,此条针对的是管理部门的职责。本案中管理部门并没有尽到该职责是本案发生的重要原因,且三清山风景名胜区管理条例并没有禁止攀爬,根据"法无禁止即自由"的原则,三被告攀爬巨蟒峰属于正常的户外活动,不为法律所禁止。6. 关于上饶市人民检察院提出的诉讼请求是否合理的问题,同意张某某、张某的答辩意见。

一审法院认为:三清山是世界自然遗产、风景名胜区,巨蟒峰是三大核心景区之一,具有珍贵性、唯一性、易损性等特征,其内涵的科研价值、美学价值、观赏价值、游憩价值为人类共有,任何对巨蟒峰造成损害的行为侵犯的是社会公共利益,上饶市人民检察院依照法定程序有权提起本案民事公益诉讼。三被告在户外攀岩,挑战自然,挑战自我本无可厚非,但选择作为世界自然遗产的巨蟒峰上攀爬,对使用打岩钉的方法攀登巨蟒峰所具有的破坏性,应有常人的认知,故三被告主观过错明显。客观上,张某某已在巨蟒峰上打入了26枚岩钉,造成了一定程度上的损害无可辩驳,三被告相互支持、相互协作,在攀登巨蟒峰过程中共同实施了侵权行为,对造成的损害依法应承担连带赔偿责任。鉴于三被告的行为侵害的是社会公众享有的对世界自然遗产的环境权益,且在全国范围内造成了较大的影响,故三被告应通过全国性媒体公开赔礼道歉。其应赔偿的损失金额,按照《环境民事公益诉讼司法解释》第二十三条"生态环境修复费用难以确定或者确定具体数额所需鉴定费用明显过高的,人民法院可以结合污染环境、破坏生态的范围和程度、生态环境的稀缺性、生态环境恢复的难易程度、防治污染设备的运行成本、被告因侵害行为所获得的利益以及过错程度等因素,并可以参考负有环境保护监督管理职责的部门的意见、专家意见等,予以合理确定"之规定,本院一方面考虑到巨蟒峰作为世界自然遗产的珍稀性,三被告的行为造成的后果的严重性以及社会影响的广泛性;另一方面在兼顾三被告的经济条件和赔偿能力等具体问题的基础上,由本院酌定赔偿数额较妥。尤其要指出的是,本案的审判意义不仅是对广大公众环境权益遭受损害的填补,更在于唤起全体社会成员环境保护意识,增强保护世界自然遗产在内的各种环境资源的自觉性,警示、教育他人珍惜资源,爱护环境,参照江西财经大学专家组的评估报告,本院酌定赔偿数额为6,000,000元。上饶市人民检察院诉请的要求三被告连带赔偿巨蟒峰非使用价值造成损失的最低阈值本质上是环境资源受损金额,故本院据此判令三被告赔偿环境资源损失,用于公共生态环境保护和修复。对于上饶市人民检察院申请撤回要求三被告连带支付采取消除危险的措施建设巨蟒峰智能监测系统的费用510,826.4元的诉讼请求,因该项诉讼请求并不涉及上饶市人民检察院诉请所维护的社会公共利益,本院予以准许。此外,上饶市人民检察院聘请的专家费用属于为诉讼支出的合理费用,应由三被告承担。

一审法院判决:1.被告张某某、张某、毛某某在本判决生效后10日内在全国性媒体上刊登公告,向社会公众赔礼道歉,公告内容应由本院审定;

2.被告张某某、张某、毛某某连带赔偿环境资源损失计人民币6,000,000元,于本判决生效后30日内支付至本院指定的账户,用于公共生态环境保护和修复;

3.被告张某某、张某、毛某某在本判决生效后10日内赔偿公益诉讼起诉人江西省上饶市人民检察院支出的专家费150,000元。

张某某上诉称:1.依法撤销原审判决;2.依法驳回上饶市人民检察院的全部诉讼请求。事实和理由:1.原审判决错误地将自然环境等同为生态环境。巨蟒峰是自然环境的构成元素,而非生态环境的构成要素。本案不属于生态环境公益诉讼。2.原审判决错误地以"举轻以明重"来对抗"法无禁止即可为"。法律并没有禁止公民采用器械攀爬,对于广大公民来说"法无禁止即可为"。3.原审判决错误地采信罗某某等四位专家在刑事诉讼中出具的"专家意见",且将"存在的风险"直接等同为"损害结果"。专家意见不符合《民诉法解释》第八十七条的规定,不能采信。原审判决认为"存在巨大风险",只有当"风险"变成现实之后,才会产生损害结果。4.原审判决错误地采信了江西财经大学专家组出具的《三清山巨蟒峰受损价值评估报告》。民事公益诉讼的损害结果应当由具有鉴定资质的鉴定机构和鉴定人进行评估,由专家作出的评估报告没有法律依据,不能采信。专家组采用意愿价值评估法是西方国家常用的损害赔偿的评估方法，评估结论不可靠。民法中所指的损害是指已经发生的损害，而不是未来可能发生的损害。5. 原审判决对于多因一果所造成的损害仅判由上诉人等承担赔偿责任显失公平。

被上诉人上饶市人民检察院辩称：张某某的上诉理由不能成立，上诉请求应予驳回。1. 本案属于“破坏生态环境与资源保护”的民事公益诉讼案件。根据《环境保护法》第二条及《地质遗迹保护管理》第五条的规定，张某某等三人故意损毁自然遗迹和风景名胜的行为属于破坏生态环境的行为。2. 张某某等人以破坏性方式攀爬巨蟒峰违反了法律的强制性规定，属于违法的侵权行为。环境保护法、风景名胜区条例、三清山风景名胜区管理条例等均有不得破坏和随意改变景观和自然环境的禁止性规定。张某某等三人以打岩钉的方式攀爬巨蟒峰明显违反上述法律法规的强制性规定。3. 罗某某等四位地质专家出具的专家意见可以作为认定事实的依据。有专门知识的人提出的意见经质证，可以作为认定事实的依据。《攀登“巨蟒”悬！》一文不具备证据的合法性和证明力。4. 张某某等三人的行为对巨蟒峰造成了不可修复的严重损毁。作为生态环境侵权责任要件的损害结果不但包括产生的损害结果，还包括损害的重大风险。5. 江西财经大学专家组出具的《三清山巨蟒峰受损价值评估报告》依法可以作为确定损害赔偿数额的依据。专家意见经过质证，可以作为认定事实的依据；该评估报告所采用的评估方法科学有效；调查评估过程规范有序，评估结论客观公允。6. 他人在巨蟒峰上打岩钉以及三清山管委会建设监测系统的行为与张某某等三人的行为是否构成侵权无关。

上诉人张某上诉请求：1. 请求二审法院发回重审或依法驳回原审原告的要求连带赔偿损失及承担 15 万元专家评估费用的诉讼请求；2. 本案诉讼费用由被上诉人承担。事实和理由：1. 上诉人行为构成侵权行为的理由依法不能成立。(1)关于违法行为。攀岩运动本身包括在攀爬中使用器械的行为不具有违法性。(2)关于损害事实。一审法院以“重大风险”作为损害结果错误，损害事实须具有确定性。本案四名专家出具的意见不是法律规定的鉴定意见，仅是专家意见，且没有经过质证。原审判决没有认定数个损害行为对三清山是否造成损害及因果关系，对本案原审各被告不公平。一审法院判定的损害数额所依据的评估报告已过有效期限，不能作为专业评估报告来适用。(3)关于因果关系。他人的行为也造成了损害,不能由原审各被告对全部损害承担赔偿责任。(4)关于过错。本案原审各被告主观是去攀岩,虽然有违管理方面的行政规定,但不具有故意损毁破坏巨蟒峰的心理。(5)是否应当连带承担赔偿责任。根据分工看,上诉人的任务是拍摄而不是打钉,不应承担连带赔偿责任。2. 要求上诉人连带承担专家评估费 15 万元无法成立。本案中江西财经大学及三位专家无法作为资产评估的受托方,不具有出具评估报告的资格,也没有提供任何的收费标准。

被上诉人上饶市人民检察院辩称:张某的上诉理由不能成立,上诉请求应予驳回。1. 张某等三人的行为符合共同侵权的构成要件,依法应当承担连带侵权责任。(1)张某、张某某等三人故意违反禁止破坏自然遗迹和风景名胜的强制性规定,以破坏性方式攀爬巨蟒峰的行为属于违法的侵权行为。(2)张某、张某某等三人以破坏性方式攀爬巨蟒峰,对巨蟒峰直接造成了不可修复的严重损毁。(3)他人在巨蟒峰上打岩钉以及三清山管委会建设监测系统的行为与张某某、张某等三人的行为是否构成侵权无关。(4)一审中,公安机关提供的证据,充分证明了张某、张某某等三人具有紧密的意思联络,有共同的侵权故意。(5)张某某、张某、毛某某三人事前有谋划、事中有配合,三人的行为符合共同侵权的构成要件。2. 张某某、张某、毛某某三人连带赔偿专家费用具有事实和法律依据,属于为诉讼支出的合理费用,依法应予以支持。

二审法院认为:生态环境是人类生存和发展的根基,对自然资源的破坏即是对生态环境的破坏。我国法律明确将自然遗迹、风景名胜区作为环境要素加以保护,规定一切单位和个人都有保护环境的义务,因破坏生态环境造成损害的,应当承担侵权责任。特别是在推进生态文明建设的进程中,只有实行最严格的制度、最严密的法治,才能更好地保护我们的生态环境。张某某、毛某某、张某三人采用打岩钉方式攀爬行为给巨蟒峰造成不可修复的永久性伤害,损害了社会公共利益,构成共同侵权。判决三人承担环境侵权赔偿责任,旨在引导社会公众树立正确的生态文明观,珍惜和善待人类赖以生存和发展的生态环境。一审法院参照《三清山巨蟒峰受损价值评估报告》结论,综合考虑本案的法律、社会、经济因素,依法酌情确定赔偿数额为 600 万元并无不当。张某某、张某的上诉请求不能成立,应予驳回;一审判决认定事实清楚,适用法律正确,应予维持。

二审法院判决:驳回上诉,维持原判。

【实务要点评析】

本案系2020年度人民法院环境资源典型案例之七,是全国首例检察机关针对损毁自然遗迹提起的破坏生态环境民事公益诉讼案,亦是全国首例故意损毁自然遗迹入刑的刑事案件。对于破坏名胜古迹行为人的入刑及判令赔偿生态环境损失,不仅是对其所实施行为的否定评价,更是警示世人不得破坏国家保护的名胜古迹,特别是在推进生态文明建设的进程中,只有实行最严格的制度、最严密的法治,才能更好地保护我们的生态环境,从而引导社会公众树立正确的生态文明观,珍惜和善待人类赖以生存和发展的自然资源和生态环境。

一、对于实施损害自然遗迹、风景名胜区行为的被告提起的诉讼,是否属于环境民事公益诉讼

江西上饶三清山风景名胜区是世界自然遗产地、世界地质公园、国家5A级旅游景区。巨蟒峰地质遗迹点位于其核心景区,被世界纪录认证机构认证为"世界最高的天然蟒峰",是具有世界级地质地貌意义的珍贵遗迹,也是景区标志性景观。作为一种环境要素,自然遗迹、风景名胜区具有珍贵性、原始性、唯一性、易损性特征,一旦遭到破坏即难以恢复。根据《环境保护法》第2条的规定,自然遗迹、风景名胜区是环境的重要组成部分。这些自然景观是属于全世界人民的共同财富,实施损害自然遗迹、风景名胜区的行为,就会损害社会公众的公共利益。本案中,环境侵权人使用打岩钉的方式对巨蟒峰进行攀爬,该行为明显属于对环境资源的损害,属于广义上的破坏生态的损害行为,法律规定的机关和有关组织当然可以提起生态破坏的民事公益诉讼。

二、打岩钉的行为是否构成侵权行为,三被告是否应当承担连带责任

判断某一行为是否属于侵权行为,其标准即是看该行为是否侵害了法律所确认和保护的合法权益。自然遗迹是法律、行政法规、地方性法规明确保护的对象,《风景名胜区条例》中规定了居民与游览者的保护义务,并明确禁止了在景物或设施上刻划、涂污的行为。举轻以明重,对巨蟒进行攀爬行为当然应被予以禁止。不掌握专业知识的普通人根据生活常识即可判断,在巨蟒峰上打入26枚岩钉的行为显然会对巨蟒峰造成不可修复的损毁,因此打岩钉的行为构成环境侵权行为。

而根据三被告的微信聊天记录内容、询问笔录可知,其明知三清山风景名胜区是世界自然遗产,也明知使用电钻打孔、打入岩钉的行为会对巨蟒峰造成损害,仍故意而为之,相互协作、相互支持,先后打入26枚岩钉,并借助岩钉与绳索攀爬至巨蟒峰顶,应当认定三被告对本案损害结果的发生具有共同故意,他们应当共同承担环境侵权责任。

三、如何对自然遗迹的受损价值进行评估

因环境资源不同于其他商品,不存在真实的交易市场,本身不具有经济价值,不能基于可观察到或预设的市场行为对其价值进行评估,只能依据条件价值法对其价值进行货币化评价。条件价值法即意愿价值法,是一种典型的陈述偏好评估法,是在假想市场情况下,直接调查和询问人们对某一环境效益改善或资源保护的措施的支付意愿(WTP),或者对环境或资源质量损失的接受赔偿意愿(WTA),以人们的支付意愿或受偿意愿来估计环境效益改善或环境质量损失的货币价值。①

在本案的《三清山巨蟒峰受损价值的评估报告》中,专家组就采用了条件价值法,这种评估方法在西方国家确定环境损害的过程中较为常见。该评估方法虽然因其受调查技术、方法、被调查者的偏好等多种因素的影响具有一定的不确定性,但其科学性与合理性在世界范围内得到一定程度的认可。本案参考采用该评估方法得出的专家评估报告并最终酌定环境损害赔偿金额,符合《环境民事公益诉讼司法解释》第23条规定。

案例3 损毁按文物对待的古墓葬应承担环境侵权责任

——中国绿发会诉郑州华瑞紫韵置业有限公司环境民事公益诉讼案

【案例介绍】

案　号:河南省高级人民法院(2019)豫民终1607号

一审原告:中国绿发会

一审被告:郑州华瑞紫韵置业有限公司(以下简称华瑞紫韵公司)

基本案情:孙庄孙翰林家族墓群位于河南郑州孙庄村,鉴于孙氏家族的名

① 参见潘美晨、宋波:《受偿意愿应作为生态补偿标准的上限》,载《中国环境科学》。

望、事迹以及墓地葬制的一定价值,在第三次全国文物普查中,孙庄孙氏墓地被定为不可移动文物点(古墓葬、名人墓)。2015 年 8 月 18 日,华瑞紫韵公司与郑州金运土石方清运有限公司(以下简称金运公司)签订了《华瑞紫韵城景园、丽园垃圾清运施工合同》,11 月 9 日金运公司接到华瑞紫韵公司通知进场清运施工,11 月 10 日由于现场当地村民阻挠施工,清运工作被迫停止。12 月 23 日当地公安机关对阻挠施工人员进行处理,当晚,金运公司继续对施工现场进行垃圾清运作业。12 月 23 日、24 日两晚,该公司共投入 9 台挖掘机、60 台渣土车对现场进行清理,清理深度距原始路面约 3 米深,清理土方约 2 万立方米,清理造成地下已探明的 14 座墓葬遭到不同程度的破坏。金运公司在接到停止违法施工的通知后,未按要求停止施工,清理造成地下已探明的墓葬受到不同程度的破坏,地表散落有墓砖和人骨。中国绿发会认为,华瑞紫韵公司与金运公司在建设施工过程中,造成被列入《第三次全国文物普查不可移动文物名录》的孙庄孙翰林家族墓群被破坏,至今该墓葬群已被完全损毁。不可移动文物是人文遗迹,人文遗迹是环境不可分割的重要组成部分。损毁文物,侵犯社会公共利益,因此向法院提起环境民事公益诉讼。

原告诉讼请求:1. 恢复原状。判令华瑞紫韵公司、金运公司对已破坏的孙庄孙翰林家族墓群采取替代性修复措施或承担修复费用。2. 赔偿损失。判令华瑞紫韵公司、金运公司赔偿损失,损失金额暂定为 200,000 元,具体数额以鉴定结论为准。3. 赔礼道歉。判令华瑞紫韵公司、金运公司在国家级媒体上向全国人民公开道歉。4. 判令华瑞紫韵公司、金运公司承担案件受理费、原告支出的差旅、调查费用、律师代理费等一切必要的费用。

一审法院认为:1. 作为以生物多样性保护与绿色发展为宗旨的社会组织,中国绿发会有权提起环境民事公益诉讼。中国绿发会起诉事项与其宗旨和业务范围虽不具有对应关系,但与其保护的环境要素或者生态系统具有一定的联系,可以认定为社会组织提起的诉讼与其宗旨和业务范围具有关联性。因此,中国绿发会具有诉讼主体资格。

2. 被损毁的古墓葬经郑州市文物局调查后认为,不能确定为不可移动文物点孙庄孙翰林家族墓群,涉案地块的一号墓、二号墓已被全部挖毁,其价值无法进行进一步鉴定,应以一般文物对待。该调查结论系郑州市文物局在现场勘查、专家论证的基础上作出,应予认定。中国绿发会称被损毁的古墓葬系被列入

《第三次全国文物普查不可移动文物名录》郑州市须水镇孙庄村孙庄孙翰林家族墓群，其主张依据不足。但被告损毁以一般文物对待的古墓葬，仍然应该认定为损毁人文遗迹，人文遗迹是环境不可分割的重要组成部分，该行为侵犯社会公共利益。

3. 华瑞紫韵公司作为建设单位，进行大型基本建设工程，依法应当事先报请省、自治区、直辖市人民政府文物行政部门组织从事考古发掘的单位在工程范围内有可能埋藏文物的地方进行考古调查、勘探，现华瑞紫韵公司未提供证据证明其已经履行该法定义务。在华瑞紫韵公司雇佣的金运公司施工可能破坏文物的情况下，郑州市文物局先后三次要求华瑞紫韵公司停止施工，保护现场，华瑞紫韵公司亦未及时有效履行义务，造成人文遗迹被破坏，应与施工单位金运公司共同承担侵权责任。

4. 关于责任承担问题。(1)关于恢复原状的诉讼请求，经查，涉案的一号墓、二号墓已被全部挖毁，其价值无法进行进一步鉴定，原址重建亦不符合法律规定。故该项诉讼请求不予支持。(2)关于赔偿损失的诉讼请求，即生态服务功能期间损失的诉讼请求，虽存在期间无法确定、生态服务功能价值难以评估的问题，但客观上华瑞紫韵公司与金运公司的行为导致被损毁的古墓葬承载的生态服务功能，如传承、祭奠、缅怀等功能完全丧失，造成的损失难以估量，该诉讼请求应予支持。考虑华瑞紫韵公司与金运公司破坏人文遗迹的程度、人文遗迹的价值、过错程度等因素，判令华瑞紫韵公司、金运公司支付生态服务功能损失200万元。(3)华瑞紫韵公司、金运公司损毁以一般文物对待的古墓葬，侵犯社会公共利益。中国绿发会要求其赔礼道歉，于法有据，应予支持。判令华瑞紫韵公司、金运公司在国家级媒体上向全国人民赔礼道歉，赔礼道歉的内容应包含："在建设施工过程中造成以一般文物对待的古墓葬损毁，对损害社会公共利益的侵权行为向公众赔礼道歉"内容，经一审法院审查后刊登；如华瑞紫韵公司、金运公司拒不履行，一审法院将在国家级媒体上公布判决主要内容，相关费用由华瑞紫韵公司、金运公司承担。(4)中国绿发会请求华瑞紫韵公司、金运公司承担合理的律师费以及为诉讼支出的其他合理费用，应依法予以支持。律师费酌定为5万元，为诉讼支出的其他合理费用26,362.90元，予以支持。

一审法院判决：1. 华瑞紫韵公司、金运公司应当于一审判决生效后10日内，共同赔偿生态服务功能损失200万元（支付到一审法院指定账户），该款用于郑州市生态环境保护工作。2. 华瑞紫韵公司、金运公司应当于判决生效后10日内向一审法院提交赔礼道歉文稿,对其在建设施工过程中造成以一般文物对待的古墓葬损毁,损害社会公共利益的侵权行为向公众赔礼道歉,经一审法院审核后应于30日内在国家级媒体上公布。如华瑞紫韵公司、金运公司拒不履行,一审法院将在国家级媒体上公布判决主要内容,相关费用由华瑞紫韵公司、金运公司承担。3. 华瑞紫韵公司、金运公司应于一审判决生效后10日内支付中国绿发会差旅费、律师费等费用共计76,362.90元。4. 驳回中国绿发会的其他诉讼请求。如果未能按一审判决指定的期间履行给付金钱义务,应当依照《民事诉讼法》第二百五十三条之规定,加倍支付迟延履行期间的债务利息。案件受理费22,800元,由华瑞紫韵公司、金运公司共同负担。

中国绿发会上诉称:中国绿发会不服一审判决,基于以下事实和理由提出上诉,请求二审依法改判或发回重审:1. 一审法院否认被破坏的文物是孙庄孙翰林墓,但未查明该文物是什么文物,也未查明孙庄孙翰林墓位于何处,本案基本事实不清。2. 一审程序违法。中国绿发会申请通知证人出庭作证,但是一审法院未予理会;《GPS坐标点放样情况说明》及《GPS坐标点放样报告》这两份证据未交当事人进行质证,一审法院也未予以认证;对于孙庄孙翰林墓的历史与现状密切相关的证据,一审法院未依职权予以查明。3. 涉案墓葬群确已无法恢复原状,应当根据《环境民事公益诉讼司法解释》第二十条第一款之规定,由被上诉人采取替代性修复措施或承担替代性修复费用,不应对中国绿发会请求恢复原状的诉讼请求不予支持。4. 确定生态服务功能损失数额应结合"被告因侵害行为所获得的利益"予以合理确定,一审酌定生态服务功能损失为200万元,远不能弥补给社会公共环境利益造成的实际损失,也不符合《环境民事公益诉讼司法解释》第二十三条之规定。5. 根据最高人民法院《关于审理环境公益诉讼案件的工作规范(试行)》第三十九条之规定,负责执行的人民法院可以请申请执行人或者负有环境保护监督管理职责的部门、其他社会组织等第三方对被执行人履行生态环境修复义务的情况进行监督,监督费用由被执行人负担。但一审法院将生态服务功能损失赔偿款全部判归法院指定账户,没有明确中国绿发会作为社会组织对该笔款项管理和使用的监督权,违反法律设立环境公益诉讼的初衷,同时,一审判决排除了中国绿发会对华瑞紫韵公司、金运公司赔礼道歉文稿的审核同意权,有悖"公众参与原则"。6. 中国绿发会代理律师全部合理的费用均应判决支持。

华瑞紫韵公司上诉称:华瑞紫韵公司认为一审法院认定事实不清,涉案土地在2008年已清理苗木、迁移坟茔,当年未发现文物,明宇汽配城进行了开发建设,而郑州市文物局却认定该地块探明一号墓、二号墓已被全部挖毁,其价值无法进行进一步鉴定,应以一般文物对待,上述两个事实是矛盾的。案涉挖损的一号墓、二号墓不是古墓葬,仅是一般墓葬迁移后的空穴,郑州市文物局的行政处罚卷宗显示现场黄土覆盖,掩埋着新立墓碑和砖块,新封的墓冢已被推平,是有人制造假坟茔以骗取拆迁补偿款。据郑州市文物局GPS放样结果显示,案涉地块不是不可移动文物点孙翰林家族墓群。一审法院将已经迁移清理,且不属于不可移动文物孙翰林家族墓群的空穴认定为一般文物,进而认定为毁损人文遗迹,侵犯社会公益,属于认定事实错误。华瑞紫韵公司同时认为一审判决赔偿依据不足。涉案墓葬不排除是空墓穴遗迹,散落的墓砖残余,不具有文物价值,不承载生态服务功能,不能认定传承、祭奠、缅怀功能完全丧失,按照"孙翰林家族墓葬群"赔偿生态服务功能损失200万元依据不足。遂华瑞紫韵公司以一审判决认定事实不清、判决赔偿依据不足要求撤销原判、发回重审。

金运公司上诉称:上诉理由除与金运公司的上诉理由一致外,另认为:为了清理现场达到文物现场勘探条件,华瑞紫韵公司与金运公司签订的合同中明确约定"以达到文物勘探标准进行清运"、垃圾清运过程中"要控制好尺寸,避免对地下管道及文物造成损坏"。郑州市文物局行政执法询问笔录可以证明华瑞紫韵公司接到文物局作出的《责令改正通知书》后,立即通知金运公司停工,金运公司因自身原因导致本案后果,郑州市文物局已作出行政处罚,华瑞紫韵公司不应承担共同侵权责任。

中国绿发会答辩称:中国绿发会针对华瑞紫韵公司和金运公司的上诉理由提出辩护意见。1. 关于所提一审认定事实和郑州市文物局认定事实矛盾的问题,客观情况是,本案所诉请保护的作为不可移动文物的孙庄孙翰林墓,其完整组成包括了地面和地下两大部分,核心是地下墓葬,明宇汽配城并没有伤及孙庄孙翰林墓的地下主体部分,而二被告所侵害的涉案地块一号墓、二号墓却恰恰是在翰林墓葬群范围之内。2. 从全案审理的角度看有两个基本事实:第一,作为不可移动文物的孙翰林墓葬群客观存在;第二,孙翰林墓葬群遭到两被告的非法开挖、覆盖,现已被彻底破坏。3. 至于两被告上诉主张"200万元生态服务功能损失费依据不足”，亦不能成立，因为其乃是基于错误认识（认为涉案地块一号墓、二号墓不构成文物、不是孙翰林墓葬群组成部分）所提出。4. 华瑞紫韵公司、金运公司在上诉状和二审开庭中均提出新的事实主张“有人有预谋地在刚拆迁过的建筑废墟上制造假的坟茔以骗取政府拆迁赔偿款的事实，是整个案件的背景；公益组织的介入也与前述骗取拆迁款组织者有千丝万缕的关系”，其应当提供相应证据予以证明。而中国绿发会提起环境民事公益诉讼，并不存在与所谓的“骗取拆迁款组织者”之间有过任何联络，对此中国绿发会将保留权利，根据情况进一步追究相关主体的法律责任。

二审法院认为：1. 关于金运公司施工中损毁的古墓葬是否为孙翰林家族墓群的问题。根据郑州市文物局就本案情况出具的案件调查终结报告显示，《第三次全国文物普查不可移动文物名录》中孙庄孙翰林家族墓群的 GPS 坐标点为北纬 34°45′54. 4″、东经 113°32′07. 1″，经郑州市文物局委托河南远建工程技术有限公司对华瑞紫韵公司华瑞紫韵城景园、丽园项目内被破坏的古墓葬区域的 GPS 坐标点予以定位，结果为北纬 34°45′57″、东经 113°32′15″，该结果与华瑞紫韵公司提供的河南博源工程技术咨询有限公司出具的村民指认的孙翰林家族墓群位置的坐标点相同，以上证据说明村民指定的位置不能确定为不可移动文物点孙庄孙翰林家族墓群，经该局召开案情讨论会，文物专家认为此地块的一号墓、二号墓已被全部挖毁，其价值无法进行进一步鉴定，应以一般文物对待。该调查报告系郑州市文物局在行政执法过程中依法制作，具有合法性、真实性、关联性，且经一审庭审质证，可以作为认定本案事实的依据。中国绿发会主张涉案被破坏的古墓葬为《第三次全国文物普查不可移动文物名录》中的孙翰林家族墓群证据不足，不能认定。关于中国绿发会上诉称一审法院未通知证人出庭程序违法的情况，经查一审判决中对此情况已有详细说明，一审法院的庭审程序并不违法。华瑞紫韵公司和金运公司辩称“涉案土地在 2008 年已清理苗木、迁移坟茔，当年未发现文物”，该情况应是当年涉案土地地表情况，与文物管理部门查实的该地块地下埋藏有古墓葬并不矛盾。综上，一审判决认定案涉被破坏的古墓葬并非孙翰林家族墓群，应以一般文物对待并无不当。

2. 关于华瑞紫韵公司和金运公司对损毁古墓葬的行为是否应该承担侵权责任的问题。《文物保护法》第二条规定，“在中华人民共和国境内，下列文物受国家保护：（一）具有历史、艺术、科学价值的古文化遗址、古墓葬、古建筑、石窟寺和石刻、壁画……”第七条规定，“一切机关、组织和个人都有依法保护文物的义务”。第二十九条第一款规定，“进行大型基本建设工程，建设单位应当事先报请省、自治区、直辖市人民政府文物行政部门组织从事考古发掘的单位在工程范围内有可能埋藏文物的地方进行考古调查、勘探”。第六十五条第一款规定，“违反本法规定，造成文物灭失、损毁的，依法承担民事责任”。本案中，金运公司在进行地下施工过程中挖掘到地下埋藏的疑似古墓葬，因遭遇当地村民的阻挠而被迫停止施工，郑州市文物局接群众反映后向华瑞紫韵公司涉嫌破坏文物的行为下达了《责令改正通知书》，要求停止施工行为并保护好现场，随后派出文物专家对现场进行了实地调查，认定施工行为尚未对文物造成损毁，并推测墓葬可能为清代古墓葬。至此，金运公司本应遵照文物主管部门的整改要求，履行保护文物的法定义务，停止施工，等待文物主管部门进行考古发掘；但为了赶工期，金运公司竟置埋藏的文物于不顾，连续数日进行挖掘施工，期间执法人员多次制止亦未奏效，导致埋藏的古墓葬被彻底损毁，金运公司对此依法应该承担侵权赔偿责任。华瑞紫韵公司作为建设单位，进行大型基本建设工程，依法应当事先报请省、自治区、直辖市人民政府文物行政部门组织从事考古发掘的单位在工程范围内有可能埋藏文物的地方进行考古调查、勘探，现华瑞紫韵公司未提供证据证明其已经履行该法定义务，且在其雇佣的金运公司进行地下施工可能破坏文物的情况下，郑州市文物局先后三次要求华瑞紫韵公司停止施工，保护现场，华瑞紫韵公司亦未及时有效履行义务，造成古墓葬被破坏，其应与金运公司共同承担侵权责任。

3. 关于华瑞紫韵公司和金运公司依法应该承担何种民事责任的问题。《环境保护法》第二条规定，“本法所称环境，是指影响人类生存和发展的各种天然的和经过人工改造的自然因素的总体，包括大气、水、海洋、土地、矿藏、森林、草原、湿地、野生生物、自然遗迹、人文遗迹、自然保护区、风景名胜区、城市和乡村等”。古墓葬作为人文遗迹的一种，属于文化生态环境的重要组成部分，具有一定的历史、艺术和科学价值，不同等级的古墓葬具有不同的历史、艺术和科学价值，未公之于世的古墓葬具有潜在的生态服务功能。虽然由于涉案的古墓葬为无主墓葬且被全部挖毁，致使其具有的历史、艺术和科学价值无法进行鉴定，被作为一般文物对待，但其具有的潜在生态服务功能即相应的文化价值和生态价值因被损毁而遭受永久性损害应属必然，中国绿发会对此提起环境公益诉讼具有事实根据。至于本案中对生态服务功能造成的永久性损害数额，综合本案事实及中国绿发会一审诉讼请求，本院酌定华瑞紫韵公司和金运公司赔偿生态服务功能损失20万元为宜，一审法院在缺乏损害价值鉴定的情况下超过中国绿发会的诉讼请求判决华瑞紫韵公司和金运公司赔偿生态服务功能损失200万元不当，本院予以纠正。根据相关司法解释规定和本案的具体情况，一审法院不予支持中国绿发会恢复原状或进行替代性修复的诉讼请求并判令华瑞紫韵公司和金运公司在国家级媒体上向公众赔礼道歉、承担合理的律师费以及为诉讼支出的其他合理费用76,362.90元正确，依法应予维持。中国绿发会另上诉要求在判决主文中明确其作为社会组织对赔偿款项具有管理和使用的监督权，并确认其对华瑞紫韵公司、金运公司赔礼道歉文稿具有审核同意权，没有法律依据，本院不予支持。

综上，一审判决认定事实清楚，审判程序合法，但判决赔偿数额不当，依法应予改判。

二审法院判决：1. 变更河南省郑州市中级人民法院(2018)豫01民初606号民事判决中第1项为：华瑞紫韵公司、金运公司应当于本判决生效后10日内，共同赔偿被毁文物生态服务功能损失20万元（支付到郑州市中级人民法院指定账户），该款用于郑州市生态环境保护工作。

2. 维持河南省郑州市中级人民法院（2018）豫01民初606号民事判决中第2、3、4项判决内容。

【实务要点评析】

一、古墓葬等人文古迹是否属于环境要素，是否是《环境保护法》中的保护范畴

《环境保护法》第2条规定，“本法所称环境，是指影响人类生存和发展的各种天然的和经过人工改造的自然因素的总体，包括大气、水、海洋、土地、矿藏、森林、草原、湿地、野生生物、自然遗迹、人文遗迹、自然保护区、风景名胜区、城市和乡村等”。古墓葬作为人文遗迹的一种，可认为是广义的环境要素的一种，其属于文化生态环境的重要组成部分，具有一定的历史、艺术和科学价值，不同等级的古墓葬具有不同的历史、艺术和科学价值，未公之于世的古墓葬具有潜在的生

态服务功能。[1] 虽然涉案的古墓葬为无主墓葬且被全部挖毁，其具有的历史、艺术和科学价值无法进行鉴定，被作为一般文物对待，但其具有的潜在生态服务功能即相应的文化价值和生态价值，应当属于《环境保护法》保护的范畴。

相关行为人损毁以一般文物对待的古墓葬，应认定为损毁人文遗迹，人文遗迹是环境不可分割的重要组成部分，该行为侵犯社会公共利益，是环境民事公益诉讼的诉讼对象。

二、建设单位与实际施工单位在损毁古墓葬行为中如何承担环境侵权责任

金运公司在进行施工过程中挖掘到疑似古墓葬，在收到郑州市文物局下达的要求停止施工行为并保护好现场的《责令改正通知书》后，仍擅自连续进行挖掘施工，虽经执法人员多次制止亦未停止施工，导致埋藏的古墓葬被彻底损毁，金运公司对此依法应该承担侵权赔偿责任。

根据《文物保护法》第29条规定，进行大型基本建设工程，建设单位应当事先报请省、自治区、直辖市人民政府文物行政部门组织从事考古发掘的单位在工程范围内有可能埋藏文物的地方进行考古调查、勘探。考古调查、勘探中发现文物的，由省、自治区、直辖市人民政府文物行政部门根据文物保护的要求会同建设单位共同商定保护措施；遇有重要发现的，由省、自治区、直辖市人民政府文物行政部门及时报国务院文物行政部门处理。本案中，华瑞紫韵公司作为建设单位，进行大型基本建设工程，依法应当事先报请省、自治区、直辖市人民政府文物行政部门组织从事考古发掘的单位在工程范围内有可能埋藏文物的地方进行考古调查、勘探，现华瑞紫韵公司未提供证据证明其已经履行该法定义务，表明其建设前未报请文物行政部门进行调查、勘探，其未履行法定义务的行为是导致古墓被破坏的重要原因，符合环境侵权行为的构成要件。华瑞紫韵公司雇佣金运公司进行地下施工，在可能破坏文物且经郑州市文物局先后三次要求停止施工的情况下，仍未及时要求金运公司停止施工，造成古墓葬被破坏，双方构成共同侵权，应承担共同侵权责任。

三、无法修复的生态环境损害如何承担责任

根据生态环境是否能够修复判令被告承担不同的责任，在受损生态环境能够修复的情况下，被告应承担修复责任，人民法院可以同时确定被告不履行修复

---

① 陈立宏、朱俏姝：《损害人文遗迹，依法承担环境侵权责任》，载《环境》2021年第7期。

义务时应承担的生态环境修复费用。原告请求被告赔偿生态环境受到损害至修复完成期间的环境服务功能损失的,人民法院依法予以支持。在受损生态环境无法完全修复的情况下,赔偿义务人需要同时承担可修复部分的修复义务并赔偿可修复部分的环境服务功能损失,不可修复部分,则需赔偿永久性损害造成的环境服务功能损失。

古墓葬被损毁后,其作为承载历史、艺术和科学价值的载体不复存在,其蕴含的传承、祭奠、缅怀等生态服务功能完全丧失,造成的损失难以估量。且由于文物具有不可再生、不可复制的特性,被认定为文物的古墓被损毁后已无法修复,在受损生态环境无法修复的情况下,被告应就生态环境功能永久性损害造成的损失承担赔偿责任。但又因涉案古墓已被损毁并灭失,即意味着其生态服务功能价值难以评估,此时只能由法院通过行使自由裁量权予以酌定。本案中,正因一审缺乏对环境损害价值的科学的鉴定评估,二审法院将一审判决确定的200万元环境服务功能损失改判为20万元。

四、环境公益诉讼判决执行中公益组织是否当然享有监督权

本案一审判决后,中国绿发会以下列理由提出上诉:1. 一审法院判决将生态服务功能损失赔偿款全部支付至法院指定账户,没有明确中国绿发会作为社会组织对该笔款项管理和使用的监督权,违反法律创设环境公益诉讼制度的初衷;2. 一审判决未赋予原告中国绿发会对华瑞紫韵公司、金运公司赔礼道歉文稿的审核同意权,有悖“公众参与原则”。

根据最高人民法院《关于审理环境公益诉讼案件的工作规范(试行)》第39条之规定,负责执行的人民法院可以请申请执行人或者负有环境保护监督管理职责的部门、其他社会组织等第三方对被执行人履行生态环境修复义务的情况进行监督,监督费用由被执行人负担。前述规定是针对公益诉讼案件在执行阶段的相关事项所作规定,且该规定不具有强制效力,只有在案件进入执行阶段且公益组织提出申请的情况下,负责执行的法院才在职权范围内根据案件实际情况自由裁量,如以此作为诉讼请求或上诉理由则没有法律依据。

案例4 以建设文化展示中心的方式对破坏文物的行为进行替代性修复

——中国绿发会诉郑州市上街区峡窝镇马固村村民委员会等环境民事公益诉讼案

【案例介绍】

案　号:郑州市中级人民法院(2015)郑民二初字第125号

一审原告:中国绿发会

一审被告:郑州市上街区峡窝镇马固村村民委员会、郑州市上街区人民政府、郑州市上街区峡窝镇人民政府、郑州市上街区文化广电新闻出版局

基本案情:马固村是郑州市的一个千年古村,有"中原第一文物古村落"之称。在全国第三次文物普查时,该村有7处不可移动文物名列《第三次全国文物普查不可移动文物名录》,分别是王氏家庙、马固村关帝庙、马固村教堂、王德魁故居、张连伟民居、王广林民居、王洪顺民居。2015年4月,千年古村7处文物5处被拆一事经媒体报道引发广泛关注,当地官员的解释是"不知道是文物"。此后,上街区文化广电新闻出版局在给媒体的情况说明中称,7处文物中,除王氏家庙和马固关帝庙外,其他几处建筑年久失修损坏严重无法反映原貌,因此相关部门对有价值的"构件"进行了保存。2015年9月21日,中国绿发会对马固村村民委员会、上街区人民政府、峡窝镇人民政府和上街区文化广电新闻出版局提起环境公益诉讼。

诉讼请求:1.依法判令郑州市上街区峡窝镇马固村村民委员会、郑州市上街区人民政府、郑州市上街区峡窝镇人民政府、郑州市上街区文化广电新闻出版局在国家级媒体上为马固村文物毁坏事件向全国人民道歉;2.依法判令郑州市上街区人民政府、郑州市上街区峡窝镇人民政府、郑州市上街区文化广电新闻出版局重新规划原马固村地区,对王氏宗祠和关帝庙两处不可移动文物原地保护,对已经拆除的王德魁居、张连伟民居、王洪顺民居、王广林故居、马固村教堂采取遗址保护措施;3.依法判令郑州市上街区峡窝镇马固村村民委员会、郑州市上街区人民政府、郑州市上街区峡窝镇人民政府、郑州市上街区文化广电新闻出版局在马固村建立文物博物馆,在博物馆内复建已经拆除的五处不可移动文物;4.依法判决郑州市上街区峡窝镇马固村村民委员会、郑州市上街区人民政府、郑州市上

街区峡窝镇人民政府、郑州市上街区文化广电新闻出版局承担中国绿发会为本次诉讼支出的差旅费、调查费、案件受理费和必须支出的律师费等一切必要的费用。

达成调解协议:法院在审理本案过程中主持调解,双方当事人经慎重考虑,自愿达成如下协议:

1. 由郑州市上街区峡窝镇马固村村民委员会、郑州市上街区人民政府、郑州市上街区峡窝镇人民政府、郑州市上街区文化广电新闻出版局四方对王氏宗祠和关帝庙两处不可移动文物实施原地保护。部分加固修缮地方需履行正规审批手续,经文物专家评审通过在不伤及不可移动文物本身情况下方可实施。

上述文物保护工作的进程及相关报批手续接受中国绿发会监督。

2. 经中国绿发会确认,郑州市上街区人民政府已对王氏宗祠和关帝庙周边重新规划,规划方案已经文物专家评审通过,现正履行报批手续。

上述实施过程及相关报批手续接受中国绿发会监督。

3. 关帝庙大门两侧坐南朝北门房共有两间(含过厅),长 33.8 米,宽 5.3 米,共计 179.14 平方米;庙内西侧四间房屋,长 39.1 米,宽 6.3 米,共计 246.33 平方米,此六间房屋共计 425.47 平方米,加固维修后作为上街区(马固)文化展示中心(暂定名),用来展示已经拆除的三德魁故居、张连伟民居、王洪顺民居、王广林故居、马固村教堂及马固历史文化。

4. 于 2016 年 6 月规划、环评均审批通过的位于郑州市上街区登封路与江北路交叉口西北角的市民文化中心项目是作为政府直接面向市民提供服务的场所,着力为市民提供一站式的市民服务功能,同时也是丰富市民精神文化、展示城市文明的重要平台,是展示城市的窗口。该项目拟于二层设立文化中心,用于展示上街区历史文化传承。截至本协议签订时,征地工作已完成,目前处于施工阶段。

郑州市上街区人民政府承诺市民文化中心二层文化中心展示区有不少于 500 平方米的区域用于展示上街区历史文化,其中包括马固村现存及被拆除的共七处不可移动文物及郑州市上街区峡窝镇马固村村民委员会所属文物构件、模型照片等能反映该村文物、文化、风纪的物件,使后人了解马固村的历史传承。

若上述市民文化中心项目主体未在两年内完成（自本协议生效之日计算），则由中国绿发会与郑州市上街区人民政府协商，在上街区其他地点选址建立文化展示中心，面积仍旧不低于500平方米，所有费用由郑州市上街区峡窝镇马固村村民委员会、郑州市上街区人民政府、郑州市上街区峡窝镇人民政府、郑州市上街区文化广电新闻出版局负责。

5. 上述第3条、第4条所列三处共计925.47平方米房屋用作上街区和马固历史文化展示，其内展品陈列、复建文物、展室市局、文字简介、图片展览等多个项目规划、设计，布展必须经中国绿发会书面同意方可实施。

6. 上述第3条所列"上街区（马固）文化展示中心"（暂定名）于本协议生效后六个月内完成。

7. 上述第3条、第4条所列"上街区（马固）文化展示中心"（暂定名）作为中国绿发会提出的建立文物博物馆的替代性措施。建成后由中国绿发会指派专人监督。监督人员差旅费由郑州市上街区峡窝镇马固村村民委员会承担。

郑州市上街区人民政府承诺在建的市民文化中心项目接受中国绿发会监督，直至该项目建设完毕投入使用并实现上述所列用途为止。

8. 中国绿发会于此案起诉前后，多次进行实地考察，郑州市上街区峡窝镇马固村村民委员会、郑州上街区人民政府郑州市上街区峡窝镇人民政府、郑州市上街区文化广电新闻出版局积极配合中国绿发会工作，各级保护措施已在实施中。

鉴于郑州市上街区峡窝镇马固村村民委员会、郑州市上街区人民政府郑州市上街区峡窝镇人民政府、郑州市上街区文化广电新闻出版局工作态度认真诚恳，中国绿发会放弃"赔礼道歉"的诉讼请求。

9. 经郑州市上街区峡窝镇马固村村民委员会、郑州市上街区人民政府、郑州市上街区峡窝镇人民政府、郑州市上街区文化广电新闻出版局四方协商中国绿发会为此案支出的调查论证费、差旅费案件受理费律师费由郑州市上街区峡窝镇马固村村民委员会承担，实际票据经郑州市上街区峡窝镇马固村村民委员会已履行完毕。

10. 若郑州市上街区峡窝镇马固村村民委员会、郑州市上街区人民政府、郑州市上街区峡窝镇人民政府、郑州市上街区文化广电新闻出版局未履行本协议第3条、第4条、第5条义务，则中国绿发会有权申请法院强制执行。

法院认为：上述协议不违反法律规定和社会公共利益，本院予以确认。

【实务要点评析】

本案虽以调解方式结案，但却是较为少见的将地方政府列为被告且最终承担部分责任的案件。

一、破坏文物保护是否属于环境公益诉讼的范围

环境民事公益诉讼救济因污染环境、破坏生态行为而受到损害的社会公共利益。社会公共利益的具体载体则是特定的环境要素或者环境介质。环境民事公益诉讼中承载公共利益的具体环境要素依据《环境保护法》第2条“环境”的概念来确定，即“大气、水、海洋、土地、矿藏、森林、草原、湿地、野生生物、自然遗迹、人文遗迹、自然保护区、风景名胜区、城市和乡村等”。

“文物”具有文化属性，属广义的人文生态环境范畴，可理解为“人文遗迹”的一部分。相较于自然环境，文物等人文遗迹是人类对大自然进行干预和改造的结果，其具有的历史文化与科学研究价值、美学价值、经济价值和生态价值使之具有重要意义。[①] 人文环境的生态价值主要体现为“对生态系统的平衡和稳定，以及改善区域环境质量和人类生活环境具有的作用”[②]。人文遗迹所蕴含的价值具有公共属性，因此损害人文遗迹会引起侵害社会公共利益的后果。如将“文物”解释为“人文遗迹”的一种，则依据《环境保护法》第2条的规定，“人文遗迹”是《环境保护法》保护的环境要素，“文物”亦落入《环境保护法》的保护范围。

破坏不可移动文物虽然不属于污染环境，但在生物学上，不可移动文物是生态系统中不可或缺的非生物因素，破坏不可移动文物就是破坏生态环境，保护文物是保护环境和生态系统的应有之义，对破坏文物的行为则可提起环境民事公益诉讼。

二、破坏文物环境公益诉讼案件中修复性责任的承担

本案是以预防性责任和恢复性责任为被告承担责任的主要方式。

《环境民事公益诉讼司法解释》第18条规定，原告可以请求被告承担停止侵害、排除妨碍、消除危险、恢复生态环境、赔偿损失、赔礼道歉等民事责任。基

---

① 参见周珂：《环境与资源保护法》，中国人民大学出版社2015年版，第285页。

② 周珂：《环境与资源保护法》，中国人民大学出版社2015年版，第285页。

于以上规定，可以将环境民事公益诉讼的民事责任归纳为以下四种：(1)预防性责任，包括停止侵害、排除妨碍、消除危险；(2)恢复性责任，即恢复生态环境；(3)赔偿性责任，即赔偿损失；(4)人格恢复性责任，即赔礼道歉。①

本案的亮点以及创新体现在调解方案中的替代性修复方案。由于文物具有"不可替代性和不可再生性"，受到毁坏灭失的文物实际是无法修复的，但不可恢复不代表不可承担恢复性责任，除原状恢复外，恢复性责任可以采用替代性修复方式承担。本案中，鉴于5处文物已毁损灭失的实际情况，原状恢复事实上已不可能，本案各方遂达成调解方案，由上街区人民政府对尚未拆除的王氏宗祠和关帝庙两处不可移动文物实施原地保护，进行修缮加固，其中，关帝庙加固维修后作为"上街区(马固)文化展示中心"(暂定名)，用来展示已经拆除的三德魁故居、张连伟民居、王洪顺民居、王广林故居、马固村教堂及马固历史文化。

《文物保护法》第11条规定："文物是不可再生的文化资源。国家加强文物保护的宣传教育，增强全民文物保护的意识，鼓励文物保护的科学研究，提高文物保护的科学技术水平。"公益诉讼的目的除在于通过诉讼的方式要求侵权行为人就其侵权行为承担责任，对其达到震慑效果，体现"损害担责"的环境保护基本原则外，更重要的是对环境的修复，对社会公众的环境意识、文物保护意识的教育和指引，本案的创新性替代修复方案，比较好地实现了环境公益诉讼的这项功能。

案例5 以在侵权行为地设立警示标识的方式承担替代修复责任

——中国绿发会诉新郑市薛店镇花庄村民委员会等环境民事公益诉讼案②

【案例介绍】

案　号：最高人民法院(2019)最高院民申5508号

① 参见万挺：《环境民事公益诉讼民事责任承担方式探析》，载《中国人民报》2014年12月31日。

② 本案是我国首例古树名木保护环境民事公益诉讼案，亦为"中律评杯"2017年度法律案例十大生态环境案例之一，开创了我国古树名木保护纳入环境民事公益诉讼的先例，把人文遗迹纳入公益诉讼的范畴。

一审原告:中国绿发会

一审被告:新郑市薛店镇花庄村民委员会、新郑市薛店镇人民政府、新郑市林业局、新郑市旅游和文物局、新郑市教育体育局

基本案情:新郑市薛店镇花庄村存有1023亩古枣林,新郑市林业局、新郑市红枣科学研究院和新郑市旅游和文物局为责任单位,实施文物级保护。2014年1月,经薛店镇人民政府组织、协调,花庄村民委员会相关人员带领本村人员和施工队在未依法办理采伐和移栽手续的情况下,对位于花庄村西北地的枣树进行移栽,大批古枣树死亡。经新郑市森林公安局认定,共移栽枣树1870棵,涉及198.5亩枣林地,薛店镇人民政府称上述枣树被移栽至王张村的中华古枣园内。经本院现场勘查,位于王张村的枣树移入地现场有死亡枣树680棵。对薛店镇人民政府移栽枣树的行为,新郑市林业局曾于2014年3月18日下发过通知,要求其补种移栽树木5倍(9500株)的树木,并于2015年3月31日完成。郑州市中级人民法院于2016年6月28日对位于花庄村的枣树移出地现场进行现场勘查发现,涉案土地上已建成三层楼房一座,公示栏显示系薛店镇完全小学幼儿园项目。

2016年4月28日,中国绿发会向郑州市中级人民法院递交起诉状。五名被告分别是新郑市薛店镇花庄村民委员会、新郑市薛店镇人民政府、新郑市教育体育局、新郑市林业局以及新郑市旅游和文物局。原告诉请判令被告停止损害环境;恢复被毁林地的林木、植被;赔偿造成的环境损失;建立古枣树展示园,作为生态环境保护的宣传、教育、警示基地;追回非法采伐而死亡的古树及制品;对毁坏古树名木、文物的行为,破坏生态、损害环境事件,向公众赔礼道歉;被告承担一切必要的费用。2016年5月5日郑州市中级人民法院正式立案。2016年12月9日,由中国绿发会提起的环境民事公益诉讼,在河南省郑州市中级人民法院开庭审理。

原告诉讼请求:1.判令被告立即停止继续实施毁坏古树、损害环境的行为。2.判令被告恢复被毁林地的林木、植被,或者承担被毁林地林木、植被恢复费,具体数额以专业机构的评估结论为准。3.判令被告共同赔偿因新郑市薛店镇花庄村大量林木(古枣树)被非法砍伐而造成的人文及自然环境损失,赔偿具体数额以专业机构的评估结论为准。4.判令被告保留古枣树移栽地(移入地)现场,在该址建立古枣树展示园,将被非法采伐、移栽致死的全部古枣树树干(包括仍遗

留在移入地的和被追回的)及其制品,陈列在园内,作为今后对生态环境保护的宣传、教育、警示基地;展示园的维护和管理费用由被告承担。5.判令被告追回原薛店镇古枣树林地内因被非法采伐和移栽而致死亡的古枣树(树干)及其制品。6.判令被告对薛店镇大量文物级古枣树林木遭非法砍伐,毁坏古树名木、文物的行为,破坏生态、损害环境事件,在国家级媒体向公众赔礼道歉。7.判令被告共同承担原告为本次诉讼而支出的差旅费、调查费、案件受理费和必须支出的律师费等一切必要的费用。原告称:花庄村民委员会及薛店镇人民政府在未依法办理和取得采伐手续情况下,在古枣树林地非法采伐大量古枣树。移栽时不按照树木的科学移植操作技术规程操作,致使被移栽古枣树大面积死亡。新郑市教育体育局在未依法办理法定手续的情况下,非法占用薛店镇古枣树林地,在古枣树林地上违法进行工程建设,致使古枣树及古枣树林地被毁。新郑市人民政府于2010年9月已确定"对位于新郑市薛店镇花庄村1023亩古枣树实施文物级保护",本案中被毁的古枣树及古枣树林,属于新郑市人民政府确定的文物保护范围。新郑市林业局、新郑市旅游和文物局、新郑市红枣科学研究院作为法定及新郑市人民政府确定的保护花庄村古枣树的责任主体,未依法履行职责,对花庄村大量文物级古枣树林木被非法采伐致死,生态环境被破坏负有直接责任。一百年以上的古枣树,属于依法应受保护的古树名木和文物保护范围,依法应专门和特别保护。森林和林木受法律保护,采伐必须办理采伐许可证,这次大面积的采伐和移栽没有依法办理法定手续,行为违法。行为人大量非法采伐和毁坏古树林木,其行为构成侵权,破坏了当地几百年以来已经形成的生态环境,造成对自然环境的损害,已严重损害了社会公共利益,行为人及有关责任人应当承担相应的法律责任。薛店镇古枣树林地大量林木和文物遭非法砍伐、被毁,其行为明显恶意,环境损害赔偿是惩罚性的。

被告花庄村民委员会辩称:枣树移栽是由专业的公司进行的,因移栽过程中受村民阻拦而造成枣树大面积死亡。

被告薛店镇人民政府辩称:1.本案所涉土地是为了建设学校,符合总体规划,并且经过土地预审,在预审中相关部门出具了相应的预审意见,不存在违法用地。2.薛店镇人民政府从未毁坏本案所涉枣树,在移栽过程中因受村民围堵,导致延迟移栽最佳时机,因此造成部分枣树死亡的后果。3.涉案枣树并非古树名木,属于经济林,不存在古枣树被毁损这一事实,既然不是古树名木,也不存在人文自然环境损失。4. 薛店镇人民政府已按照林业部门要求对所涉林木毁损、死亡这一情况进行了及时抢救,并且正在进行树木补栽行为,因为不是古树名木,被告不存在建设所谓的古枣树展示园的义务。同意应林业部门要求补栽树木,并愿意在一定影响范围内赔礼道歉。

被告新郑市林业局答辩称:涉案的新郑市薛店镇花庄村古枣树林地不在当地古树名木保护目录和古树群保护范围之内,属一般经济林范畴。新郑市林业局没有实施具体的侵权行为,且已经履行了相关的行政职责,不应当承担法律责任。

被告新郑市教育体育局答辩称:1. 市教育体育局没有侵权行为,枣树的采伐不是市教育体育局所为,市教育体育局对此事也不知情。2. 市教育体育局依法承建薛店镇好想你社区幼儿园项目,只是按照新郑市发改委的批复负责建设学校。市教育体育局在本案中没有任何侵权责任,枣树被移栽与市教育体育局无关。

被告新郑市旅游和文物局答辩称:涉案的古枣树不属于文物,我局不应当承担对涉案古枣树的维护和监管职责,对编号 038 号保护牌及其他标牌的设立不知情,也未参与,原告也没有相应证据证明是由文物局设立的。新郑市旅游和文物局没有参与移栽花庄村枣树的行为,请求法院驳回原告对新郑市旅游和文物局的诉讼请求。

一审法院认为:1. 关于本案侵权行为主体的确定问题。侵权责任应当由实施侵权行为的人承担。本案中,经薛店镇人民政府组织、协调,花庄村民委员会相关人员带领本村人员在未依法办理采伐和移栽手续的情况下,对位于花庄村西北地的枣树进行移栽,并导致被移栽的枣树死亡的后果,该行为后果应由薛店镇人民政府和花庄村民委员会共同承担。在枣树被移栽过程中,新郑市林业局与新郑市旅游和文物局可能存在是否履行了行政监管责任的问题,新郑市教育体育局仅负责涉案土地上的学校建设,新郑市林业局、新郑市旅游和文物局、新郑市教育体育局均未实施非法移栽枣树的侵权行为。故原告要求新郑市林业局、新郑市旅游和文物局、新郑市教育体育局共同承担侵权责任的诉讼请求不能成立,本院不予支持。

2. 关于被告薛店镇人民政府及花庄村民委员会是否应当承担破坏生态的侵权责任的问题。《环境保护法》第六十四条规定,因污染环境和破坏生态造成损害的，应当依照《侵权责任法》的有关规定承担侵权责任，即对破坏生态的行为造成环境损害也准许适用《侵权责任法》的相关规定。本案中，薛店镇人民政府及花庄村民委员会在未办理采伐手续的情况下，违法移栽枣树 1870 棵，并导致被移栽的枣树死亡，致使生态环境被破坏，依照上述法律及司法解释的规定，应当承担破坏生态的侵权责任。

3. 关于被告薛店镇人民政府和花庄村民委员会应当承担哪些侵权责任的问题。《环境民事公益诉讼司法解释》第十八条规定，对污染环境、破坏生态，已经损害社会公共利益或者具有损害社会公共利益重大风险的行为，原告可以请求被告承担停止侵害、排除妨碍、消除危险、恢复原状、赔偿损失、赔礼道歉等民事责任；第十九条第一款规定，原告为防止生态环境损害的发生和扩大，请求被告停止侵害、排除妨碍、消除危险的，人民法院可以依法予以支持。结合原告的诉讼请求，分析如下：

(1) 对于原告请求判令被告停止侵害的诉讼请求，《环境民事公益诉讼司法解释》第一条对环境民事公益诉讼的起诉条件作了规定。这一规定中明确环境民事公益诉讼不仅可以针对已经发生的损害社会公共利益的行为，也可以针对具有损害社会公共利益的重大风险的行为。薛店镇人民政府及花庄村民委员会未办理移栽手续移栽花庄村 1870 棵枣树的行为虽已实施结束，但因在薛店镇范围内，仍存在数量巨大的枣树，多数枣树树龄较长，为防止后续被告继续非法实施破坏生态的行为，故对原告请求判令被告停止侵害的诉讼请求本院予以支持，判令被告薛店镇人民政府及花庄村民委员会停止继续实施非法移栽或者采伐枣树的行为。

(2) 对于原告要求被告恢复林地、植被或者承担林地、植被恢复费用的诉讼请求。《环境民事公益诉讼司法解释》第二十条第一款规定，原告请求恢复原状的，人民法院可以依法判决被告将生态环境修复到损害发生之前的状态和功能。无法完全修复的，可以准许采用替代性修复方式。被告薛店镇人民政府及花庄村民委员会未经林业行政主管部门审批，在未办理移栽手续的情况下移栽 1870 棵枣树并致枣树大面积死亡，属于破坏生态环境、损害社会公共利益的行为，依据上述法律规定，其应当承担恢复林地、植被的法律责任。结合《森林法实施条例》第三十九条第二款的规定，判令被告薛店镇人民政府及花庄村民委员会根据气候状况，在判决生效后 10 个月内按照技术要求补种被移栽致死的枣树数目

5倍的林木，并对林木抚育管护3年(管护时间从补种的树木经林业行政主管部门验收合格之日起计算)。不能在指定期限内恢复林地、植被的，本院将依法指定由第三方代为恢复，恢复费用由被告薛店镇人民政府和花庄村民委员会共同承担。

(3)对原告要求被告赔偿林地、植被被破坏产生的人文和自然环境损失的诉讼请求。在本案证据质证过程中，原告表示，本案所涉及的人文及自然环境损失，对应的是相关司法解释的期间服务功能损失。《环境民事公益诉讼司法解释》第二十一条规定，原告请求被告赔偿生态环境受到损害至恢复原状期间服务功能损失的，人民法院可以依法予以支持。新郑是我国的红枣之乡，本案涉及枣树树龄较长，承载着当地群众的记忆和乡愁。被告薛店镇人民政府和花庄村民委员会在未办理移栽手续的情况下，违法移栽枣树的行为，对社会公共利益造成了损害，应当赔偿生态环境受到损害至恢复原状期间服务功能损失。鉴于服务功能损失的确定具有很强的专业性和技术性，原告提交的《咨询报告书》也未提供人文及自然环境损失的具体数额，经咨询有关专家，依据《第八次全国森林资源清查河南省森林资源清查成果》及《河南林业生态省及提升工程建设绩效评估报告》，河南省2016年平均每亩林地森林生态价值为3644.15元(森林生态价值包括涵养水源、保育土壤、固碳释氧、营养物质积累、净化环境、生物多样性、农田防护、森林休憩等价值)，参照这一数据，则本案涉及198.5亩枣林地一年的森林生态价值为723,363.78元。本院根据本案侵权责任人破坏生态的范围和程度、生态环境的稀缺性、生态环境恢复的难易程度、侵权责任人过错程度等因素，酌定服务功能损失为所涉枣林地五年的森林生态价值，即判令被告薛店镇人民政府及花庄村民委员会赔偿服务功能损失3,616,818.9元。

(4)对原告要求建立古枣树展示园展示因移栽致死的枣树及其制品的诉讼请求。《环境保护法》第五条规定了环境保护坚持保护优先、预防为主、综合治理、公众参与、损害担责的原则。考虑上述原则，建立展示园可以起到警示教育、预防后续侵害继续发生、便于公众参与监督等作用，而且从事环境警示教育也可视为一种替代性修复方式，故对该请求本院予以准许。从因地制宜的角度出发，判令被告薛店镇人民政府在位于有大量死亡枣树的枣树移入地现场展示因移栽致死的古枣树，并于本判决生效后30日内在该枣树移入地现场设立警示标识，作为今后对生态环境保护的宣传、教育和警示基地。

(5)对原告请求判令追回古枣树树干及其制品的诉讼请求。本院认为公益诉讼的核心在于其公共性,涉及不特定多数人的利益。针对破坏生态的行为,请求保护个体或个别组织的财产权益的,不属于公益诉讼审查的范围,而应当属于普通民事诉讼即私益诉讼。因枣树的树干属于特定村民或村集体的财产,追回或者返还财产应当属于特定村民或者村集体的返还请求权,依法属于私益诉讼范畴。本案原告作为公益诉讼起诉人提出这一诉讼请求于法无据,故对该诉讼请求本院不予支持。

(6)对原告要求被告赔礼道歉的诉讼请求,本院依法予以支持。被告薛店镇人民政府及花庄村民委员会应当于判决生效后10日内向本院提交赔礼道歉文稿,对其未经合法程序移栽枣树并致使枣树大面积死亡,导致生态环境遭到破坏、损害社会公共利益的侵权行为向公众赔礼道歉,经本院审核后应于30日内在国家级媒体上公布。

(7)对于原告要求被告承担本次诉讼的差旅费、调查费、案件受理费、律师费等共计517,031元的诉讼请求。根据《环境民事公益诉讼司法解释》第二十二条的规定,原告请求被告承担检验、鉴定费用,合理的律师费以及为诉讼支出的其他合理费用的,人民法院可以依法予以支持。原告提交的2016年3月24日至2016年11月30日前的差旅费等费用17,031元,结合原告调查取证、立案等必要活动,上述费用的支出具有合理性,本院予以支持。律师案件调查费用500,000元(共五张发票,每张100,000元),原告认为该款项包括案件调查费和律师费,但因其未提供具体进行了哪些调查工作及费用支出情况,也未提供律师费收费计算说明、北京市律师服务收费政府指导价标准等内容予以辅证,律师费部分本院酌定支持100,000元。

一审法院判决:1. 被告新郑市薛店镇人民政府及新郑市薛店镇花庄村民委员会停止继续实施违法移栽或者采伐枣树的行为。

2. 被告新郑市薛店镇人民政府及新郑市薛店镇花庄村民委员会应于本判决生效后10个月内,根据气候状况,按照《造林技术规程》(GB/T 15776-2016)标准并结合当地林业部门造林技术要求补种因被移栽致死的枣树数目5倍的林木,并对补种的林木抚育管护3年(管护时间从补种的林木经验收合格之日起计算);不能在指定期限内恢复林地植被的,本院将依法指定由第三方代为恢复,恢复费用由被告新郑市薛店镇人民政府和新郑市薛店镇花庄村民委员会共同承担。

3. 被告新郑市薛店镇人民政府及新郑市薛店镇花庄村民委员会应于本判决生效后10日内,共同赔偿生态环境受到损害至恢复原状期间服务功能损失3,616,818.9元(支付到本院指定账户),该款用于本案的生态环境修复或异地公共生态环境修复。

4. 被告新郑市薛店镇人民政府在本判决生效后在位于王张村的枣树移入地现场展示因移栽致死的古枣树,并于本判决生效后30日内在该枣树移入地现场设立警示标识,作为今后对生态环境保护的宣传、教育和警示基地。

5. 被告新郑市薛店镇人民政府及新郑市薛店镇花庄村民委员会应当于判决生效后10日内向本院提交赔礼道歉文稿,对其未经法定程序移栽枣树致死,导致生态环境遭到破坏、损害社会公共利益的侵权行为向公众赔礼道歉,经本院审核后应于30日内在国家级媒体上公布。

6. 被告新郑市薛店镇人民政府及新郑市薛店镇花庄村民委员会应于本判决生效后10日内支付原告中国绿发会差旅费、律师费等费用117,031元。

7. 驳回原告中国绿发会的其他诉讼请求。

新郑市薛店镇人民政府、花庄村民委员会上诉称:请求撤销原判,依法改判,或发回重审。主要事实与理由:1. 原审判决认定涉案的枣树系古树名木与事实不符。2. 原审判决认定了中国绿发会提供的所有证据,这些证据中的《技术服务合同》等足以证明上诉人仅是项目的监督方,在项目具体实施过程中,相关单位未按程序履行报批义务,且在迁移树木过程中村民阻挠是造成树木死亡的主要原因,并非实施违法移栽。因此原审判决上诉人停止继续实施违法移栽或者采伐枣树的行为无事实与法律依据。3. 原审判决认定上诉人支付服务功能损失3,616,818.9元的赔偿没有法律依据。本案所涉枣树系经济林,对树龄老化、没有收益的经济树木如何采伐、移栽并没有法律上的规定,故原审判决认定每亩平均生态价值为3644.15元显然不当。4. 薛店镇人民政府已经按照林业局要求,正在进行补栽枣树工作,并对移栽过程中因种种原因导致树木的死亡进行补救,但原审判决未将已完成补栽枣树的事实予以确认。

被上诉人中国绿发会答辩称:两个上诉人的上诉理由都不能成立。薛店镇人民政府和花庄村民委员会在未依法办理任何法定手续的情况下,非法砍伐并最终导致被砍伐的古枣树全部死亡,直接造成当地自然生态和人文环境被破坏、社会公共利益受损。教育体育局在未依法办理法定手续的情况下,非法占用薛店镇花庄村古枣树林地违法进行工程建设。林业局、旅游和文化局作为保护花庄村古枣树的责任主体,未依法履行职责,对花庄村大量文物级古枣树林木被非法采伐致死,负有直接责任。原审判决对生态环境受到损害至恢复期间需要百年以上才能得到修复的服务功能损失认定为5年,明显不当,二审法院应根据维护社会公共利益的原则,依法给予改判最少50年的期间服务功能损失。原审判决对除上诉人之外的其他三个责任人未依法判令承担责任,也有不妥,请求二审予以改判。原审判决对中国绿发会因本案支出的律师费用、差旅费、调查费等,未予全部支持,明显有悖事实和法律的规定,请求二审法院予以改判,支持中国绿发会的诉讼请求。

二审法院认为:归纳二审的争议焦点为:一是涉案枣树是否属于古树名木。二是原审法院判令支付服务功能损失3,616,818.9元是否适当。三是原审判决未将已完成补种枣树的事实予以确认是否适当。

1. 关于涉案枣树是否为古树名木的问题。古树名木一般指在人类历史过程中保存下来的年代久远或具有重要科研、历史、文化价值的树木,是中华民族悠久历史与文化的象征,是气象、地质、林业等领域进行研究的活标本,是自然界和前人留下的宝贵财富。对于古树名木,我国法律制度给予了特别的保护。古树名木的认定,也要在相关行政机关的组织下,进行专家鉴定、定级,统一登记、编号、建档,确定管护责任单位或责任人,进行养护、管理。2011年,郑州市在全市组织召开了古树名木的普查建档工作。根据2011年10月25日郑州市人民政府作出的《关于加强古树名木保护工作的通知》(郑政文〔2011〕250号),郑州市现存的古树名木有2781株,并不包含涉案的被移植或采伐的枣树。原审法院在审理查明部分中表述,“薛店镇花庄村树立有编号为新保038号新郑市古枣树薛店镇花庄村保护区牌子,该牌载明……”该表述仅是陈述了一个事实,即薛店镇花庄村竖立了一块保护区牌子,及该牌载明的内容。本案中并未有其他证据证明该牌子载明的树木经过法定的鉴定、定级程序,故原审判决仅表述事实并未对该牌子载明的内容作出评判,处理适当;两上诉人认为原审判决将涉案的被移植或采伐的枣树认定为古树名木的上诉理由,没有事实依据,本院不予支持。

2. 关于原审判决认定生态环境服务功能损失3,616,818.9元是否适当的问题。根据《环境保护法》第一条、第四条规定,保护和改善环境、防治污染和其他公害是环境保护法的立法目的。环境公益诉讼作为保护环境的重要途径之一，应当在追究环境侵权责任的同时，作出有利于环境修复、治理的裁判，推进生态文明建设，促进经济社会可持续发展。司法实践中，判令损害环境者承担生态环境服务功能损失，用于修复被损害的生态环境，是贯彻落实环境保护法立法目的的重要方式，也是环境保护司法的重大进展。本案中，新郑市是我国的红枣之乡，大量的枣树、枣林所形成的生态环境蕴藏着丰富的历史人文资源，是当地生态文明的标志。且涉案的被移植或采伐的枣树数量较大、树龄较长，在维持生态平衡和环境保护中有着不可替代的作用，根据《环境民事公益诉讼司法解释》第二十一条之规定，原审判决两上诉人赔偿生态环境受到损害至恢复原状期间服务功能损失，于法有据。因该损失数额的认定具有很强的专业性和技术性，中国绿发会提交的《咨询报告书》亦未提供损失的确切具体数额，原审法院经咨询有关专家，参照《第八次全国森林资源清查河南省森林资源清查成果》及《河南林业生态省及提升工程建设绩效评估报告》的相关内容，以河南省 2016 年平均每亩林地森林生态价值为 3644. 15 元的标准，行使自由裁量权，酌定涉案的 198. 5 亩枣林地服务功能损失为五年的森林生态价值，即 3, 616, 818. 9 元，符合《环境民事公益诉讼司法解释》第二十三条关于“生态环境修复费用难以确定或者确定具体数额所需鉴定费用明显过高的，人民法院可以结合污染环境、破坏生态的范围和程度、生态环境的稀缺性、生态环境恢复的难易程度、防治污染设备的运行成本、被告因侵害行为所获得的利益以及过错程度等因素，并可以参考负有环境保护监督管理职责的部门意见、专家意见等，予以合理确定”的规定，本院予以维持。至于中国绿发会提出的因涉及公共利益，其虽未上诉，二审仍应直接改判上诉人承担 50 年期间功能损失的主张，本院认为，原审法院通过咨询有关专家，并根据本案的具体案情（本案侵权责任人破坏生态的范围和程度、生态环境的稀缺性、生态环境恢复的难易程度、侵权责任人过错程度等因素）对服务功能损失的数额进行了酌定，已经充分考虑了相关因素，故对中国绿发会的该项主张，本院不予支持。

3. 关于原审判决未将已完成补种枣树的事实予以确认的问题。薛店镇人民政府在原审中提交《关于加强对薛店镇第三社区项目内所移植枣树管护的通知》、薛店镇人民政府向新郑市林业局出具的《关于补栽树木的验收申请》及照片等证据，以证明薛店镇人民政府正在进行枣树补栽工作以及薛店镇人民政府称已成活 2329 株，但是这些树木尚未经林业局的验收，不能以此认定证明薛店镇人民政府实际上补种枣树成活的数量，故原审判决未将已完成补种枣树的事实进行确认处理并无不妥。至于薛店镇人民政府已经补种的树木的数量及成活情况，可在本判决生效后执行阶段进行查勘验收和确认，并不影响薛店镇人民政府的权利。

关于中国绿发会在二审中主张的相关问题。因中国绿发会在法定上诉期间内并未提起上诉，其请求二审改判林业局、旅游和文化局、教育体育局承担责任的主张，本院不予支持。关于中国绿发会请求追加相关律师费、差旅费、调查费的问题，因原审判决已经支持中国绿发会的该项费用 117,031 元，中国绿发会二审中又申请追加的部分，向本院提交的票据均系复印件，本院不予支持。

二审法院判决：1. 维持河南省郑州市中级人民法院作出的(2016)豫 01 民初 705 号民事判决第 1、2、3、5、6、7 项；

2. 变更河南省郑州市中级人民法院作出的(2016)豫 01 民初 705 号民事判决第 4 项为：薛店镇人民政府于本判决生效后在位于王张村的枣树移入地现场展示因移栽致死的古枣树，期限为 1 年(从警示标识设立之日起算)，并于判决生效后 30 日内在该枣树移入地现场设立警示标识(包括图片及说明，需经原审法院审核同意)，作为今后对生态环境保护的宣传、教育和警示基地。

新郑市薛店镇花庄村民委员会申请再审称：1. 一审、二审法院依据新郑市森林公安局卷宗证据内容，认定本案移植枣树为 1870 棵，占地 198.5 亩，据此判定的服务功能损失费与事实不符。首先，一审认定本案所涉枣树为 1870 棵，但这些枣树并非 198.5 亩枣林地上的全部枣树，仅为 198.5 亩枣林地的一部分。其次，从花庄村民委员会提供的花庄村地亩册及土地部门测绘的现场图可以证实，涉案项目所移栽的枣树实际仅为 1500 余棵，占地仅约 60 亩左右，这与花庄村民委员会现场查验的亩均 26 棵枣树的事实基本相符，因此即使按一审判决认定的服务功能损失计算标准计算，所谓的服务功能损失也仅为 90 万元左右。最后，花庄村民委员会聘请黄河水文勘察测绘局对花庄学校建设项目枣树移栽现场示意图测量，其结果显示本案中移栽枣林实际占地面积 50 亩，故二审维持的一审判决的服务功能损失无法律依据。2. 花庄村民委员会认为一审判令的服务功能损失 3,616,818.9 元无法律依据。服务功能损失与环境修复费的认定标准及法院是否对赔偿数额有自由裁量权是完全不同的，因此不能把环境修复费用的赔偿标准应用于服务功能损失的计算上。一审法院在一审判决中将法院对环境修复费的自由裁量权及赔偿标准适用于服务功能损失的赔偿计算上，花庄村民委员会认为该项判决于法无据。

最高人民法院认为：本案的争议焦点为服务功能损失费计算依据及赔偿标准问题。

（一）服务功能损失费计算依据问题

花庄村民委员会提交证据，其委托黄河水文勘察测绘局对枣树移栽现场进行测量，结果显示本案中移栽枣林实际占地面积50亩。花庄村民委员会主张，一审、二审法院依据新郑市森林公安局卷宗证据内容，认定本案移植枣树为1870棵，占地198.5亩，与事实不符。

经本院组织双方当事人现场勘查，花庄村民委员会指出案涉枣树移栽土地约60亩，对于花庄村民委员会主张的移栽面积，中国绿发会及部分参与勘查的村民不予认可，移栽出的枣树已全部死亡。

本院认为，花庄村民委员会提交的黄河水文勘察测绘局的测量结果，系其单方委托，且中国绿发会不予认可，本院不予采信。在本院组织的现场勘查中，双方当事人对移栽枣树的面积亦有不同意见。经查阅本案卷宗，一审法院依职权向新郑市森林公安局调取了案涉枣树被移栽时，公安局接到报案后，对该案处理的卷宗材料，卷宗材料显示案涉198.5亩枣林地，共挖走枣树1870棵，薛店镇人民政府和花庄村民委员会对上述卷宗材料的记载予以认可。各方对一审的现场勘验笔录进行了质证，五被告均无异议。据此，一审法院根据新郑市森林公安局卷宗材料认定案涉移栽枣树面积为198.5亩，移栽枣树1870棵并无不妥。花庄村民委员会主张移栽土地约60亩，应据此计算服务功能损失，依据不足，本院不予支持。

（二）服务功能损失费赔偿标准问题

花庄村民委员会主张，《环境民事公益诉讼司法解释》未就服务功能损失数额的判定赋予法院自由裁量权，一审法院将环境修复费用的赔偿标准适用于服务功能损失的赔偿计算，无法律依据。

本院认为，案涉古枣树虽不属于古树名木，但均有上百年的树龄，即使是经济林，也具有一定的生态价值，同时承载着深厚的人文价值，被移栽致死必然产生服务功能损失。根据《环境民事公益诉讼司法解释》第二十一条之规定,一审判决薛店镇人民政府、花庄村民委员会赔偿生态环境受到损害至恢复原状期间服务功能损失,于法有据。关于服务功能损失费的赔偿标准,一审法院经咨询有关专家,参照《第八次全国森林资源清查河南省森林资源清查成果》及《河南林业生态省及提升工程建设绩效评估报告》的相关内容,以河南省2016年平均每亩林地森林生态价值为3644.15元的标准,酌定涉案的198.5亩枣林地服务功能损失为5年的森林生态价值,即3,616,818.9元,亦无不妥。花庄村民委员会关于二审法院根据生态环境修复费用的自由裁量标准适用于服务功能损失赔偿标准于法无据的再审申请理由,不能成立,本院不予支持。

最高人民法院裁定:驳回新郑市薛店镇花庄村民委员会的再审申请。

【实务要点评析】

古树名木是大自然和祖先留给我们的宝贵财富,承载着传统文化,记载着历史变迁,是不可再生的自然遗产,极具生态价值和经济价值,在维护生物多样性、保持生态平衡中具有不可替代的作用,在发展生态旅游中具有重要的文化价值,具有重要的历史、生态、经济、文化和科研价值。加大对古树名木的保护力度,是贯彻落实习近平生态文明思想、加强传统民族文化传承与保护的重要举措。①

本案是我国首例古树名木保护环境民事公益诉讼案,亦为"中律评杯"2017年度法律案例十大生态环境案例之一,开创了我国古树名木保护纳入环境民事公益诉讼的先例,把人文遗迹纳入公益诉讼的范畴。该案例诸多做法均开创先例,如把新郑市教育体育局、新郑市林业局、新郑市旅游和文物局列为被告,请求判令行政机关来承担责任,用民事公益诉讼的手段规范或约束行政行为;法院判决建立起警示教育基地,对破坏古树名木的行为进行警示教育。

一、未经批准移栽政府实施特殊保护的树木是否属于损害环境公益的行为

森林是我们人类赖以生存和发展的基础资源,破坏森林资源不仅可能触犯盗伐林木、滥伐林木、非法占用农用地、故意毁坏财物等罪名,还要承担修复生态、赔偿损失等责任。在未办理移栽手续的情况下,移栽政府实施特殊保护的树木并造成大面积死亡的,属于破坏环境损害社会公共利益的行为,对该种行为可

---

① 参见杨海蛟:《论生态文明建设框架下河南古树名木的保护》,载《河南农业》2009年第24期。

提起环境民事公益诉讼。

二、如何认定相关林木是否为古树名木

古树名木一般指在人类历史过程中保存下来的年代久远或具有重要科研、历史、文化价值的树木，是中华民族悠久历史与文化的象征，是气象、地质、林业等领域进行研究的活标本，是自然界和前人留下的宝贵财富。对于古树名木，我国法律制度给予了特别的保护。

我国《城市绿化条例》第24条第1款规定："百年以上树龄的树木，稀有、珍贵树木，具有历史价值或者重要纪念意义的树木，均属古树名木。"《城市古树名木保护管理办法》第3条规定："本办法所称的古树，是指树龄在一百年以上的树木。本办法所称的名木，是指国内外稀有的以及具有历史价值和纪念意义及重要科研价值的树木。"第4条规定："古树名木分为一级和二级。凡树龄在300年以上，或者特别珍贵稀有，具有重要历史价值和纪念意义，重要科研价值的古树名木，为一级古树名木；其余为二级古树名木。"

《城市古树名木保护管理办法》第6条第1款规定："城市人民政府城市园林绿化行政主管部门应当对本行政区域内的古树名木进行调查、鉴定、定级、登记、编号，并建立档案，设立标志。"因此，古树名木的认定，须在园林绿化部门的组织下进行，具体认定规则及标准由各省市制定具体办法，例如，《浙江省古树名木认定办法》《贵州省古树名木大树认定办法》《四川省古树名木认定办法》，实务中须根据不同地域的不同案件情况分别确定。

三、如何计算移栽、毁坏树木的生态环境服务功能损失，计算标准、计算依据是什么

案涉古枣树虽未经古树名木认定的法定程序，但均有上百年的树龄，既是经济林，也具有一定的生态价值，同时承载着深厚的人文价值，被移栽致死必然产生环境服务功能损失。根据《环境民事公益诉讼司法解释》第21条之规定，可判决行为人赔偿生态环境受到损害至恢复原状期间服务功能损失。服务功能损失费的赔偿标准，法院可在咨询有关专家的情况下，参照"全国森林资源清查成果"及"林业生态省及提升工程建设绩效评估报告"的相关内容，以侵权行为发生时侵权行为地年平均每亩林地森林生态价值为标准，并乘以一定年限(5年)酌定作为最终损失赔偿金额，符合《环境民事公益诉讼司法解释》第23条之规定。

四、如何认定应承担环境侵权责任的主体，侵权责任主体是否包括实施帮助侵权行为的主体以及负有行政监管责任的主体

原告将移栽行为人花庄村民委员会、薛店镇人民政府，以及相关行政主管部门新郑市林业局、新郑市旅游和文物局、新郑市教育体育局均列为被告，诉请判令五被告承担相应的环境侵权责任。

法院认为，侵权责任应当由实施侵权行为的人承担，“实施侵权行为的人”应当包括实施帮助行为的主体，但不包括负有行政监管责任的主体。本案中，经薛店镇人民政府组织、协调，花庄村民委员会相关人员带领本村人员在未依法办理采伐和移栽手续的情况下，对位于花庄村西北地的枣树进行移栽，并导致被移栽的枣树死亡的后果，薛店镇人民政府和花庄村民委员会应认定为共同侵权人，他们的行为共同导致枣树死亡的后果，环境侵权责任应由薛店镇人民政府和花庄村民委员会共同承担。而新郑市林业局、新郑市旅游和文物局只存在行政监管上的问题，新郑市教育体育局仅对涉案土地上的学校建设负责，新郑市林业局、新郑市旅游和文物局、新郑市教育体育局均未实施非法移栽枣树的侵权行为，因此不承担共同侵权责任。

五、可否要求相关行为人以在侵权地设立警示标识的方式，承担替代修复责任

《环境民事公益诉讼司法解释》第20条规定，无法完全修复的，可采用替代性修复方式。《环境保护法》第5条规定，“环境保护坚持保护优先、预防为主、综合治理、公众参与、损害担责的原则”。被移栽的古枣树已经死亡，事实上不可能修复。本案社会组织诉请法院判令被告在枣树移入地设立警示标识的方式进行替代性修复，最终获得了法院的支持。此种方式不仅可以起到宣传环境保护、预防后续侵害、便于公众监督等作用，亦可同时体现《环境保护法》的“保护优先、预防为主、综合治理、公众参与”的基本原则，最大限度挖掘、体现了环境公益诉讼的“预防”、“引导”和“教育”价值。

新郑是我国的红枣之乡，本案涉及的古枣树承载着当地群众的记忆和乡愁，法院最终判决支持了原告关于建立古枣树展示园的诉请。本案充分体现了社会组织的创新性思维、体现了法院在公益诉讼案件中的大胆尝试和人文情怀。法律永远不只是冰冷的条文，有温度的判决不仅可以较好地起到警示教育、预防侵害的作用，更可以一种更易于民众接受的方式达到环境教育的效果。

案例 6 通过公益诉讼促使幼儿园拆除塑胶跑道、保障幼儿身心健康

——中国绿发会与北京市朝阳区刘诗昆万象新天幼儿园环境污染责任纠纷案①

【案例介绍】

案　号:北京市第四中级人民法院(2016)京 04 民初 93 号

本案原告:中国绿发会

本案被告:北京市朝阳区刘诗昆万象新天幼儿园(以下简称刘诗昆幼儿园)

基本案情:2016 年 3 月 26 日至 4 月 1 日,刘诗昆幼儿园铺设塑胶跑道(操场)。同年 4 月,该塑胶跑道(操场)投入使用,塑胶跑道(操场)使用后向外散发刺激性气味。中国绿发会在获知该情况后,向刘诗昆幼儿园发函,要求其采取措施,拆除塑胶跑道(操场),消除对大气和土壤环境的污染。2016 年 6 月 23 日,刘诗昆幼儿园开始动工拆除塑胶跑道(操场),现已全部拆除,并铺上草坪。中国绿发会与刘诗昆幼儿园在法院主持调解过程中,共同积极推动刘诗昆幼儿园集团公司下属其他幼儿园拆除塑胶跑道(操场),并已实际执行。

原告诉讼请求:1. 判令刘诗昆幼儿园立即拆除园内的塑胶跑道;2. 判令刘诗昆幼儿园采取修复或替代性修复措施,对塑胶跑道污染的土壤、大气环境进行修复;3. 判令刘诗昆幼儿园赔偿土壤和大气环境开始被损害至恢复正常生态功能间的服务功能损失;4. 判令刘诗昆幼儿园在北京市级和国家级媒体上因其故意污染环境向公众道歉;5. 判令刘诗昆幼儿园承担差旅费、调查费、案件受理费及律师费等。

刘诗昆幼儿园辩称:幼儿园内确实铺设了塑胶跑道,出现问题后,已于 2016 年 6 月就动工铲除了。刘诗昆幼儿园积极采取相应的方式进行弥补,愿意履行保护生态环境的义务,承担责任,通过调解方式解决纠纷。

经本院主持调解,当事人达成调解协议:1. 刘诗昆幼儿园拆除在该园内铺设

---

① 本案系北京市高级人民法院与新京报联合评选的 2017 年度十大媒体关注案例,亦为北京市调解审结的首例由社会组织提起的环境公益诉讼案件,也是全国首例校园环境公益诉讼案。

的塑胶跑道(操场),并铺上草坪(已执行);

2. 被告刘诗昆幼儿园以保护生态环境为目的向中华社会救助基金会捐助10万元(已执行)。

【实务要点评析】

本案系北京市高级人民法院与新京报联合评选的2017年度十大媒体关注案例,亦为北京市调解审结的首例由社会组织提起的环境公益诉讼案件,也是全国首例校园环境公益诉讼案。

2016年3月底,刘诗昆幼儿园铺设塑胶跑道并投入使用,家长很快发现,塑胶跑道散发出刺激性气味,多名幼儿出现眼睛疼、流泪、咳嗽、流鼻血等身体不适症状,家长认为这是新铺设的塑胶跑道"有毒"所导致,于是开始向有关部门反映问题。实际上,铺设塑胶跑道所导致的学生健康问题已存在很久,而我国行政管理体系中尚未对该问题建立起完整的应对机制,通过司法途径维护公共利益是该类案件比较有利的途径。但是本案与一般环境民事公益诉讼案件相比,存在以下两个方面的难点:

一方面,国标《体育场地使用要求及检验方法》(GB/T 22517)的适用范围局限于竞技类运动场地,对环境质量、污染防治的一些要求并不适用于中小学、幼儿园铺设塑胶场地的操场或者跑道,因此本案在审理上存在法律上的重大障碍,即尽管对铺设塑胶场地产生的刺激性气味有明显感知,但由于没有具体的标准或者规则,因此无从判断塑胶跑道是否超过相关标准,亦无法认定铺设塑胶跑道的行为是否属于违法行为。

另一方面,根据该类诉讼的诉讼规则,此案件都需要证明损害与结果之间存在初步的因果关系。具体到本案中,需要通过司法鉴定来证明孩子的身体健康损害与铺设的塑胶跑道之间存在因果关系,以及塑胶跑道对环境的损害。但按正常程序,此类鉴定过程复杂、耗时漫长,而孩子的身体健康已受到损害,且仍需长时间在该环境中生活,如等待鉴定结果,则明显不利于孩子的身体健康。那么在本案审理中需要创新工作思路,尽快实现诉讼目的。

为了实现公共利益的保护、维护孩子的身体健康权益,在本案处理的过程中,无论是社会组织还是法院都做了大量的工作。首先,基于案件的特殊性,法庭未按常规程序就幼儿园铺设的塑胶跑道是否符合标准、是否有毒有害、是否和儿童出现的症状有因果关系等问题进行鉴定，而是在就相关证据举行质证后，对危害进行了专业的分析，特别是塑胶跑道对幼儿的影响；其次，在案件审理的同时，法院还向北京市环保局、教育局等部门发出告知，了解涉案塑胶跑道的情况，推动案件的良性解决。

最终经法院主持调解，双方达成调解协议，刘诗昆幼儿园拆除了塑胶跑道，并重新铺上草坪，使涉案幼儿园的环境得到了实质性改善。与此同时，刘诗昆幼儿园把整个集团旗下包括上海在内的八家幼儿园里的塑胶跑道全部拆除，都改建成了草坪。同时，刘诗昆幼儿园还向中华社会救助基金会捐助10万元用以保护生态环境。

“毒跑道”公益诉讼案是一起典型的将私益和公益结合起来的成功案例，法院始终牢牢把握了环境诉讼的特点和本质，从涉案幼儿园孩子身体健康优先的角度出发，避免抗辩式诉讼中一味等待损害鉴定结果的状态，而是适度能动司法，最终推动幼教机构拆除了旗下所有幼儿园的“有毒”塑胶跑道，既维护了未成年人的身体健康，又维护了环境公益。

案例7 以调解的方式结案的沙漠污染环境民事公益诉讼

——中国绿发会诉宁夏蓝丰精细化工有限公司等8家企业环境民事公益诉讼案

【案例介绍】

案　号：宁夏回族自治区中卫市中级人民法院(2016)宁05民初13号

本案原告：中国绿发会

本案被告：宁夏蓝丰精细化工有限公司(以下简称蓝丰公司)

基本案情：蓝丰公司是政府批准建设的生产有机合成中间体邻苯二胺的化工企业。2012年，蓝丰公司向中卫市环保局报批了案涉项目的三期建设工程。2012年4月14日、7月22日，中卫市环保局分两次对项目进行了环境影响批复。2013年11月16日，经蓝丰公司申请，中卫市环保局在对环境保护设施竣工验收后，公司进入试运行。2014年，媒体曝光多家企业私设暗管，将污水排入腾格里沙漠腹地，严重污染沙漠环境。中卫市环保部门责令蓝丰公司停产整改。

蓝丰公司对原有设施改进和扩建,并开始建设环保二、三期工程。2014 年 12 月 24 日,中卫市环保局组织专家论证,通过了南京工业大学环境科技有限公司提出的“微电解 + 芬顿氧化 + 混凝反应沉淀 + 气浮 + 高效催化氧化”工艺方案。2015 年 2 月 13 日,环保部西北督查中心检查时发现蓝丰公司未落实环评要求,将超标生产废水排入蒸发池。为按时完成蒸发池废水回抽处理,2015 年 3 月 11 日,二期工程建成后即投入运行。同时,蓝丰公司三期工程建设了两套 MVR 装置,处理蓝丰公司高含盐废水。2015 年 6 月 9 日、18 日,两套系统分别安装结束调试运行。2015 年 9 月,北京中景恒基工程管理有限公司对蓝丰公司新建、改进后的 MVR 及环保设备工程进行了质量评定,并出具了“工程符合标准要求”的《质量评估报告》。2015 年 5 月 5 日,环保部下发《关于对腾格里沙漠地区环境污染问题挂牌督办的通知》(环办函〔2015〕44 号),要求 2015 年 9 月底前完成挂牌督办事项整改。为加快蓝丰公司回抽蒸发池废水的处理,2015 年 7 月 17 日,中卫市环保局以卫环函〔2015〕346 号《关于宁夏华御化工有限公司帮助宁夏蓝丰精细化工有限公司处理废水的批复》同意宁夏华御化工有限公司为蓝丰公司拉运、回抽处理废水。对废水处理过程,由环境保护部环境规划院和北京博成立新环境科技有限公司对全程进行监理。由宁夏回族自治区环境监测中心及中卫市环境监测站对出水水质进行了全过程监测,截至 2015 年 9 月 18 日,废水全部处理完毕,北京博成立新环境科技有限公司出具了《环境监理报告》。中卫市环保局根据博成立新编制的修复方案,于 2015 年 5 月 20 日召开了《底泥处置技术方案》专家审查会,确定建设底泥应急处置工程。中国市政工程东北设计院对底泥应急处置工程进行了设计。2015 年 5 月 22 日召开了《底泥应急处置工程项目环境影响报告表》技术评审会。2015 年 5 月 28 日,中卫市环保局以(卫环函〔2015〕240 号)对《关于宁夏蓝丰精细化工有限公司应急底泥处置设施项目环境影响报告表》作出了环评批复。2015 年 7 月 10 日,危废应急填埋场工程建设完工,蓝丰公司便按照该方案将蒸发池膜上底泥用熟石灰搅拌预处理后拉运至蓝丰公司底泥应急处置填埋场填埋;膜下底泥经鉴别为一般工业固体废物,清理至中卫工业园区工业固废填埋场处置。截至 2015 年 7 月 13 日,蓝丰公司完成了底泥的全部清运工作,并经中卫市环保局验收合格后,蓝丰公司用沙土覆盖恢复了原地貌,并撒草籽绿化。北京博诚立新环境科技有限公司对填埋场建设、填埋、封场等全过程进行监理,中国环境科学研究院固体废物污染控制技术研究所对项目予以检测,并经中卫市环保局组织的专家评审通过。为预防蓝丰公司超标排污,按环保部门要求,蓝丰公司建设了污水总排在线监测系统工程,及时监控蓝丰公司污水处理站排到园区污水处理厂的废水达标排放。北京博诚立新环境科技有限公司对受影响地下水环境调查、评估,截至2015年8月底,北京博诚立新环境科技有限公司依据地下水监测结果和污染物数值模拟,对地下水污染特征及污染范围,结合蒸发池场地后期用地功能规划,提出了地下水修复方案。2015年11月2日,环保部办公厅通过其官方网站发布《关于解除腾格里沙漠地区环境污染问题挂牌督办的通知》(环办函〔2015〕1760号)文件解除了蓝丰公司环保问题的督办。2015年12月,经中卫市环境保护局组织的相关专家进行技术评审,形成了《宁夏蓝丰化工有限公司蒸发池地下水污染调查评估报告》,并通过实施。该报告为修复设定了初期目标值和最终修复目标值。现蓝丰公司按照修复方案已开始地下水修复工作。

原告诉讼请求:1.判令蓝丰公司停止非法污染环境的行为;2.判令蓝丰公司对造成环境污染风险的危险予以消除;3.判令蓝丰公司恢复生态环境或成立沙漠环境修复专项基金并委托具有相应资质的第三方进行修复;4.针对第2、3项诉讼请求,由法院、中国绿发会、环保技术专家、环保法律专家、人大代表或政协委员组成验收主体共同进行验收;5.判令蓝丰公司赔偿环境修复前生态功能损失;6.判令蓝丰公司在全国性媒体上公开赔礼道歉;7.判令蓝丰公司承担中国绿发会为维权而支出的鉴定费、差旅费、律师费等合理费用;8.判令蓝丰公司承担本案诉讼费用。

被告蓝丰公司辩称:中国绿发会所述基本属实,但蓝丰公司现已完成环境治理的整改工作,消除了环境污染风险,并通过了环保部门的验收。具体做法是:1.聘请专业机构制定了治理整改方案。2.继续按照原计划如期建设环保设施,并按照治理整改方案新增环保设施。3.根据专业机构制定的治理整改方案,对废水回抽处理;对蒸发池底泥分类填埋处置;对污染场地及地下水进行修复。现地下水污染正在修复过程中,其余治理整改工作已全部完成,并验收通过。4.蓝丰公司的各项环境治理工作均在环保部门及环保专家的监督下完成。5.蓝丰公司在环境污染事件曝光后,已通过中卫市人民政府向全市人民及社会各界公开赔礼道歉。蓝丰公司为预防、治理污染已投入资金85,353,600元。对中国绿发会提出的赔偿费、鉴定费、差旅费、律师费等合理费用可以协商解决。

本案经本院主持调解，当事人自愿达成如下协议：1. 被告蓝丰公司应按中卫市环保局批复的《蒸发池地下水污染修复方案》继续履行修复职责，直至达到修复目标。当地相关行政主管部门和原告中国绿发会对被告蓝丰公司修复过程及修复验收，负责实施监督。被告蓝丰公司自2018年开始，每年1月向原告中国绿发会提供上年度由第三方出具的修复监测报告。如被告蓝丰公司未能按方案对地下水进行修复，则原告中国绿发会有权向本院申请强制执行。由当地相关行政主管部门委托第三方负责按修复方案对地下水进行修复，所产生的修复费用由被告蓝丰公司承担，修复费用标准按305,100元/月确定，被告蓝丰公司应就修复方案确定的未修复期间的费用一次性支付至中卫市中级人民法院执行账户。

2. 被告蓝丰公司承担112万元费用，用于本地环境服务功能修复，于调解书生效后10日内支付至中卫市中级人民法院执行账户。

3. 被告蓝丰公司因其环境污染行为向社会公众公开赔礼道歉。

4. 被告蓝丰公司承担原告中国绿发会因本案产生的专家咨询费、差旅费、律师代理费等合理费用共计16万元，于调解书生效后10日内支付至中卫市中级人民法院执行账户。

【实务要点评析】

沙漠和森林、草原、海洋、雪山等一样，是自然景观的重要组成部分。沙漠也是一种生态系统，只是由于水资源缺乏，植被极其稀疏、大片土地裸露、植物种类单调，构成该生态系统的各要素生物生产量低下，生态系统相当脆弱。腾格里沙漠是我国第四大沙漠。其实在这片沙漠的腹地，地下水资源丰富，地表有众多国家级重点保护植物，是当地牧民的主要集居地。[①]

1. 环境民事公益诉讼中进行调解的意义

环境污染的特点，在于环境损害具有复杂、潜伏性、持续性、广泛性，且部分环境污染具有不可逆性，修复较为困难。对于受到环境污染影响的民众来说，尽早遏制污染，尽快对受污染的环境开展修复，意义重大。在环境民事公益诉讼中以调解方式结案，有高效、便捷的优势，可避免漫长的诉讼程序对企业经营的不

① 陈杰：《沙漠之殇》，载《中国林业产业》2015年第5期。

利影响，亦可防止环境污染的进一步扩大，符合尽早、尽快修复生态环境的公益诉讼初衷，亦有利于案件顺利执行，有利于最大限度调动被告参与环境修复的积极性。同时，在环境民事公益诉讼案件类型日趋多元的背景下，以解调方式结案，还可相当程度缓解法院的办案压力，使当事人以较低的成本实现权利救济。

2. 环境民事公益诉讼调解应注意的问题

环境民事公益诉讼调解中，应重点注意下述问题：(1)在调解协议中明确约定环境修复方式、减排或治污的具体措施及修复期限。要求当事人承担减排治污措施的期间长短和复杂程度，应当根据环境污染范围及严重程度区别对待。对客观上无法修复或没有必要修复的，可采用替代性修复方式。(2)环境修复义务人应定期向法院、环境主管部门和原告报告修复的进展情况。(3)确定对修复效果进行评估的机构以及责任人。(4)调解协议约定案涉被告对环境进行修复的，如相关行为人未履行修复义务，应同时约定，原告或环境行政主管部门可委托第三方对环境进行修复，环境修复费用由相关行为人承担，亦可直接约定相关行为人承担确定金额的环境修复费。(5)相关行为人怠于履行调解协议约定的其他义务的，应承担相应的惩罚措施或责任。

本案调解协议达成后，被告蓝丰公司等8家企业停止了非法排污，通过对污染治理的整改，消除了环境污染的潜在危险，并通过了环保部门组织的验收，实现了诉讼目的。

案例8 项目建设妨碍公众自由通行应承担环境侵权责任

——中国绿发会诉贵州宏德置业有限公司环境民事公益诉讼案①

【案例介绍】

本案原告：中国绿发会

一审被告：贵州宏德置业有限公司（以下简称宏德公司）

基本案情：宏德公司修建乐湾国际房开项目，项目配套建设高尔夫球场。该球场沿当地一条自然河流两岸建设，将河流圈入球场范围，且将球场周边封堵，

① 本案系2019年度人民法院环境资源十大公益诉讼及生态环境损害赔偿案件类典型案例之二。

妨碍当地群众自由通行及沿河游览观赏。中国绿发会向贵州省清镇市人民法院提起环境民事公益诉讼。本案审理过程中,宏德公司拆除了案涉区域围栏,委托第三方机构编制了《贵阳市乐湾国际开放空间规划》,对整个片区重新进行了统一规划,规划方案设计了公众自由通行通道,能够沿河观赏。

诉讼请求:请求法院判令宏德公司立即停止侵害,消除危险,排除妨碍并赔礼道歉。

达成和解协议:经贵州省清镇市人民法院主持调解,双方达成和解协议,中国绿发会尊重行政机关的处理意见,同意德宏公司按照行政机关要求完成整改;德宏公司按照行政机关审批的规划进行整改,保证案涉区域成为开放的公共空间。同时邀请中国绿发会或第三方组织对上述整改情况进行监督;中国绿发会放弃要求德宏公司在国家级媒体向全社会公开赔礼道歉的诉讼请求;德宏公司自愿承担中国绿发会因本次诉讼支出的差旅费、专家费、调查费、律师费等合理费用合计 26 万元;德宏公司自愿承担本案受理费 5200 元。上述调解协议已经依法公示、确认。

【实务要点评析】

本案相邻通行权纠纷案不是通常意义上的环境污染或生态破坏案件,而是高尔夫球场占用公共资源妨害公众享有的自由通行、游览、观赏等权益的新型环境公益诉讼案。城镇化快速发展的当下,居住与通行的便利,直接影响着居民的日常生活及社会安定和谐。随着城市建设和环境保护的发展,相邻权纠纷从原来村民之间、居民之间,扩大到项目建设方与周边民众之间,行政行为的不规范亦导致相邻关系纠纷中民事权益保护的缺失。

所谓相邻关系,是指两个或两个以上的相互毗邻的不动产所有人或使用人,在行使对自己不动产的占有、使用、收益、处分等权益对相邻的不动产产生影响时,相邻的不动产权利人应承担最低限度的"容忍"义务。① 根据《民法典》第 288 条:"不动产的相邻权利人应当按照有利生产、方便生活、团结互助、公平合理的原则,正确处理相邻关系。"建设建筑物,不得违反国家有关工程建设标准,不得妨碍相邻建筑物的通风、采光和日照。

---

① 参见韩光明:《民法上相邻关系的界定——兼论法律概念的制作》,载《北方法学》2008 年第 5 期。

本案中，宏德公司修建乐湾国际房开项目，将河流圈入球场范围，且将球场周边封堵，妨碍当地群众生活自由通行及沿河游览观赏，损害公众通行、游览、观赏等环境权益。案涉项目系贵州省重点招商引资项目，在项目建设过程中虽存在不规范行为，但未构成根本性违法。法院在案件审理过程中督促被告抓紧编制了空间开放规划并经行政机关认可，最终原、被告双方达成和解协议。法院在督促建设单位进行整改以保障公众通行权的同时，利用环境司法保护营商环境和居民生活环境，在经济社会发展和生态环境保护之间实现平衡，为改善投资环境、推动经济高质量发展发挥了积极作用。本案的处理，为解决企业对公共资源的侵占探索了司法救济路径，保护了公众享受美好生活环境的权益，为环境公益诉讼范围的扩展提供了鲜活的司法案例。

案例9　室内公共场所设置吸烟室危害环境应承担环境侵权责任

——中国绿发会诉永旺梦乐城(三河)商业管理有限公司、永旺梦乐城(中国)商业管理有限公司环境民事公益诉讼案①

【案例介绍】

案　号：河北省保定市中级人民法院(2019)冀06民初134号

本案原告：中国绿发会、新乡市环境保护志愿者协会(以下简称新乡环志协)

本案被告：永旺梦乐城(三河)商业管理有限公司(以下简称梦乐城三河公司)、永旺梦乐城(中国)商业管理有限公司(以下简称梦乐城中国公司)、永旺(中国)投资有限公司(以下简称永旺投资公司)

基本案情：2018年年初，有多位家长投诉反映，带孩子到永旺梦乐城河北燕郊儿童主题商场(以下简称梦乐城燕郊商场)内购物和游玩过程中发现，商场内的几十处母婴室(儿童活动室、卫生间、洗手间)等指示标识与吸烟室指示标识在一起，而且多处母婴室(儿童活动室、卫生间、洗手间)与吸烟室相邻。吸烟者

① 本案是全国首例室内公共场所控烟环境公益诉讼案，也是首次在公益诉讼中同时体现环保和控烟诉求的案件。

在吸烟室内甚至迈出吸烟室吸烟导致大量烟雾溢出污染空气环境,导致未成年人和孕妇遭受烟草烟雾的侵害。经过调查确认,梦乐城三河公司将母婴室(儿童活动室、卫生间、洗手间)和吸烟室建在一起、将母婴室指示标识和吸烟室指示标识设置在一起,严重侵害了未成年人的身心健康。中国绿发会同时发现,梦乐城燕郊商场系梦乐城三河公司经营,同时,梦乐城中国公司在全国有18家类似商场。

中国绿发会、新乡环志协于2019年5月13日对被告梦乐城三河公司、梦乐城中国公司、永旺投资公司提起环境公益诉讼,新探健康发展研究中心、北京市控制吸烟协会、深圳市控制吸烟协会作为支持起诉人参与诉讼。

诉讼请求:1. 停止侵害。在被告投资经营管理的中国境内所有商场(含梦乐城燕郊商场)内吸烟室和吸烟室指示标识未拆除前停止经营。2. 消除危险。立即拆除在被告投资经营管理的中国境内所有商场(含梦乐城燕郊商场)内吸烟室和吸烟室指示标识,且被告正在兴建的商场不得设置吸烟室和吸烟室指示标识。3. 恢复原状。将被告投资经营管理的中国境内所有商场(含梦乐城燕郊商场)内空气环境修复到设置吸烟室之前的状态。同时确定被告不履行修复义务时应承担的生态环境修复费用,包括制定、实施修复方案的费用和监测、监管等费用。4. 赔偿损失。赔偿商场环境受到损害至恢复原状期间服务功能损失,用于京津冀及全国控制雾霾和烟霾,损失数额以评估结果为准。5. 赔礼道歉。因破坏生态环境(空气污染)及侵害公众生命健康,在京津冀媒体和全国性媒体公开向京津冀人民及全国人民赔礼道歉。6. 承担原告为此案而支出或者必须支出的律师费、鉴定费、评估费、差旅费以及为诉讼支出的其他所有费用。

本案审理过程中,中国绿发会明确其诉讼请求第3项生态环境修复费用数额为2,160,500元;第6项诉讼请求律师费600,000元、差旅费61,615.1元、评估鉴定费用59,800元;新乡环志协明确其第6项诉讼请求为律师费250,000元、差旅费3000元。

支持起诉意见:新探健康发展研究中心提交支持起诉意见。第一,被告在室内建立吸烟室造成室内空气污染。已有大量研究显示,室内吸烟室完全不能减少烟草烟雾对公众的伤害。香港科技大学关于吸烟室的技术可行性研究结果表明,任何的工程技术,如排风、换气和指定吸烟区都不能避免接触烟草烟雾,有效保护公众健康。也就是说,再严密的吸烟室,都不可能保证没有烟草烟雾泄漏出去。被告在人流密集的商场内建立吸烟室必然会污染商场内公共场所的空气环境,造成室内空气质量下降,危害不特定公众身体健康。第二,被告在室内建立吸烟室不符合国际公约的要求。烟草烟雾中含有多种已知的致癌物,有充分证据表明吸烟可以导致多种恶性肿瘤,还会导致呼吸系统和心脑血管系统等多个系统疾病。烟草对健康的危害已经成为当今世界最严重的公共卫生问题之一。世界卫生组织制定了第一部国际公共卫生条约《烟草控制框架公约》,我国2003年签署,2006年1月该公约在我国正式生效,该公约要求公共场所全面禁烟。第三,被告在室内建立吸烟室违法且违背建立“健康中国”的方针政策。2019年6月25日国务院印发《关于实施健康中国行动的意见》,出台了《健康中国行动(2019-2030)》,该意见明确吸烟严重危害人民健康,应推动个人和家庭充分了解吸烟和二手烟暴露的严重危害。被告在儿童主题商场内修建吸烟室、设置吸烟指示标识及允许吸烟的行为违反了相关法律法规,造成了案涉商场室内空气质量下降,严重污染了室内公共场所的空气环境,侵害了公众健康,系环境污染违法行为,应承担环境侵权法律责任。望判如所请。

北京市控制吸烟协会支持起诉意见。第一,涉案商场设置吸烟室、允许在室内公共场所吸烟的行为违反了我国的行政法规及其实施细则中关于室内公共场所禁止吸烟的规定。根据国务院《公共场所卫生管理条例》及其实施细则,涉案商场属于该条例第六条第(二)项所指公共场所,应遵守原卫生部《公共场所卫生管理条例实施细则》第十八条“室内公共场所禁止吸烟”的规定。被告在案涉商场内修建吸烟室,违反了上述规定,使得公共场所室内空气受到烟草烟雾污染,是违法行为。第二,涉案商场在室内公共场所设置吸烟室、允许吸烟,制造含有一级致癌物的二手烟草烟雾污染室内空气,损害了不特定个人的健康。即使设计再好的吸烟室,只要使用就不可避免地会使二手烟草烟雾随着门的开关泄漏到吸烟室门外。世界卫生组织及我国已经明确认定,二手烟草烟雾是一级致癌物,没有安全临界值,只要接触就会对人体有危害。世界卫生组织《烟草控制框架公约》每两年召开一次缔约方大会,交流履约进展和最新科学发现,到目前为止,它仍然坚持认为室内工作场所、公共场所、公共交通工具内禁止吸烟是消除烟草烟雾的唯一办法,独立通风的吸烟室并不能预防二手烟草烟雾的危害。案涉商场内设置吸烟室允许在室内吸烟制造二手烟草烟雾,成为室内环境空气污染源,侵害了在商场内不特定人员特别是因进出母婴室而不得不路过相邻吸烟室的未成年人和妈妈们的身心健康，也侵害了需要进入吸烟室的保洁工作人员的健康。第三，被告误导法庭，辩称在国家大力提倡控烟但又无法禁止吸烟的情况下，设置吸烟室有益于防止二手烟草烟雾扩散、减少对不吸烟者的危害。我国参加起草、谈判并已签署、批准的《烟草控制框架公约》规定了一系列 EMPOR 综合控烟措施。其中的 P 措施就是与本案相关的禁止在室内工作场所、室内公共场所、公共交通工具内吸烟，保护人们不受二手烟危害的措施。《民法典》第一千零四条规定："自然人享有健康权。自然人的身心健康受法律保护。任何组织或者个人不得侵害他人的健康权。"新鲜空气，是人的基本健康需求。设置吸烟室允许吸烟、对同一建筑相邻区域制造二手烟，侵害了该区域不特定人员的健康权。我们支持原告的起诉和诉讼请求。

深圳市控制吸烟协会支持起诉意见。第一，二手烟与主动吸烟者吸入的主流烟草烟雾相比，其化学成分及各成分浓度有所不同，一些对人体有严重危害的化学成分含量要远远高于主流烟草烟雾。国际癌症研究署等已将烟草烟雾确定为人类 A 类致癌物。二手烟对公众健康的威胁在于其没有安全暴露水平。第二，国内外各种研究表明，吸烟室无论采用多好的措施，都会对吸烟室内外环境和人员造成负面影响和危害。吸烟室中的二手烟会不可避免地通过门、中央空调系统、通风系统等散布到室内其他地方。因此，根本不存在安全的吸烟室。第三，案涉场所为未成年人集中活动区域，将吸烟室和母婴室修建在一起的行为，以及在未成年人集中活动区域设置吸烟室的行为，违反法律规定，致使相关区域暴露在一手烟、二手烟的环境中，污染环境，造成空气质量下降，使妇女、儿童遭受烟草危害，严重侵害妇女儿童身心健康，产生极坏的社会影响。第四，被告涉案违法行为与健康中国控烟行动背道而驰。第五，被告在人口密集的室内公共场所修建吸烟室存在造成传染病传播的潜在高风险。第六，郑州市中级人民法院、北京铁路运输法院就相关判例已经作出生效判决。违法吸烟行为危害公共利益，在室内公共场所设置吸烟室和吸烟室指示标识必然会导致环境质量下降，吸烟散发的烟雾有弥漫性，会飘散到内部，渗透内部装饰器具，降低空气质量，影响环境。

被告提出抗辩：梦乐城三河公司、梦乐城中国公司、永旺投资公司辩称：1. 梦乐城燕郊商场设置吸烟室的行为符合河北省地方性法规，不存在违法情形，不构成民事侵权责任中的加害行为。《河北省爱国卫生条例》允许在商场等消费性经营场所设置吸烟室,梦乐城燕郊商场作为全年龄段消费者的综合性商场,其内设置室内吸烟室符合河北省地方性法规,梦乐城燕郊商场是不属于未成年人集中活动的室内场所,同时梦乐城燕郊商场的管理严格遵守《公共场所卫生管理条例实施细则》的要求。在国家并未全面禁止吸烟的情况下,公共场所是否允许设置室内吸烟室,属于地方政府行政管理范畴,梦乐城燕郊商场内吸烟室设置行为是否合法,应以河北省地方性法规为裁判依据,而不应笼统认定在有未成年人出入的公共场所内设置吸烟室一概违法。

2. 梦乐城燕郊商场设置吸烟室能够有效隔离吸烟人群,控制烟草烟雾的扩散,不存在环境污染的损害结果,更未对不特定人造成损害。设置吸烟室的目的在于实现控烟,吸烟室设计科学、设施完备,能够有效避免吸烟室内的烟雾排放物排放到商场室内环境中。经专业机构检测,在吸烟室使用状态下,吸烟室周边的室内空气质量符合国家相关卫生标准,足以证明吸烟室的设置和使用未对周边空气造成污染。原告未能举证证明梦乐城燕郊商场设置吸烟室的行为引发何种损害后果,应承担举证不能的不利后果,故本案中缺少侵权责任构成的损害后果之要件。

3. 本案中不具备环境污染侵权责任构成要件中的因果关系要件,梦乐城燕郊商场无须为设置吸烟室承担侵权责任。原告的现有证据不能证明商场经营者存在侵权行为以及存在空气污染的损害结果,行为与后果均不存在,也就谈不上因果关系问题。梦乐城燕郊商场设置吸烟室的行为符合河北当地行政管理规定,不存在违法行为;而且现无证据表明商场设置吸烟室的行为造成商场室内外空气污染,并因空气污染导致商场内人群的身体健康已经受到现实损害。因此,本案中商场设置吸烟室的行为既不构成加害行为,也未造成环境污染及损害他人身体健康的后果。设置吸烟室的行为并未造成不特定多数人的身体损害,也并非鼓励吸烟,与原告主张的所谓损害之间不存在因果关系。吸烟室设置并未造成大气环境中的吸烟排放烟雾总量增加,因此不会导致室外大气环境污染。

4. 商场设置吸烟室不符合侵权行为构成要件,被告无须承担侵权责任。一方面,梦乐城燕郊商场设置吸烟室的行为不构成环境污染侵权,商场经营者不应承担环境污染侵权责任;另一方面,原告提交的《内蒙古内化科技司法鉴定所司法鉴定意见书》鉴定方法不科学,鉴定对象不正确,鉴定结论不客观,不能证明梦乐城燕郊商场设置吸烟室对周边空气的实际影响,其主张的修复费用没有任何事实基础。另外,原告未能提供任何证据证明功能损失的存在,且原告主张的其他支出或不具有合理性,或无法证明其与本案的关联性,主张的律师费过高,且未实际支付,不属于支出的合理费用,以及原告相关票据凭证的真实性、合法性均存在明显漏洞,且不能体现与本案的关联性,不能以此认定其为本案支出的合理费用。中国绿发会提交的票据不但包含大量起诉前支出的费用,还包括了“专家费”“讨论会”“汽油费”等明显不属于本案必要支出的相关凭证,其证据中也未见与之证据相关的专家论证意见或讨论会意见汇总,根本无法证明该等支出与本案的关联性。应当对原告提交的相关票据进行严格审查,防止原告通过本次诉讼将其与本案无关联的支出转嫁给被告,以谋取非法利益。

5. 梦乐城中国公司和永旺投资公司与本案没有利害关系,原告主张三被告共同承担侵权责任没有法律依据,首先,梦乐城燕郊商场由梦乐城三河公司独立经营管理,梦乐城中国公司、永旺投资公司与梦乐城商场设置吸烟室的行为无关,不存在共同侵权事实;其次,梦乐城燕郊商场由梦乐城三河公司独自经营管理,不存在与梦乐城中国公司、永旺投资公司共同经营的情况,各方不存在共同侵权行为;最后,第二、第三被告均系独立的法人主体,不存在互相持股及控制关系,即不存在需要梦乐城中国公司、永旺投资公司在公司法上承担连带责任的情形。

6. 全国范围内的其他梦乐城商场的经营行为是否构成侵权,与三被告不具有事实上和法律上的利害关系,且不属于本案中可一并审理的范围,对原告该部分诉讼请求应予驳回。原告所称的 21 家商场均由各自独立注册的商业管理公司经营管理,各公司属于相互独立的企业法人,相互之间不存在承担权利义务的情形,原告要求三被告对其他商场的行为承担责任,没有任何事实和法律依据。除案涉梦乐城燕郊商场外,无论是商场所在地,还是公司住所地,均不在河北省,贵院对其他商场是否存在侵权行为也没有管辖权,本案不能对此一并处理。

7. 中国绿发会非为本案适格原告,中国绿发会于 2019 年提起本案诉讼,但其 2015 年年检结果不合格,起诉前 5 年内存在违法记录,不具备提起环境公益诉讼的主体资格,同时本案原告主张所涉社会公共利益是商场消费环境及消费者身体健康,与二原告的宗旨和业务范围不具有关联性。

综上所述,梦乐城燕郊商场设置吸烟室的行为合法,且未造成环境污染,更未导致不特定人群身体受到伤害的损害后果,本案中环境污染侵权责任的构成要件不能成立,原告主张梦乐城燕郊商场设置吸烟室的行为构成环境污染侵权,并要求被告承担民事侵权责任,没有任何事实和法律依据。恳请贵院依法查明事实,驳回原告的全部诉讼请求。

法院认为:根据双方诉辩,对本案争议的焦点问题认定如下:

一、关于本案是否属于环境公益诉讼的问题

《环境保护法》第二条规定:“本法所称环境,是指影响人类生存和发展的各种天然的和经过人工改造的自然因素的总体,包括大气、水、海洋、土地、矿藏、森林、草原、湿地、野生生物、自然遗迹、人文遗迹、自然保护区、风景名胜区、城市和乡村等。”根据该条规定,环境不仅包含影响人类生存和发展的各种自然因素,也包括人工改造的自然因素,二者是统一的总体。室内公共场所相对封闭,往往通过排风换气、空调等设备进行空气调节,其室内的空气要素属于经人工改造后的自然因素,同时其空气质量影响的亦非单纯个体,而系不特定的多数人,故公共场所室内空气符合上述法律规定的环境的概念。本案是针对公共场所室内环境提起的涉及公众身体健康权之诉讼,符合环境公益诉讼的受案规定。

二、关于原告中国绿发会在本案中是否具有诉讼主体资格的问题

中国绿发会章程规定的宗旨含有“维护公众环境权益和社会公共利益”“促进生态文明建设和人与自然和谐,构建人类美好家园”等,业务范围涵盖“开展和资助维护公众环境权益和环境保护领域社会公共利益的理论研究和实践活动,推进我国环境法治”等内容。最高人民法院(2016)最高院民再 49 号民事裁定书亦已认定“中国绿发会的宗旨和业务范围包含维护环境公共利益内容”“中国绿发会自 1985 年成立以来长期实际从事包括举办环境保护研讨会、组织生态考察、开展环境保护宣传教育、提起环境民事公益诉讼等环境保护活动,符合环境保护法和环境公益诉讼司法解释的规定”。本案属因在室内公共场所设置吸烟室,涉及不特定多数公众身体健康权而引发的环境公益诉讼,与中国绿发会宗旨和业务范围具有关联性,符合《环境民事公益诉讼司法解释》第四条的规定。

三被告主张中国绿发会 2015 年存在违法活动受到处罚仅系推论,并未提供充分证据证实中国绿发会因从事业务活动违反法律受到行政、刑事处罚。中国绿发会提交的主管部门中国科协《关于中国生物多样性保护与绿色法治基金会有关情况的复函》亦载明 2011 年至 2017 年 6 月 1 日,未收到中国绿发会存在因从事业务活动违反法律、法规的规定受过行政、刑事处罚的记录。根据《环境民事公益诉讼司法解释》第五条的规定,“社会组织在提起诉讼前五年内未因从事业务活动违反法律、法规的规定受过行政、刑事处罚的,可以认定为环境保护法第五十八条规定的‘无违法记录’”,中国绿发会符合《环境保护法》第五十八条,《环境民事公益诉讼司法解释》第四条、第五条、第八条的规定,在本案中具有诉讼主体资格。

三、关于案涉商场设置吸烟室是否侵犯公众身体健康权的问题

首先,案涉商场设置吸烟室违反法规规定。《河北省爱国卫生条例》(河北省第九届人民代表大会常务委员会公告第16号,2017年修正)第二十一条规定:“城市市区和县城内的下列公共场所禁止吸烟:(一)医疗保健机构的候诊区、诊疗区、病房区的室内场所;(二)学校、托幼机构的教学场所和其他未成年人集中活动的室内场所;(三)会议室、影剧院、音乐厅、影视厅、歌舞厅、游艺厅、体育馆、博物馆、展览馆、图书信、文化馆、档案馆等场所;(四)车站、港口、机场的旅客等候室、售票厅和公共交通工具的车厢、船舱、机舱内;(五)设区的市人民政府规定的其他公共场所。前款第三项、第四项禁止吸烟的公共场所,可以设置有明显标志和通风排烟设施的吸烟区(室)。”该条并未明确规定综合性商场可以设置吸烟室,案涉商场地下一层至地上三层共设有吸烟室13个,且案涉商场三层设置的吸烟室紧邻母婴室,通过店内导购图、商店列表等照片亦可证实该层集中设置有儿童服装、玩具、儿童乐园、儿童教育等商铺,应属未成年人集中活动的室内场所,设置吸烟室明显违背《河北省爱国卫生条例》第二十一条的规定。河北省卫生健康委员会、河北省爱卫办《关于对永旺梦乐城河北燕郊儿童主题商场涉嫌违法设置吸烟室和张贴吸烟室指示标识调查处理情况的函》载明“处理情况:三河市监督员对永旺梦乐城(三河)商业管理有限公司下达了卫生监督意见书,依据《公共场所卫生管理条例实施细则》第十八条的规定,(一)室内公共场所禁止吸烟。公共场所经营者应当设置醒目的禁止吸烟警语和标志。(二)公共场所经营者应当开展吸烟危害健康的宣传,并配备专(兼)职人员对吸烟者进行劝阻。”亦可印证案涉商场设立室内吸烟室违反《公共场所卫生管理条例实施细则》第十八条规定的事实。原告主张案涉商场设置吸烟室违反《公共场所卫生管理条例》《公共场所卫生管理条例实施细则》《河北省爱国卫生条例》,有事实及法律依据,本院予以采信。三被告主张设置吸烟室符合法律规定,与事实及法律不符,本院不予采信。

其次,案涉商场设置室内吸烟室不可避免地对室内空气质量和公众身体健康造成了危害及健康风险。三被告提交了北京联合智业检验检测有限公司检测报告(UI19062415SA－1－A、UI19062415SA－2－A)检测项目为二氧化碳、一氧化碳、空气温度、相对湿度、风速、新风量、甲醛、苯、总挥发性有机化合物、可吸入颗粒物,未涵盖烟草烟雾中化学成分,UI19062415SA－2－A无明确鉴定意见,不能证实其空气质量未受影响的主张。二原告所提交的视频内容及申请本院保全的部分照片内容,均可显示案涉商场吸烟室处于使用状态时门未封闭的事实。即便如三被告所述,吸烟室的门为自动闭合门,亦无法确保门在开关过程中可完全避免烟草烟雾逸出。原卫生部发布的《中国吸烟危害健康报告》作为公开发布的权威报告,阐述了二手烟即环境烟草烟雾暴露对健康危害的相关问题,并特别指出了对孕妇、儿童等特殊人群的危害。该报告明确指出"烟草烟雾中含有7000余种化学成分,其中数百种为有害物质,至少69种为致癌物""二手烟暴露没有所谓安全水平"同时载明,"研究证据表明,在室内环境中,无论是加装排风扇、空调还是其他装置,都无法避免非吸烟者吸入二手烟。即使是吸烟者与非吸烟者处于同一座建筑物的不同房间内,吸烟者产生的二手烟依然可以通过通风管道等途径到达非吸烟者所处的房间,因此,设置吸烟室或吸烟楼层并不能使非吸烟者免受二手烟暴露的危害"。二原告、支持起诉人、专家证人亦提供了大量的研究报告、学术观点证明烟草烟雾及二手烟(环境烟草烟雾)对人体健康特别是未成年人、孕妇等特殊群体身体健康的危害及风险。本案中,虽无明确的公众身体受损害之事实,但二手烟对公众特别是未成年人、孕妇等特殊群体身体健康的损害、健康风险的提升是不争的医学结论和众所周知的事实。故对二原告案涉商场设置室内吸烟室侵害了公众身体健康权的主张,本院予以采信。

四、关于三被告应否承担侵权责任的问题

被告梦乐城三河公司系案涉商场实际经营管理者,其违反法律规定设置室内吸烟室,客观上纵容了公共场所室内吸烟的行为,造成了室内空气质量的损害,同时造成对公众健康的危害及健康风险的提升,应对损害结果和损害风险承担侵权法律责任。

被告梦乐城三河公司、梦乐城中国公司、永旺投资公司均系独立公司法人,无证据证实案涉商场为梦乐城中国公司、永旺投资公司设立或其参与经营管理。二原告要求梦乐城中国公司、永旺投资公司承担侵权责任,缺乏事实法律依据,本院不予支持。

五、关于原告诉请应否支持的问题

关于停止侵害、消除危险的诉请,案涉商场吸烟室已经于2019年5月22日关停,此事实有河北省卫生健康委员会、河北省爱卫办《关于对永旺梦乐城河北燕郊儿童主题商场涉嫌违法设置吸烟室和张贴吸烟室指示标识调查处理情况的函》可以证实。原告该项诉讼目的中涉梦乐城燕郊商场部分已经实现。关于原告主张的其他20家商场,现有证据尚不能证实存在环境侵权事实,也不能证实与三被告具有关联性,本院不予支持。商场吸烟标识设置是否合法,应由相关行政部门依法依规处理。

关于生态环境修复费用和服务功能损失的诉请。被告梦乐城三河公司在案涉商场违规设置吸烟室,客观上造成了烟草烟雾对空气质量及公众健康的危害、健康风险的提升,应依法承担侵权责任。二原告提交了内蒙古内化科技司法鉴定所司法鉴定意见书(编号:SFJD-2020-13-W),证明梦乐城燕郊商场自2016年11月5日开业至2020年11月20日,共向空气环境中排放烟草烟雾污染物1879.72kg,通过采用虚拟治理成本法计算,主张生态环境修复费用2,160,500元。该司法鉴定意见书系有资质的鉴定机构做出,采用虚拟治理成本法计算符合规定,本院予以采信。该鉴定的侵权时间为梦乐城燕郊商场自2016年11月5日开业至2020年11月20日,但案涉吸烟室已于2019年5月22日全部停止使用,故本院对原告所主张的2019年5月22日之后的生态环境修复费用部分不予支持。本案服务功能损失费用,因无法通过鉴定形式确定,原告虽无明确数额请求,但案涉商场吸烟室造成空气质量下降系事实,虽空气具有一定自净能力,但服务功能的损失亦客观存在。根据《环境民事公益诉讼司法解释》第二十三条的规定,生态环境修复费用难以确定,人民法院可以结合污染环境、破坏环境的范围和程度、生态环境的稀缺性、生态环境恢复的难易程度、防治污染设备的运行成本、被告因侵害行为所获得的利益及其过程程度等因素,并可以参考环境保护监督管理职责部门的意见、专家意见等,予以合理确定。结合本案实际,本院酌情确定梦乐城三河公司赔偿2016年11月5日至2019年5月22日因设置室内吸烟室所造成生态环境修复费用、服务功能损失费用共计1,400,000元。

关于赔礼道歉的诉请。梦乐城三河公司本应按照有利于节约资源、保护生态环境的原则从事民事活动，严格恪守公共场所室内禁烟的法律法规，被告梦乐城三河公司在案涉商场设置室内吸烟室的行为，侵害了公众的身体健康权、提高了公众健康风险，造成社会公众身体和精神上的损失。本案侵权行为地位于河北省，但梦乐城三河公司作为知名商业品牌使用者之一，在全国性媒体公开道歉更有利于警醒商家恪守法规并给公众以精神抚慰。故本院对二原告要求梦乐城三河公司在河北省和全国性媒体公开赔礼道歉的诉请予以支持。

关于二原告为此案而支出的律师费、鉴定费、差旅费以及为诉讼支出的其他费用。二原告所主张的律师费用明显高于当地律师服务收费指导标准，综合考虑本案案件性质、办理难度、交通距离、案件办理事项等，并结合二原告所提供票据，根据《环境民事公益诉讼司法解释》第二十二条的规定，本院酌情确定中国绿发会支出的律师费、鉴定费、差旅费等各项支出150,000元，新乡环志协支出的律师费、差旅费等各项支出45,000元。

综上所述，中国绿发会、新乡环志协的诉讼请求部分成立，予以支持。

法院判决：1.被告梦乐城三河公司于本判决生效之日起15日内，赔偿生态环境修复费用、服务功能损失费用人民币1,400,000元(支付至本院指定的生态环境损害赔偿金专门账户)。

2.被告梦乐城三河公司于本判决生效之日起15日内，在国家级媒体及河北省省级媒体上向社会公众道歉(内容需经本院审核)。逾期不履行，将在国家级媒体及河北省省级媒体上公布本判决书的主要内容，费用由被告梦乐城三河公司承担。

3.被告梦乐城三河公司于本判决生效之日起15日内，向原告中国绿发会支付律师费、鉴定费、差旅费等人民币150,000元，向新乡环志协支付律师费、差旅费等人民币45,000元。

4.驳回原告中国绿发会、新乡环志协的其他诉讼请求。

【实务要点评析】

本案是全国首例室内公共场所控烟环境公益诉讼案，也是首次在公益诉讼中同时体现环保和控烟诉求的案件。案涉以儿童为主题商场的公共环境利益，社会影响较大，公众关注度非常高。

一、针对室内公共场所设置吸烟室危害提起的公益诉讼,是消费者权益公益诉讼还是环境民事公益诉讼

原卫生部发布的《中国吸烟危害健康报告》,特别指出了对孕妇、儿童等特殊人群的危害。在室内环境中,无论是加装排风扇、空调还是其他装置,都无法避免非吸烟者吸入烟草烟雾及二手烟(环境烟草烟雾),即便是吸烟者与非吸烟者处于同一座建筑物的不同房间内,吸烟者产生的二手烟(环境烟草烟雾)依然可以通过通风管道等途径到达非吸烟者所处的房间。因此,设置吸烟室或吸烟楼层并不能使非吸烟者免受二手烟(环境烟草烟雾)暴露的危害。由于商场属于室内公共场所,在商场设置吸烟区会对不特定公众的健康造成危害,而不仅仅会危害消费者的健康,因此,针对室内公共场所设置吸烟室危害提起的公益诉讼是环境民事公益诉讼。

二、室内公共场所的环境是否属于《环境保护法》中环境的范畴而适用环境公益诉讼的相关规定

根据《环境保护法》第二条的规定,环境不仅包含影响人类生存和发展的各种自然因素,也包括人工改造的自然因素,二者是统一的总体。三被告公司在庭审中提出环境污染行为系指对于自然、生态环境的破坏行为,室内空气问题引发的侵权纠纷不属于环境污染纠纷。

室内公共场所相对封闭,往往通过排风换气、空调等设备进行空气调节,其室内的空气要素属于经人工改造后的自然要素,同时其空气质量影响的亦非单纯个体,而系不特定的社会公众,故公共场所室内空气符合《环境保护法》的环境的概念,属于《环境保护法》的调整范围。本案判决确认了公共场所室内空气环境属于"经过人工改造后的自然因素",是《环境保护法》规范的对象之一,这是本案在法律层面的重大突破。吸烟造成空气污染导致人体健康损害,成为环境侵权的规制内容,突破了以往"空气污染来源于工业排放"的传统认知。

案例 10 通过公益诉讼促使外卖平台治理一次性餐具污染

——重庆市绿色志愿者联合会诉上海拉扎斯信息科技有限公司、北京星选科技有限公司、北京三快科技有限公司环境民事公益诉讼系列案

【案例介绍】

案　号:北京市第四中级人民法院(2017)京04民初173号、174号

案件原告:重庆市绿色志愿者联合会

案件被告:上海拉扎斯信息科技有限公司、北京星选科技有限公司、北京三快科技有限公司

基本案情:因外卖订餐平台未向用户提供是否使用一次性餐具的选项,致使用户在直接点餐的情况下系统会默认为其配送一次性餐具,从而造成了巨大的资源浪费和极大的生态破坏。2017年8月,环保社会组织重庆绿色志愿者联合会将三家外卖订餐平台"百度外卖""饿了么""美团外卖"的主体公司北京星选科技有限公司、上海拉扎斯信息科技有限公司、北京三快科技有限公司诉至北京市第四中级人民法院,请求判令被告改变浪费资源、危害生态环境的经营模式,并判令被告对其已造成的生态环境损害进行修复或承担修复费用。法院受理后,因三个案件案由相同,遂决定合并审理。

原告诉请认为:被告自开始上线运营以来,其不当行为一直在持续当中,所造成的资源浪费惊人,对生态环境的损害严重,根据《环境保护法》《侵权责任法》《消费者权益保护法》等法律的相关规定,被告应对其造成的资源浪费、环境污染和生态破坏承担责任。作为中国知名企业,被告负有保护生态环境不受侵害的社会责任,由其出资建立相关环境保护基金以对将来产生的一次性餐具污染进行治理,一方面是对社会作出了贡献,利国利民;另一方面也能够极大地提高被告企业的商誉,增加其品牌的美誉度和影响力。

一审法院认为:在审理原告重庆市绿色志愿者联合会与被告上海拉扎斯信息科技有限公司(北京星选科技有限公司、北京三快科技有限公司)环境污染责任纠纷环境民事公益诉讼一案过程中,重庆市绿色志愿者联合会于2020年3月25日以上海拉扎斯信息科技有限公司(北京星选科技有限公司、北京三快科技

有限公司)在“饿了么”(“百度外卖”“美团外卖”)点餐平台界面上已经设置了“需要”或“不需要”一次性餐具选项,本案诉讼目的已达到,且上海拉扎斯信息科技有限公司(北京星选科技有限公司、北京三快科技有限公司)与第三方公益基金会在绿色环保公益事业方面将合作开展公益活动为由,向本院申请撤回起诉。

本院认为,根据《民事诉讼法》第一百四十五条第一款规定:“宣判前,原告申请撤诉的,是否准许,由人民法院裁定。”重庆市绿色志愿者联合会提起本案环境民事公益诉讼后,上海拉扎斯信息科技有限公司(北京星选科技有限公司、北京三快科技有限公司)及时完善其外卖平台的经营管理,使其外卖平台的日常经营更加符合保护生态环境的要求。现重庆市绿色志愿者联合会提出的撤回对上海拉扎斯信息科技有限公司(北京星选科技有限公司、北京三快科技有限公司)起诉的申请自愿、合法,且不损害社会公共利益与第三人合法权益,本院依法予以准许。

一审法院裁定:准许重庆市绿色志愿者联合会撤回起诉。

【实务要点评析】

1. 如何看待环境公益诉讼的环境教育意义

环境民事公益诉讼大多是针对污染行为人直接的环境污染、生态破坏行为而提起。本案并非针对污染行为人直接的环境污染行为,而是选择了大众日常消费的“订餐”环节切入。“美团外卖”在诉后启动了“青山计划”,鼓励用户参与“自备餐具”的活动,减少筷子、餐巾纸等一次性餐具的使用。由于本案三被告均是国内互联网的头部企业,均拥有海量的用户,且每天均在持续不断地产生海量订单,此次环境公益诉讼不仅能达到环境治理的实际效果,更重要的是向广大消费者倡导了节能环保、资源节约的健康生活理念,使环保与每一个人的日常生活发生链接,使绿色、环保的生活理念更加深入人心。

2. 环境公益诉讼是否可以撤回起诉

《民事诉讼法》第145条第1款规定:“宣判前,原告申请撤诉的,是否准许,由人民法院裁定。”《民诉法解释》第289条规定:“对公益诉讼案件,当事人可以和解,人民法院可以调解。当事人达成和解或者调解协议后,人民法院应当将和解或者调解协议进行公告。公告期间不得少于三十日。公告期满后,人民法院经审查,和解或者调解协议不违反社会公共利益的,应当出具调解书;和解或者调解协议违反社会公共利益的,不予出具调解书,继续对案件进行审理并依法作出裁判。”环保社会组织或检察机关提起环境公益诉讼,根本目的是督促环境侵权人履行治理污染、保护环境的义务。如诉讼目的提前实现,原告撤回起诉又不会损害社会公共利益,就没有继续诉讼的必要,法院可以准予撤回起诉。撤回起诉还可以节约诉讼资源,减少法院诉讼负担,实现保护公益的成本最小化。

案例11 特定主体在环境应急事件中所受损害在一定条件下可由“私益”转化为“公益”

——贵州省黔南布依族苗族自治州人民检察院诉兰某某、黔南大德通物流运输有限公司等环境民事公益诉讼案①

【案例介绍】

案　号:贵州省高级人民法院(2019)黔民终685号

公益诉讼起诉人:贵州省黔南布依族苗族自治州人民检察院

一审被告:兰某某、黔南大德通物流运输有限公司(以下简称大德通物流公司)、福泉市鑫隆化工有限公司(以下简称鑫隆化工公司)、中国人民财产保险股份有限公司平塘支公司(以下简称人保平塘公司)

基本案情:鑫隆化工公司将10.3吨浓度为98%的浓硫酸交由无运输硫酸资质的兰某某运输。兰某某驾驶登记在大德通物流公司名下(实际车主兰某某)的重型罐式运输车(以下简称涉案车辆)在运输途中发生侧翻,导致硫酸泄漏,造成耕地、林地及人饮工程设施受到污染。兰某某承担交通事故全部责任。经生态环境部华南环境科学研究所对污染事件损害鉴定评估、贵州千景土地科技有限公司就土地复垦进行评估,环境污染损失总计130.539万元。大德通物流公司为涉案车辆在人保平塘公司投保商业三者险和货物责任险,事故发生在保险期内。兰某某因本案以危险物品肇事罪被判处刑罚并执行完毕。

公益诉讼起诉人请求:1.判令兰某某、大德通物流公司、鑫隆化工公司承担

① 本案系贵州省高级人民法院发布的2019—2020年环境资源审判十大典型案例之一,黔南州首例检察机关提起的环境民事公益诉讼案。

因污染事故造成的经济损失103.249101万元;2.判令兰某某、大德通物流公司、鑫隆化工公司承担被污染的土地修复责任,如不修复,可由第三方修复,产生的修复费用由兰某某、大德通物流公司、鑫隆化工公司承担;3.判令人保平塘公司在其承保的保险限额范围内对上述费用承担理赔责任;4.判令兰某某、大德通物流公司、鑫隆化工公司承担本案评估鉴定费9.78万元及土地复垦设计报告编制费3万元。

兰某某辩称:1.对于本案的侵权事实无异议。但由于其车辆挂靠大德通物流公司,涉案《委托承运合同》得到了该公司的认可,并不存在私自行为。涉案车辆在广西南丹县公安局备案登记,有承运硫酸的相关资质。2.受污染良田经生态自然恢复,大部分已种上了庄稼,现已基本看不到受污染的痕迹。事故发生时,案涉车辆投保有商业三者险和货物责任险,且在保险期内,因此本案应先由保险公司予以赔偿。

大德通物流公司辩称:大德通物流公司与兰某某之间系挂靠关系,该公司已履行相应职责,本案事故系兰某某私自接活肇事,大德通物流公司对事故的发生没有过错,不应承担赔偿责任。

鑫隆化工公司辩称:1.州检察院关于责任主体资格认定违反相关规定。经核实,车主兰某某承担事故的全部责任,因此只能认定兰某某和被挂靠单位大德通物流公司承担责任,在鑫隆化工公司与污染侵权后果没有因果关系的情况下,认定货主鑫隆化工公司承担连带责任没有法律依据。2.鑫隆化工公司与兰某某所签《委托承运合同》是在大德通物流公司对兰某某授权下进行,合同有效。不存在兰某某私自揽货和鑫隆化工公司委托个人运输危险货物的行为。3.根据实测,事故造成的损害已自然恢复,因此主张的赔偿与事实不符。

人保平塘公司辩称:1.该公司不认可生态环境部华南环境科学研究所的评估报告,该鉴定与实际不相符,公信力不高。2.大德通物流公司在人保平塘公司投保道路危货承运保险,货物责任险不适用本案赔偿。3.大德通物流公司向人保平塘公司投保商业三者险是事实,但人保平塘公司只能按保险条款承担保险责任,超出的范围,应由侵权人承担,与保险公司无关。

一审法院认为:综合州检察院和各方当事人的诉辩请求及理由,本案争议的焦点主要有四个。一是本案污染造成损失如何认定;二是案涉车辆是否具有运输案涉产品的资质;三是大德通物流公司是否是《委托承运合同》的合同相对人;四是如何认定人保平塘公司的保险责任。

关于焦点一,本案发生后,生态环境部华南环境科学研究所和民太安财产保险公估股份有限公司均在受托后,分别作出《环境损害鉴定评估报告书》和《保险公估报告》,该两份报告书对损失的认定差距较大,如何采信,则成为本案各方争议的突出问题。本院认为,应以生态环境部华南环境科学研究所《环境损害鉴定评估报告书》认定的损失作为本案损失的依据。理由如下:首先,从环境损害鉴定评估资质上看,根据生态环境部相关文件,生态环境部华南环境科学研究所具有相应生态环境损害鉴定评估资质,其相关鉴定人员均具备相应资质,其作出环境污染损害鉴定评估适格;民太安财产保险公估股份有限公司未能提供相应的环境损害鉴定评估资质,因此该公司不具有案涉损害鉴定评估的主体资格。其次,从环境损害鉴定评估结果分析,经庭审质询,生态环境部华南环境科学研究所出庭鉴定人员对其所作鉴定意见均能合理说明理由;民太安财产保险公估股份有限公司认定的硫酸中和物与实际不符,认定的饮水工程修复费用亦与实际施工方案不符,故本院采信生态环境部华南环境科学研究所《环境损害鉴定评估报告书》认定的损失,并作为本案依据。对于贵州千景土地科技有限公司编制的《岚关乡章阁村土地复垦项目设计报告》中案涉土地复垦作出了设计后,复垦需花费14.51万元,兰某某等当事人虽持异议,主张已自然恢复而无须修复,但均未能提供充分的反驳证据,故对该辩解理由,本院不予支持。故本院认定本案造成的经济损失:1.应急处置费93.804863万元;2.财产损害0.231401万元;3.生态环境损害9.212837万元;4.土地复垦费14.51万元;5.鉴定费和设计费凭票为9.78万元和3万元,共计130.539101万元。

关于焦点二,本院认为,事发时,案涉贵J×××××重型罐式运输车没有运输硫酸的资质。理由如下:根据在案证据,该车在黔南州道路运输管理局于2016年4月26日核发的道路运输证的经营范围为:经营性道路危险货物运输[8类],有效期至2017年1月5日;于2017年3月3日核发的道路运输证上载明的经营范围为:经营性道路危险货物运输[已烷],有效期至2018年1月4日。本案发生事故为2017年2月24日,此时其经营范围为经营性道路危险货物运输[已烷],并无硫酸的运输资质,故其事发时并不具备运输硫酸的合法资质条件。

关于焦点三,本院认为,大德通物流公司是《委托承运合同》的合同相对人。

理由如下：兰某某将其贵J×××××号车辆挂靠在大德通物流公司名下进行货物运输营运的事实，州检察院及各方当事人并无异议，大德通物流公司在诉讼中也表示认可。基于此，在大德通物流公司的委托下，由贵J×××××号车辆到鑫隆化工公司执行货物承运任务，其委托明确了执行承运任务的具体车辆，因此在前述授权委托的前提下，兰某某在受托当日即以其本人名义与鑫隆化工公司签订《委托承运合同》，根据《合同法》第四百零二条规定，受托人以自己的名义，在委托人的授权范围内与第三人订立的合同，第三人在订立合同时知道受托人与委托人之间的代理关系的，该合同直接约束委托人和第三人。因此兰某某的行为应属于履行委托代理义务的行为，故《委托承运合同》的当事人是鑫隆化工公司和大德通物流公司。

关于焦点四，根据投保人大德通物流公司与人保平塘公司签订的《道路危险货物承运人责任保险保险单》，案涉贵J×××××重型罐式运输车投保了第三者责任保险，其中第三者人身伤亡和财产损失累计责任限额100万元，每次事故免赔额0.1万元；除污费用累计责任限额20万元，每次事故免赔额0.5万元。故本院认定第三者责任保险限额为120万元，扣除免赔额后，第三者责任保险限额为119.4万元。根据上述保险单，在危险货物信息上，并未填写危险货物品名，表明双方对货物类型并未具体约定。人保平塘公司以《中国人民财产保险股份有限公司道路危险货物承运人责任保险条款》主张责任免除，根据《保险法》第十七条第二款的规定，对保险合同中免除保险人责任的条款，保险人在订立合同时应当在投保单、保险单或者其他保险凭证上作出足以引起投保人注意的提示，并对该条款的内容以书面或者口头形式向投保人作出明确说明；未作提示或者明确说明的，该条款不产生效力。本案中，人保平塘公司并未举证证明其已尽说明义务，故对其该项主张，本院不予支持。人保平塘公司还主张其仅应在公估报告的财产损失30余万元和20万元除污费范围内承担理赔责任，但其主张与本院认定的财产损失的额度不符，故对该主张，本院亦不予支持。

本案因交通事故造成硫酸污染事故并导致环境污染，根据《侵权责任法》第六十五条规定，污染者应当承担侵权损害赔偿责任。又根据最高人民法院《关于审理道路交通事故损害赔偿案件适用法律若干问题的解释》第十六条第一款规定，同时投保交强险和商业三者险的机动车发生交通事故造成损害，当事人同时起诉侵权人和保险公司的，人民法院应当按照下列规则确定赔偿责任：(1)先由承保交强险的保险公司在责任限额范围内予以赔偿；(2)不足部分，由承保商业三者险的保险公司根据保险合同予以赔偿；(3)仍有不足的，依照《道路交通安全法》和《侵权责任法》的相关规定由侵权人予以赔偿。故本案应依此规定进行理赔。根据《保险法》第六十五条规定，人保平塘公司承保车辆的相应险种，事故发生时尚在保险期内，其理应承担相应理赔责任。如前所述，本案交通事故造成各项经济损失为130.539101万元，其中财产损失为117.759101万元，鉴定费和设计费为12.78万元。第三者责任保险限额扣除免赔额后为119.4万元，故该117.759101万元理应由人保平塘公司予以理赔。对于保险理赔后不足部分的鉴定费和设计费12.78万元，由于兰某某造成交通事故被认定全责，其理应承担赔偿责任，结合其在事故中承担的责任和与鑫隆化工公司签订协议后履约的情况，综合本案，本院认定其承担80%的赔偿责任，为12.78万元×0.8＝10.224万元。大德通物流公司作为挂靠单位，对兰某某应承担的赔偿责任承担连带责任；鑫隆化工公司虽依约定发货交与运输，但其作为法人单位，理应对承运车辆的资质进行审核，但在事发时，承运车辆的资质已发生变化的情况下仍将危险货物交运，其具有一定过错，也应承担相应赔偿责任，本院认定其承担20%的赔偿责任，为12.78万元×0.2＝2.556万元。

由于污染事件发生后，事发地的瓮安县××乡人民政府组织对事件进行抢险，其中的应急处置费、财产损害损失、生态环境损害损失、鉴定费和土地复垦设计费均由该乡人民政府出资。参照《环境民事公益诉讼司法解释》第十九条第二款的规定，该损失理应予以支持，直接由该乡人民政府收取；对于土地复垦的生态修复问题，岚关乡人民政府书面向州检察院和本院分别出函，表示侵权责任人承担赔偿费用后，由其严格按照《岚关乡章阁村土地复垦项目设计报告》的设计方案履行组织第三方进行修复的义务。考虑到各被告的修复意愿和修复能力，综合本案实际，故本院认定土地复垦费14.51万元由该乡人民政府收取，并专项用于被污染耕地的生态修复，由本院会同公益诉讼起诉人对该修复工作进行监督。

一审法院判决：1. 人保平塘公司于本判决生效之日起10日内在第三者责任保险限额范围内承担环境污染赔偿款项1,177,591.01元；

2. 兰某某于本判决生效之日起10日内承担环境污染赔偿责任102,240.00

元,大德通物流公司承担连带责任;

3. 鑫隆化工公司于本判决生效之日起10日内承担环境污染赔偿责任25,560.00元。

人保平塘公司上诉称:1. 撤销贵州省黔南州中级人民法院(2018)黔27民初144号民事判决,依法改判上诉人仅在19.631401万元范围内承担赔偿责任;2. 本案的一审、二审诉讼费用由被上诉人承担。事实及理由:(1)一审法院采信生态环境部华南环境科学研究所《环境损害鉴定评估报告书》依据是其具备资质的理由违法。国务院已经连续5年下发取消行政许可和非许可事项清单,大幅削减资格资质类审批。从贵州省网上办事大厅查询的行政许可事项清单也无关于环境污染损害鉴定评估资质和资格类许可。因此,在无环境损害鉴定评估机构资质和人员资格审批的情况下,此类资格作为认定是否具有主体资格的依据无法律和政策依据。鉴于一审中检察机关提供的《环境损害鉴定评估报告书》与保险人提供的《保险公估报告》关于损害认定出入较大,上诉人申请对损失重新进行鉴定,受污染已恢复的部分以实际支出为准。(2)一审法院认定道路危险货物承运人责任保险的免责条款因保险人未尽到说明义务而无效,属于事实认定错误。根据《道路危险货物承运人责任保险保险单》第十七条的规定,案涉交通事故因环境污染危害间接受到损害的第三人的人身伤亡和财产损失不属于上诉人的赔偿范围。在保险条款中,所有责任免除的内容,上诉人均用黑色字体标出,因此,一审法院认定的未提示或未明确说明,该条款不产生效力的说法,与事实不符。(3)上诉人在案涉交通事故中仅在19.631401万元范围内承担赔偿责任,其他损失系间接损失保险公司不承担保险责任。(1)上诉人在案涉交通事故中承担赔偿财产损失责任仅为0.131401万元。一审法院根据《环境损害鉴定评估报告书》认定案涉交通事故的财产损害仅为0.231401万元,扣除每次事故免赔额0.1万元后,上诉人在案涉交通事故中承担赔偿财产损失责任仅为0.131401万元。(2)上诉人在19.5万元范围内承担除污费。上诉人与被上诉人大德通物流公司签订的《道路危险货物承运人责任保险保险单(抄件)》中约定的除污费用累计责任限额20万元,每次事故免赔额为0.5万元,扣除每次事故免赔额0.5万元后,上诉人在19.5万元范围内承担因除污产生的费用。

黔南州人民检察院答辩称:1. 一审法院采信生态环境部华南环境科学研究所《环境损害鉴定评估报告书》作为本案损失认定依据正确。本案涉案"损失"

证据主要是起诉人黔南州人民检察院举证的损害鉴定评估和上诉人人保平塘公司举证的保险公估报告。上诉人举证的保险公估报告系民太安财产保险公估股份有限公司编写,该公司业务范围为对保险标的出险后的查勘、检验理算等,不具备环境损害鉴定的资质。起诉人举证的损害鉴定评估比上诉人举证的公估报告内容更为全面、更为客观、更为完整。从两份报告损害评估依据看,起诉人举证的损害鉴定评估损害金额是从应急处置费用、人身损害、财产损害、生态环境损害四个方面进行损失评估,量化的损害有明确的技术标准和技术规范,具有客观性、科学性,也得到了瓮安县人民法院(2018)黔2725刑初字第55号生效刑事判决所确认。上诉人举证公估报告中的损害无明确的标准依据和技术规范,相较而言,缺乏客观性、科学性。黔南州中级人民法院采信该鉴定评估作为损失的主要依据合法合规,上诉人认为法院采信该证据违法、要求重新鉴定理由不能成立。2. 一审法院认定道路危险货物承运人责任保险的免责条款因上诉人未尽到说明义务而无效正确,不存在事实认定错误问题。上诉人举证的《道路危险货物承运人责任保险保险单》属于格式合同。《保险法》第十七条规定:订立保险合同,采用保险人提供的格式条款的,保险人向投保人提供的投保单应当附格式条款,保险人应当向投保人说明合同的内容。对保险合同中免除保险人责任的条款,保险人在订立合同时应当在投保单、保险单或者其他保险凭证上作出足以引起投保人注意的提示,并对该条款的内容以书面或者口头形式向投保人作出明确说明;未作提示或者明确说明的,该条款不产生效力。最高人民法院《关于适用〈中华人民共和国保险法〉若干问题的解释(二)》第十三条第一款规定,保险人对其履行了明确说明义务负举证责任。本案中,上诉人并未举证证明其已尽到说明或提示义务,故不能免除保险公司的责任。3. 上诉人认为涉案交通事故因产生环境污染对第三人造成的财产损失系间接损失,不属于直接损失因而不属于保险责任赔偿范围的抗辩主张,没有事实和法律依据。根据2014年12月31日环境保护部下发的《突发环境事件应急处置阶段环境损害评估推荐方法》规定,直接经济损失指与突发环境事件有直接因果关系的损害,为人身损害、财产损害、应急处置费用以及处置阶段可以确定的其他直接经济损失的总和。应急处置费用是指突发环境事件应急处置期间,为减轻或消除对公众健康、公私财产和生态环境造成的危害,各级政府与相关单位针对可能或已经发生的突发环境事件而采取的行动和措施所发生的费用。本案硫酸污染事故发生后,政府为防止损害的扩大,采取一系列应急处置措施而产生相关损失,该损失与保险公司承保的本案事故车辆发生硫酸泄漏事故具有直接的因果关系,该损失属于直接损失;保险公司称本案损失属于间接损失不赔,没有事实和法律依据。4. 上诉人认为其在涉案交通事故中仅在 19.631401 万元范围内承担责任的抗辩主张,没有事实和法律依据。首先,上诉人举证的公估报告建议赔付 54.06445 万元,现上诉人又主张在 19.631401 万元范围内承担责任,存在前后主张矛盾。其次,本案涉案车辆在上诉人公司投保了第三者责任保险,其中,第三者人身伤亡与财产损失责任限额为 100 万元,每次事故免赔额为 0.1 万元,除污费用累计责任限额 20 万元,每次事故免赔额为 0.5 万元。因此,第三者责任保险限额为 120 万元,扣除免赔额后,第三者责任保险限额为 119.4 万元,上诉人应在该范围内承担赔偿责任。最后,上诉人主张其仅在 19.631401 万元范围承担赔偿责任主要理由是认为起诉人举证的鉴定评估中财产损害仅为 0.231401 万元,其余为间接损失和发生污染后产生的除污费。如前所述,按照《突发环境事件应急处置阶段环境损害评估推荐方法》的规定,直接经济损失指与突发环境事件有直接因果关系的损害,为人身损害、财产损害、应急处置费用以及处置阶段可以确定的其他直接经济损失的总和。本案事故所造成的损失均为直接损失,故上诉人的该理由不能成立。综上所述,一审判决证据采信合法、认定事实清楚、适用法律正确,上诉人的上诉理由不能成立,故请求驳回上诉人的上诉请求。

二审法院认为:本院认为,本案二审争议焦点为:1. 环境污染损害如何认定?2. 上诉人的保险责任如何认定?

本院认为,本案系运输途中的危险货物浓硫酸因承运车辆侧翻导致浓硫酸大量泄漏而产生的环境污染责任纠纷。危险货物具有高度的危险性,我国相关法律、法规、规章对此有严格全面的监督管理规定。关于道路危险货物运输管理,《道路运输条例》《道路危险货物运输管理规定》等均有明确规定,承运人负有安全运输的法定义务。从审理查明的事实看,本案危险货物承运人未尽到安全运输法定义务,导致车辆侧翻的交通事故责任完全在于承运方,因此产生的环境污染损害并不存在不承担责任或者减轻责任的法定情形,相关责任人应依法承担相应的环境污染损害责任。检察机关就此环境污染损害提起环境民事公益诉讼,于法有据。

1. 关于本案环境污染损害如何认定问题。环境污染损害范围除传统的人身损害、财产损害外，还包括对生态环境本身的损害。生态环境污染损害后果的确认，涉及对生态环境化学、物理性状损害，以及土壤、植被、地表水、地下水等环境要素及其生态系统等损害的综合评估鉴定，涉及众多门类的科学技术，具有高度的科学性和专业性。且环境损害鉴定评估系一项事关人民群众的人身财产安全和生态环境安全保护的专项工作，有别于普通的损害鉴定评估，从事环境损害鉴定评估必须具备相应的资质条件。关于环境损害鉴定评估，中共中央办公厅、国务院办公厅先后于 2015 年 12 月、2017 年 12 月印发《试点方案》《改革方案》，明确要求规范生态环境损害鉴定评估，要求为诉讼提供鉴定意见的鉴定评估机构应当遵守司法行政机关等的相关规定，并明确环境保护部（现生态环境部）会同相关部门负责指导有关生态环境损害调查、鉴定评估、修复方案编制、修复效果后评估等业务工作，司法部负责指导有关生态环境损害司法鉴定管理工作。根据司法部、原环境保护部 2016 年联合制定印发的《环境损害司法鉴定机构登记评审办法》，司法部、生态环境部于 2018 年联合制定印发的《环境损害司法鉴定机构登记评审细则》规定，环境损害司法鉴定机构及其鉴定人员需通过严格的评审认定具备相关资质条件才能从事环境损害鉴定评估专项工作。一审法院结合相关规定和本案实际，依法采信公益诉讼起诉人提供的由环境保护部推荐的第三方专门机构编制的《环境损害鉴定评估报告书》等证据认定本案损失，而未采信上诉人提供的由不具有环境损害专项评估资质条件的第三方机构编制的《保险公估报告》，对此在一审判决中已从各方面充分进行了阐述，证据的分析认定符合相关规定，有利于环境公共利益的充分保护，并无不当。本院二审对此不再赘述。上诉人认为环境损害鉴定不受特定资质条件的限制，一审法院不应采信上述《环境损害鉴定评估报告书》而应重新鉴定评估的上诉理由，于法无据，不能成立。一审法院综合全案证据，认定本案环境污染造成的经济损失为：(1)应急处置费93.804863万元，(2)财产损害 0.231401 万元，(3)生态环境损害 9.212837 万元，(4)土地复垦费 14.51 万元，(5)鉴定费和设计费为 9.78 万元和 3 万元，共计 130.539101 万元，该损害认定事实清楚。

2. 关于上诉人的保险责任如何认定问题。根据《道路运输条例》第三十五条关于危险货物运输经营者应当投保危险货物承运人责任险的规定，危险货物承运人责任险系法定强制保险，与一般商业保险不同。经查，大德通物流公司在事前已经依法向上诉人投保了“危险货物承运人责任险”，上诉人为此向投保人出具了危险货物承运人责任险保险单，但未一并出具应随附的保险条款。保险单上“危险货物品名”栏未明确和限定具体的危险货物品名。保险单载明上诉人所承保的第三者责任保险中，第三者人身伤亡与财产损失责任限额为100万元(其中人身伤亡责任限额40万元/人)，每次事故免赔额0.1万元；除污费用责任限额20万元，每次事故免赔额0.5万元。据此可见，其承保的危险货物承运人第三者责任险总额即120万元，扣除0.6万元的免赔额后，其实际应承担保险责任限额为119.4万元。本案一审认定的130.539101万元损失中，财产损失为117.759101万元，鉴定费和设计费为12.78万元。该117.759101万元财产损失属于保险责任范围，依法应由上诉人予以理赔。一审法院据此判决上诉人承担相应的保险责任并无不当。

上诉人认为仅对承保的20万元限额内的除污费及鉴定评估的财产损害0.231401万元，在扣除0.6万元的免赔额度后承担19.631401万元的赔偿责任，其他损失系间接损失而不应属于保险责任范围的上诉理由不能成立。首先，本案突发环境污染事故属于危险货物承运人责任险承保的保险事故，一审法院判决上诉人予以赔偿的117.759101万元环境污染损失，均系该保险事故直接导致的损失，两者之间具有直接的因果关系，故属于直接损失而非间接损失。对此，环境保护部下发的《突发环境事件应急处置阶段环境损害评估推荐方法》明确规定，直接经济损失指与突发环境事件有直接因果关系的损害，为人身损害、财产损害、应急处置费用以及处置阶段可以确定的其他直接经济损失的总和。上诉人关于间接损失的主张，没有事实依据和法律依据，不能成立。故上诉人所主张的关于间接损失不承担赔偿责任的免责条款不适用于本案直接损失情形。其次，上诉人主张环境污染造成的间接损害不承担保险赔偿责任，依据是其单方提供的保险条款的有关免责约定，但该保险条款并未提供给投保人，况且即便已提供给投保人，但上诉人就该间接损失免责条款的有关概念、内容及其法律后果，未能提供证据加以证明其已充分尽到明确说明的法定义务，根据《保险法》第十七条，最高人民法院《关于适用〈中华人民共和国保险法〉若干问题的解释(二)》第十一条、第十三条第一款的规定，该免责条款对投保人显然不产生效力。上诉人认为其已尽到说明义务的主张，与查明的事实不符。最后，保险单载明除污费责任限额20万元，并不当然意味着仅在该限额内对环境损害产生的除污费承担保险责任,而对因环境损害产生的其他应急处置损失、环境修复损失等不承担保险责任。除污费外的其他环境损害,均属于本案环境污染造成的第三者直接财产损失,并未超出上诉人所承保的120万元第三者责任保险限额,故上诉人依法应一并承担保险责任。此外,上诉人二审认为保险单中存在40万元的人身伤亡责任限额,故财产损害责任限额实际为60万元。经查,保险单上载明"第三者人身伤亡与财产损失"责任限额为100万元,而不是财产损害60万元、人身损害40万元分列,可见该保险单对财产损失并未作分项限额限制。因本案不存在人身伤亡,故不存在需扣除人身损害责任限额的问题,除非上诉人就该主张在承保时已向投保人进行了充分说明,但上诉人未能提供财产损害责任限额仅为60万元的证据加以证明。为充分保护受损公共利益及其他第三者的合法权益,对相关保险文本的解释,依法应作出有利于受损公共利益及其他第三者的解释。

本案值得进一步讨论的问题,是本案《环境污染损害鉴定评估报告书》中所认定的村民损害(土地生产资料价值损害及其附着物损害),是否属于公益诉讼范围。根据《民诉法解释》第二百八十八条、《环境民事公益诉讼司法解释》第二十九条、《若干规定》第二条规定的精神,本案村民因同一环境污染所受到的自身财产损害不属于公共利益范围,原则上应按《民事诉讼法》第一百一十九条的规定另行提起私益诉讼,依法适用《侵权责任法》的相关规定予以保护。但本案基于突发环境污染事故的应急处理和后续环境修复治理需要,为取得受损村民的充分理解和支持,当地政府对村民所受损害一并处置,各方当事人及受损村民对本案突发环境污染事故发生后当地政府负责统一出资处置并负责受损土地后续修复治理均不持异议,故此村民所受损害已经转化为公共开支应视为应急处置费用。据此,检察机关将此列入公益诉讼范围,一审法院判决予以支持,这有利于突发环境污染事故的及时处置和环境公共利益的充分保护,并无不当,本院予以确认。

二审法院判决:驳回上诉,维持原判。

【实务要点评析】

本案系贵州省高级人民法院发布的2019—2020年环境资源审判十大典型案例之一,黔南州首例检察机关提起的环境民事公益诉讼案。本案系因交通事故造成硫酸污染的环境应急事件而提起诉讼的环境民事公益诉讼案件。本案涉案车辆已经投保,保险公司承担了大部分赔偿责任。在现代社会中,生态环境一旦受到损害,往往须花费巨额费用进行修复治理。社会个体的负担能力有限,保险作为分散风险的杠杆,在社会生产和生活中起到"稳定器"的作用。本案通过保险公司合理承担赔偿责任,使得环境损害得到及时和足额的赔偿,有利于生态环境修复,以保障环境公共利益。本案的审理,有利于引导环境高风险企业积极运用保险制度规避生产经营中的环境风险。①

一、因交通事故造成环境污染事故而提起的环境公益诉讼案中,对环境损害的认定,是以具有环境损害鉴定资质单位作出的"环境损害鉴定评估报告"为准,还是以保险公司作出的"保险公估报告"为准

环境污染损害范围除传统的人身损害、财产损害外,还包括对生态环境本身的损害。生态环境污染损害后果的确认,涉及对生态环境化学、物理性状损害,以及土壤、植被、地表水、地下水等环境要素及其生态系统等损害的综合评估鉴定,涉及众多门类的科学技术,具有高度的科学性和专业性。且环境损害鉴定评估事关社会公众的人身健康及财产安全和生态环境安全,有别于普通的损害鉴定评估,须具备相应的资质条件。中共中央办公厅、国务院办公厅先后于2015年12月、2017年12月印发《试点方案》《改革方案》,明确规定为诉讼提供鉴定意见的鉴定评估机构应当遵守司法行政机关等的相关规定。根据司法部、原环境保护部于2016年联合制定印发的《环境损害司法鉴定机构登记评审办法》,司法部、生态环境部于2018年联合制定印发的《环境损害司法鉴定机构登记评审细则》规定,环境损害司法鉴定机构及其鉴定人员须通过严格的评审认定具备相关资质条件。

在交通事故造成环境污染事故而提起的环境公益诉讼案中,保险公司通常会委托保险公估机构对事故损失进行评估并出具《保险公估报告》,但因保险公估机构不具备环境损害鉴定资质,其出具的《保险公估报告》不应作为认定环境损害的依据,应以具备环境损害鉴定资质的鉴定机构作出的《环境损害鉴定评估报告书》认定的损失作为认定环境损害的依据。

① 刘长宏、赵正来:《环境公益诉讼与环境责任保险协同发展探析》,载《金融纵横》2019年第3期。

二、环境污染损害鉴定机构认定的环境污染损失是间接损失还是直接损失

环境污染损害鉴定机构认定环境污染造成的损失通常包括应急处置费、财产损害、生态环境损害、土地复垦费、鉴定费和设计费，该等费用与事故有直接的因果关系，均系事故导致的直接损失而非间接损失，对前述损失，侵权行为人均应根据责任比例承担赔偿。原环境保护部（现生态环境部）下发的《突发环境事件应急处置阶段环境损害评估推荐方法》亦明确规定，直接经济损失指与突发环境事件有直接因果关系的损害，为人身损害、财产损害、应急处置费用以及处置阶段可以确定的其他直接经济损失的总和。

三、车辆所有人与挂靠单位对事故赔偿是否应承担连带责任

在挂靠情形下，被挂靠单位是否承担赔偿责任，因被挂靠单位在挂靠关系中所处地位的不同而区别对待：1. 被挂靠单位与肇事者共同承担赔偿责任。这是指普遍意义上的挂靠行为，即被挂靠单位一般会收取管理费，让渡其名称使用权，这种收取管理费的行为应视为对机动车运行利益的分配。根据民事主体的权利义务相对等的原则，被挂靠单位应对挂靠车辆发生的交通事故承担损害赔偿责任。2. 被挂靠单位不承担赔偿责任。这一般发生于义务挂靠的情形中。所谓义务挂靠，是指被挂靠单位未收取管理费或未取得与运输相关的经济利益，仅仅是地方政府基于管理的需要要求挂靠。被挂靠单位在这种情况下，既不是肇事车辆的所有者，也不是肇事车辆的受益者。因它无法对挂靠车辆行驶正常管理权和支配权，挂靠车辆的使用权、受益权和处分权都由挂靠人独立行使，此种情形下被挂靠单位只是机动车（肇事车）的"名义主体"，因而不能追究被挂靠单位的赔偿责任。本案中，车辆的被挂靠单位向车辆所有人收取了管理费，与车辆所有人有直接的利益关系，其应对车辆的安全行驶负有监管责任，车辆在行驶过程中如发生交通事故导致第三人人身及财产损失，被挂靠单位与车辆所有人应就损失承担连带赔偿责任。

四、危险货物所有人对运输单位选任不当应承担何种责任

由于危险货物所有人知悉其货物本身具有的危险性，应承担较普通货物更多的合同义务和法律义务。危险货物所有人明知危险货物运输单位应具备特殊资质，在委托运输时应对运输单位的资质进行审查，如因其疏忽大意对不具备资质的运输单位未予审查或虽审查但审查不严，承运车辆在运输过程中发生事故的，则危险货物所有人具有选任过错，其应就事故损失承担与其过错程度对应的赔偿责任。

五、因交通事故造成环境污染事故而提起的环境民事公益诉讼中，村民或其他第三方所受损害属于私益还是公益，其转化为公益的条件是什么

根据《民诉法解释》第288条、《环境民事公益诉讼司法解释》第29条、《若干规定》第2条规定精神，村民的土地生产资料及其附着物等特有财产因交通事故造成环境污染所受到的财产损害属于私益范畴，不属于公共利益范围，原则上应按《民事诉讼法》第119条的规定另行提起私益诉讼，依法适用《侵权责任法》的相关规定予以保护。

基于突发环境污染事故的应急处理和后续环境修复治理需要，为取得受损村民的充分理解和支持，同时减少诉累、节约司法资源，在当地政府同意对村民所受损害一并处置，且各方当事人及受损村民对事故发生后当地政府负责统一出资处置并负责受损土地后续修复治理均不持异议的情况下，村民所受损害已经转化为公共开支，可视为应急处置费，其性质亦转化为公共利益，此时，可将村民所受损害纳入公益诉讼范围一并处理。

六、因交通事故造成环境污染事故而提起的环境公益诉讼案中，环境侵权人、保险公司的赔偿责任如何划分

因交通事故造成环境污染事故而提起的环境公益诉讼案中，根据《民法典》第1229条的规定，因污染环境、破坏生态造成他人损害的，侵权人应当承担侵权责任。另根据最高人民法院《关于审理道路交通事故损害赔偿案件适用法律若干问题的解释》第16条第1款规定，同时投保交强险和商业三者险的机动车发生交通事故造成损害，当事人同时起诉侵权人和保险公司的，人民法院应当按照下列规则确定赔偿责任：(1)先由承保交强险的保险公司在责任限额范围内予以赔偿；(2)不足部分，由承保商业三者险的保险公司根据保险合同予以赔偿；(3)仍有不足的，依照《道路交通安全法》和《侵权责任法》的相关规定由侵权人予以赔偿。

第三编　相关法律法规

一、《中华人民共和国民法典》(2020 年 5 月公布)节选

第一千二百三十二条　侵权人违反法律规定故意污染环境、破坏生态造成严重后果的,被侵权人有权请求相应的惩罚性赔偿。

第一千二百三十三条　因第三人的过错污染环境、破坏生态的,被侵权人可以向侵权人请求赔偿,也可以向第三人请求赔偿。侵权人赔偿后,有权向第三人追偿。

第一千二百三十四条　违反国家规定造成生态环境损害,生态环境能够修复的,国家规定的机关或者法律规定的组织有权请求侵权人在合理期限内承担修复责任。侵权人在期限内未修复的,国家规定的机关或者法律规定的组织可以自行或者委托他人进行修复,所需费用由侵权人负担。

第一千二百三十五条　违反国家规定造成生态环境损害的,国家规定的机关或者法律规定的组织有权请求侵权人赔偿下列损失和费用:

(一)生态环境受到损害至修复完成期间服务功能丧失导致的损失;

(二)生态环境功能永久性损害造成的损失;

(三)生态环境损害调查、鉴定评估等费用;

(四)清除污染、修复生态环境费用;

(五)防止损害的发生和扩大所支出的合理费用。

二、《中华人民共和国环境保护法》(2014 年修订)节选

第五十八条　对污染环境、破坏生态,损害社会公共利益的行为,符合下列条件的社会组织可以向人民法院提起诉讼:

(一)依法在设区的市级以上人民政府民政部门登记;

(二)专门从事环境保护公益活动连续五年以上且无违法记录。

符合前款规定的社会组织向人民法院提起诉讼,人民法院应当依法受理。

提起诉讼的社会组织不得通过诉讼牟取经济利益。

三、《中华人民共和国海洋环境保护法》(2017 年修正)节选

第八十九条　造成海洋环境污染损害的责任者,应当排除危害,并赔偿损失;完全由于第三者的故意或者过失,造成海洋环境污染损害的,由第三者排除

危害,并承担赔偿责任。

对破坏海洋生态、海洋水产资源、海洋保护区,给国家造成重大损失的,由依照本法规定行使海洋环境监督管理权的部门代表国家对责任者提出损害赔偿要求。

四、《中华人民共和国森林法》(2019 年修订)节选

第六十八条 破坏森林资源造成生态环境损害的,县级以上人民政府自然资源主管部门、林业主管部门可以依法向人民法院提起诉讼,对侵权人提出损害赔偿要求。

五、《中华人民共和国固体废物污染环境防治法》(2020 年修订)节选

第一百二十一条 固体废物污染环境、破坏生态,损害国家利益、社会公共利益的,有关机关和组织可以依照《中华人民共和国环境保护法》、《中华人民共和国民事诉讼法》、《中华人民共和国行政诉讼法》等法律的规定向人民法院提起诉讼。

第一百二十二条 固体废物污染环境、破坏生态给国家造成重大损失的,由设区的市级以上地方人民政府或者其指定的部门、机构组织与造成环境污染和生态破坏的单位和其他生产经营者进行磋商,要求其承担损害赔偿责任;磋商未达成一致的,可以向人民法院提起诉讼。

对于执法过程中查获的无法确定责任人或者无法退运的固体废物,由所在地县级以上地方人民政府组织处理。

六、《中华人民共和国民事诉讼法》(2017 年修正)节选

第五十五条 对污染环境、侵害众多消费者合法权益等损害社会公共利益的行为,法律规定的机关和有关组织可以向人民法院提起诉讼。

人民检察院在履行职责中发现破坏生态环境和资源保护、食品药品安全领域侵害众多消费者合法权益等损害社会公共利益的行为,在没有前款规定的机关和组织或者前款规定的机关和组织不提起诉讼的情况下,可以向人民法院提起诉讼。前款规定的机关或者组织提起诉讼的,人民检察院可以支持起诉。

七、《中华人民共和国行政诉讼法》(2017年修正)节选

人民检察院在履行职责中发现生态环境和资源保护、食品药品安全、国有财产保护、国有土地使用权出让等领域负有监督管理职责的行政机关违法行使职权或者不作为,致使国家利益或者社会公共利益受到侵害的,应当向行政机关提出检察建议,督促其依法履行职责。行政机关不依法履行职责的,人民检察院依法向人民法院提起诉讼。

八、《最高人民法院关于审理环境民事公益诉讼案件适用法律若干问题的解释》(2020年修正)

为正确审理环境民事公益诉讼案件,根据《中华人民共和国民法典》《中华人民共和国环境保护法》《中华人民共和国民事诉讼法》等法律的规定,结合审判实践,制定本解释。

第一条 法律规定的机关和有关组织依据民事诉讼法第五十五条、环境保护法第五十八条等法律的规定,对已经损害社会公共利益或者具有损害社会公共利益重大风险的污染环境、破坏生态的行为提起诉讼,符合民事诉讼法第一百一十九条第二项、第三项、第四项规定的,人民法院应予受理。

第二条 依照法律、法规的规定,在设区的市级以上人民政府民政部门登记的社会团体、基金会以及社会服务机构等,可以认定为环境保护法第五十八条规定的社会组织。

第三条 设区的市,自治州、盟、地区,不设区的地级市,直辖市的区以上人民政府民政部门,可以认定为环境保护法第五十八条规定的"设区的市级以上人民政府民政部门"。

第四条 社会组织章程确定的宗旨和主要业务范围是维护社会公共利益,且从事环境保护公益活动的,可以认定为环境保护法第五十八条规定的"专门从事环境保护公益活动"。

社会组织提起的诉讼所涉及的社会公共利益,应与其宗旨和业务范围具有关联性。

第五条 社会组织在提起诉讼前五年内未因从事业务活动违反法律、法规的规定受过行政、刑事处罚的,可以认定为环境保护法第五十八条规定的"无违

法记录”。

第六条 第一审环境民事公益诉讼案件由污染环境、破坏生态行为发生地、损害结果地或者被告住所地的中级以上人民法院管辖。

中级人民法院认为确有必要的，可以在报请高级人民法院批准后，裁定将本院管辖的第一审环境民事公益诉讼案件交由基层人民法院审理。

同一原告或者不同原告对同一污染环境、破坏生态行为分别向两个以上有管辖权的人民法院提起环境民事公益诉讼的，由最先立案的人民法院管辖，必要时由共同上级人民法院指定管辖。

第七条 经最高人民法院批准，高级人民法院可以根据本辖区环境和生态保护的实际情况，在辖区内确定部分中级人民法院受理第一审环境民事公益诉讼案件。

中级人民法院管辖环境民事公益诉讼案件的区域由高级人民法院确定。

第八条 提起环境民事公益诉讼应当提交下列材料：

（一）符合民事诉讼法第一百二十一条规定的起诉状，并按照被告人数提出副本；

（二）被告的行为已经损害社会公共利益或者具有损害社会公共利益重大风险的初步证明材料；

（三）社会组织提起诉讼的，应当提交社会组织登记证书、章程、起诉前连续五年的年度工作报告书或者年检报告书，以及由其法定代表人或者负责人签字并加盖公章的无违法记录的声明。

第九条 人民法院认为原告提出的诉讼请求不足以保护社会公共利益的，可以向其释明变更或者增加停止侵害、修复生态环境等诉讼请求。

第十条 人民法院受理环境民事公益诉讼后，应当在立案之日起五日内将起诉状副本发送被告，并公告案件受理情况。

有权提起诉讼的其他机关和社会组织在公告之日起三十日内申请参加诉讼，经审查符合法定条件的，人民法院应当将其列为共同原告；逾期申请的，不予准许。

公民、法人和其他组织以人身、财产受到损害为由申请参加诉讼的，告知其另行起诉。

第十一条 检察机关、负有环境资源保护监督管理职责的部门及其他机关、社会组织、企业事业单位依据民事诉讼法第十五条的规定，可以通过提供法律咨询、提交书面意见、协助调查取证等方式支持社会组织依法提起环境民事公益诉讼。

第十二条 人民法院受理环境民事公益诉讼后，应当在十日内告知对被告行为负有环境资源保护监督管理职责的部门。

第十三条 原告请求被告提供其排放的主要污染物名称、排放方式、排放浓度和总量、超标排放情况以及防治污染设施的建设和运行情况等环境信息，法律、法规、规章规定被告应当持有或者有证据证明被告持有而拒不提供，如果原告主张相关事实不利于被告的，人民法院可以推定该主张成立。

第十四条 对于审理环境民事公益诉讼案件需要的证据，人民法院认为必要的，应当调查收集。

对于应当由原告承担举证责任且为维护社会公共利益所必要的专门性问题，人民法院可以委托具备资格的鉴定人进行鉴定。

第十五条 当事人申请通知有专门知识的人出庭，就鉴定人作出的鉴定意见或者就因果关系、生态环境修复方式、生态环境修复费用以及生态环境受到损害至修复完成期间服务功能丧失导致的损失等专门性问题提出意见的，人民法院可以准许。

前款规定的专家意见经质证，可以作为认定事实的根据。

第十六条 原告在诉讼过程中承认的对己方不利的事实和认可的证据，人民法院认为损害社会公共利益的，应当不予确认。

第十七条 环境民事公益诉讼案件审理过程中，被告以反诉方式提出诉讼请求的，人民法院不予受理。

第十八条 对污染环境、破坏生态，已经损害社会公共利益或者具有损害社会公共利益重大风险的行为，原告可以请求被告承担停止侵害、排除妨碍、消除危险、修复生态环境、赔偿损失、赔礼道歉等民事责任。

第十九条 原告为防止生态环境损害的发生和扩大，请求被告停止侵害、排除妨碍、消除危险的，人民法院可以依法予以支持。

原告为停止侵害、排除妨碍、消除危险采取合理预防、处置措施而发生的费用，请求被告承担的，人民法院可以依法予以支持。

第二十条 原告请求修复生态环境的，人民法院可以依法判决被告将生态环境修复到损害发生之前的状态和功能。无法完全修复的,可以准许采用替代性修复方式。

人民法院可以在判决被告修复生态环境的同时,确定被告不履行修复义务时应承担的生态环境修复费用;也可以直接判决被告承担生态环境修复费用。

生态环境修复费用包括制定、实施修复方案的费用,修复期间的监测、监管费用,以及修复完成后的验收费用、修复效果后评估费用等。

第二十一条 原告请求被告赔偿生态环境受到损害至修复完成期间服务功能丧失导致的损失、生态环境功能永久性损害造成的损失的,人民法院可以依法予以支持。

第二十二条 原告请求被告承担以下费用的,人民法院可以依法予以支持:

(一)生态环境损害调查、鉴定评估等费用;

(二)清除污染以及防止损害的发生和扩大所支出的合理费用;

(三)合理的律师费以及为诉讼支出的其他合理费用。

第二十三条 生态环境修复费用难以确定或者确定具体数额所需鉴定费用明显过高的,人民法院可以结合污染环境、破坏生态的范围和程度,生态环境的稀缺性,生态环境恢复的难易程度,防治污染设备的运行成本,被告因侵害行为所获得的利益以及过错程度等因素,并可以参考负有环境资源保护监督管理职责的部门的意见、专家意见等,予以合理确定。

第二十四条 人民法院判决被告承担的生态环境修复费用、生态环境受到损害至修复完成期间服务功能丧失导致的损失、生态环境功能永久性损害造成的损失等款项,应当用于修复被损害的生态环境。

其他环境民事公益诉讼中败诉原告所需承担的调查取证、专家咨询、检验、鉴定等必要费用,可以酌情从上述款项中支付。

第二十五条 环境民事公益诉讼当事人达成调解协议或者自行达成和解协议后,人民法院应当将协议内容公告,公告期间不少于三十日。

公告期满后,人民法院审查认为调解协议或者和解协议的内容不损害社会公共利益的,应当出具调解书。当事人以达成和解协议为由申请撤诉的,不予准许。

调解书应当写明诉讼请求、案件的基本事实和协议内容,并应当公开。

第二十六条 负有环境资源保护监督管理职责的部门依法履行监管职责而

使原告诉讼请求全部实现,原告申请撤诉的,人民法院应予准许。

第二十七条 法庭辩论终结后,原告申请撤诉的,人民法院不予准许,但本解释第二十六条规定的情形除外。

第二十八条 环境民事公益诉讼案件的裁判生效后,有权提起诉讼的其他机关和社会组织就同一污染环境、破坏生态行为另行起诉,有下列情形之一的,人民法院应予受理:

(一)前案原告的起诉被裁定驳回的;

(二)前案原告申请撤诉被裁定准许的,但本解释第二十六条规定的情形除外。

环境民事公益诉讼案件的裁判生效后,有证据证明存在前案审理时未发现的损害,有权提起诉讼的机关和社会组织另行起诉的,人民法院应予受理。

第二十九条 法律规定的机关和社会组织提起环境民事公益诉讼的,不影响因同一污染环境、破坏生态行为受到人身、财产损害的公民、法人和其他组织依据民事诉讼法第一百一十九条的规定提起诉讼。

第三十条 已为环境民事公益诉讼生效裁判认定的事实,因同一污染环境、破坏生态行为依据民事诉讼法第一百一十九条规定提起诉讼的原告、被告均无需举证证明,但原告对该事实有异议并有相反证据足以推翻的除外。

对于环境民事公益诉讼生效裁判就被告是否存在法律规定的不承担责任或者减轻责任的情形、行为与损害之间是否存在因果关系、被告承担责任的大小等所作的认定,因同一污染环境、破坏生态行为依据民事诉讼法第一百一十九条规定提起诉讼的原告主张适用的,人民法院应予支持,但被告有相反证据足以推翻的除外。被告主张直接适用对其有利的认定的,人民法院不予支持,被告仍应举证证明。

第三十一条 被告因污染环境、破坏生态在环境民事公益诉讼和其他民事诉讼中均承担责任,其财产不足以履行全部义务的,应当先履行其他民事诉讼生效裁判所确定的义务,但法律另有规定的除外。

第三十二条 发生法律效力的环境民事公益诉讼案件的裁判,需要采取强制执行措施的,应当移送执行。

第三十三条 原告交纳诉讼费用确有困难,依法申请缓交的,人民法院应予准许。

败诉或者部分败诉的原告申请减交或者免交诉讼费用的,人民法院应当依照《诉讼费用交纳办法》的规定,视原告的经济状况和案件的审理情况决定是否准许。

第三十四条 社会组织有通过诉讼违法收受财物等牟取经济利益行为的,人民法院可以根据情节轻重依法收缴其非法所得、予以罚款;涉嫌犯罪的,依法移送有关机关处理。

社会组织通过诉讼牟取经济利益的,人民法院应当向登记管理机关或者有关机关发送司法建议,由其依法处理。

第三十五条 本解释施行前最高人民法院发布的司法解释和规范性文件,与本解释不一致的,以本解释为准。

九、《最高人民法院关于审理环境公益诉讼案件的工作规范(试行)》(2017年4月发布)

第一章 总 则

【制定依据】为正确审理环境公益诉讼案件,根据《中华人民共和国环境保护法》《中华人民共和国民事诉讼法》《中华人民共和国行政诉讼法》《全国人民代表大会常务委员会关于授权最高人民检察院在部分地区开展公益诉讼试点工作的决定》《最高人民法院关于审理环境民事公益诉讼案件适用法律若干问题的解释》等法律、决定和司法解释的规定,结合审判实践,制定本规范。

第一条 【适用范围】法律规定的机关和社会组织提起的环境民事公益诉讼以及试点地区检察机关提起的环境民事或者行政公益诉讼,适用本规范。

第二条 【审判原则】坚持注重预防的原则。依法及时采取行为保全、先予执行等措施,预防环境损害的发生和扩大。充分发挥行政公益诉讼的作用,监督行政机关依法行政。

坚持平等对待当事人的原则。坚持正当程序的基本规则,依法保障环境公益诉讼当事人享有平等的诉讼权利,不得歧视、偏袒任何一方当事人。

坚持适度发挥职权作用的原则。在诉讼平等、中立裁判的基础上,依法行使释明权和法律、司法解释赋予的其他职权,重视证据的保全和调查收集,最大限度地维护环境公共利益。

坚持保护优先的原则。依法严厉制裁环境违法侵权行为，保障人民群众在健康、舒适和优美的环境中生存与发展的权利。积极创新审判执行措施，依法妥善处理保护环境与发展经济的关系，衡平好维护人身财产利益、企业经营利益与环境公共利益，区域利益与整体利益以及当代人利益与后代人利益的关系。

坚持修复为主的原则。落实以生态环境修复为中心的损害救济制度，合理运用原地修复、替代性修复以及限期履行、第三方治理等生态修复责任承担方式。

坚持公众参与的原则。严格落实立案登记制，依法保障诉权，完善司法便民和司法救助措施。全面推行人民陪审员参与案件审理，加大司法公开和宣传力度，保障公众依法享有知情权、参与权和监督权。

第二章 社会组织提起环境民事公益诉讼

第一节 起诉和受理

第三条 【对起诉材料的审查】人民法院应依照《最高人民法院关于审理环境民事公益诉讼案件适用法律若干问题的解释》第八条审查社会组织是否已提交相应的起诉材料。

社会组织提交的起诉材料不符合要求的，人民法院立案登记部门应一次性书面告知其在指定期限内补正。在指定期限内未予补正的，退回起诉状并记录在册。社会组织提交的起诉材料经补正仍不符合要求的，可以裁定不予受理。

第四条 【立案部门和审判部门的职能分工】人民法院立案部门经审查认为符合起诉条件的，应在收到起诉状之日起七日内予以登记立案；经审查认为不符合起诉条件的，在裁定不予受理前应征求负责环境资源审判的相关业务部门意见。

第五条 【社会组织是否专门从事环境保护公益活动的审查标准】审查社会组织是否属于环境保护法第五十八条规定的“专门从事环境保护公益活动”，应从章程规定的宗旨和业务范围是否包含维护环境公共利益，是否实际从事环境保护公益活动，以及提起环境公益诉讼所维护的环境公共利益是否与其宗旨和业务范围具有关联性等三个方面进行认定。

社会组织章程虽未明确规定维护环境公共利益，但工作内容包含大气、水、海洋、土地、矿藏、森林、草原、湿地、野生生物、自然遗迹、人文遗迹、自然保护区、风景名胜区等环境要素及其生态系统多样性的保护，可以认定该社会组织的宗旨和业务范围是维护环境公共利益。

社会组织从事植树造林、濒危物种保护、节能减排、环境修复等直接改善生态环境的行为，或者从事与环境保护有关的宣传教育、研究培训、学术交流、法律援助、公益诉讼等活动，可以认定为实际从事环境保护公益活动。

社会组织起诉事项与其宗旨和业务范围不具有对应关系，但与其所保护的环境要素或者生态系统具有一定的联系，可以认定为社会组织提起的诉讼与其宗旨和业务范围具有关联性。

第六条　【具有损害社会公共利益重大风险的初步证明材料】对于尚未发生实际损害后果的污染环境、破坏生态行为，社会组织提交被告具有环境保护法第六十三条规定情形以及其他具有现实和紧迫的重大风险的初步证明材料，可以认定为已经提交“被告的行为具有损害社会公共利益重大风险的初步证明材料”。

第七条　【原告未提出明确诉请金额的情形】社会组织在起诉状中没有提出明确的修复金额或者损失数额，但请求被告承担修复生态环境、赔偿生态环境服务功能损失责任的，可以认定为民事诉讼法第一百一十九条第三项规定的“有具体的诉讼请求”。

第八条　【不属于人民法院受理环境民事公益诉讼的范围】社会组织针对行政机关或者法律、法规、规章授权的组织实施的行政行为提起的诉讼，或者虽然没有直接针对行政行为提起诉讼，但其提出的诉讼请求，需要以人民法院审查行政行为是否合法为前提的，不属于人民法院受理环境民事公益诉讼的范围。

第九条　【审判组织】人民法院审理第一审环境民事公益诉讼案件，应当依法组成合议庭。合议庭原则上由审判员、陪审员共同组成。陪审员可以按案涉专业领域选定。

第十条　【巡回审判】实行跨行政区划集中管辖的人民法院，可以根据案件情况以及便利当事人参加诉讼的需要实行巡回审判。

第二节　审理前的准备和开庭审理

第十一条　【受理公告】人民法院受理环境民事公益诉讼后，应在立案之日起五日内将起诉状副本送达被告，并同时在法院公告栏、受诉人民法院官网或者其它媒体公告案件受理情况。公告期间为三十日。

公告内容一般应包括：

（一）当事人基本信息、起诉和受理时间、诉讼请求内容、诉讼请求所依据的基本事实和理由等案件基本情况。

（二）在公告期间届满前，有权提起诉讼的其他机关和社会组织可以申请参加诉讼。逾期申请的，不予准许。

（三）公告期间届满前，机关、社会团体、企业事业单位可以通过支持起诉的方式申请参加诉讼。

（四）公众参与环境民事公益诉讼的权利。主要包括提供相关线索、对当事人调解协议内容提出意见、对调解书或者裁判结果执行情况进行监督等。

（五）其他需要公告的内容。

第十二条 【函告行政机关】人民法院受理环境公益诉讼后，应在立案后十日内将案件受理情况告知污染环境、破坏生态行为地、结果地以及采取预防措施所在地等对被告行为负有环境保护监督管理职责的部门。

第十三条 【公告、函告反馈的处理】公告期届满，人民法院可以根据以下不同情况分别处理：

（一）有权提起诉讼的其他机关和社会组织在公告期届满前申请参加诉讼，经审查符合法定条件的，人民法院应通知其作为共同原告参加本案诉讼，并于公告期届满后三日内通知原、被告；逾期申请的，不予准许。

（二）检察机关、负有环境保护监督管理职责的部门及其他机关、社会组织、企业事业单位在公告期间届满前，向人民法院提出支持起诉意见书的，人民法院可以书面通知其以支持起诉人的身份参加诉讼，并于公告期届满后三日内向原、被告送达支持起诉意见书副本；逾期申请的，不予准许。

第十四条 【庭前合议】合议庭组成后应及时组织庭前合议，评议确定下列事项：

（一）是否需要原告补充证据。对于原告能够提交的，向原告释明及时补充；对于原告不掌握且无法收集的证据，可以依据其申请或者依职权主动决定调取、保全。

（二）人民法院保全或者调取证据的实施方案。包括实施时间、人员和地点，需要保全或者调取的证据种类、范围和实施方法，以及实施过程中可能遇到突发事件的处置方案。

(三)根据现有证据,对于当事人提出的行为保全申请是否予以准许。

(四)是否需要合并审理以及释明变更、追加诉讼请求。

(五)是否需要委托鉴定。

(六)是否需要听取技术专家的意见以及是否需要向当事人释明可以申请有专门知识的人出庭。

(七)对于社会关注高的重大案件,就可能出现的各类突发情况以及可能对依法处理产生重大影响的法律风险问题等进行评估和确定预案。

(八)其他需要评议确定的事项。

第十五条 【诉讼请求不足以保护社会公共利益的释明】人民法院认为原告提出的诉讼请求不足以保护社会公共利益的,可以向其释明变更或者增加停止侵害、排除妨碍、消除危险、修复生态环境、赔偿生态环境服务功能损失等诉讼请求,或者释明增加修复生态环境、赔偿服务功能损失的金额。

原告坚持不变更或者增加诉讼请求的,人民法院应当在裁判文书中载明释明情况。

第十六条 【行政机关已采取应急处置措施的情形】因相关政府部门采取突发事件应对措施、使诉讼活动不能正常进行的,人民法院可以依照《中华人民共和国突发事件应对法》第十三条的规定,裁定中止诉讼。

第十七条 【诉的合并】不同原告就同一污染环境、破坏生态行为对于同一被告分别提起环境民事公益诉讼的,人民法院应当合并审理。

数个原告提出的诉讼请求不一致,包括请求被告承担的民事责任类型、具体承担责任的方式及金额不一致等情形,由当事人协商确定诉讼请求。

第十八条 【释明追加共同被告】原告未起诉污染者,而是仅针对环境影响评价机构等环境服务中介机构提起诉讼的,人民法院可以向其释明追加污染者为共同被告。原告经释明后仍不追加的,人民法院可依职权追加。

第十九条 【支持起诉人参加诉讼的方式】支持起诉人可以采取提供法律和技术咨询、提交书面意见、协助调查取证以及出庭支持起诉等方式支持起诉。

支持起诉人支持起诉的范围不能超出原告的诉讼请求,支持起诉人所实施的诉讼行为不得与原告的表示或者行为相抵触。

支持起诉人请求出庭支持起诉的,人民法院可以书面通知其到庭。支持起诉人可以在原告发表意见之后向法庭陈述意见。裁判文书应在原告之后列明支持起诉人。

第二十条 【证据保全、调取的方式】采取证据保全、调取措施的，人民法院可以邀请负有环境保护监督管理职责的部门、技术专家等共同参与。实施过程应制作笔录，必要时进行拍照、录像。

第二十一条 【向行政机关调取证据】人民法院根据当事人申请或者认为必要的，可以向负有环境保护监督管理职责的部门调取与案件相关的环境影响评价许可、排污许可证等许可文件，行政执法过程中出具的事件调查报告、调查笔录、检验报告、检测报告、评估报告、监测数据以及行政处罚决定和处罚依据等材料。

第二十二条 【符合环境保护法第六十三条规定情形的行为保全】社会组织申请保全，人民法院经审查发现被申请人的行为属于环境保护法第六十三条规定情形之一的，可以依申请或者依职权裁定责令被申请人立即停止排污、停止建设、停止生产经营，或者停止生产、使用国家明令禁止生产、使用的农药等侵害行为，也可以一并责令被申请人采取污染防治措施。

第二十三条 【其他情形的行为保全】社会组织申请保全，人民法院经审查发现被申请人实施的行为不属于环境保护法第六十三条规定的情形的，应综合考虑以下情形，裁定是否采取行为保全：

（一）不采取行为保全，是否对环境公共利益造成难以弥补的损害。

（二）被申请人是否属于超标排放或者是否已经取得了相应的行政许可。

（三）行为保全给被申请人造成的损失。

（四）采取行为保全是否会损害其他社会公共利益。

（五）申请诉前行为保全的，还应考虑被申请人实施的污染环境、破坏生态行为对于环境公共利益是否具有现实而紧迫的重大风险。

根据案件情况不宜裁定责令被申请人立即停止排污、建设以及生产经营等行为，人民法院可以裁定责令被申请人采取减少排污量至排放标准之下、增建和改善污染防治设施以及限定排污设施的运行时间等措施。

第二十四条 【行为保全裁定的解除】保全裁定作出后，被告采取有效措施确保损害不再继续扩大或者消除环境公共利益遭受损害的重大风险，申请解除行为保全的，人民法院可予以准许。必要时人民法院可以责令被告提供担保。

第二十五条 【鉴定事项和鉴定机构】对于损害结果、因果关系、生态环境修复方案和费用、生态环境服务功能损失等专门性问题,可由具备相应资质的司法鉴定机构出具鉴定意见;没有司法鉴定机构的,可由国务院环境保护主管部门推荐的机构或者其他依法成立的科研机构出具意见。

第二十六条 【人民法院聘请的技术专家】人民法院认为有必要的,可以听取技术专家的意见。技术专家可以参加庭审,对鉴定意见或者案件涉及的专门性问题提出意见,可以在人民法院的组织下参与证据的保全和调取以及调解、执行等程序。

第二十七条 【庭前会议】答辩期届满后,根据案件具体情况,人民法院可以组织当事人进行证据交换,也可以召集庭前会议。

根据案件具体情况,庭前会议可以包括下列内容:

(一)明确原告的诉讼请求和被告的答辩意见;

(二)审查处理当事人增加、变更诉讼请求的申请,或者向原告释明增加、变更诉讼请求。对于其他主体申请参加诉讼的,明确合并后的诉讼请求;

(三)明确双方应承担的举证责任。对于需要当事人补充提交的证据,向当事人释明及时提交;

(四)根据当事人的申请或者依职权调查收集证据,委托鉴定,进行勘验,进行证据保全、诉讼保全;

(五)根据当事人申请通知有专门知识的人出庭或者依职权聘请技术专家;

(六)组织证据交换;

(七)归纳争议焦点;

(八)确定当事人无争议的事实;

(九)组织当事人、鉴定人、技术专家等进行调解。

第二十八条 【调解公告的内容】当事人达成调解协议或者自行达成和解协议的,人民法院应将协议内容同时在法院公告栏、受诉人民法院官网或者其它相应媒体公告,并通知负有环境保护监督管理职责的部门。公告期间不少于三十日。

调解协议或者和解协议一般应包括以下内容:

(一)确认被告实施了环境污染、破坏生态的行为以及停止实施环境污染、破坏生态行为的具体方案;

（二）对于已经受到损害的生态环境，明确被告应承担的环境修复责任；

（三）确定环境修复方案、环境修复的实施和监督主体，以及环境修复费用的具体金额、支付对象等；

（四）对于已经造成生态环境服务功能损失的，明确被告应承担的赔偿金额；

（五）原告请求赔礼道歉的，应明确在有相当影响的媒体上进行书面道歉；

（六）确定被告承担的检验、鉴定费用，原告合理的律师费以及为诉讼支出的其他合理费用。

第二十九条　【调解公告的异议】调解书公告期间届满前，自然人、法人和社会组织认为调解协议或者和解协议不足以保护社会公共利益的，可以向人民法院提出书面异议。经人民法院审查，异议成立的，不予出具调解书；当事人不能重新达成调解协议的，人民法院应对案件继续审理并依法作出裁判。

第三十条　【庭审公开的方式】除法律另有规定外，环境民事公益诉讼案件应当公开开庭审理，可以通过电视、互联网或者其他公共媒体公开庭审过程。人民法院可以邀请人大代表、政协委员、社会公众等旁听庭审。

第三节　裁判和执行

第三十一条　【裁判原则】人民法院应确保裁判内容具有可执行性，便于监督。裁判不仅要确定被告应承担的责任类型，还要确定其履行责任的方式、程序、标准和时限等。

第三十二条　【停止侵害】经审理认为被告行为属于环境保护法第六十三条规定情形之一的，人民法院可以判决被告停止排污、停止生产经营、停止建设或者停止使用国家明令禁止生产、使用的农药等侵害行为。

被告实施环境保护法第六十三条规定以外污染环境、破坏生态行为的，人民法院可以判决被告采取限期治理、减少排污量至排放标准之下、增建和改善污染防治设施以及限定排污设施的运行时间等措施。

第三十三条　【替代性修复】对于因污染大气、水等具有自净功能的环境介质导致生态环境损害，原地修复已无可能或者没有必要的，人民法院可以判决被告支付生态环境修复费用，采取区域环境治理、劳务代偿、从事环境宣传教育等替代性修复方式。

第三十四条　【生态环境修复方案】人民法院判令被告修复生态环境的，可以在裁判主文中明确生态环境修复方案或者将生态环境修复方案作为裁判文书的附件。

人民法院在确定生态环境修复方案前,可以咨询负有环境保护监督管理职责的部门、技术专家的意见。生态环境修复方案一般应包含以下内容:生态环境修复目标、技术方案、时限和步骤、投入预算、验收目标和监督方案。

第三十五条　【分期给付】人民法院判决被告承担生态环境修复费用以及生态环境服务功能损失的,可以根据被告的生产经营等情况判令分期给付,并确定分期给付的期限、次数和每次给付的金额。

第三十六条　【生态环境修复费用和服务功能损失赔偿款的受领主体】人民法院判令被告支付的生态环境修复费用以及生态环境服务功能损失赔偿金等款项,可以由环境公益诉讼专项基金或者专项资金账户等受领。

第三十七条　【执行和解】环境民事公益诉讼原则上不能进行执行和解。确有必要达成执行和解协议的,和解协议内容不得损害社会公共利益。人民法院应将和解协议内容公告。

第三十八条　【第三方代执行】被执行人在生效裁判指定期间,没有能力履行、拒绝履行或者怠于履行生态环境修复义务的,人民法院可以委托第三方进行生态环境修复,由被执行人支付生态环境修复的相关费用。

第三十九条　【执行监督】负责执行的人民法院可以请申请执行人或者负有环境保护监督管理职责的部门、其他社会组织等第三方对被执行人履行生态环境修复义务的情况进行监督,监督费用由被执行人负担。

第三章　检察机关提起的环境公益诉讼

第一节　一般规定

第四十条　【审理依据】人民法院应严格依照全国人民代表大会常务委员会决定和民事诉讼法、行政诉讼法及其司法解释的规定受理和审理检察机关提起的环境民事或者行政公益诉讼案件。

第四十一条　【检察机关应提交的起诉材料】检察机关提起环境民事或者行政公益诉讼,已提交以下材料的,应当予以立案登记:

(一)符合民事诉讼法、行政诉讼法规定的起诉状,并按照被告人数提出副本;

（二）被告的行为已经损害国家利益、社会公共利益或者具有损害社会公共利益重大风险的初步证明材料；

（三）检察机关已履行诉前程序的证明材料；

（四）委派工作人员办理登记立案手续的介绍信以及相关工作人员的工作证、身份证等身份证明材料。

检察机关提交的材料不符合前款规定的，人民法院应当释明要求补正。

人民法院登记立案时，可以不要求检察机关提交组织机构代码证、法定代表人身份证明和指派检察人员参加诉讼活动的授权文书。

检察机关提交的起诉状名称与民事诉讼法、行政诉讼法规定不一致的，不影响案件受理，但人民法院出具的文书应按照相关法律规定执行。

第四十二条 【不符合起诉条件的释明】检察机关的起诉不符合法定起诉条件的，人民法院应进行必要的释明。检察机关完善起诉条件符合法律规定的，应予以立案登记。经补充仍不符合法定起诉条件的，裁定不予受理；已经受理的，裁定驳回起诉。

第四十三条 【检察机关出庭人员】人民法院应当在开庭前通知检察机关到庭。检察机关负责人出庭的，可以另行委托一至二名委托诉讼代理人出庭。

检察机关指派检察人员参加诉讼活动，需要另行出具载明检察人员姓名、法律职务以及参加本案审前程序、庭审等诉讼活动授权范围的文书。

检察人员能否实施承认、放弃、变更诉讼请求，进行和解，提起上诉等诉讼行为，应当在上述文书中载明；没有载明的，被指派检察人员参加诉讼活动的权限应认定为一般授权。

第四十四条 【席位的摆放】检察机关和被告席位、桌签等的摆放应遵循民事诉讼法、行政诉讼法规定，体现平等原则。

第四十五条 【诉讼请求不成立的释明】人民法院经审理认为检察机关提起的诉讼请求部分或者全部不成立的，可以向检察机关释明。检察机关在法庭辩论终结前申请变更诉讼请求或者撤诉的，应予准许；不申请变更或者撤回诉讼请求的，判决驳回部分或者全部诉讼请求。

第四十六条 【诉讼费】人民法院审理人民检察院提起的环境民事或者行政公益诉讼案件，人民检察院免交《诉讼费用交纳办法》第六条规定的诉讼费用。被告败诉的，应按照《诉讼费用交纳办法》的规定缴纳相关诉讼费用。

第四十七条 【上诉和申请再审】提起诉讼的检察机关不服一审判决、裁定的,可以在法定期间内提起上诉;不服已经发生法律效力的判决、裁定,认为确有错误的,可以依法申请再审。人民法院应按照民事诉讼法、行政诉讼法及其司法解释的规定确定双方当事人的诉讼地位。

第四十八条 【适用社会组织提起环境民事公益诉讼规定】对于检察机关提起的环境民事或者行政公益诉讼,本章没有规定的,适用本规范第一章社会组织提起环境民事公益诉讼的规定。

第二节 检察机关提起的环境民事公益诉讼

第四十九条 【检察机关履行督促、支持起诉义务的审查标准】检察机关已经依法督促、支持其住所地所在的地级市或者相当于地级市行政辖区范围内法律规定的机关或者社会组织提起环境民事公益诉讼的,应认定为其已经履行诉前程序。

第五十条 【法律规定的机关、社会组织申请参加诉讼】法律规定的机关或者社会组织在公告届满之日前申请参加诉讼,经审查符合法定条件的,人民法院应通知其作为共同原告参加诉讼;逾期申请的,不予准许。

社会组织参加诉讼后,检察机关申请撤回起诉并作为支持起诉人参加诉讼的,应予准许。

第五十一条 【环境刑事案件和环境民事公益诉讼案件合并审理】检察机关对同一污染环境、破坏生态行为分别向有管辖权的基层人民法院、中级人民法院提起刑事诉讼和环境民事公益诉讼的,可以依照刑事诉讼法第二十三条、第九十九条以及《最高人民法院关于审理环境民事公益诉讼案件适用法律若干问题的解释》第六条的规定,由同一审判组织合并审理。

环境民事公益诉讼案件中被告修复生态环境等情况可以作为刑事案件的量刑情节。

第五十二条 【检察机关诉前委托的鉴定意见】检察机关在起诉前委托作出的鉴定意见,被告有证据足以反驳并申请重新鉴定的,人民法院应予准许。

第三节 检察机关提起的环境行政公益诉讼

第五十三条 【行政机关是否履行法定职责的审查标准】行政机关在诉前程序中作出的行政行为不足以保护社会公共利益,或者行政机关虽已作出足以保护社会公共利益的行政行为,但社会公共利益仍处于受侵害状态,检察机关提起环境行政公益诉讼的,应予受理。

第五十四条 【针对行政机关的释明】人民法院在向环境行政公益诉讼被告送达应诉通知书等起诉材料时,可以就相关法律规定以及不履行人民法院生效裁判的后果等对被告进行释明,促使被告主动纠正违法行为、依法履行法定职责。

第五十五条 【通知行政相对人参加诉讼】公民、法人和其他组织与环境行政公益诉讼的被诉行政行为有利害关系但没有提起诉讼,或者同案件处理结果有利害关系的,可以作为第三人申请参加诉讼,或者由人民法院通知参加诉讼。

第五十六条 【一并审理民事公益诉讼案件】人民法院在审理检察机关提起行政公益诉讼案件中,可以一并审理检察机关或者社会组织就同一污染环境、破坏生态行为提起的民事公益诉讼。相关案件应按照《最高人民法院关于适用〈中华人民共和国行政诉讼法〉若干问题的解释》第十八条规定进行立案登记并确定审判组织。

第五十七条 【环境行政公益诉讼中的和解】污染者作为环境行政公益诉讼案件第三人参加诉讼的,检察机关可以就修复费用、履行方式等与被告、第三人和解,和解协议内容不得损害社会公共利益。人民法院应将和解协议内容公告。

第五十八条 【检察机关提出新的诉请的准许】在起诉状副本送达被告后,检察机关提出新的诉讼请求的,人民法院不予准许,但有正当理由的除外。

第五十九条 【诉讼请求全部实现的情形】人民法院对行政案件宣告裁判结果前,被告改变其所作的行政行为,检察机关的诉讼请求全部实现,申请撤诉的,人民法院一般应当裁定准许;检察机关不撤诉的,人民法院依法作出裁判。

附 则

第六十条 【施行日期】本规范自公布之日起施行。

十、《最高人民法院、民政部、环境保护部关于贯彻实施环境民事公益诉讼制度的通知》(2014 年 12 月发布)

各省、自治区、直辖市高级人民法院、民政厅(局)、环境保护厅(局)、新疆维吾尔自治区高级人民法院生产建设兵团分院、民政局、环境保护局:

为正确实施《中华人民共和国民事诉讼法》、《中华人民共和国环境保护法》、《最高人民法院关于审理环境民事公益诉讼案件适用法律若干问题的解释》,现就贯彻实施环境民事公益诉讼制度有关事项通知如下:

一、人民法院受理和审理社会组织提起的环境民事公益诉讼,可根据案件需要向社会组织的登记管理机关查询或者核实社会组织的基本信息,包括名称、住所、成立时间、宗旨、业务范围、法定代表人或者负责人、存续状态、年检信息、从事业务活动的情况以及登记管理机关掌握的违法记录等,有关登记管理机关应及时将相关信息向人民法院反馈。

二、社会组织存在通过诉讼牟取经济利益情形的,人民法院应向其登记管理机关发送司法建议,由登记管理机关依法对其进行查处,查处结果应向社会公布并通报人民法院。

三、人民法院受理环境民事公益诉讼后,应当在十日内通报对被告行为负有监督管理职责的环境保护主管部门。环境保护主管部门收到人民法院受理环境民事公益诉讼案件线索后,可以根据案件线索开展核查;发现被告行为构成环境行政违法的,应当依法予以处理,并将处理结果通报人民法院。

四、人民法院因审理案件需要,向负有监督管理职责的环境保护主管部门调取涉及被告的环境影响评价文件及其批复、环境许可和监管、污染物排放情况、行政处罚及处罚依据等证据材料的,相关部门应及时向人民法院提交,法律法规规定不得对外提供的材料除外。

五、环境民事公益诉讼当事人达成调解协议或者自行达成和解协议的,人民法院应当将协议内容告知负有监督管理职责的环境保护主管部门。相关部门对协议约定的修复费用、修复方式等内容有意见和建议的,应及时向人民法院提出。

六、人民法院可以判决被告自行组织修复生态环境,可以委托第三方修复生态环境,必要时也可以商请负有监督管理职责的环境保护主管部门共同组织修复生态环境。对生态环境损害修复结果,人民法院可以委托具有环境损害评估等相关资质的鉴定机构进行鉴定,必要时可以商请负有监督管理职责的环境保护主管部门协助审查。

七、人民法院判决被告承担的生态环境修复费用、生态环境受到损害至恢复原状期间服务功能损失等款项,应当用于修复被损害的生态环境。提起环境民事公益诉讼的原告在诉讼中所需的调查取证、专家咨询、检验、鉴定等必要费用,可以酌情从上述款项中支付。

八、人民法院应将判决执行情况及时告知提起环境民事公益诉讼的社会组织。

各级人民法院、民政部门、环境保护部门应认真遵照执行。对于实施工作中存在的问题和建议,请分别及时报告最高人民法院、民政部、环境保护部。

十一、《最高人民法院、最高人民检察院关于检察公益诉讼案件适用法律若干问题的解释》(2020 年修正)

一、一 般 规 定

第一条 为正确适用《中华人民共和国民法典》《中华人民共和国民事诉讼法》《中华人民共和国行政诉讼法》关于人民检察院提起公益诉讼制度的规定,结合审判、检察工作实际,制定本解释。

第二条 人民法院、人民检察院办理公益诉讼案件主要任务是充分发挥司法审判、法律监督职能作用,维护宪法法律权威,维护社会公平正义,维护国家利益和社会公共利益,督促适格主体依法行使公益诉权,促进依法行政、严格执法。

第三条 人民法院、人民检察院办理公益诉讼案件,应当遵守宪法法律规定,遵循诉讼制度的原则,遵循审判权、检察权运行规律。

第四条 人民检察院以公益诉讼起诉人身份提起公益诉讼,依照民事诉讼法、行政诉讼法享有相应的诉讼权利,履行相应的诉讼义务,但法律、司法解释另有规定的除外。

第五条 市(分、州)人民检察院提起的第一审民事公益诉讼案件,由侵权行为地或者被告住所地中级人民法院管辖。

基层人民检察院提起的第一审行政公益诉讼案件,由被诉行政机关所在地基层人民法院管辖。

第六条 人民检察院办理公益诉讼案件，可以向有关行政机关以及其他组织、公民调查收集证据材料；有关行政机关以及其他组织、公民应当配合；需要采取证据保全措施的，依照民事诉讼法、行政诉讼法相关规定办理。

第七条 人民法院审理人民检察院提起的第一审公益诉讼案件，适用人民陪审制。

第八条 人民法院开庭审理人民检察院提起的公益诉讼案件，应当在开庭三日前向人民检察院送达出庭通知书。

人民检察院应当派员出庭，并应当自收到人民法院出庭通知书之日起三日内向人民法院提交派员出庭通知书。派员出庭通知书应当写明出庭人员的姓名、法律职务以及出庭履行的具体职责。

第九条 出庭检察人员履行以下职责：

（一）宣读公益诉讼起诉书；

（二）对人民检察院调查收集的证据予以出示和说明，对相关证据进行质证；

（三）参加法庭调查，进行辩论并发表意见；

（四）依法从事其他诉讼活动。

第十条 人民检察院不服人民法院第一审判决、裁定的，可以向上一级人民法院提起上诉。

第十一条 人民法院审理第二审案件，由提起公益诉讼的人民检察院派员出庭，上一级人民检察院也可以派员参加。

第十二条 人民检察院提起公益诉讼案件判决、裁定发生法律效力，被告不履行的，人民法院应当移送执行。

二、民事公益诉讼

第十三条 人民检察院在履行职责中发现破坏生态环境和资源保护，食品药品安全领域侵害众多消费者合法权益，侵害英雄烈士等的姓名、肖像、名誉、荣誉等损害社会公共利益的行为，拟提起公益诉讼的，应当依法公告，公告期间为三十日。

公告期满，法律规定的机关和有关组织、英雄烈士等的近亲属不提起诉讼的，人民检察院可以向人民法院提起诉讼。

人民检察院办理侵害英雄烈士等的姓名、肖像、名誉、荣誉的民事公益诉讼案件，也可以直接征询英雄烈士等的近亲属的意见。

第十四条　人民检察院提起民事公益诉讼应当提交下列材料：

（一）民事公益诉讼起诉书，并按照被告人数提出副本；

（二）被告的行为已经损害社会公共利益的初步证明材料；

（三）已经履行公告程序、征询英雄烈士等的近亲属意见的证明材料。

第十五条　人民检察院依据民事诉讼法第五十五条第二款的规定提起民事公益诉讼，符合民事诉讼法第一百一十九条第二项、第三项、第四项及本解释规定的起诉条件的，人民法院应当登记立案。

第十六条　人民检察院提起的民事公益诉讼案件中，被告以反诉方式提出诉讼请求的，人民法院不予受理。

第十七条　人民法院受理人民检察院提起的民事公益诉讼案件后，应当在立案之日起五日内将起诉书副本送达被告。

人民检察院已履行诉前公告程序的，人民法院立案后不再进行公告。

第十八条　人民法院认为人民检察院提出的诉讼请求不足以保护社会公共利益的，可以向其释明变更或者增加停止侵害、恢复原状等诉讼请求。

第十九条　民事公益诉讼案件审理过程中，人民检察院诉讼请求全部实现而撤回起诉的，人民法院应予准许。

第二十条　人民检察院对破坏生态环境和资源保护，食品药品安全领域侵害众多消费者合法权益，侵害英雄烈士等的姓名、肖像、名誉、荣誉等损害社会公共利益的犯罪行为提起刑事公诉时，可以向人民法院一并提起附带民事公益诉讼，由人民法院同一审判组织审理。

人民检察院提起的刑事附带民事公益诉讼案件由审理刑事案件的人民法院管辖。

三、行政公益诉讼

第二十一条　人民检察院在履行职责中发现生态环境和资源保护、食品药品安全、国有财产保护、国有土地使用权出让等领域负有监督管理职责的行政机关违法行使职权或者不作为，致使国家利益或者社会公共利益受到侵害的，应当向行政机关提出检察建议，督促其依法履行职责。

行政机关应当在收到检察建议书之日起两个月内依法履行职责，并书面回复人民检察院。出现国家利益或者社会公共利益损害继续扩大等紧急情形的，行政机关应当在十五日内书面回复。

行政机关不依法履行职责的，人民检察院依法向人民法院提起诉讼。

第二十二条 人民检察院提起行政公益诉讼应当提交下列材料：

（一）行政公益诉讼起诉书，并按照被告人数提出副本；

（二）被告违法行使职权或者不作为，致使国家利益或者社会公共利益受到侵害的证明材料；

（三）已经履行诉前程序，行政机关仍不依法履行职责或者纠正违法行为的证明材料。

第二十三条 人民检察院依据行政诉讼法第二十五条第四款的规定提起行政公益诉讼，符合行政诉讼法第四十九条第二项、第三项、第四项及本解释规定的起诉条件的，人民法院应当登记立案。

第二十四条 在行政公益诉讼案件审理过程中，被告纠正违法行为或者依法履行职责而使人民检察院的诉讼请求全部实现，人民检察院撤回起诉的，人民法院应当裁定准许；人民检察院变更诉讼请求，请求确认原行政行为违法的，人民法院应当判决确认违法。

第二十五条 人民法院区分下列情形作出行政公益诉讼判决：

（一）被诉行政行为具有行政诉讼法第七十四条、第七十五条规定情形之一的，判决确认违法或者确认无效，并可以同时判决责令行政机关采取补救措施；

（二）被诉行政行为具有行政诉讼法第七十条规定情形之一的，判决撤销或者部分撤销，并可以判决被诉行政机关重新作出行政行为；

（三）被诉行政机关不履行法定职责的，判决在一定期限内履行；

（四）被诉行政机关作出的行政处罚明显不当，或者其他行政行为涉及对款额的确定、认定确有错误的，可以判决予以变更；

（五）被诉行政行为证据确凿，适用法律、法规正确，符合法定程序，未超越职权，未滥用职权，无明显不当，或者人民检察院诉请被诉行政机关履行法定职责理由不成立的，判决驳回诉讼请求。

人民法院可以将判决结果告知被诉行政机关所属的人民政府或者其他相关的职能部门。

四、附　　则

第二十六条 本解释未规定的其他事项，适用民事诉讼法、行政诉讼法以及相关司法解释的规定。

第二十七条 本解释自2018年3月2日起施行。

最高人民法院、最高人民检察院之前发布的司法解释和规范性文件与本解释不一致的，以本解释为准。

十二、《人民检察院公益诉讼办案规则》(2021年6月发布)

(2020年9月28日最高人民检察院第十三届检察委员会第五十二次会议通过，现予公布，自2021年7月1日起施行)

第一章　总　　则

第一条 为了规范人民检察院履行公益诉讼检察职责，加强对国家利益和社会公共利益的保护，根据《中华人民共和国人民检察院组织法》《中华人民共和国民事诉讼法》《中华人民共和国行政诉讼法》等法律规定，结合人民检察院工作实际，制定本规则。

第二条 人民检察院办理公益诉讼案件的任务，是通过依法独立行使检察权，督促行政机关依法履行监督管理职责，支持适格主体依法行使公益诉权，维护国家利益和社会公共利益，维护社会公平正义，维护宪法和法律权威，促进国家治理体系和治理能力现代化。

第三条 人民检察院办理公益诉讼案件，应当遵守宪法、法律和相关法规，秉持客观公正立场，遵循相关诉讼制度的基本原则和程序规定，坚持司法公开。

第四条 人民检察院通过提出检察建议、提起诉讼和支持起诉等方式履行公益诉讼检察职责。

第五条 人民检察院办理公益诉讼案件，由检察官、检察长、检察委员会在各自职权范围内对办案事项作出决定，并依照规定承担相应司法责任。

检察官在检察长领导下开展工作。重大办案事项，由检察长决定。检察长可以根据案件情况，提交检察委员会讨论决定。其他办案事项，检察长可以自行决定，也可以授权检察官决定。

以人民检察院名义制发的法律文书,由检察长签发;属于检察官职权范围内决定事项的,检察长可以授权检察官签发。

第六条 人民检察院办理公益诉讼案件,根据案件情况,可以由一名检察官独任办理,也可以由两名以上检察官组成办案组办理。由检察官办案组办理的,检察长应当指定一名检察官担任主办检察官,组织、指挥办案组办理案件。

检察官办理案件,可以根据需要配备检察官助理、书记员、司法警察、检察技术人员等检察辅助人员。检察辅助人员依照法律规定承担相应的检察辅助事务。

第七条 负责公益诉讼检察的部门负责人对本部门的办案活动进行监督管理。需要报请检察长决定的事项,应当先由部门负责人审核。部门负责人可以主持召开检察官联席会议进行讨论,也可以直接报请检察长决定。

第八条 检察长不同意检察官处理意见的,可以要求检察官复核,也可以直接作出决定,或者提请检察委员会讨论决定。

检察官执行检察长决定时,认为决定错误的,应当书面提出意见。检察长不改变原决定的,检察官应当执行。

第九条 人民检察院提起诉讼或者支持起诉的民事、行政公益诉讼案件,由负责民事、行政检察的部门或者办案组织分别履行诉讼监督的职责。

第十条 最高人民检察院领导地方各级人民检察院和专门人民检察院的公益诉讼检察工作,上级人民检察院领导下级人民检察院的公益诉讼检察工作。

上级人民检察院对下级人民检察院作出的决定,有权予以撤销或者变更;发现下级人民检察院办理的案件有错误的,有权指令下级人民检察院予以纠正。

下级人民检察院对上级人民检察院的决定应当执行。如果认为有错误的,应当在执行的同时向上级人民检察院报告。

第十一条 人民检察院办理公益诉讼案件,实行一体化工作机制,上级人民检察院根据办案需要,可以交办、提办、督办、领办案件。

上级人民检察院可以依法统一调用辖区的检察人员办理案件,调用的决定应当以书面形式作出。被调用的检察官可以代表办理案件的人民检察院履行调查、出庭等职责。

第十二条 人民检察院办理公益诉讼案件,依照规定接受人民监督员监督。

第二章　一般规定

第一节　管　　辖

第十三条　人民检察院办理行政公益诉讼案件,由行政机关对应的同级人民检察院立案管辖。

行政机关为人民政府,由上一级人民检察院管辖更为适宜的,也可以由上一级人民检察院立案管辖。

第十四条　人民检察院办理民事公益诉讼案件,由违法行为发生地、损害结果地或者违法行为人住所地基层人民检察院立案管辖。

刑事附带民事公益诉讼案件,由办理刑事案件的人民检察院立案管辖。

第十五条　设区的市级以上人民检察院管辖本辖区内重大、复杂的案件。公益损害范围涉及两个以上行政区划的公益诉讼案件,可以由共同的上一级人民检察院管辖。

第十六条　人民检察院立案管辖与人民法院诉讼管辖级别、地域不对应的,具有管辖权的人民检察院可以立案,需要提起诉讼的,应当将案件移送有管辖权人民法院对应的同级人民检察院。

第十七条　上级人民检察院可以根据办案需要,将下级人民检察院管辖的公益诉讼案件指定本辖区内其他人民检察院办理。

最高人民检察院、省级人民检察院和设区的市级人民检察院可以根据跨区域协作工作机制规定,将案件指定或移送相关人民检察院跨行政区划管辖。基层人民检察院可以根据跨区域协作工作机制规定,将案件移送相关人民检察院跨行政区划管辖。

人民检察院对管辖权发生争议的,由争议双方协商解决。协商不成的,报共同的上级人民检察院指定管辖。

第十八条　上级人民检察院认为确有必要的,可以办理下级人民检察院管辖的案件,也可以将本院管辖的案件交下级人民检察院办理。

下级人民检察院认为需要由上级人民检察院办理的,可以报请上级人民检察院决定。

第二节　回　　避

第十九条　检察人员具有下列情形之一的,应当自行回避,当事人、诉讼代理人有权申请其回避：

（一）是行政公益诉讼行政机关法定代表人或者主要负责人、诉讼代理人近亲属，或者有其他关系，可能影响案件公正办理的；

（二）是民事公益诉讼当事人、诉讼代理人近亲属，或者有其他关系，可能影响案件公正办理的。

应当回避的检察人员，本人没有自行回避，当事人及其诉讼代理人也没有申请其回避的，检察长或者检察委员会应当决定其回避。

前两款规定，适用于翻译人员、鉴定人、勘验人等。

第二十条 检察人员自行回避的，应当书面或者口头提出，并说明理由。口头提出的，应当记录在卷。

第二十一条 当事人及其诉讼代理人申请回避的，应当书面或者口头提出，并说明理由。口头提出的，应当记录在卷。

被申请回避的人员在人民检察院作出是否回避的决定前，不停止参与本案工作。

第二十二条 检察长的回避，由检察委员会讨论决定；检察人员和其他人员的回避，由检察长决定。检察委员会讨论检察长回避问题时，由副检察长主持。

第二十三条 人民检察院对当事人提出的回避申请，应当在收到申请后三日内作出决定，并通知申请人。申请人对决定不服的，可以在接到决定时向原决定机关申请复议一次。人民检察院应当在三日内作出复议决定，并通知复议申请人。复议期间，被申请回避的人员不停止参与本案工作。

第三节 立 案

第二十四条 公益诉讼案件线索的来源包括：

（一）自然人、法人和非法人组织向人民检察院控告、举报的；

（二）人民检察院在办案中发现的；

（三）行政执法信息共享平台上发现的；

（四）国家机关、社会团体和人大代表、政协委员等转交的；

（五）新闻媒体、社会舆论等反映的；

（六）其他在履行职责中发现的。

第二十五条 人民检察院对公益诉讼案件线索实行统一登记备案管理制度。重大案件线索应当向上一级人民检察院备案。

人民检察院其他部门发现公益诉讼案件线索的，应当将有关材料及时移送负责公益诉讼检察的部门。

第二十六条 人民检察院发现公益诉讼案件线索不属于本院管辖的，应当制作《移送案件线索通知书》，移送有管辖权的同级人民检察院，受移送的人民检察院应当受理。受移送的人民检察院认为不属于本院管辖的，应当报告上级人民检察院，不得自行退回原移送线索的人民检察院或者移送其他人民检察院。

人民检察院发现公益诉讼案件线索属于上级人民检察院管辖的，应当制作《报请移送案件线索意见书》，报请移送上级人民检察院。

第二十七条 人民检察院应当对公益诉讼案件线索的真实性、可查性等进行评估，必要时可以进行初步调查，并形成《初步调查报告》。

第二十八条 人民检察院经过评估，认为国家利益或者社会公共利益受到侵害，可能存在违法行为的，应当立案调查。

第二十九条 对于国家利益或者社会公共利益受到严重侵害，人民检察院经初步调查仍难以确定不依法履行监督管理职责的行政机关或者违法行为人的，也可以立案调查。

第三十条 检察官对案件线索进行评估后提出立案或者不立案意见的，应当制作《立案审批表》，经过初步调查的附《初步调查报告》，报请检察长决定后制作《立案决定书》或者《不立案决定书》。

第三十一条 负责公益诉讼检察的部门在办理公益诉讼案件过程中，发现涉嫌犯罪或者职务违法、违纪线索的，应当依照规定移送本院相关检察业务部门或者其他有管辖权的主管机关。

第四节 调 查

第三十二条 人民检察院办理公益诉讼案件，应当依法、客观、全面调查收集证据。

第三十三条 人民检察院在调查前应当制定调查方案，确定调查思路、方法、步骤以及拟收集的证据清单等。

第三十四条 人民检察院办理公益诉讼案件的证据包括书证、物证、视听资料、电子数据、证人证言、当事人陈述、鉴定意见、专家意见、勘验笔录等。

第三十五条 人民检察院办理公益诉讼案件，可以采取以下方式开展调查和收集证据：

（一）查阅、调取、复制有关执法、诉讼卷宗材料等；

（二）询问行政机关工作人员、违法行为人以及行政相对人、利害关系人、证人等；

（三）向有关单位和个人收集书证、物证、视听资料、电子数据等证据；

（四）咨询专业人员、相关部门或者行业协会等对专门问题的意见；

（五）委托鉴定、评估、审计、检验、检测、翻译；

（六）勘验物证、现场；

（七）其他必要的调查方式。

人民检察院开展调查和收集证据不得采取限制人身自由或者查封、扣押、冻结财产等强制性措施。

第三十六条 人民检察院开展调查和收集证据，应当由两名以上检察人员共同进行。检察官可以组织司法警察、检察技术人员参加，必要时可以指派或者聘请其他具有专门知识的人参与。根据案件实际情况，也可以商请相关单位协助进行。

在调查收集证据过程中，检察人员可以依照有关规定使用执法记录仪、自动检测仪等办案设备和无人机航拍、卫星遥感等技术手段。

第三十七条 询问应当个别进行。检察人员在询问前应当出示工作证，询问过程中应当制作《询问笔录》。被询问人确认无误后，签名或者盖章。被询问人拒绝签名盖章的，应当在笔录上注明。

第三十八条 需要向有关单位或者个人调取物证、书证的，应当制作《调取证据通知书》和《调取证据清单》，持上述文书调取有关证据材料。

调取书证应当调取原件，调取原件确有困难或者因保密需要无法调取原件的，可以调取复制件。书证为复制件的，应当注明调取人、提供人、调取时间、证据出处和“本复制件与原件核对一致”等字样，并签字、盖章。书证页码较多的，加盖骑缝章。

调取物证应当调取原物，调取原物确有困难的，可以调取足以反映原物外形或者内容的照片、录像或者复制品等其他证据材料。

第三十九条 人民检察院应当收集提取视听资料、电子数据的原始存储介质，调取原始存储介质确有困难或者因保密需要无法调取的，可以调取复制件。调取复制件的，应当说明其来源和制作经过。

人民检察院自行收集提取视听资料、电子数据的,应当注明收集时间、地点、收集人员及其他需要说明的情况。

第四十条 人民检察院可以就专门性问题书面或者口头咨询有关专业人员、相关部门或者行业协会的意见。

口头咨询的,应当制作笔录,由接受咨询的专业人员签名或者盖章。书面咨询的,应当由出具咨询意见的专业人员或者单位签名、盖章。

第四十一条 人民检察院对专门性问题认为确有必要鉴定、评估、审计、检验、检测、翻译的,可以委托具备资格的机构进行鉴定、评估、审计、检验、检测、翻译,委托时应当制作《委托鉴定(评估、审计、检验、检测、翻译)函》。

第四十二条 人民检察院认为确有必要的,可以勘验物证或者现场。

勘验应当在检察官的主持下,由两名以上检察人员进行,可以邀请见证人参加。必要时,可以指派或者聘请有专门知识的人进行。勘验情况和结果应当制作笔录,由参加勘验的人员、见证人签名或者盖章。

检察技术人员可以依照相关规定在勘验过程中进行取样并进行快速检测。

第四十三条 人民检察院办理公益诉讼案件,需要异地调查收集证据的,可以自行调查或者委托当地同级人民检察院进行。委托时应当出具委托书,载明需要调查的对象、事项及要求。受委托人民检察院应当在收到委托书之日起三十日内完成调查,并将情况回复委托的人民检察院。

第四十四条 人民检察院可以依照规定组织听证,听取听证员、行政机关、违法行为人、行政相对人、受害人代表等相关各方意见,了解有关情况。

听证形成的书面材料是人民检察院依法办理公益诉讼案件的重要参考。

第四十五条 行政机关及其工作人员拒绝或者妨碍人民检察院调查收集证据的,人民检察院可以向同级人大常委会报告,向同级纪检监察机关通报,或者通过上级人民检察院向其上级主管机关通报。

第五节 提起诉讼

第四十六条 人民检察院对于符合起诉条件的公益诉讼案件,应当依法向人民法院提起诉讼。

人民检察院提起公益诉讼,应当向人民法院提交公益诉讼起诉书和相关证据材料。起诉书的主要内容包括:

(一)公益诉讼起诉人;

（二）被告的基本信息；

（三）诉讼请求及所依据的事实和理由。

公益诉讼起诉书应当自送达人民法院之日起五日内报上一级人民检察院备案。

第四十七条 人民检察院办理行政公益诉讼案件，审查起诉期限为一个月，自检察建议整改期满之日起计算。

人民检察院办理民事公益诉讼案件，审查起诉期限为三个月，自公告期满之日起计算。

移送其他人民检察院起诉的，受移送的人民检察院审查起诉期限自收到案件之日起计算。

重大、疑难、复杂案件需要延长审查起诉期限的，行政公益诉讼案件经检察长批准后可以延长一个月，还需要延长的，报上一级人民检察院批准，上一级人民检察院认为已经符合起诉条件的，可以依照本规则第十七条规定指定本辖区内其他人民检察院提起诉讼。民事公益诉讼案件经检察长批准后可以延长一个月，还需要延长的，报上一级人民检察院批准。

第四十八条 人民检察院办理公益诉讼案件，委托鉴定、评估、审计、检验、检测、翻译期间不计入审查起诉期限。

第六节 出席第一审法庭

第四十九条 人民检察院提起公益诉讼的案件，应当派员出庭履行职责，参加相关诉讼活动。

人民检察院应当自收到人民法院出庭通知书之日起三日内向人民法院提交《派员出庭通知书》。《派员出庭通知书》应当写明出庭人员的姓名、法律职务以及出庭履行的职责。

人民检察院应当指派检察官出席第一审法庭，检察官助理可以协助检察官出庭，并根据需要配备书记员担任记录及其他辅助工作。涉及专门性、技术性问题，可以指派或者聘请有专门知识的人协助检察官出庭。

第五十条 人民法院通知人民检察院派员参加证据交换、庭前会议的，由出席法庭的检察人员参加。人民检察院认为有必要的，可以商人民法院组织证据交换或者召开庭前会议。

第五十一条 出庭检察人员履行以下职责：

（一）宣读公益诉讼起诉书；

（二）对人民检察院调查收集的证据予以出示和说明，对相关证据进行质证；

（三）参加法庭调查、进行辩论，并发表出庭意见；

（四）依法从事其他诉讼活动。

第五十二条 出庭检察人员应当客观、全面地向法庭出示证据。根据庭审情况合理安排举证顺序，分组列举证据，可以使用多媒体等示证方式。质证应当围绕证据的真实性、合法性、关联性展开。

第五十三条 出庭检察人员向被告、证人、鉴定人、勘验人等发问应当遵循下列要求：

（一）围绕案件基本事实和争议焦点进行发问；

（二）与调查收集的证据相互支撑；

（三）不得使用带有人身攻击或者威胁性的语言和方式。

第五十四条 出庭检察人员可以申请人民法院通知证人、鉴定人、有专门知识的人出庭作证或者提出意见。

第五十五条 出庭检察人员在法庭审理期间，发现需要补充调查的，可以在法庭休庭后进行补充调查。

第五十六条 出庭检察人员参加法庭辩论，应结合法庭调查情况，围绕双方在事实、证据、法律适用等方面的争议焦点发表辩论意见。

第五十七条 出庭检察人员应当结合庭审情况，客观公正发表出庭意见。

第七节 上 诉

第五十八条 人民检察院应当在收到人民法院第一审公益诉讼判决书、裁定书后三日内报送上一级人民检察院备案。

人民检察院认为第一审公益诉讼判决、裁定确有错误的，应当提出上诉。

提出上诉的，由提起诉讼的人民检察院决定。上一级人民检察院应当同步审查进行指导。

第五十九条 人民检察院提出上诉的，应当制作公益诉讼上诉书。公益诉讼上诉书的主要内容包括：

（一）公益诉讼上诉人；

（二）被上诉人的基本情况；

(三)原审人民法院名称、案件编号和案由;

(四)上诉请求和事实理由。

第六十条 人民检察院应当在上诉期限内通过原审人民法院向上一级人民法院提交公益诉讼上诉书,并将副本连同相关证据材料报送上一级人民检察院。

第六十一条 上一级人民检察院认为上诉不当的,应当指令下级人民检察院撤回上诉。

上一级人民检察院在上诉期限内,发现下级人民检察院应当上诉而没有提出上诉的,应当指令下级人民检察院依法提出上诉。

第六十二条 被告不服第一审公益诉讼判决、裁定上诉的,人民检察院应当在收到上诉状副本后三日内报送上一级人民检察院,提起诉讼的人民检察院和上一级人民检察院应当全面审查案卷材料。

第六十三条 人民法院决定开庭审理的上诉案件,提起诉讼的人民检察院和上一级人民检察院应当共同派员出席第二审法庭。

人民检察院应当在出席第二审法庭之前向人民法院提交《派员出庭通知书》,载明人民检察院出庭检察人员的姓名、法律职务以及出庭履行的职责等。

第八节 诉讼监督

第六十四条 最高人民检察院发现各级人民法院、上级人民检察院发现下级人民法院已经发生法律效力的公益诉讼判决、裁定确有错误,损害国家利益或者社会公共利益的,应当依法提出抗诉。

第六十五条 人民法院决定开庭审理的公益诉讼再审案件,与人民法院对应的同级人民检察院应当派员出席法庭。

第六十六条 人民检察院发现人民法院公益诉讼审判程序违反法律规定,或者审判人员有《中华人民共和国法官法》第四十六条规定的违法行为,可能影响案件公正审判、执行的,或者人民法院在公益诉讼案件判决生效后不依法移送执行或者执行活动违反法律规定的,应当依法向同级人民法院提出检察建议。

第三章 行政公益诉讼

第一节 立案与调查

第六十七条 人民检察院经过对行政公益诉讼案件线索进行评估,认为同时存在以下情形的,应当立案:

（一）国家利益或者社会公共利益受到侵害；

（二）生态环境和资源保护、食品药品安全、国有财产保护、国有土地使用权出让、未成年人保护等领域对保护国家利益或者社会公共利益负有监督管理职责的行政机关可能违法行使职权或者不作为。

第六十八条 人民检察院对于符合本规则第六十七条规定的下列情形，应当立案：

（一）对于行政机关作出的行政决定，行政机关有强制执行权而怠于强制执行，或者没有强制执行权而怠于申请人民法院强制执行的；

（二）在人民法院强制执行过程中，行政机关违法处分执行标的的；

（三）根据地方裁执分离规定，人民法院将行政强制执行案件交由有强制执行权的行政机关执行，行政机关不依法履职的；

（四）其他行政强制执行中行政机关违法行使职权或者不作为的情形。

第六十九条 对于同一侵害国家利益或者社会公共利益的损害后果，数个负有不同监督管理职责的行政机关均可能存在不依法履行职责情形的，人民检察院可以对数个行政机关分别立案。

人民检察院在立案前发现同一行政机关对多个同一性质的违法行为可能存在不依法履行职责情形的，应当作为一个案件立案。在发出检察建议前发现其他同一性质的违法行为的，应当与已立案案件一并处理。

第七十条 人民检察院决定立案的，应当在七日内将《立案决定书》送达行政机关，并可以就其是否存在违法行使职权或者不作为、国家利益或者社会公共利益受到侵害的后果、整改方案等事项进行磋商。

磋商可以采取召开磋商座谈会、向行政机关发送事实确认书等方式进行，并形成会议记录或者纪要等书面材料。

第七十一条 人民检察院办理行政公益诉讼案件，围绕以下事项进行调查：

（一）国家利益或者社会公共利益受到侵害的事实；

（二）行政机关的监督管理职责；

（三）行政机关不依法履行职责的行为；

（四）行政机关不依法履行职责的行为与国家利益或者社会公共利益受到侵害的关联性；

（五）其他需要查明的事项。

第七十二条 人民检察院认定行政机关监督管理职责的依据为法律法规规章,可以参考行政机关的"三定"方案、权力清单和责任清单等。

第七十三条 调查结束,检察官应当制作《调查终结报告》,区分情况提出以下处理意见:

(一)终结案件;

(二)提出检察建议。

第七十四条 经调查,人民检察院认为存在下列情形之一的,应当作出终结案件决定:

(一)行政机关未违法行使职权或者不作为的;

(二)国家利益或者社会公共利益已经得到有效保护的;

(三)行政机关已经全面采取整改措施依法履行职责的;

(四)其他应当终结案件的情形。

终结案件的,应当报检察长决定,并制作《终结案件决定书》送达行政机关。

第二节 检察建议

第七十五条 经调查,人民检察院认为行政机关不依法履行职责,致使国家利益或者社会公共利益受到侵害的,应当报检察长决定向行政机关提出检察建议,并于《检察建议书》送达之日起五日内向上一级人民检察院备案。

《检察建议书》应当包括以下内容:

(一)行政机关的名称;

(二)案件来源;

(三)国家利益或者社会公共利益受到侵害的事实;

(四)认定行政机关不依法履行职责的事实和理由;

(五)提出检察建议的法律依据;

(六)建议的具体内容;

(七)行政机关整改期限;

(八)其他需要说明的事项。

《检察建议书》的建议内容应当与可能提起的行政公益诉讼请求相衔接。

第七十六条 人民检察院决定提出检察建议的,应当在三日内将《检察建议书》送达行政机关。

行政机关拒绝签收的,应当在送达回证上记录,把《检察建议书》留在其住所地，并可以采用拍照、录像等方式记录送达过程。

人民检察院可以采取宣告方式向行政机关送达《检察建议书》，必要时，可以邀请人大代表、政协委员、人民监督员等参加。

第七十七条　提出检察建议后，人民检察院应当对行政机关履行职责的情况和国家利益或者社会公共利益受到侵害的情况跟进调查，收集相关证据材料。

第七十八条　行政机关在法律、司法解释规定的整改期限内已依法作出行政决定或者制定整改方案，但因突发事件等客观原因不能全部整改到位，且没有怠于履行监督管理职责情形的，人民检察院可以中止审查。

中止审查的，应当经检察长批准，制作《中止审查决定书》，并报送上一级人民检察院备案。中止审查的原因消除后，应当恢复审查并制作《恢复审查决定书》。

第七十九条　经过跟进调查，检察官应当制作《审查终结报告》，区分情况提出以下处理意见：

（一）终结案件；

（二）提起行政公益诉讼；

（三）移送其他人民检察院处理。

第八十条　经审查，人民检察院发现有本规则第七十四条第一款规定情形之一的，应当终结案件。

第三节　提起诉讼

第八十一条　行政机关经检察建议督促仍然没有依法履行职责，国家利益或者社会公共利益处于受侵害状态的，人民检察院应当依法提起行政公益诉讼。

第八十二条　有下列情形之一的，人民检察院可以认定行政机关未依法履行职责：

（一）逾期不回复检察建议，也没有采取有效整改措施的；

（二）已经制定整改措施，但没有实质性执行的；

（三）虽按期回复，但未采取整改措施或者仅采取部分整改措施的；

（四）违法行为人已经被追究刑事责任或者案件已经移送刑事司法机关处理，但行政机关仍应当继续依法履行职责的；

（五）因客观障碍导致整改方案难以按期执行，但客观障碍消除后未及时恢复整改的；

（六）整改措施违反法律法规规定的；

（七）其他没有依法履行职责的情形。

第八十三条 人民检察院可以根据行政机关的不同违法情形，向人民法院提出确认行政行为违法或者无效、撤销或者部分撤销违法行政行为、依法履行法定职责、变更行政行为等诉讼请求。

依法履行法定职责的诉讼请求中不予载明行政相对人承担具体义务或者减损具体权益的事项。

第八十四条 在行政公益诉讼案件审理过程中，行政机关已经依法履行职责而全部实现诉讼请求的，人民检察院可以撤回起诉。确有必要的，人民检察院可以变更诉讼请求，请求判决确认行政行为违法。

人民检察院决定撤回起诉或者变更诉讼请求的，应当经检察长决定后制作《撤回起诉决定书》或者《变更诉讼请求决定书》，并在三日内提交人民法院。

第四章 民事公益诉讼

第一节 立案与调查

第八十五条 人民检察院经过对民事公益诉讼线索进行评估，认为同时存在以下情形的，应当立案：

（一）社会公共利益受到损害；

（二）可能存在破坏生态环境和资源保护，食品药品安全领域侵害众多消费者合法权益，侵犯未成年人合法权益，侵害英雄烈士等的姓名、肖像、名誉、荣誉等损害社会公共利益的违法行为。

第八十六条 人民检察院立案后，应当调查以下事项：

（一）违法行为人的基本情况；

（二）违法行为人实施的损害社会公共利益的行为；

（三）社会公共利益受到损害的类型、具体数额或者修复费用等；

（四）违法行为与损害后果之间的因果关系；

（五）违法行为人的主观过错情况；

（六）违法行为人是否存在免除或者减轻责任的相关事实；

（七）其他需要查明的事项。

对于污染环境、破坏生态等应当由违法行为人依法就其不承担责任或者减轻责任，及其行为与损害后果之间不存在因果关系承担举证责任的案件，可以重点调查（一）（二）（三）项以及违法行为与损害后果之间的关联性。

第八十七条 人民检察院办理涉及刑事犯罪的民事公益诉讼案件，在刑事案件的委托鉴定评估中，可以同步提出公益诉讼案件办理的鉴定评估需求。

第八十八条 刑事侦查中依法收集的证据材料，可以在基于同一违法事实提起的民事公益诉讼案件中作为证据使用。

第八十九条 调查结束，检察官应当制作《调查终结报告》，区分情况提出以下处理意见：

（一）终结案件；

（二）发布公告。

第九十条 经调查，人民检察院发现存在以下情形之一的，应当终结案件：

（一）不存在违法行为的；

（二）生态环境损害赔偿权利人与赔偿义务人经磋商达成赔偿协议，或者已经提起生态环境损害赔偿诉讼的；

（三）英雄烈士等的近亲属不同意人民检察院提起公益诉讼的；

（四）其他适格主体依法向人民法院提起诉讼的；

（五）社会公共利益已经得到有效保护的；

（六）其他应当终结案件的情形。

有前款（二）（三）（四）项情形之一，人民检察院支持起诉的除外。

终结案件的，应当报请检察长决定，并制作《终结案件决定书》。

第二节 公 告

第九十一条 经调查，人民检察院认为社会公共利益受到损害，存在违法行为的，应当依法发布公告。公告应当包括以下内容：

（一）社会公共利益受到损害的事实；

（二）告知适格主体可以向人民法院提起诉讼，符合启动生态环境损害赔偿程序条件的案件，告知赔偿权利人启动生态环境损害赔偿程序；

（三）公告期限；

（四）联系人、联系电话；

（五）公告单位、日期。

公告应当在具有全国影响的媒体发布，公告期间为三十日。

第九十二条 人民检察院办理侵害英雄烈士等的姓名、肖像、名誉、荣誉的民事公益诉讼案件,可以直接征询英雄烈士等的近亲属的意见。被侵害的英雄烈士等人数众多、难以确定近亲属,或者直接征询近亲属意见确有困难的,也可以通过公告的方式征询英雄烈士等的近亲属的意见。

第九十三条 发布公告后,人民检察院应当对赔偿权利人启动生态环境损害赔偿程序情况、适格主体起诉情况、英雄烈士等的近亲属提起民事诉讼情况,以及社会公共利益受到损害的情况跟进调查,收集相关证据材料。

第九十四条 经过跟进调查,检察官应当制作《审查终结报告》,区分情况提出以下处理意见:

(一)终结案件;

(二)提起民事公益诉讼;

(三)移送其他人民检察院处理。

第九十五条 经审查,人民检察院发现有本规则第九十条规定情形之一的,应当终结案件。

第三节 提 起 诉 讼

第九十六条 有下列情形之一,社会公共利益仍然处于受损害状态的,人民检察院应当提起民事公益诉讼:

(一)生态环境损害赔偿权利人未启动生态环境损害赔偿程序,或者经过磋商未达成一致,赔偿权利人又不提起诉讼的;

(二)没有适格主体,或者公告期满后适格主体不提起诉讼的;

(三)英雄烈士等没有近亲属,或者近亲属不提起诉讼的。

第九十七条 人民检察院在刑事案件提起公诉时,对破坏生态环境和资源保护,食品药品安全领域侵害众多消费者合法权益,侵犯未成年人合法权益,侵害英雄烈士等的姓名、肖像、名誉、荣誉等损害社会公共利益的违法行为,可以向人民法院提起刑事附带民事公益诉讼。

第九十八条 人民检察院可以向人民法院提出要求被告停止侵害、排除妨碍、消除危险、恢复原状、赔偿损失等诉讼请求。

针对不同领域案件,还可以提出以下诉讼请求:

(一)破坏生态环境和资源保护领域案件,可以提出要求被告以补植复绿、增殖放流、土地复垦等方式修复生态环境的诉讼请求,或者支付生态环境修复费用,赔偿生态环境受到损害至修复完成期间服务功能丧失造成的损失、生态环境功能永久性损害造成的损失等诉讼请求,被告违反法律规定故意污染环境、破坏生态造成严重后果的,可以提出惩罚性赔偿等诉讼请求;

(二)食品药品安全领域案件,可以提出要求被告召回并依法处置相关食品药品以及承担相关费用和惩罚性赔偿等诉讼请求;

(三)英雄烈士等的姓名、肖像、名誉、荣誉保护案件,可以提出要求被告消除影响、恢复名誉、赔礼道歉等诉讼请求。

人民检察院为诉讼支出的鉴定评估、专家咨询等费用,可以在起诉时一并提出由被告承担的诉讼请求。

第九十九条　民事公益诉讼案件可以依法在人民法院主持下进行调解。调解协议不得减免诉讼请求载明的民事责任,不得损害社会公共利益。

诉讼请求全部实现的,人民检察院可以撤回起诉。人民检察院决定撤回起诉的,应当经检察长决定后制作《撤回起诉决定书》,并在三日内提交人民法院。

第四节　支持起诉

第一百条　下列案件,人民检察院可以支持起诉:

(一)生态环境损害赔偿权利人提起的生态环境损害赔偿诉讼案件;

(二)适格主体提起的民事公益诉讼案件;

(三)英雄烈士等的近亲属提起的维护英雄烈士等的姓名、肖像、名誉、荣誉的民事诉讼案件;

(四)军人和因公牺牲军人、病故军人遗属提起的侵害军人荣誉、名誉和其他相关合法权益的民事诉讼案件;

(五)其他依法可以支持起诉的公益诉讼案件。

第一百零一条　人民检察院可以采取提供法律咨询、向人民法院提交支持起诉意见书、协助调查取证、出席法庭等方式支持起诉。

第一百零二条　人民检察院在向人民法院提交支持起诉意见书后,发现有以下不适合支持起诉情形的,可以撤回支持起诉:

(一)原告无正当理由变更、撤回部分诉讼请求,致使社会公共利益不能得到有效保护的;

(二)原告撤回起诉或者与被告达成和解协议,致使社会公共利益不能得到有效保护的;

(三)原告请求被告承担的律师费以及为诉讼支出的其他费用过高,对社会公共利益保护产生明显不利影响的;

(四)其他不适合支持起诉的情形。

人民检察院撤回支持起诉的,应当制作《撤回支持起诉决定书》,在三日内提交人民法院,并发送原告。

第一百零三条 人民检察院撤回支持起诉后,认为适格主体提出的诉讼请求不足以保护社会公共利益,符合立案条件的,可以另行立案。

第五章 其他规定

第一百零四条 办理公益诉讼案件的人民检察院对涉及法律适用、办案程序、司法政策等问题,可以依照有关规定向上级人民检察院请示。

第一百零五条 本规则所涉及的法律文书格式,由最高人民检察院统一制定。

第一百零六条 各级人民检察院办理公益诉讼案件,应当依照有关规定及时归档。

第一百零七条 人民检察院提起公益诉讼,不需要交纳诉讼费用。

第六章 附　　则

第一百零八条 军事检察院等专门人民检察院办理公益诉讼案件,适用本规则和其他有关规定。

第一百零九条 本规则所称检察官,包括检察长、副检察长、检察委员会委员、检察员。

本规则所称检察人员,包括检察官和检察辅助人员。

第一百一十条 《中华人民共和国军人地位和权益保障法》《中华人民共和国安全生产法(2021 修正)》等法律施行后,人民检察院办理公益诉讼案件的范围相应调整。

第一百一十一条 本规则未规定的其他事项,适用民事诉讼法、行政诉讼法及相关司法解释的规定。

第一百一十二条 本规则自 2021 年 7 月 1 日起施行。

最高人民检察院以前发布的司法解释和规范性文件与本规则不一致的,以本规则为准。

十三、《最高人民法院关于审理生态环境损害赔偿案件的若干规定(试行)》(2020 年修正)

为正确审理生态环境损害赔偿案件,严格保护生态环境,依法追究损害生态环境责任者的赔偿责任,依据《中华人民共和国民法典》《中华人民共和国环境保护法》《中华人民共和国民事诉讼法》等法律的规定,结合审判工作实际,制定本规定。

第一条 具有下列情形之一,省级、市地级人民政府及其指定的相关部门、机构,或者受国务院委托行使全民所有自然资源资产所有权的部门,因与造成生态环境损害的自然人、法人或者其他组织经磋商未达成一致或者无法进行磋商的,可以作为原告提起生态环境损害赔偿诉讼:

(一)发生较大、重大、特别重大突发环境事件的;

(二)在国家和省级主体功能区规划中划定的重点生态功能区、禁止开发区发生环境污染、生态破坏事件的;

(三)发生其他严重影响生态环境后果的。

前款规定的市地级人民政府包括设区的市,自治州、盟、地区,不设区的地级市,直辖市的区、县人民政府。

第二条 下列情形不适用本规定:

(一)因污染环境、破坏生态造成人身损害、个人和集体财产损失要求赔偿的;

(二)因海洋生态环境损害要求赔偿的。

第三条 第一审生态环境损害赔偿诉讼案件由生态环境损害行为实施地、损害结果发生地或者被告住所地的中级以上人民法院管辖。

经最高人民法院批准,高级人民法院可以在辖区内确定部分中级人民法院集中管辖第一审生态环境损害赔偿诉讼案件。

中级人民法院认为确有必要的,可以在报请高级人民法院批准后,裁定将本院管辖的第一审生态环境损害赔偿诉讼案件交由具备审理条件的基层人民法院审理。

生态环境损害赔偿诉讼案件由人民法院环境资源审判庭或者指定的专门法庭审理。

第四条 人民法院审理第一审生态环境损害赔偿诉讼案件，应当由法官和人民陪审员组成合议庭进行。

第五条 原告提起生态环境损害赔偿诉讼，符合民事诉讼法和本规定并提交下列材料的，人民法院应当登记立案：

（一）证明具备提起生态环境损害赔偿诉讼原告资格的材料；

（二）符合本规定第一条规定情形之一的证明材料；

（三）与被告进行磋商但未达成一致或者因客观原因无法与被告进行磋商的说明；

（四）符合法律规定的起诉状，并按照被告人数提出副本。

第六条 原告主张被告承担生态环境损害赔偿责任的，应当就以下事实承担举证责任：

（一）被告实施了污染环境、破坏生态的行为或者具有其他应当依法承担责任的情形；

（二）生态环境受到损害，以及所需修复费用、损害赔偿等具体数额；

（三）被告污染环境、破坏生态的行为与生态环境损害之间具有关联性。

第七条 被告反驳原告主张的，应当提供证据加以证明。被告主张具有法律规定的不承担责任或者减轻责任情形的，应当承担举证责任。

第八条 已为发生法律效力的刑事裁判所确认的事实，当事人在生态环境损害赔偿诉讼案件中无须举证证明，但有相反证据足以推翻的除外。

对刑事裁判未予确认的事实，当事人提供的证据达到民事诉讼证明标准的，人民法院应当予以认定。

第九条 负有相关环境资源保护监督管理职责的部门或者其委托的机构在行政执法过程中形成的事件调查报告、检验报告、检测报告、评估报告、监测数据等，经当事人质证并符合证据标准的，可以作为认定案件事实的根据。

第十条 当事人在诉前委托具备环境司法鉴定资质的鉴定机构出具的鉴定意见，以及委托国务院环境资源保护监督管理相关主管部门推荐的机构出具的检验报告、检测报告、评估报告、监测数据等，经当事人质证并符合证据标准的，可以作为认定案件事实的根据。

第十一条 被告违反国家规定造成生态环境损害的，人民法院应当根据原告的诉讼请求以及具体案情，合理判决被告承担修复生态环境、赔偿损失、停止侵害、排除妨碍、消除危险、赔礼道歉等民事责任。

第十二条　受损生态环境能够修复的，人民法院应当依法判决被告承担修复责任，并同时确定被告不履行修复义务时应承担的生态环境修复费用。

生态环境修复费用包括制定、实施修复方案的费用，修复期间的监测、监管费用，以及修复完成后的验收费用、修复效果后评估费用等。

原告请求被告赔偿生态环境受到损害至修复完成期间服务功能损失的，人民法院根据具体案情予以判决。

第十三条　受损生态环境无法修复或者无法完全修复，原告请求被告赔偿生态环境功能永久性损害造成的损失的，人民法院根据具体案情予以判决。

第十四条　原告请求被告承担下列费用的，人民法院根据具体案情予以判决：

（一）实施应急方案、清除污染以及为防止损害的发生和扩大所支出的合理费用；

（二）为生态环境损害赔偿磋商和诉讼支出的调查、检验、鉴定、评估等费用；

（三）合理的律师费以及其他为诉讼支出的合理费用。

第十五条　人民法院判决被告承担的生态环境服务功能损失赔偿资金、生态环境功能永久性损害造成的损失赔偿资金，以及被告不履行生态环境修复义务时所应承担的修复费用，应当依照法律、法规、规章予以缴纳、管理和使用。

第十六条　在生态环境损害赔偿诉讼案件审理过程中，同一损害生态环境行为又被提起民事公益诉讼，符合起诉条件的，应当由受理生态环境损害赔偿诉讼案件的人民法院受理并由同一审判组织审理。

第十七条　人民法院受理因同一损害生态环境行为提起的生态环境损害赔偿诉讼案件和民事公益诉讼案件，应先中止民事公益诉讼案件的审理，待生态环境损害赔偿诉讼案件审理完毕后，就民事公益诉讼案件未被涵盖的诉讼请求依法作出裁判。

第十八条　生态环境损害赔偿诉讼案件的裁判生效后，有权提起民事公益诉讼的国家规定的机关或者法律规定的组织就同一损害生态环境行为有证据证明存在前案审理时未发现的损害，并提起民事公益诉讼的，人民法院应予受理。

民事公益诉讼案件的裁判生效后，有权提起生态环境损害赔偿诉讼的主体就同一损害生态环境行为有证据证明存在前案审理时未发现的损害，并提起生态环境损害赔偿诉讼的,人民法院应予受理。

第十九条 实际支出应急处置费用的机关提起诉讼主张该费用的,人民法院应予受理,但人民法院已经受理就同一损害生态环境行为提起的生态环境损害赔偿诉讼案件且该案原告已经主张应急处置费用的除外。

生态环境损害赔偿诉讼案件原告未主张应急处置费用,因同一损害生态环境行为实际支出应急处置费用的机关提起诉讼主张该费用的,由受理生态环境损害赔偿诉讼案件的人民法院受理并由同一审判组织审理。

第二十条 经磋商达成生态环境损害赔偿协议的,当事人可以向人民法院申请司法确认。

人民法院受理申请后,应当公告协议内容,公告期间不少于三十日。公告期满后,人民法院经审查认为协议的内容不违反法律法规强制性规定且不损害国家利益、社会公共利益的,裁定确认协议有效。裁定书应当写明案件的基本事实和协议内容,并向社会公开。

第二十一条 一方当事人在期限内未履行或者未全部履行发生法律效力的生态环境损害赔偿诉讼案件裁判或者经司法确认的生态环境损害赔偿协议的,对方当事人可以向人民法院申请强制执行。需要修复生态环境的,依法由省级、市地级人民政府及其指定的相关部门、机构组织实施。

第二十二条 人民法院审理生态环境损害赔偿案件,本规定没有规定的,参照适用《最高人民法院关于审理环境民事公益诉讼案件适用法律若干问题的解释》《最高人民法院关于审理环境侵权责任纠纷案件适用法律若干问题的解释》等相关司法解释的规定。

第二十三条 本规定自2019年6月5日起施行。

十四、《最高人民法院关于审理环境侵权责任纠纷案件适用法律若干问题的解释》(2020年修正)

(2015年2月9日最高人民法院审判委员会第1644次会议通过,根据2020年12月23日最高人民法院审判委员会第1823次会议通过的《最高人民法院关于修改〈最高人民法院关于在民事审判工作中适用《中华人民共和国工会法》若干问题的解释〉等二十七件民事类司法解释的决定》修正)

为正确审理环境侵权责任纠纷案件,根据《中华人民共和国民法典》《中华人民共和国环境保护法》《中华人民共和国民事诉讼法》等法律的规定，结合审判实践，制定本解释。

第一条 因污染环境、破坏生态造成他人损害，不论侵权人有无过错，侵权人应当承担侵权责任。

侵权人以排污符合国家或者地方污染物排放标准为由主张不承担责任的，人民法院不予支持。

侵权人不承担责任或者减轻责任的情形，适用海洋环境保护法、水污染防治法、大气污染防治法等环境保护单行法的规定；相关环境保护单行法没有规定的，适用民法典的规定。

第二条 两个以上侵权人共同实施污染环境、破坏生态行为造成损害，被侵权人根据民法典第一千一百六十八条规定请求侵权人承担连带责任的，人民法院应予支持。

第三条 两个以上侵权人分别实施污染环境、破坏生态行为造成同一损害，每一个侵权人的污染环境、破坏生态行为都足以造成全部损害，被侵权人根据民法典第一千一百七十一条规定请求侵权人承担连带责任的，人民法院应予支持。

两个以上侵权人分别实施污染环境、破坏生态行为造成同一损害，每一个侵权人的污染环境、破坏生态行为都不足以造成全部损害，被侵权人根据民法典第一千一百七十二条规定请求侵权人承担责任的，人民法院应予支持。

两个以上侵权人分别实施污染环境、破坏生态行为造成同一损害，部分侵权人的污染环境、破坏生态行为足以造成全部损害，部分侵权人的污染环境、破坏生态行为只造成部分损害，被侵权人根据民法典第一千一百七十一条规定请求足以造成全部损害的侵权人与其他侵权人就共同造成的损害部分承担连带责任，并对全部损害承担责任的，人民法院应予支持。

第四条 两个以上侵权人污染环境、破坏生态，对侵权人承担责任的大小，人民法院应当根据污染物的种类、浓度、排放量、危害性，有无排污许可证、是否超过污染物排放标准、是否超过重点污染物排放总量控制指标，破坏生态的方式、范围、程度，以及行为对损害后果所起的作用等因素确定。

第五条 被侵权人根据民法典第一千二百三十三条规定分别或者同时起诉侵权人、第三人的，人民法院应予受理。

被侵权人请求第三人承担赔偿责任的，人民法院应当根据第三人的过错程度确定其相应赔偿责任。

侵权人以第三人的过错污染环境、破坏生态造成损害为由主张不承担责任或者减轻责任的，人民法院不予支持。

第六条 被侵权人根据民法典第七编第七章的规定请求赔偿的，应当提供证明以下事实的证据材料：

（一）侵权人排放了污染物或者破坏了生态；

（二）被侵权人的损害；

（三）侵权人排放的污染物或者其次生污染物、破坏生态行为与损害之间具有关联性。

第七条 侵权人举证证明下列情形之一的，人民法院应当认定其污染环境、破坏生态行为与损害之间不存在因果关系：

（一）排放污染物、破坏生态的行为没有造成该损害可能的；

（二）排放的可造成该损害的污染物未到达该损害发生地的；

（三）该损害于排放污染物、破坏生态行为实施之前已发生的；

（四）其他可以认定污染环境、破坏生态行为与损害之间不存在因果关系的情形。

第八条 对查明环境污染、生态破坏案件事实的专门性问题，可以委托具备相关资格的司法鉴定机构出具鉴定意见或者由负有环境资源保护监督管理职责的部门推荐的机构出具检验报告、检测报告、评估报告或者监测数据。

第九条 当事人申请通知一至两名具有专门知识的人出庭，就鉴定意见或者污染物认定、损害结果、因果关系、修复措施等专业问题提出意见的，人民法院可以准许。当事人未申请，人民法院认为有必要的，可以进行释明。

具有专门知识的人在法庭上提出的意见，经当事人质证，可以作为认定案件事实的根据。

第十条 负有环境资源保护监督管理职责的部门或者其委托的机构出具的环境污染、生态破坏事件调查报告、检验报告、检测报告、评估报告或者监测数据等，经当事人质证，可以作为认定案件事实的根据。

第十一条 对于突发性或者持续时间较短的环境污染、生态破坏行为，在证据可能灭失或者以后难以取得的情况下，当事人或者利害关系人根据民事诉讼法第八十一条规定申请证据保全的，人民法院应当准许。

第十二条 被申请人具有环境保护法第六十三条规定情形之一，当事人或者利害关系人根据民事诉讼法第一百条或者第一百零一条规定申请保全的，人民法院可以裁定责令被申请人立即停止侵害行为或者采取防治措施。

第十三条 人民法院应当根据被侵权人的诉讼请求以及具体案情，合理判定侵权人承担停止侵害、排除妨碍、消除危险、修复生态环境、赔礼道歉、赔偿损失等民事责任。

第十四条 被侵权人请求修复生态环境的，人民法院可以依法裁判侵权人承担环境修复责任，并同时确定其不履行环境修复义务时应当承担的环境修复费用。

侵权人在生效裁判确定的期限内未履行环境修复义务的，人民法院可以委托其他人进行环境修复，所需费用由侵权人承担。

第十五条 被侵权人起诉请求侵权人赔偿因污染环境、破坏生态造成的财产损失、人身损害以及为防止损害发生和扩大、清除污染、修复生态环境而采取必要措施所支出的合理费用的，人民法院应予支持。

第十六条 下列情形之一，应当认定为环境保护法第六十五条规定的弄虚作假：

（一）环境影响评价机构明知委托人提供的材料虚假而出具严重失实的评价文件的；

（二）环境监测机构或者从事环境监测设备维护、运营的机构故意隐瞒委托人超过污染物排放标准或者超过重点污染物排放总量控制指标的事实的；

（三）从事防治污染设施维护、运营的机构故意不运行或者不正常运行环境监测设备或者防治污染设施的；

（四）有关机构在环境服务活动中其他弄虚作假的情形。

第十七条 本解释适用于审理因污染环境、破坏生态造成损害的民事案件，但法律和司法解释对环境民事公益诉讼案件另有规定的除外。

相邻污染侵害纠纷、劳动者在职业活动中因受污染损害发生的纠纷，不适用本解释。

第十八条 本解释施行后，人民法院尚未审结的一审、二审案件适用本解释规定。本解释施行前已经作出生效裁判的案件，本解释施行后依法再审的，不适用本解释。

本解释施行后，最高人民法院以前颁布的司法解释与本解释不一致的，不再适用。

十五、《最高人民法院关于审理海洋自然资源与生态环境损害赔偿纠纷案件若干问题的规定》(2017年12月发布)

为正确审理海洋自然资源与生态环境损害赔偿纠纷案件,根据《中华人民共和国海洋环境保护法》《中华人民共和国民事诉讼法》《中华人民共和国海事诉讼特别程序法》等法律的规定,结合审判实践,制定本规定。

第一条 人民法院审理为请求赔偿海洋环境保护法第八十九条第二款规定的海洋自然资源与生态环境损害而提起的诉讼,适用本规定。

第二条 在海上或者沿海陆域内从事活动,对中华人民共和国管辖海域内海洋自然资源与生态环境造成损害,由此提起的海洋自然资源与生态环境损害赔偿诉讼,由损害行为发生地、损害结果地或者采取预防措施地海事法院管辖。

第三条 海洋环境保护法第五条规定的行使海洋环境监督管理权的机关,根据其职能分工提起海洋自然资源与生态环境损害赔偿诉讼,人民法院应予受理。

第四条 人民法院受理海洋自然资源与生态环境损害赔偿诉讼,应当在立案之日起五日内公告案件受理情况。

人民法院在审理中发现可能存在下列情形之一的,可以书面告知其他依法行使海洋环境监督管理权的机关:

(一)同一损害涉及不同区域或者不同部门;

(二)不同损害应由其他依法行使海洋环境监督管理权的机关索赔。

本规定所称不同损害,包括海洋自然资源与生态环境损害中不同种类和同种类但可以明确区分属不同机关索赔范围的损害。

第五条 在人民法院依照本规定第四条的规定发布公告之日起三十日内,或者书面告知之日起七日内,对同一损害有权提起诉讼的其他机关申请参加诉讼,经审查符合法定条件的,人民法院应当将其列为共同原告;逾期申请的,人民法院不予准许。裁判生效后另行起诉的,人民法院参照《最高人民法院关于审理环境民事公益诉讼案件适用法律若干问题的解释》第二十八条的规定处理。

对于不同损害,可以由各依法行使海洋环境监督管理权的机关分别提起诉讼;索赔人共同起诉或者在规定期限内申请参加诉讼的,人民法院依照民事诉讼法第五十二条第一款的规定决定是否按共同诉讼进行审理。

第六条 依法行使海洋环境监督管理权的机关请求造成海洋自然资源与生态环境损害的责任者承担停止侵害、排除妨碍、消除危险、恢复原状、赔礼道歉、赔偿损失等民事责任的,人民法院应当根据诉讼请求以及具体案情,合理判定责任者承担民事责任。

第七条 海洋自然资源与生态环境损失赔偿范围包括:

(一)预防措施费用,即为减轻或者防止海洋环境污染、生态恶化、自然资源减少所采取合理应急处置措施而发生的费用;

(二)恢复费用,即采取或者将要采取措施恢复或者部分恢复受损害海洋自然资源与生态环境功能所需费用;

(三)恢复期间损失,即受损害的海洋自然资源与生态环境功能部分或者完全恢复前的海洋自然资源损失、生态环境服务功能损失;

(四)调查评估费用,即调查、勘查、监测污染区域和评估污染等损害风险与实际损害所发生的费用。

第八条 恢复费用,限于现实修复实际发生和未来修复必然发生的合理费用,包括制定和实施修复方案和监测、监管产生的费用。

未来修复必然发生的合理费用和恢复期间损失,可以根据有资格的鉴定评估机构依据法律法规、国家主管部门颁布的鉴定评估技术规范作出的鉴定意见予以确定,但当事人有相反证据足以反驳的除外。

预防措施费用和调查评估费用,以实际发生和未来必然发生的合理费用计算。

责任者已经采取合理预防、恢复措施,其主张相应减少损失赔偿数额的,人民法院应予支持。

第九条 依照本规定第八条的规定难以确定恢复费用和恢复期间损失的,人民法院可以根据责任者因损害行为所获得的收益或者所减少支付的污染防治费用,合理确定损失赔偿数额。

前款规定的收益或者费用无法认定的,可以参照政府部门相关统计资料或者其他证据所证明的同区域同类生产经营者同期平均收入、同期平均污染防治费用,合理酌定。

第十条 人民法院判决责任者赔偿海洋自然资源与生态环境损失的,可以一并写明依法行使海洋环境监督管理权的机关受领赔款后向国库账户交纳。

发生法律效力的裁判需要采取强制执行措施的，应当移送执行。

第十一条 海洋自然资源与生态环境损害赔偿诉讼当事人达成调解协议或者自行达成和解协议的，人民法院依照《最高人民法院关于审理环境民事公益诉讼案件适用法律若干问题的解释》第二十五条的规定处理。

第十二条 人民法院审理海洋自然资源与生态环境损害赔偿纠纷案件，本规定没有规定的，适用《最高人民法院关于审理环境侵权责任纠纷案件适用法律若干问题的解释》《最高人民法院关于审理环境民事公益诉讼案件适用法律若干问题的解释》等相关司法解释的规定。

在海上或者沿海陆域内从事活动，对中华人民共和国管辖海域内海洋自然资源与生态环境形成损害威胁，人民法院审理由此引起的赔偿纠纷案件，参照适用本规定。

人民法院审理因船舶引起的海洋自然资源与生态环境损害赔偿纠纷案件，法律、行政法规、司法解释另有特别规定的，依照其规定。

第十三条 本规定自2018年1月15日起施行，人民法院尚未审结的一审、二审案件适用本规定；本规定施行前已经作出生效裁判的案件，本规定施行后依法再审的，不适用本规定。

本规定施行后，最高人民法院以前颁布的司法解释与本规定不一致的，以本规定为准。

附表　各省环境资源案件集中管辖规定

	规定名	一审管辖法院	管辖范围	二审管辖法院
最高人民法院	《关于铁路运输法院案件管辖范围的若干规定》(2012 年 8 月 1 日起施行)	铁路运输基层法院	因铁路建设及铁路运输引起的环境污染侵权纠纷	铁路运输中级法院
	《关于全面加强环境资源审判工作　为推进生态文明建设提供有力司法保障的意见》(2014 年 6 月 23 日起实施)	侵权行为地或被告住所地的中级人民法院	规定了环境公益诉讼管辖法院;提出设立环境资源审判机构或环境资源合议庭;提出探索建立与行政区划适当分离的环境资源案件管辖制度	无特殊规定
	《关于审理环境民事公益诉讼案件适用法律若干问题的解释》(2021 年 1 月 1 日起实施)	污染环境、破坏生态行为发生地、损害结果发生地或被告住所地中级法院	环境公益诉讼	无特殊规定
四川省	《最高人民法院关于同意成都铁路运输第二法院内设专门审判机构并跨区域管辖部分环境资源案件的批复》 《四川省高级人民法院关于实行大熊猫国家公园四川片区环境资源案件集中管辖的意见(试行)》(2021 年 5 月 1 日起正式施行)	成都铁路运输第二法院内设专门审理环境资源案件的机构——四川大熊猫国家公园生态法庭	跨行政区域集中管辖大熊猫国家公园四川片区内 7 个市(州)20 个县(市、区),应由基层人民法院受理的第一审环境资源刑事、民事、行政案件以及相关恢复性司法执行案件	无特殊规定
		成都铁路运输中级法院	集中管辖该片区范围内一审环境资源民事公益诉讼案件、生态环境损害赔偿案件,其他应当由中级人民法院受理的第一审环境资源刑事、民事、行政案件和相关恢复性司法执行案件,以及对四川大熊猫国家公园生态法庭作出的判决、裁定提起上诉或抗诉的案件	无特殊规定

续表

	规定名	一审管辖法院	管辖范围	二审管辖法院
江苏省	《江苏省高级人民法院关于设立环境资源法庭并跨区域管辖环境资源案件的通知》（苏高法〔2019〕16号）《最高人民法院关于同意南京市中级人民法院跨区域管辖部分环境资源案件的批复》（法〔2019〕95号）	南京铁路运输法院西南低山丘陵区域环境资源法庭	南京市、句容市应当由基层人民法院审理的第一审环境资源刑事、民事、行政案件（含环境行政公益诉讼案件、刑事附带民事公益诉讼案件，环境资源行政案件中的涉土地行政管理案件暂不纳入）	无特殊规定
		苏州市姑苏区人民法院太湖流域环境资源法庭	苏州市（不含太仓市、张家港市、常熟市），宜兴市，无锡市滨湖区，无锡市新吴区，常州市武进区应当由基层人民法院审理的第一审环境资源刑事、民事、行政案件（含环境行政公益诉讼案件、刑事附带民事公益诉讼案件，环境资源行政案件中的涉土地行政管理案件暂不纳入）	无特殊规定
		江阴市人民法院长江流域环境资源第一法庭	无锡市（不含宜兴市、无锡市滨湖区、无锡市新吴区），太仓市，张家港市，常熟市，常州市（不含武进区），镇江市（不含句容市）应当由基层人民法院审理的第一审环境资源刑事、民事、行政案件（含环境行政公益诉讼案件、刑事附带民事公益诉讼案件，环境资源行政案件中的涉土地行政管理案件暂不纳入）	无特殊规定
		如皋市人民法院长江流域环境资源第二法庭	南通市（不含启东市、如东县），扬州市，泰州市应当由基层人民法院审理的第一审环境资源刑事、民事、行政案件（含环境行政公益诉讼案件、刑事附带民事公益诉讼案件，环境资源行政案件中的涉土地行政管理案件暂不纳入）	无特殊规定

续表

	规定名	一审管辖法院	管辖范围	二审管辖法院
江苏省	《江苏省高级人民法院关于设立环境资源法庭并跨区域管辖环境资源案件的通知》(苏高法〔2019〕16号)《最高人民法院关于同意南京市中级人民法院跨区域管辖部分环境资源案件的批复》(法〔2019〕95号)	淮安市洪泽区人民法院洪泽湖流域环境资源法庭	淮安市(不含淮阴区、涟水县),泗洪县,泗阳县应当由基层人民法院审理的第一审环境资源刑事、民事、行政案件(含环境行政公益诉讼案件、刑事附带民事公益诉讼案件,环境资源行政案件中的涉土地行政管理案件暂不纳入)	无特殊规定
		东台市人民法院黄海湿地环境资源法庭	盐城市(不含滨海县、响水县),启东市,如东县应当由基层人民法院审理的第一审环境资源刑事、民事、行政案件(含环境行政公益诉讼案件、刑事附带民事公益诉讼案件,环境资源行政案件中的涉土地行政管理案件暂不纳入)	无特殊规定
		灌南县人民法院灌河流域环境资源法庭	连云港市,滨海县,响水县,淮安市淮阴区,涟水县应当由基层人民法院审理的第一审环境资源刑事、民事、行政案件(含环境行政公益诉讼案件、刑事附带民事公益诉讼案件,环境资源行政案件中的涉土地行政管理案件暂不纳入);江苏海域内发生的由江苏海警侦查的环境资源刑事案件及刑事附带民事案件	无特殊规定
		徐州铁路运输法院淮北丘岗区域环境资源法庭	徐州市(不含新沂市)应当由基层人民法院审理的第一审环境资源刑事、民事、行政案件(含环境行政公益诉讼案件、刑事附带民事公益诉讼案件,环境资源行政案件中的涉土地行政管理案件暂不纳入)	徐州市中级人民法院

续表

	规定名	一审管辖法院	管辖范围	二审管辖法院
江苏省	《江苏省高级人民法院关于设立环境资源法庭并跨区域管辖环境资源案件的通知》(苏高法〔2019〕16号) 《最高人民法院关于同意南京市中级人民法院跨区域管辖部分环境资源案件的批复》(法〔2019〕95号)	宿迁市宿城区人民法院骆马湖流域环境资源法庭	宿迁市(不含泗洪县、泗阳县),新沂市应当由基层人民法院审理的第一审环境资源刑事、民事、行政案件(含环境行政公益诉讼案件、刑事附带民事公益诉讼案件,环境资源行政案件中的涉土地行政管理案件暂不纳入)	无特殊规定
	《江苏省高级人民法院关于生态环境损害赔偿诉讼案件的审理指南(一)》(苏高法电〔2018〕518号)	生态环境损害行为地、损害结果地或者被告住所地的中级人民法院	生态环境损害赔偿诉讼案件	无特殊规定
		江苏省高级人民法院	在全省范围内有重大影响的生态环境损害赔偿诉讼案件	无特殊规定
北京市	《北京市高级人民法院关于北京市第四中级人民法院案件管辖的规定》(2018年修订)(2018年2月5日发布)	北京市第四中级人民法院	跨地区的重大环境资源保护第一审案件	无特殊规定
天津市	《天津市高级人民法院关于指定部分行政案件施行跨行政区域管辖的公告》(2015年10月8日起实施)	天津铁路运输法院	全市环境保护行政案件	无特殊规定

续表

	规定名	一审管辖法院	管辖范围	二审管辖法院
上海市	《上海市高级人民法院关于审理政府提起生态环境损害赔偿民事案件的若干意见（试行）》（2019 年 2 月 21 日起实施）	上海市第三中级人民法院	全市生态环境损害赔偿民事案件（应由上海市高级人民法院管辖的除外）	无特殊规定
	《上海铁路运输法院关于进一步发挥环境资源案件集中管辖职能作用服务保障生态文明建设的意见》（2018 年 6 月 5 日起实施）	上海市高级人民法院	应由上海市高级人民法院管辖的生态环境损害赔偿民事案件（标的额 50 亿元以上或者其他在本辖区有重大影响的）	二审民事案件由上海市第三中级人民法院管辖
	《上海市高级人民法院关于开展跨行政区划民商事案件集中管辖改革试点的公告》（2017 年 4 月 7 日起实施）	上海铁路运输法院	全市环境资源刑事、民事案件（除海事、金山、青浦、崇明管辖外）	上海市第三中级人民法院
		上海市第三人民法院	本市中级人民法院管辖的一审涉环境资源保护的民商事案件（标的额 1 亿元以上）（应由上海海事法院管辖的除外）	无特殊规定
重庆市	《重庆市高级人民法院关于环境资源案件集中管辖的规定（试行）》（2016 年 7 月 18 日起施行）	渝北、万州、涪陵、黔江、江津区法院	集中管辖所在中级人民法院辖区发生的依法应由基层人民法院管辖的第一审环境资源民事、行政（包括非诉行政执行）、刑事案件	无特殊规定
		污染环境、破坏生态行为发生地、损害结果地或者被告住所地的中级以上人民法院	第一审环境民事公益诉讼案件	无特殊规定
		依照《行政诉讼法》及其司法解释确定管辖及其法院	环境行政公益诉讼案件	无特殊规定

续表

	规定名	一审管辖法院	管辖范围	二审管辖法院
广东省	《广东省高级人民法院关于部分环境类民事案件实行集中管辖的通知》(粤高法发〔2016〕1号)	广州市中级人民法院及其管辖内的一个基层法院	珠三角地区的环境公益诉讼案件、跨区域环境民事私益诉讼案件	无特殊规定
		清远市中级人民法院及所管辖区域内的一个基层法院	粤北地区的环境公益诉讼案件、跨区域环境民事私益诉讼案件	无特殊规定
		茂名市中级人民法院及所管辖区域内的一个基层法院	粤西地区的环境公益诉讼案件、跨区域环境民事私益诉讼案件	无特殊规定
		潮州市中级人民法院及所管辖区域内的一个基层法院	粤东地区的环境公益诉讼案件、跨区域环境民事私益诉讼案件	无特殊规定
山东省	《山东省高级人民法院关于审理山东省人民政府提起生态环境损害赔偿案件若干问题的意见》(2017年4月20日起实施)	生态环境侵权行为、生态环境损害赔偿发生地、损害结果地或者被告住所地的中级以上法院	山东省人民政府提起生态环境损害赔偿案	无特殊规定
贵州省	《贵州省高级人民法院关于环境保护案件指定集中管辖的规定》(2014年4月起施行)	法镇市法院生态环境保护人民法庭、贵阳市中级人民法院生态环境保护审判庭	贵阳市、安顺市、贵安新区行政区域内的环境保护民事、行政案件	无特殊规定
		仁怀市法院生态环境保护人民法庭、义县法院生态环境保护人民法庭、透义市中级人民法院生态环境保护审判庭	遵义市、铜仁市、毕节市(威宁县除外)行政区域内的环境保护民事、行政案件(仁怀市法院生态环境人民法庭和渣义县法院生态环境人民法庭的指定管辖区域,以赤水河流域和乌江流域为原则划分,具体地域由淒义市中级人民法院确定)	无特殊规定

续表

	规定名	一审管辖法院	管辖范围	二审管辖法院
贵州省	《贵州省高级人民法院关于环境保护案件指定集中管辖的规定》(2014 年 4 月起施行)	福泉市法院生态环境保护人民法庭、黔南州中院生态环境保护审判庭	黔东南州、黔南州行政区域内的环境保护民事、行政案件	无特殊规定
		普安县法院生态环境保护人民法庭、黔西南州中级人民法院生态环境保护审判庭	黔西南州、六盘水市、毕节市威宁县行政区域内的环境保护民事、行政案件	无特殊规定
		贵州省高级人民法院生态环境保护审判庭	全省范围内应由高级人民法院审理的环境保护民事、行政案件	无特殊规定
	《贵州省高级人民法院关于推进环境民事公益诉讼审判工作的若干意见》(黔高法〔2015〕71 号)	贵阳市中级人民法院	贵阳市、安顺市、贵安新区行政区域环境民事公益诉讼第一审案件	无特殊规定
		遵义市中级人民法院	遵义市、铜仁市、毕节市(威宁县除外)行政区域环境民事公益诉讼第一审案件	无特殊规定
		黔南州中级人民法院	黔东南州、黔南州行政区域环境民事公益诉讼第一审案件	无特殊规定
		黔西南州中级人民法院	黔西南州、六盘水市、毕节市威宁县行政区域环境民事公益诉讼第一审案件	无特殊规定
陕西省	《陕西省高级人民法院关于指定西安铁路运输两级法院跨行政区划集中管辖西安、安康两市行政案件的规定》(2017 年 9 月 11 日起施行)	西安铁路运输法院	西安市各基层人民法院管辖的第一审环境资源案件	西安铁路运输中级法院
		安康铁路运输法院	安康市各基层人民法院管辖的第一审环境资源案件	西安铁路运输中级法院
		西安铁路运输中级法院	原由西安市、安康市中级人民法院管辖的第一审环境资源案件	无特殊规定

续表

	规定名	一审管辖法院	管辖范围	二审管辖法院
河南省	《最高人民法院作出关于同意河南省高级人民法院实行省内黄河流域环境资源案件集中管辖的批复》(2020年6月4日) 《关于实行省内黄河流域环境资源案件集中管辖的规定》 《关于实行省内黄河流域环境资源刑事案件集中管辖的规定》 《关于实行省内黄河流域环境资源检察公益诉讼案件集中管辖的规定》	郑州铁路运输中级法院	三门峡、洛阳、焦作、郑州、开封、新乡、濮阳、安阳、鹤壁9市及济源产城融合示范区黄河流域范围内,应当由中级人民法院管辖的第一审环境资源案件,以及对郑州、洛阳铁路运输法院的第一审案件上诉或抗诉的环境资源案件	无特殊规定
		郑州铁路运输法院	就近管辖郑州、开封、新乡、濮阳、安阳、鹤壁6市黄河流域范围内应当由基层人民法院管辖的第一审环境资源案件,以及上述范围内河南黄河河务局及其所属单位申请执行的非诉行政案件	无特殊规定
		洛阳铁路运输法院	就近管辖三门峡、洛阳、焦作3市及济源产城融合示范区黄河流域范围内应当由基层人民法院管辖的第一审环境资源案件,以及上述范围内(三门峡除外)河南黄河河务局及其所属单位申请执行的非诉行政案件	无特殊规定
青海省	《青海省高级人民法院关于环境资源案件跨行政区域集中管辖实施意见(试行)》(2016年4月18日起施行)	西宁市城西区法院	西宁市、海东市、黄南州辖区应由基层法院管辖的一审环境资源民事、行政(试行“三审合一”的法院包含刑事)案件	无特殊规定
		海晏县法院	海北州、海南州辖区应由基层法院管辖的一审环境资源民事、行政(试行“三审合一”的法院包含刑事)案件	无特殊规定

续表

	规定名	一审管辖法院	管辖范围	二审管辖法院
青海省	《青海省高级人民法院关于环境资源案件跨行政区域集中管辖实施意见(试行)》(2016 年 4 月 18 日起施行)	玉树市法院	玉树州、果洛州辖区应由基层法院管辖的一审环境资源民事、行政(试行“三审合一”的法院包含刑事)案件	无特殊规定
		格尔木市法院	海西州辖区应由基层法院管辖的一审环境资源民事、行政(试行“三审合一”的法院包含刑事)案件	无特殊规定
		西宁市中级人民法院	西宁市、海东市、黄南州辖区应由中级人民法院管辖的一审环境资源民事、行政(试行“三审合一无特殊规定”的法院包括刑事)案件	无特殊规定
		海北藏族自治州中级人民法院	海北州、海南州辖区应由中级人民法院管辖的一审环境资源民事、行政(试行“三审合一”的法院包括刑事)案件	无特殊规定
		海西蒙古族藏族自治州中级人民法院	海西州辖区应由中级人民法院管辖的一审环境资源民事、行政(试行“三审合一”的法院包括刑事)案件	无特殊规定
		玉树藏族自治州中级人民法院	玉树州、果洛州辖区应由中级人民法院管辖的一审环境资源民事、行政(试行“三审合一”的法院包括刑事)案件	无特殊规定
		污染环境、破坏生态行为发生地、损害结果地或者被告住所地所在的具有跨行政区域管辖权的中级人民法院/青海省高级人民法院	第一审环境民事公益诉讼案件	无特殊规定

续表

	规定名	一审管辖法院	管辖范围	二审管辖法院
宁夏	《宁夏回族自治区高级人民法院环境资源案件实施集中管辖审理办法(试行)》《宁夏环境资源案件集中管辖法院受理案件范围的规定(试行)》《关于加强全区法院环境资源案件执行工作的意见》(2021年1月1日起正式实施)	银川市中级人民法院	集中管辖按照法律法规和司法解释规定由银川市、石嘴山市、吴忠市中级人民法院受理的第一审环境资源类案件及银川铁路运输法院环境资源类上诉、再审案件	无特殊规定
		银川铁路运输法院	集中管辖银川市、石嘴山市、吴忠市辖区14个县区由基层法院受理的第一审环境资源类案件	银川市中级人民法院
		泾源县法院	集中管辖固原市辖区5个县区由基层法院受理的第一审环境资源类案件	无特殊规定
		中卫市沙坡头区法院	集中管辖中卫市辖区3个县区由基层法院受理的第一审环境资源类案件。原贺兰山环境资源保护法庭及其他非集中管辖地区的法院不再办理上述集中管辖的环境资源类案件	无特殊规定
甘肃省	《最高人民法院关于同意甘肃矿区人民法院司法改革方案的批复》《甘肃省高级人民法院关于环境资源案件跨区域集中管辖实施意见(试行)》(2017年9月12日起实施)	各市州所在地基层法院环境资源审批合议庭	市州辖区内由基层法院管辖的第一审环境资源民事(争议焦点并未涉及原生态的、纯自然的环境资源案件除外)、行政、刑事、公益诉讼案件	无特殊要求
		甘肃省矿区人民法院	原由全省各中级人民法院管辖的第一审环境资源民事(争议焦点并未涉及原生态的、纯自然的环境资源案件除外)、行政、刑事、公益诉讼案件	甘肃省高级人民法院环境资源保护审判庭

续表

	规定名	一审管辖法院	管辖范围	二审管辖法院
甘肃省	《最高人民法院关于同意甘肃矿区人民法院司法改革方案的批复》《甘肃省高级人民法院关于环境资源案件跨区域集中管辖实施意见（试行）》（2017 年 9 月 12 日起实施）	甘肃省高级人民法院环境资源保护审判庭	甘肃省境内一审涉重大疑难环境资源民事（争议焦点并未涉及原生态的、纯自然的环境资源案件除外）、行政、刑事、公益诉讼案件	无特殊要求
			涉环境资源类案件的申诉、申请再审案件	—
海南省	《海南省高级人民法院关于推进海南环境资源审判工作的改革试点方案》（2015 年 7 月发布）	海口市中级人民法院	南渡江流经市县环境资源一审案件	无特殊规定
		海南省第一中级人民法院	万泉河流经市县环境资源一审案件	无特殊规定
		海南省第二中级人民法院	昌化江流经市县、鹦哥岭、霸王岭保护区环境资源一审案件	无特殊规定
		三亚市中级人民法院	宁远河流经市县环境资源一审案件	无特殊规定
		陵水黎族自治县人民法院	陵水河流经市县环境资源一审案件	无特殊规定
辽宁省	《辽宁省高级人民法院关于跨区域集中管辖环境资源案件的规定（试行）》（2021 年 1 月 1 日起实施）	集中管辖的基层法院	所在市辖区内应当由基层人民法院管辖的环境资源案件	无特殊规定
		沈阳铁路运输法院	应当由铁路基层法院管辖的环境资源案件	无特殊规定
		辽河中级人民法院	应当由辽河基层法院管辖的环境资源案件	无特殊规定
		沈阳市中级人民法院	沈阳市、辽阳市、铁岭市、铁路法院辖区内应当由中级人民法院管辖的环境资源案件	无特殊规定

续表

	规定名	一审管辖法院	管辖范围	二审管辖法院
辽宁省	《辽宁省高级人民法院关于跨区域集中管辖环境资源案件的规定(试行)》(2021年1月1日起实施)	大连市中级人民法院	大连市、营口市辖区内应当由中级人民法院管辖的环境资源案件	无特殊规定
		丹东市中级人民法院	抚顺市、本溪市、丹东市辖区内应当由中级人民法院管辖的环境资源案件	无特殊规定
		锦州市中级人民法院	锦州市、葫芦岛市辖区内应当由中级人民法院管辖的环境资源案件	无特殊规定
		朝阳市中级人民法院	阜新市、朝阳市辖区内应当由中级人民法院管辖的环境资源案件	无特殊规定
		盘锦市中级人民法院	鞍山市、盘锦市、辽河法院辖区内应当由中级人民法院管辖的环境资源案件	无特殊规定
		大连海事法院	按照最高人民法院确定的海事法院受理案件范围的规定管辖环境资源案件	无特殊规定
湖南省	《湖南省高级人民法院关于湖南省湘江、洞庭湖等七个环境资源专门法庭所在法院跨区域集中管辖部分环境资源一审案件的规定(试行)》(2019年12月发布)	长沙市开福区人民法院(湘江环境资源法庭所在)	长沙市、湘潭市、株洲市、衡阳市、永州市涉湘江流域水污染及涉生物多样性保护一审环境资源民事案件;上述地区涉湘江流域检察机关移送起诉的一审环境资源刑事案件;涉湘江流域有较大影响的不服环境保护行政管理的一审行政案件	无特殊规定
		益阳市安化县人民法院(资水环境资源法庭所在)	益阳市、邵阳市、娄底市涉资水流域水污染及涉生物多样性保护一审环境资源民事案件;上述地区涉资水流域检察机关移送起诉的一审环境资源刑事案件;涉资水流域有较大影响的不服环境保护行政管理的一审行政案件	无特殊规定

续表

	规定名	一审管辖法院	管辖范围	二审管辖法院
湖南省	《湖南省高级人民法院关于湖南省湘江、洞庭湖等七个环境资源专门法庭所在法院跨区域集中管辖部分环境资源一审案件的规定(试行)》(2019年12月发布)	怀化市沅陵县人民法院(沅水环境资源法庭所在)	怀化市、常德市涉沅水流域水污染及涉生物多样性保护一审环境资源民事案件;上述地区涉沅水流域检察机关移送起诉的一审环境资源刑事案件;涉沅水流域有较大影响的不服环境保护行政管理的一审行政案件	无特殊规定
		张家界市永定区人民法院(澧水环境资源法庭所在)	张家界市、常德市、湘西土家族苗族自治州涉澧水流域水污染及涉生物多样性保护一审环境资源民事案件;上述地区涉澧水流域检察机关移送起诉的一审环境资源刑事案件;涉澧水流域有较大影响的不服环境保护行政管理的一审行政案件	无特殊规定
		岳阳市君山区人民法院(洞庭湖环境资源法庭所在)	岳阳市、常德市、益阳市涉洞庭湖区域水污染及涉生物多样性保护一审环境资源民事案件;上述地区涉洞庭湖区域检察机关移送起诉的一审环境资源刑事案件;涉洞庭湖区域有较大影响的不服环境保护行政管理的一审行政案件	无特殊规定
		郴州市资兴市人民法院(东江湖环境资源法庭所在)	郴州市涉东江湖区域水污染及涉生物多样性保护一审环境资源民事案件;东江湖区域检察机关移送起诉的一审环境资源刑事案件;东江湖区域不服环境保护行政管理的一审行政案件	无特殊规定

续表

	规定名	一审管辖法院	管辖范围	二审管辖法院
湖南省	《湖南省高级人民法院关于湖南省湘江、洞庭湖等七个环境资源专门法庭所在法院跨区域集中管辖部分环境资源一审案件的规定(试行)》(2019年12月发布)	娄底市娄星区人民法院(湘中环境资源法庭所在)	娄底市、株洲市、湘潭市涉土壤污染一审环境资源民事案件;上述地区检察机关移送起诉的一审环境资源刑事案件;有较大影响的不服环境保护行政管理的一审行政案件	无特殊规定
新疆维吾尔自治区	《最高人民法院关于新疆维吾尔自治区高级人民法院对环境资源案件实行集中管辖改革的批复》(法〔2020〕291号) 《自治区高级人民法院关于调整乌鲁木齐铁路运输两级法院案件管辖范围的通知》(新高法〔2020〕70号,2021年1月起实施)	乌鲁木齐铁路运输法院	乌鲁木齐市范围内第一审涉环境资源刑事、民事、行政案件;管辖伊犁哈萨克自治州、塔城、阿勒泰、博尔塔拉蒙古自治州、克拉玛依市范围内第一审涉环境资源刑事、非涉民生类民事、行政案件	乌鲁木齐铁路运输中级法院
		库尔勒铁路运输法院	库尔勒市范围内第一审涉环境资源刑事、民事、行政案件;管辖阿克苏、喀什、和田、克孜勒苏柯尔克孜自治州、巴音郭楞蒙古自治州(除库尔勒市)范围内第一审涉环境资源刑事、非涉民生类民事、行政案件	乌鲁木齐铁路运输中级法院
		哈密铁路运输法院	哈密市伊州区范围内第一审涉环境资源刑事、民事、行政案件;管辖哈密市(除伊州区)、吐鲁番市、昌吉回族自治州范围内第一审涉环境资源刑事、非涉民生类民事、行政案件	乌鲁木齐铁路运输中级法院
		乌鲁木齐铁路运输中级法院	全区由中级人民法院受理的第一审涉环境资源刑事、非涉民生类民事、行政案件;乌鲁木齐市范围内第一审生态环境损害赔偿案件	无特殊规定

续表

	规定名	一审管辖法院	管辖范围	二审管辖法院
湖北省	《湖北省高级人民法院关于全省法院环境资源审判模式与管辖设置方案的通知》(2015 年 1 月发布)	武汉海事法院	其管辖的湖北省内长江、长江支流水域水污染损害等环境公益诉讼案件的审判,具体包括大气、土地、湖泊、水库、森林、湿地、自然保护区、风景名胜区的环境污染、生态破坏案件	无特殊规定
		汉江市中级人民法院	省内长江、长江支流水域水污染损害以外的环境公益诉讼案件,具体包括大气、土地、湖泊、水库、森林、湿地、自然保护区、风景名胜区的环境污染、生态破坏案件	无特殊规定
		在武汉市、宜昌市、十堰市、汉江市等设有专门环境资源审判庭的中级人民法院	本辖区内水域、土壤、山林保护、污染责任纠纷、损害赔偿,因污染发生行政争议而引起的行政诉讼等方面的普通环境保护类一审民事、行政案件,以及辖区基层法院的普通环境保护类民事、行政上诉案件(不含环境公益诉讼案件)	无特殊规定
		武汉海事法院新设立的环境资源审判庭	审理其管辖范围内长江、长江支流水域涉及环境保护的一审环境资源保护类民事案件(不含环境公益诉讼案件)	无特殊规定
		其他未设专门环境资源审判庭的中级人民法院	由各自成立的环境资源审判合议庭审理本辖区普通环境资源保护类一审民事案件及其辖区基层法院的普通环境资源保护类民事上诉案件(不含环境公益诉讼案件)	无特殊规定

续表

	规定名	一审管辖法院	管辖范围	二审管辖法院
河北省	《河北省高级人民法院关于进一步加强环境资源审判工作的指导意见》(2016年6月发布)	石家庄市、保定市、唐山市、邢台市、张家口市、沧州市六个中级人民法院	环境公益诉讼案件集中管辖法院	无特殊规定

注:本部分内容来源于网络,实际规定请以相关法院发布内容为准。

李　华

盈科律师事务所创始合伙人、盈科全国业务指导委员会主任。

李华律师作为盈科全国业务指导委员会主任，负责盈科体系内的专业化建设，带领盈科律师，构建出完整的专业化法律服务体系，包括研究院、律师学院、专业委员会及综合性法律中心，推动盈科律师专业化的法律服务，以适应法律服务市场不断细分的需要。在此基础上，通过集成各专业委员会纵深化的法律服务能力为客户提供综合性的法律服务。

曾荣获全国律师行业优秀党员律师、北京市优秀律师、朝阳区优秀律师、朝阳区首届优秀女律师、朝阳区优秀党员的荣誉称号。

本书主编简介

沈晓刚

美国亚利桑那州立大学硕士（在读），盈科杭州高级合伙人，盈科杭州环境、资源与能源法律事务部主任，杭州市律师协会自然资源与环境保护专业委员会秘书长，最高人民检察院民事行政检察专家咨询网专家，受聘为杭州市中级人民法院特邀调解员、北大博雅教育研究院客座教授，被中华环保联合会吸纳为优秀环境志愿律师联盟成员。自执业以来，先后担任近百家企业法律顾问，尤其擅长常年法律顾问、投资并购、企业合规、舞弊调查等法律服务，主要业务方向为环境民事、行政、刑事、公益诉讼等诉讼业务，以及环境合规、环境尽调、绿色金融、碳交易等环境类非诉法律业务。

丁嫣然

法律硕士、环境科学学士。了解环保行业技术规范，熟悉环保法律法规及相关政策，曾参与办理环境污染侵权案件；参与大型城乡环卫一体化公私合作（PPP）项目；参与某省排污许可管理条例的起草等工作，在环境污染与生态保护相关业务领域具有较高的专业素养。

张　鑫

法律硕士、金融学学士。先后在数个省级期刊上发表多篇学术论文，曾加入“长江经济带发展中的生态安全与环境健康风险管理及防控体系研究”国家社科基金重大招标项目，在绿色金融、绿色信贷及碳交易等领域具备坚实的理论功底。